戦後西ドイツ外交の分水嶺

――東方政策と分断克服の戦略，1963～1975年――

妹尾 哲志 著

晃 洋 書 房

目次

【本書に関連する時期を中心とした戦後ドイツ連邦共和国外交の略年表】

年	主要な出来事
一九四五	第三帝国降伏、連合国管理理事会による占領開始。
一九四九	西ドイツの成立、アデナウアーが初代首相に就任。
一九五五	パリ諸条約が発効、西ドイツの主権回復とＮＡＴＯ加盟の実現。
一九六一	「ベルリンの壁」の建設。
一九六三	独仏友好条約締結、エアハルト内閣の成立、バールの「接近による変化」構想。
一九六六	大連立政権成立、キージンガーが首相、ブラントが外相に。
一九六九	ＳＰＤとＦＤＰの連立政権が成立、ブラントが首相に。
一九七〇	二度の東西ドイツ首脳会談、ソ連とモスクワ条約、ポーランドとワルシャワ条約締結。
一九七一	ベルリン四カ国協定の仮調印、オレアンダにて独ソ首脳会談。
一九七二	ブラントへの建設的不信任案否決、連邦議会総選挙でＳＰＤ勝利、東西ドイツ基本条約締結。
一九七四	ブラントがスパイ問題から辞任、シュミットが首相に。
一九七五	ＣＳＣＥがヘルシンキで開催。
一九八二	シュミット内閣退陣と政権交代、コールが首相に。
一九八五	ゴルバチョフがソ連共産党書記長に就任。
一九八九	「ベルリンの壁」開放。
一九九〇	東西ドイツ統一。

【東方政策と一九七二年の連邦議会選挙までの西ドイツ国内の主な動きに関する略年表】

年	月	東方政策の主な動き	西ドイツ国内
一九六九	一〇	施政方針演説で新たな東方政策を表明。	ブラントを首班とするＳＰＤとＦＤＰの連立政権成立。
	一一	核拡散防止条約に調印。	
	一二	ソ連との交渉開始。	
一九七〇	一	バール＝グロムイコの予備折衝開始。	
	三	エアフルトで第一回東西ドイツ首脳会談。 米英仏ソによるベルリン交渉の開始。	
	五	カッセルで第二回東西ドイツ首脳会談。	ＣＤＵ／ＣＳＵによる質問状と政府による回答。
	六		バール文書の内容が新聞に掲載。
	七	モスクワ本交渉開始。	
	八	モスクワ条約の調印。	バルツェルからブラントへ書簡。
	一二	ポーランドとワルシャワ条約調印。	
一九七一	五	東ドイツのウルブリヒトＳＥＤ第一書記辞任、後任はホーネッカー。	
	九	ベルリン四カ国協定の仮調印。 オレアンダでブラント＝ブレジネフ会談。 ソ連の「逆リンケージ」提案。	
	一〇	ブラントがノーベル平和賞受賞。	

一九七二	一二	東西ドイツ間のトランジット協定、西ベルリン市民の東ドイツ訪問協定に調印。	
	二		モスクワ条約及びワルシャワ条約の批准に関する連邦議会の審議開始。
	三	ブレジネフがEEC存在に言及。	
	四	バール訪東独、東西ドイツ交通条約に関して合意。	バーデン＝ヴュルテンベルク州選挙でCDU／CSUの議席増。 CDU／CSUの建設的不信任案による政権交代の試み失敗。
	五	東西ドイツ交通条約調印。	与野党による共同決議案による両条約の批准。
	六	ベルリン四カ国協定の正式な調印。 モスクワ条約とワルシャワ条約の発効。	
	九	バール＝ホーネッカー会談。	ブラント政府不信任案可決、議会解散へ。
	一〇	バール訪ソ、ブレジネフと接見。	
	一一	東西ドイツ基本条約の仮調印。 CSCE予備会合の開始	第七回連邦議会総選挙でSPDが第一党、FDPも議席増。
	一二	東西ドイツ基本条約の正式な調印。	

【略語・訳語一覧】

ABM（Anti Ballistic Missile）：弾道弾迎撃ミサイル
APO（Außerparlamentarische Opposition）：議会外反対派
BRD（Bundesrepublik Deutschland）：ドイツ連邦共和国（西ドイツ）
CAP（Common Agricultural Policy）：共通農業政策
CDU（Christlich-Demokratische Union）：キリスト教民主同盟
CSCE（Conference on Security and Cooperation in Europe）：ヨーロッパ安全保障協力会議
CSU（Christlich-Soziale Union）：キリスト教社会同盟
DDR（Deutsche Demokratische Republik）：ドイツ民主共和国（東ドイツ）
EEC（European Economic Community）：ヨーロッパ経済共同体
EC（European Community）：ヨーロッパ共同体
EMU（Economic and Monetary Union）：経済通貨同盟
EPC（European Political Cooperation）：ヨーロッパ政治協力
EURATOM（European Atomic Energy Community）：ヨーロッパ原子力共同体
FDP（Freie Demokratische Partei）：自由民主党
KGB（Komitet Gosudarstvennoy Bezopasnosti）：国家保安委員会
MBFR（Mutual Balanced Force Reductions）：相互均衡兵力削減
NATO（North Atlantic Treaty Organization）：北大西洋条約機構
NPD（Nationaldemokratische Partei Deutschlands）：ドイツ国家民主党
PTBT（Partial Test Ban Treaty）：部分的核実験禁止条約
SALT（Strategic Arms Limitation Talks）：戦略兵器削減交渉
SBZ（Sowjetische Besatzungszone）：ソ連占領地区
SED（Sozialistische Einheitspartei Deutschlands）：ドイツ社会主義統一党
SPD（Sozialdemokratische Partei Deutschlands）：ドイツ社会民主党
USA（United States of America）：アメリカ合衆国
WEU（Western European Union）：西欧同盟
WHO（World Health Organization）：世界保健機構
WTO（Warsaw Treaty Organization）：ワルシャワ条約機構

序章
ブラントの東方政策と東西分断の克服

第一節　東方政策研究の射程

本書は、ドイツ連邦共和国（以下西ドイツ）で一九六九年に成立するブラント（Willy Brandt）政権が推進する東方政策（Ostpolitik）について、西側諸国との意見調整に配慮しつつ、また西ドイツ国内の対立を乗り越えて、一九七五年のヨーロッパ安全保障協力会議（ＣＳＣＥ）の開催に至る過程を検討するものである。(1)

二〇世紀のドイツの歴史はまさに激動であった。ドイツは、第二帝政、ワイマール共和国、そしてナチスによる第三帝国の時代を経て、第二次世界大戦の敗戦後には戦勝国によって分割占領された。やがて一九四九年には、分断国家として西ドイツとドイツ民主共和国（以下東ドイツ）が成立し、アメリカとソ連による東西冷戦の最前線となる。一九六一年には分断を象徴する「ベルリンの壁」が構築されるが、まさにそのベルリンから分断克服への新たな構想が登場した。その後東西関係は紆余曲折を経るものの、一九八九年には「ベルリンの壁」が開放され翌年統一ドイツが再び誕生し、二一世紀を迎えたのである。

その「ベルリンの壁」が構築された一九六〇年代前半は、東西冷戦による米ソの二極構造が多極化しつつある時代であった。西側陣営では、フランスのドゴール（Charles de Gaulle）が米ソ主導の国際秩序に異議を唱え、また戦後復興から経済成長を遂げ統合を進める西ヨーロッパや日本も台頭してきていた。アメリカは、六〇年代半ば頃からヴェトナム戦争の泥沼に足を取られるなど、自陣営内での影響力を低下しつつあったといえる。一方東側陣営でも、中華人民共和国（以下中国）とソ連の対立が表面化し、また東欧諸国においてもルーマニアが独自路線を歩み始めるなど多極化が進行していた。(2) こうした中で米ソ両超大国は、核軍拡競争を展開する状況下で一定のパリティ（戦力均衡）に達し、またキューバ危機をひとつの契機として軍備管理を中心に対話を進める一方、ヨーロッパにおいては、それぞれの影響圏を認め合うことで分断を事実上受容し、その上で安定化を図る動きを見せ始める。しかし、米ソを頂点とした冷戦の二極構造を克服するために、その分断の最前線たるベルリンで生まれた構想を政策として具現化し、六〇年代末から七〇年代半ばにかけてヨーロッパで進展する東西間の緊張緩和を主導したのが、ブラント政権の東方政策であった。

ブラントの東方政策は、第二次世界大戦後に分断国家として出発し、「西側統合（Westintegration）」を推し進めていた西ドイツが、一九七〇年のソ連とのモスクワ条約を突破口に、ヨーロッパの分断を受け入れ、東側諸国との関係改善に取り組んだ点において、西ドイツ外交の重要な転機であった。そのコンセプトが、一九六三年にブラントの側近バール（Egon Bahr）によって打ち出された「接近による変化（Wandel durch Annäherung）」構想である。このバールの構想は、後に紹介する彼のヨーロッパ安全保障構想とともに、分断を克服しドイツ統一を実現するための道程を新たに示したものであった。バールの構想に基づき遂行された東方政策は、戦後のドイツ分断に伴う諸問題の「暫定的」な解決を目指し、CSCEを頂点とする緊張緩和に貢献したのである。

このバールの構想及びブラントの東方政策に関しては、それが西ドイツ外交政策における重要な転換点であったため、様々な観点から研究が出ている。とりわけ九〇年代以降は、冷戦構造の崩壊と東西ドイツ統一という事実に対していかに位置づけられるか、その評価は揺れている。先行研究に関しては各章で扱うテーマに沿っても随時触れていくが、ここではまず、東方政策に対する批判論を中心に研究動向を整理して、本書の問題視角を提示する一助としたい。

(1)　東方政策はドイツ統一に寄与したのか

ブラントの東方政策に関する研究は、同時代的なものも含め膨大な数にのぼる。それらは様々な視点に基づいて分類できようが、大別すると、東西ドイツ統一やヨーロッパにおける冷戦が終焉を迎える一九九〇年代初頭までの研究とその後の研究に二分でき、さらに後者は、当時の一次史料の公開（いわゆる三〇年公開原則に沿う史料だと九〇年代後半以降）の前後によって区別することは可能であろう。ここではまず、既に九〇年代初頭までに発表されていたいくつかの代表的な研究を概観することからはじめたい。

まず、ドイツで外交問題を専門に幅広く活躍している論客バーリングは、ブラント政権の成立から一九七四年の退陣に至る時期について、ブラント率いるドイツ社会民主党（SPD）との連立に踏み切った自由民主党（FDP）党首で外相となるシェール（Walter Scheel）らとのインタビューも交えた著作を発表したが、脚注等がない点が気になるものの、現在においてもその重厚な情報量は貴重である［Baring 1983］。外交史家ハフテンドルンの通史的研究も、東方政策の起源から展開やその国際的文脈について、詳細な政策決定には立ち入っていないが、バランスのとれた洞察には定評がある［Haftendorn 1983］。またブラントやバールと親しいジャーナリストのベンダーによる著作は、東方政策に関して「内部情報」を含む知見を披露している［Bender 1986；1995］。とりわけソ連とのモスクワ条約の成立過程を跡付けた政治学者シュミートの研究書は、その実証の詳細さにおいて一次史料の開示前では類を見ない水準を示しているだけに、分析の対象時期が一九六九年から七〇年に限られているのが惜しまれる［Schmid 1979］。八〇年代半ばには著名な歴史学者や政治学者によってドイツ連邦共和国の通史シリーズが相次いで出版されたが、ブラント政権期の外交政策を担当した国際政治学者リンクは、独自に閲覧許可を得た未刊行文書等を一部利用し、分断克服に向けた東方政策構想を検討すると同時に、関係諸国との交渉過程を辿りつつブラント外交を取り巻く国際環境に注意を喚起している［Link 1986］。

加えて、本国の（西）ドイツのみならず英米圏においても、多くの研究者が東方政策に関する研究を発表してきた［cf. Griffith 1978；Hanrieder ed. 1980；Stent 1981］。日本でも、東方政策の背景やその意義を分析した佐瀬昌盛の著作をはじめ［佐瀬 1973］、モスクワ条約の成立過程に焦点を当てた三宅正樹の研究や［三宅 1996］、研究動向の紹介を中心とした中谷毅の論考と並び［中谷 1991/1992］、高橋進が「ヨーロッパのデタント」という観点から東方政策を検討するなど［高橋（進）1991］、ＳＰＤの政権奪取への注目の高さも相俟って、早くから関心が寄せられてきた。

このようにブラントの東方政策については、既に九〇年代初頭までに多くの研究が世に出されていた。しかしその研究動向は、冷戦終結と東西ドイツ統一を経て、東ドイツ側の史料やいわゆる公開三〇年原則で利用可能となった西ドイツ側の外交文書等に依拠した研究も続々と発表される中で、新たな局面を迎えている［cf. Cary 2000；妹尾 2004；Bange 2006］。すなわち、それまでの研究では窺い知れなかった政策決定過程をより詳細に辿ることが可能になり、その知見に基づいた解釈を打ち出す研究が輩出されてきているのである。そこでまず注目されるのは、東方政策を東西統一と関連させて論じる傾向である。

例えば前出のリンクは、新たに公開された外交文書を利用した研究で、ソ連との条約締結に際し、西ドイツ側からソ連側に手交された「ドイツ統一に関する書簡」によってドイツ人の自決権を確保できたことが、八九年から九〇年の統一の過程で大きな意味を持ったと主張した［Link 2001a］。また未刊行文書などに依拠してバールの構想を包括的に検討したフォクトマイアーは、バール構想の目標はドイツ統一に他ならなかったと強調する［Vogtmeier 1996：374］。さらには、マンハイム大学が主催する東方政策に関するプロジェクトにおいて発表された、新たに利用可能となった外交文書等に依拠した最新の諸研究も、分断克服と統一という目標に向けて取り組まれた東方政策の「修正主義的要素」に注意を促している［cf. Niedhart 2002］。これらの研究は、バールの構想やブラントの東方政策が一九九〇年の東西ドイツ統一に直接的に貢献した点に照射することで、その意義を再評価するものといえよう。

ここで注目されるのは、こうした傾向は、戦後西ドイツ史を「サクセス・ストーリー」として積極的に評価する観点とも関わる中で、ますます顕著になってきたことである。すなわちこの「サクセス・ストーリー」史観によると、戦後西ドイツは、初代首相アデナウアー（Konrad Adenauer）の西側統合とブラントの東方政策を経て東西統一を実現

したのであり、その統一に至る外交政策は近代以降のドイツ史でも稀にみる成功例として高く評価されるのである。(3)

しかし一方で、東方政策の統一への寄与を否定する論者もいる。例えば、バールの「接近による変化」とは、結局「(ソ連への)取り入りによる変化(Wandel durch Anbiederung)」に他ならず、ブラント以降のSPDの政権が推進した緊張緩和政策は、前述のように東側の抑圧的な政治体制への抵抗の姿勢を失わせ、分断の固定化を導く「あぶない綱渡り(eine gefährliche Gratwanderung)」であったとする非難である。こうした立場からすると、アデナウアー以降のキリスト教民主同盟・社会同盟(CDU/CSU)は、ブラント外交と比較すると、西側統合を基軸に継続してドイツ統一を目標としていたのであり、したがって統一への貢献度も大きいのである[Schmid 2000]。しかしながら、こうした統一への寄与の有無にあまりにも拘泥してしまうと、ブラント外交の構想及び政策が有していた射程の長さや多面性を見落とすことになるのではないだろうか。

さらにこれに関連して留意したいのは、そもそもブラント政権の東方政策とそれ以前の西ドイツ政府の政策との「継続と変化」については、なお解釈が分かれている点である[cf. 中谷 1991 : 156-59 ; Dannenberg 2008 : 8-10]。例えば、直近の一九六六年から一九六九年までCDUのキージンガー(Kurt Georg Kiesinger)首相が率いた大連立政権では、ブラントが外相を務め、ルーマニアやユーゴスラヴィアとの関係正常化を果たし、またそれまで拒絶していたソ連や東ドイツとの対話も試みられたことから、これを「新東方政策(Neue Ostpolitik)」と位置づける研究もある[cf. Kroegel 1997 ; Taschler 2001 ; Schönhoven 2004 ; Lappenküper 2008 : 22-27]。さらには、大連立政権の前まで遡り、既に一九六三年から一九六六年までエアハルト(Ludwig Erhard)政権で外相シュレーダー(Gerhard Schröder)が取り組んだ、ソ連や東ドイツを迂回して、他の東欧諸国と経済交流を中心とした関係構築を試みた点に注目するものや[cf. Eibl 2001]、そもそもアデナウアーが一九五五年にソ連との国交を樹立したことを強調するものもある[cf. Kilian 2005]。しかし外交史家のニードハルトらが指摘するように、東側諸国との関係改善を図る上で、東ドイツの事実上の国家承認を含む戦後ヨーロッパの「現状(Status quo)」を一旦受け入れることが決定的だったのであり、それはブラント政権が成立してこそ初めて可能になった点は看過できない［cf. Kaiser 1999 ; Niedhart 2008b : 119］。本書では、このニードハルトらの解釈を採用し、バールの構想やブラント政権によるソ連・東欧諸国との関係改善の試みが、それ以前の政策からどのように「変化」したのかに着目して考察する。

(2) 東側市民の軽視と西側諸国との不十分な調整？

前項の統一への貢献をめぐる評価に関連して、東方政策が東側諸国の体制にどのような影響を与えたのかといった観点からの批判論がある。その急先鋒となったのは、ドイツ問題に精通するイギリスの現代史家アッシュの次のような見解であった。アッシュによれば、バールの構想は、東西の緊張緩和を促進し東側政治体制を「安定化」させることで、東側市民への抑圧を軽減する「自由化」を一つの目標としていた。しかしアッシュは、冷戦終結の一因に経済破綻による東側体制の「不安定化」を挙げ、この「不安定化」こそが抑圧的体制からの市民の解放を可能にした点に注意を促し、バール構想との相違点を指摘する。すなわちアッシュによれば、ブラントの東方政策は、東西関係の「安定化」に寄与したものの、東側諸国の反体制派など権力を持たない者を軽視していたのである［Ash 1993］。

こうしたアッシュの認識の延長には、ブラント外交の特徴である「モスクワ第一主義」に対する批判がある。すなわち、「接近による変化」による緊張緩和の進展のためには、ソ連との関係を最優先する「モスクワ第一主義」が必要条件だった。この「モスクワ第一主義」は、ソ連との合意なしにはドイツ問題の改善はないとするベルリンのSPD（ブラントやバール）の経験を背景とし、従前のCDU／CSU政権による硬直した政策から突破口を開く重要な要素であった[4]。これに対してアッシュは、対ソ関係を重視することで、他の東欧諸国や東側市民が二次的に扱われたことを問題視する。このように東側市民軽視の問題点は、「モスクワ第一主義」と密接に関連するのである。

またこのような東方政策の東側体制への影響に着目する批判論と並んで、ブラント外交と西側諸国との関係も論点となっており、そこでは西側諸国との意見調整を十分に配慮したかについてが重要な争点になっている。西側諸国への配慮が重視される背景には、単に東西冷戦の文脈からだけでなく、ヨーロッパの東西の間を自由に動く「ブランコ外交（Shaukelpolitik）」と呼ばれる伝統的なドイツ外交や、一九二二年のラッパロ条約による独ソ接近などの歴史的経験がある。すなわちブラント政権がソ連・東欧諸国との関係改善を図る際にも、こうしたドイツの東方接近に対する諸国の不安が大きな意味を持ったと考えられるのである（第3章第一節(4)を参照）。

例えば国際政治学者ヴェッティヒによれば、ブラント外交は対ソ関係に力点を置くあまり、統一に決定的な役割を果たすことになる西側諸国との関係を軽視したと批判される。それと対照的に一九八二年以降のコール（Helmut Kohl）外交は、西側統合を推進するアデナウアーの「力の政策（Politik der Stärke）」（第1章第一節(1)参照）に回帰して大西洋同盟を重視することで、アメリカの支持と北大西洋条約機構（NATO）加盟国の賛成を得て東西統一を実現する。バールの誤算は、東西分断克服の鍵を握るのはソ連のみとしたことであった、とヴェッティヒは論ずるのである［Wettig 1997］。

バール構想やブラントの東方政策における西側諸国との不十分な意見調整という指摘は、何も目新しい批判ではない。例えばバール構想の同時代的研究でハーンは、NATO離れと中立化した統一ドイツをバールの長期的目標に挙げ、西側同盟結束の乱れを危惧している［Hahn 1973：880］。ドイツの現代史家シュヴァルツも、アデナウアーの慎重な東側諸国への姿勢と比較して、ブラントの東方政策を楽観的かつ不必要な譲歩と捉えている［Schwartz 1980; ders. 1983］。シュヴァルツのように、西側統合こそ西ドイツ存立を保障する「国家理性」と捉える立場からは［Schwarz 1975］、その基盤を危険に晒す東側への接近は非難の対象となっていた。そしてこの問題点は、近年、統一への貢献度を評価軸として、再び論議の的になっている。例えばクラインシュミットは、ブラント政権が打ち出した「一民族二国家」論は、形式的に「民族の一体性（Einheit der Nation）」を主張し続けることを内容とし、その関心に基づいた積極的な東方政策は西側統合を犠牲にしたと批判的に言及している［クラインシュミット 1994：邦訳 60-62］。

さらにこの西側同盟結束を揺るがすという批判論に関連して、東方政策のコンセプトであったバールの構想自体が抱える矛盾を指摘するものもある。まず、バール構想における当面の目標である東西緊張緩和の推進と、最終目標である分断克服及びドイツ統一の間には、緊張緩和の前提である東ドイツの事実上の承認が最終目標に反することから、ある種の矛盾した関係があったとされる。それはまた、東方政策が成功する前提であったＮＡＴＯの連帯や西欧統合の推進と、バール構想で長期的目標に掲げられた全ヨーロッパ的な安全保障体制が相反することとも重なる [Schwabe 2001]。事実バール自身に対しても、超国家主義的な西欧政治統合に否定的な見解を示し、西側との結束を軽視したという批判がなされている [Link 1986 : 175-76 ; Wilkens 2004b : 219 ; Seebacher 2006 : 18-19 ; Loth 2007 : 54]。しかしこのバール構想における長期的目標と実際の東方政策や西側結束との関係性については、従来の一次史料を利用した外交史研究においても十分に論究されてきたとは言い難く、本書が取り組む課題のひとつとなる。

(3) 新たに利用可能となった史料に基づく研究成果

以上ここまでバール構想やブラント外交に対する批判論を、統一への貢献、政府間関係の重視、西側との不十分な意見調整、そして長期的目標と短期的目標の齟齬といった大きく分けて四つの論点に整理して紹介してきた。とはいえ、当該時期の公文書等の一次史料へのアクセスが九〇年代末頃から容易になる中で、それらに依拠したブラント外交の歴史研究はまだ緒に就いたばかりといえる [Link 2001 : 295 ; Bleek and Bovermann 1995 : 1114]。もちろん東方政策における個々のテーマについては、例えばブラント外交期の独仏関係を扱うベンラートの著作や [Benrath 2001]、東西ドイツ関係に焦点を当てるサロットゥやナカートらの研究をはじめ [Sarotte 2001 : Nakath 2002 ; Schönfelder and Erices 2010]、独米関係についてとりわけアメリカのニクソン (Richard Nixon) 政権下で特別補佐官を務めたキッシンジャー (Henry Kissinger) とバールの役割に注目するフックスの著作がある [Fuchs 1999]。また前出のマンハイム大学の研究プロジェクトでは、ブラント外交に関する様々なテーマが個別に論考として取り上げられているものの、それら個々のテーマを関連付けて包括的に纏めた研究成果は二〇一一年一月の時点で発表されていないようである(5)。

そして既に触れたバール構想に関するフォクトマイアーの著作や［Vogtmeier 1996］、「ベルリンの壁」が建設された一九六一年から統一までの東西ドイツ関係に関するポットホフの概説書等と並んで［Potthoff 1999］、とくに政策決定過程に着目してモスクワ条約を中心に東方政策の分析を試みたダンネンベルクの研究は、ブラント外交に関する新たな史料に依拠した現段階での研究水準を示すものに数えられるだろう［Dannenberg 2008］。しかしフォクトマイアーの研究はバール構想とドイツ統一との関係に焦点を絞っており、ポットホフの概説書と同様に、一次史料に基づく外交交渉の過程の分析は限定的である。一方でダンネンベルクの研究では、新史料を豊富に利用して外交プロセスが考察されているものの、分析対象がソ連とのモスクワ条約に集中し、さらにはバール構想との関連性にはほとんど触れていない。

また一九六〇年代から七〇年代については、ドイツを含む欧米各国の外交史家らによる共同研究が、とりわけ冷戦史研究やヨーロッパ統合史研究との関連でここ数年だけでも盛んに行われており、その成果が論文集として刊行されている。例えば本書でも取り上げるＣＳＣＥや、東方政策とヨーロッパ統合の関係についてなど、米英仏独をはじめ各国の新史料を活用した実証研究も出てきている［cf. Geyer and Schaefer eds. 2003; König und Schulz hg. 2004; Möller und Vaïsse hg. 2005; Loth and Soutou eds. 2008; Möckli 2009; Romano 2009a; Fink and Schaefer eds. 2009; Schulz and Schwarz eds. 2010; Wilkens hg. 2010］。

しかしながら、分断克服に向けたバールの構想とブラントの東方政策について、西側諸国との意見調整に注目しつつ、ヨーロッパの緊張緩和の頂点たる一九七五年のＣＳＣＥ開催に至るプロセスに関して、多角的な観点からアプローチする外交史研究は管見の限りない。また東西統一後に本国ドイツや他の欧米各国で新たな研究が続々と発表されていることからもわかるように、そのテーマの重要性にもかかわらず、日本において、新史料を用いた東方政策に関する包括的な研究は未だ発表されていない。本書は、新たに蓄積されている先行研究等の知見を取り入れつつ、ドイツを中心とした未刊行文書や利用可能となった外交文書等を用いて、ブラント外交の意義を検討するものである。

第二節　冷戦史の主体としてのドイツ、東西の狭間のドイツ

ここまでバール構想やブラント外交に関する先行研究について批判論を軸とした整理を試みた上で、統一後を中心とした研究の紹介を行ってきた。本書はこうした先行研究を念頭に置きながら、バール構想において東西分断の克服への道程がどのように描かれ、またそれに基づく東方政策が具体的にどのように行われていたのかを解明することを試みる。

そのために本書では、次の二つの観点からブラントの東方政策にアプローチしたい。第一は、米ソ中心ではなくドイツを主体として扱うヨーロッパ冷戦史の観点である。第二次世界大戦後のヨーロッパは「鉄のカーテン」によって東西に分断され、米ソ対立を中心とした冷戦の舞台となった。約半世紀にわたる冷戦時代については、続々と公開されていく当時の公文書を利用した研究も発表されてきているが、そこでは米ソ関係を中心に冷戦を描く傾向が強いといえる。既に冷戦期にも、例えば冷戦を米ソの核抑止などに支えられた「長い平和」と捉える研究が注目されていたが、アメリカの歴史学者トラクテンバーグが一九九九年に発表した『構築された平和（*A Constructed Peace*）』は、一九六三年の部分的核実験禁止条約（ＰＴＢＴ）調印以降、一九八九年に冷戦構造が変動を迎えるまで東西関係が安定した点に注目し、その後の多くの冷戦史研究に影響を与えた［Trachtenberg 1999 ; Gaddis 1987］(6)。そこで彼は、戦後ヨーロッパにおいて東西間の最大の争点のひとつであったドイツをめぐる問題が、ＰＴＢＴによって東西ドイツ（とくに西ドイツ）の核保有を不可能にすることで、ドイツ統一問題は棚上げされたものの、それは米ソにとってもはや重要な対立点でなくなったことに着目する。冷戦史家ヴェンゲルもこの点に注意を払い、米ソが六〇年代前半から核問題及びドイツ問題で利害の一致を見出したことが、ヨーロッパの安定を導いたと捉える［Wenger 1998］。その後米ソは、軍備管理問題を中心に対話を進めていくが、そのことはまた、カルドーが喝破したように、冷戦構造における超大国としての両国の特権的地位を維持するものでもあった［Kaldor 1990］。またこれとは解釈を異にするものの、前述の「長い平和」論を唱えた冷戦史

家ギャディスは、六〇年代後半からのいわゆる東西間のデタントの時期は、七〇年代後半から再び米ソ関係の緊張が高まったことを踏まえると、両国が特権的地位を保ちながら冷戦構造を安定化しようとしたものの、その試みが失敗に終わったと評価している［Gaddis 2010：14-16］(7)。さらにはその延長線上で、アメリカが主導した西側の緊張緩和政策が結局冷戦の終焉を不必要に遅らせ、東側陣営の抑圧的な支配を延命させたという批判論においても、そこでは冷戦史が米ソ関係中心に描かれることから、ヨーロッパをあくまで米ソ対立の「客体」として捉える傾向にある［cf. Piepes 1995：Selvage 2009］。このように、米ソ関係を重視する冷戦史研究においては、六〇年代後半以降のヨーロッパでの緊張緩和の試みであるブラントの東方政策は分析の対象外となるか、限定的な扱いになることが多かったといえる［cf. Stevenson 1985；Garthoff 1994；Nelson 1995］。

しかし本書では、分断国家として対峙し、東西対立の「客体」として二次的に扱われることの多い西ドイツが、主体的に冷戦構造の克服を目指した点に注目する(8)。既述のように一九六〇年代は、冷戦構造が二極から多極へ変容しはじめる時期でもあった。ヨーロッパにおいては、ソ連の東欧支配やドイツ分断を事実上認める「現状」の承認に関する米ソの暗黙の了解によって、東西分断が暫定的に受容される一方で、分断を克服するための第一歩が踏み出された点も見逃してはならない［cf. 岩間 2000；Loth 2002］。ヨーロッパの緊張緩和が結実した一九七五年のヘルシンキ最終文書では、ソ連の要求する「現状」を確認すると同時に、将来国境を平和的な手段によって変更する可能性が保持され、さらに「人・情報・思想の自由移動」などの問題に関して東西間で妥結に至った。本書で見るように、こうしたCSCEにおける諸要素には、ブラント政権が先だってソ連・東欧諸国との関係改善を通じて達成した内容の「多国間化」に取り組んだ成果が含まれている。このヘルシンキ最終文書が冷戦終結に果たした役割に注目する研究が出てきていることを鑑みると［Thomas 2001；宮脇 2003］、本書において分断克服を目指した東方政策とそのコンセプトであるバールの構想に着目することには、冷戦史研究上の重要な意義を見出すことが可能であろう。

本書における第二の分析視角は、ヨーロッパの「中央部（Mittellage）」に位置し、東西の狭間で展開されるドイツ外交という視点である。この「中央部」という言葉は、ヨーロッパにおいて多くの隣接諸国の中央にドイツが存在する地理的条件を意味し、一八七一年に成立したドイツ第二帝政以降の対外政策路線の基礎を築いたといわれる［cf. クラインシュミット 1994：邦訳 59；Zimmer 1997］。二〇世紀の二度にわたる世界大戦に敗北するなど、歴史的にヨーロッパの大きな戦争で当事者だったドイツは、膨張主義、侵略的などと形容され、周辺諸国から脅威を持たれてきた。したがってヨーロッパの「中央部」に位置する統一ドイツは、ヨーロッパの安全保障において障害になると考えられたのである。例えば前出のキッシンジャーは、「歴史の上では、ドイツはヨーロッパの平和においては常に弱すぎるか、強すぎるかのどちらかであった」と端的に述べている［Kissinger 1994：81］。こういった点を考慮すると、第二次世界大戦後のドイツの分断は、東西冷戦の「産物」であると同時に［Löwenthal 1974］、東西冷戦の原因の一つであったとも言えるだろう。なぜなら、第二次世界大戦の戦勝国が、どういった形であれドイツを弱体化させることに一致していたものの、ドイツ問題など戦後処理の過程において東西陣営が対立したことが、冷戦の進行と不可分だったからである。

ここで注意したいのは、この「中央部」という表現は、従来のドイツ近現代史研究において、非常に扱いづらい用語の一つである点である。その背景には、前述した地理的条件への注目が、ともすれば第二次世界大戦前のドイツの侵略主義的な政策などを免責する根拠をなしえたことがある。すなわち、「中央部」に位置する「ドイツに割り当てられた運命」を強調することは、両大戦やアウシュヴィッツに対するドイツの責任を相対化する主張につながり得る［Wippermann 1997：邦訳 64-103］。さらにこの分析視角は、ドイツの「過去」を相対化するのみならず、一九九〇年の東西統一後に再びヨーロッパの「中央部」に誕生したドイツが、より積極的に国益を追求しリーダーシップの責任を引き受けるべきといった論調に収斂しかねないのである［妹尾 2004：33］。

しかし同時に看過できないのは、東西の周辺諸国との関係を常に視野に入れて外交政策を展開することは、何もドイツに限らずどの国においても重要である点である。既述のようにブラントの東方政策では、ソ連・東欧諸国との関係改善を図る上で、西側諸国との意見調整が不可欠であった。それは、東西冷戦の文脈においてのみならず、独ソ接近やドイツの東方への積極外交に歴史的に不信感を持つ近隣諸国との関係がいかに大事だったのかを示している。他方で、分断国家として成立した西ドイツの国内においても、西側結束を脅かし、東ドイツを事実上認め分断を固定化しかねないブラント政権に対して激しい批判論が展開されたことは、東方政策の遂行への制約の強さを物語っていよう。リンクが定式化したような「西側統合プラス東側との関係（Westbindung plus Ostverbindung）」という外交方針が確立されるには［Link 1987］、こうした国内外の様々な制約を乗り越えなければならなかった。このように戦後西ドイツ外交を振り返るには、東西冷戦や緊張緩和といった視角に加え、ヨーロッパの「中央部」におけるドイツという地理的条件や歴史的背景を考慮することが必要なのである。こうした視座は、冷戦終焉後にヨーロッパ統合を先頭に立って推し進めるドイツの外交政策を分析する上でも有意であろう。したがって本書では、過去の侵略の正当化や国益の追求などを過度に主張する外交論へ収斂する危険性を慎重に回避しつつも、東西の狭間のドイツという観点からブラントの東方政策を分析することで、その意義を多角的に検討したい。

本書ではこうした二つの分析視角から東方政策を検討し、単に東西冷戦史やドイツ外交研究のみの視点からでは見えてこない点を明らかにすることで、従来の研究では十分に論じられてきたとは言い難いブラント外交の重層性に迫るものである。

第三節　東方政策への多角的アプローチのために

以上の問題意識から、本書では、次の六つの章からブラントの東方政策を構成する多層性の解明を試みる。

第1章では、ブラント政権誕生までの戦後西ドイツ外交と後の東方政策に至る経緯を概観する。とりわけそこでは、初代首相アデナウアーが推し進めてきた西側統合による「力の政策」に限界を感じ、西ドイツ自らが緊張緩和に取り組むことを提唱した「接近による変化」構想や、分断克服に向けて考案されたヨーロッパ安全保障体制に関する新たなモデルに注目する。そこでバールは、長期的には現存する東西両軍事同盟を解体し、東西ドイツを構成国に含む新たな安保体制を通じてドイツ統一を目指した。その第一段階に位置づけられたのが、ソ連・東欧諸国との二国間関係の改善である。

続く第2章では、東方政策の核となったソ連と東ドイツとの交渉を中心に考察する。バールの構想で分断克服への第一段階と想定されたソ連・東欧諸国との関係改善に際しては、ソ連の東欧支配を意味する戦後ヨーロッパにおける「現状」の承認や、事実上分断を受容する東ドイツの承認問題等が焦点となった。ブラント政権は従来の西ドイツ政府の姿勢を修正し、統一問題や国境の最終確定を一旦棚上げにして、ソ連・東欧諸国と武力不行使に関する条約を締結する。しかし他方で、これらの諸条約を「暫定協定」と位置づけ、分断の固定化を認めたわけではないことを強調した。さらには、将来の統一の可能性を保持することや、「ベルリンの壁」構築後に滞っていた東西ドイツ間の人的交流を再活性化させる様々な措置を講じるべく、東側に積極的に働きかけたのである。この章では、分断と統一の狭間で苦悩する東方政策のジレンマを浮き彫りにしたい。

次に第3章では、東方政策と並行した西側諸国との意見調整に注目する。既に述べたようにブラント政権が東方政策を推進するためには、独ソ接近や東西間を自由に動く積極的なドイツ外交を警戒する西側諸国との緊密な意見調整が不可欠であった。とりわけ西ドイツが東側と結ぶ条約の内容が、第二次世界大戦の戦勝国である米英仏の保有する「ドイツ全体及びベルリンに関する権利と責任」を侵害するのではないかと不安視されたのである。しかしブラント政権は、一方で東方政策と並行して西側諸国との意見調整に継続して取り組み、他方でソ連との交渉においても、米英仏の権限が保持されるように積極的に働きかけた。東方政策に関する意見調整は、西側諸国の思惑も複雑に絡んだプロセスを経たが、こうした緊密な意見交換が西側諸国の不安を緩和することにも寄与したと考えられる。

これに関連して第4章では、東方政策とヨーロッパ統合の問題について考察する。一九六〇年代後半のヨーロッパ統合は停滞していたが、ブラントは、首相就任直後に控えていたハーグEC首脳会談の成功に尽力するなど、統合への積極的な姿勢を示し続けた。このヨーロッパ統合への姿勢は、第3章の西側諸国との意見調整の論点と重複する部分があり、二つの章において、東西の狭間で揺れ動くブラント外交の実像に迫りたい。

そして第5章では、東方政策をめぐる西ドイツ国内の政治過程を整理する。ブラント政権の東方政策に対しては、主に野党に転落したCDU／CSUから、西側統合を脅かす東側への一方的な譲歩ではないかといった非難がなされた。東方政策をめぐる国内分裂の危機は、一九七二年四月の野党による建設的不信任案の提出で頂点を迎えるが、同年一一月の連邦議会選挙ではSPDが戦後初めて第一党に躍進する。この章では、並行して進行した東方政策と西ドイツ国内の動向を、国際政治と国内政治の相互作用に注目して考察する。

このように東方政策の多面性に光を当てた上で、第6章では、ソ連・東欧諸国との二国間関係の改善から、多国間交渉の枠組みにおいて東方政策が「多国間化（Multilateralisierung）」されていくプロセスを、とりわけCSCEの準備過程に注目して跡付ける。西ドイツ政府は、東方政策における国境の平和的変更の可能性や、戦勝国の権限の問題、さらには人的交流などの問題に関する合意内容を多国間の枠組みにおいても反映させるべく、西側諸国との意見調整を通じて積極的に働きかけていく。この章では、西ドイツが西側諸国との緊密な意見調整をしつつ、CSCEの舞台で自国の国益を反映させようとする試みを取り上げ、ヨーロッパにおける緊張緩和の頂点とも言われる一九七五年のヘルシンキ最終文書に至る東方政策の「多国間化」について考察する。

そして終章では、先に提示した二つの分析視角を切り口として、本書の議論をまとめたい。

最後にここで、本書が主に使用する史料等についても触れておこう。まず、ドイツ外務省に委託され現代史研究所によって編集された、三〇年公開の原則から公刊される当該時期の西ドイツ外交文書史料集である（*Akten zur Auswärtigen Politik der Bundesrepublik Deutschland*）。二〇一一年一月現在で一九七九年分まで刊行されているこの史料集は、外務省や首相府の公文書をはじめ、関係者の個人文書などから編集された便利なものである。また、既に同時代的に刊行されている東西ドイツ関係やCSCEなどに関する史料集の他に、ブラント財団によって編集されたブラント全集

（Berliner Ausgabe）やSPDの党大会議事録なども利用価値がある。それらの刊行史料集に加えて本書では、フリードリッヒ・エーベルト財団の文書館に所蔵されているブラントやバールらSPDの代表的な政治家の個人文書や党議事録などをはじめ、コブレンツの連邦文書館に保管されている首相府などの未刊行文書や、アデナウアー財団の文書館にあるCDUの主要政治家の個人文書や党議事録、そしてドイツ外務省所蔵の未刊行史料などを利用した。西ドイツ以外では、旧東ドイツの一次史料や、ソ連・東欧諸国との関係やCSCEの準備過程に関してイギリス外務省が編集した公刊文書集（DBPO）なども適宜使用した。さらに公文書以外では、バールをはじめ当時の関係者たちの回顧録や伝記類も、一次史料だけでは窺い知れない東方政策の実像に迫るうえで有益な資料となるだろう。

また既述のように冷戦時代に関しては、冷戦終焉後に東側の史料が公開され始め、また西側でも公文書が三〇年原則で利用可能になるなど研究環境が変化してきたことによって、一次史料に基づく歴史研究が続々と発表されてきており、ヨーロッパ統合史研究などと同様に、本書が主に扱う一九六〇年代から七〇年代のヨーロッパ冷戦史もその対象となってきた(9)。そこでは、東西両陣営の盟主たる米ソの影響力に限界があった点に着目するなどの米ソ中心史観の相対化が見られ、近年では日本でも、例えば各陣営内の同盟国間関係に照射する研究が輩出されてきている［cf. 齋藤 2006；川嶋 2007；倉科 2008；水本 2009；森 2009；青野 2008；清水 2008；山本 2010］。本書は、単に米ソ関係に還元せずに冷戦を捉える点において、こうした同盟内関係を対象とする研究と問題意識を共有しつつ、ブラント政権期を中心とした西ドイツの外交政策を取り上げるものである。

注

（1）「東方政策（Ostpolitik）」という言葉は、ドイツ外交史において内容及び適用範囲について解釈に差があるが、本書では戦後西ドイツで特に一九六〇年代後半頃から一般的になった理解に従い、適用範囲にソ連及び東欧諸国を想定することにする［cf. 佐瀬 1973：2-7］。また、ドイツで通常使用される用法に従い、本書ではことわりのない限り、特に東ドイツに対する政策を「ドイツ政策（Deutschlandpolitik）」または対東ドイツ政策とし、ソ連、そして東ドイツを含む東欧諸国を含む国に対する政策を東方政策とする。なお西ドイツにおける「東ドイツ」の呼称は、ソ連占領地区を意味する「ツォーネ（Zone）」などから、七〇年代頃には「デー・デー・エル（DDR：ドイツ民主共和国 Deutsche Demokratische Republik の略）」に変化してきた［Noelle-Neumann ed. 1981：125］。本書では「西ドイツ」に対応させる意味もあって「東ドイツ」を使用する。ただ文脈上西ドイツを単に「ドイツ」や「独」と表記している場合もある。なお本書は主に西ドイツの外交政策を分析対象とするため、東ドイツについてほとんど扱えなかったが、旧東ドイツの公文書を利用した近年の研究の進展にはめざましいものがある［cf. Ritter 2002；Scholtyseck, 2003；Bange 2004；Wentker 2007；近藤 2008；清水 2008］。

(2) 「東欧」という言葉は、第二次世界大戦後に東西対立の文脈のなかで、ヨーロッパのうち共産主義圏を意味するものとして使われるようになっていた［cf. 木戸 1990：8］。東西冷戦時代を扱う本書でも基本的にこの理解に従い、東ドイツ、ポーランド、チェコスロヴァキア、ハンガリー、ルーマニア、ブルガリア、ユーゴスラヴィア、アルバニアを東欧諸国とする。

(3) この「サクセス・ストーリー」史観に関する議論は、例えばMorsey［1999：119-22］も参照。

(4) CDU／CSUは、CDUとバイエルン州のみを基盤とするCSUによって構成され、連邦議会では統一会派を組んで活動を行っている（したがってCDUはバイエルン州では活動していない）。

(5) 巻末の参考文献に挙げたニードハルト（Gottfried Niedhart）やバンゲ（Oliver Bange）による一連の研究を参照。また本書が扱うテーマと直接の関わりは少ないものの、東方政策構想の起源を第二次世界大戦中のブラントの亡命期まで遡る研究や、ベルリン時代の初期のブラントの構想に関する研究が増えつつある一方［Schmidt 2001；Hofmann 2007］、ノルウェーやフィンランドといった中立国など個別の国と東西ドイツの関係に焦点を当てる研究も輩出されてきている［cf. Muschik 2005；Allers 2009］。

(6) 「米ソ冷戦史観」について例えば、細谷［2000：序章］、田中［2001］参照。

(7) なお「デタント」は多義的な概念であり、デタントを通じて各国が追求した国益の違いに注意する必要があるものの［齋藤 2006：3-5］、本書では国家間の緊張が緩和する過程といった幅広い意味で用いる［Stevenson 1985］。

(8) 冷戦史においてヨーロッパ側の主体性に注意を促す代表的な研究として、例えばLundestad［1998］参照。

（9）　ヨーロッパ統合史研究の最近の動向に関しては、例えば遠藤［2011］参照。

第1章 バールの構想と分断克服への道
――準備段階から政権奪取まで――

はじめに

本章では、ブラントの東方政策のコンセプトとなる「接近による変化」を打ち出したバールの構想について、戦後西ドイツ史の文脈を踏まえて考察する。東方政策の「頭脳と心臓」[Baring 1983] であり、またその「生みの親」[Schuster 1999] とも呼ばれるバールの構想において、戦後ヨーロッパの東西分断を克服し、ドイツ統一を実現するために、どのような道筋が描かれていたのだろうか。

第一節　東西冷戦と戦後西ドイツ外交

(1) アデナウアーの「力の政策」と西側統合路線の確立

第二次世界大戦の戦後処理の過程で東西の対立が表面化してくると、次第にヨーロッパは「鉄のカーテン」によってそれぞれの勢力圏に分断されていった。西側陣営の盟主たるアメリカは、駐ソ外交官で後に国務省政策企画室長として冷戦戦略の策定に関わるケナン (George F. Kennan) のいわゆる「X論文」を一つの契機として、ソ連の膨張的傾向に対

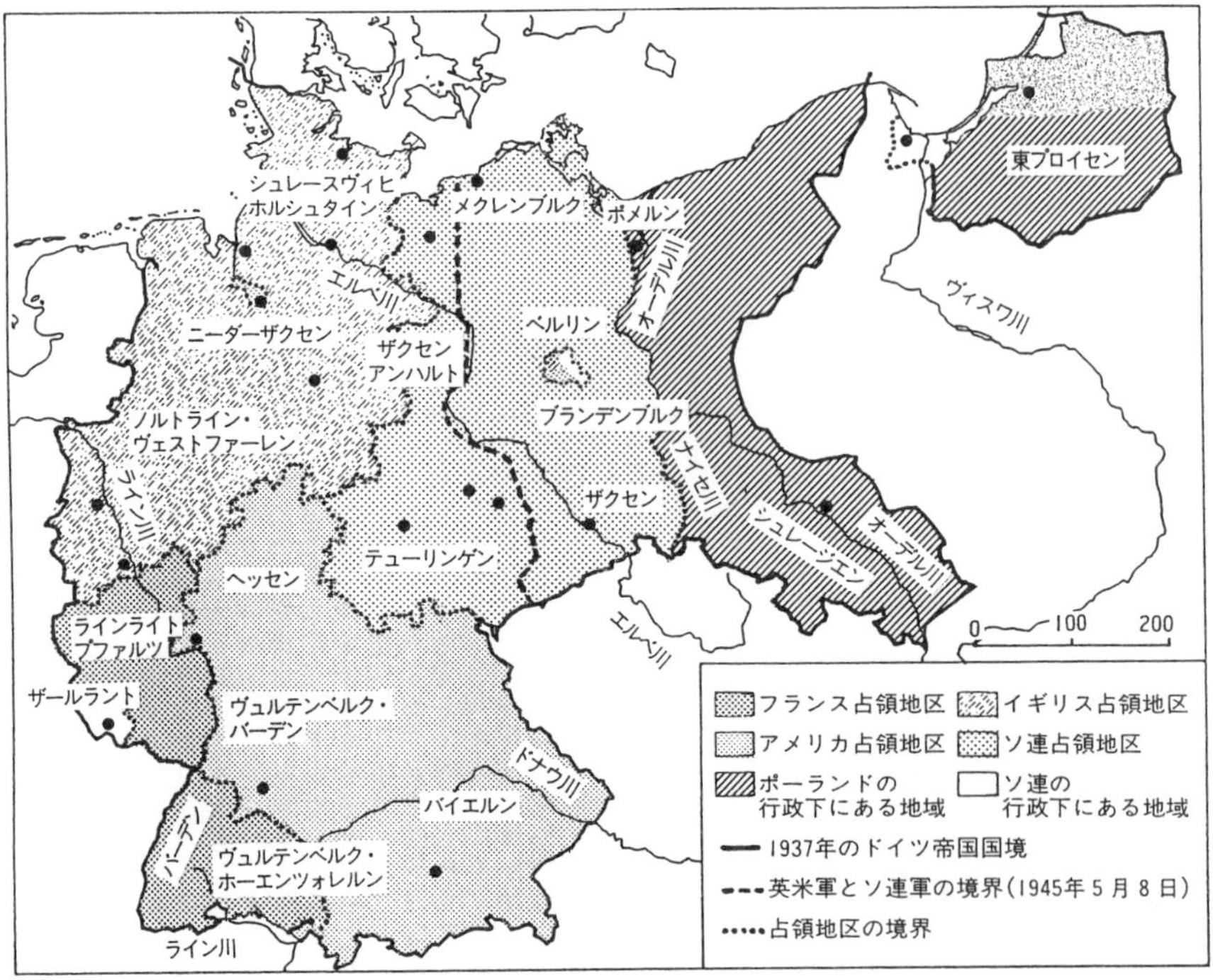

第二次世界大戦後のドイツ　4連合国による分割占領と領土変更

出所：石田編［2007:89］を基に筆者が作成.

する「長期の、辛抱強い、しかも確固として注意深い封じ込め」を対ソ政策の中心に据える。[1] 戦後、米英仏ソの戦勝四カ国によって分割占領されていたドイツでは、米ソ対立が激化するなかで、一九四九年に西側ドイツ国家としてドイツ連邦共和国（西ドイツ）が、東側国家としてドイツ民主共和国（東ドイツ）が成立した。

西ドイツの初代首相となったアデナウアーは、西ドイツを西側同盟の一員として深く組み入れることによって発展させ、さらに西側統合を進めてソ連に対して強い立場に立って再統一を実現する「力の政策」を提唱した。この場合の「再統一（Wieder-vereinigung)」とは、オーデル・ナイセ線以東の領域を含む第二次世界大戦前の領土の回復を意味する。[2] したがって、オーデル・ナイセ以東の旧ドイツ領は、戦後のポツダム協定によるソ連の「西方移動」に伴い暫定的にポーランドの管理下に置かれているだけであって、正式にはポーランド領ではないとの論理を展開した。そして西ドイツにとって、オーデル・ナイセ線を東ドイツとポーランドの国境線として認めることは、それ以東の旧ドイツ領の放棄を意味するため、断固として拒絶したのである［三宅 1996：267-70；佐瀬 1973：25-31；松川 2006；佐藤 2008；地図も参照］。

また、戦後暫く西ドイツで「ソ連占領地区（SBZ）」とも呼称された東ドイツの市民は、非民主的な体制下で抑圧されているのであって、東ドイツ国家の存在を認めることも拒否した。ドイツ再統一は、西ドイツが自由民主主義国家として西側統合を推し進めて発展し、その魅力で東ドイツ市民を引き付け、東西のドイツ人の自決権が行使されることで実現するのである（いわゆる「磁石理論（Magnet-Theorie）」）。アデナウアーは、共産主義に対抗する西欧型民主主義を前提として、「首相民主主義（Kanzlerdemokratie）」と呼ばれる強力なイニシアチブを発揮し（Niclauß 2004）、自由選挙による「平和で自由な（in Frieden und Freiheit）」統一ドイツを目指した。そして一九四八年のベルリン封鎖で示されたように、冷戦の最前線に位置し、著しく不安定な西ドイツの安全保障環境を向上するためにも、アメリカを中心とする西側との結びつきを強めていくのである。[3]

一九五五年五月五日のパリ諸条約（「パリ協定」ともいう）の発効をもって、西ドイツは西側の軍事同盟たるNATOへの加盟や事実上の主権回復を実現する。[4] これにより占領状態は終わったが、本書の後の議論でも重要なので注目しておきたいのは、ポツダム協定で規定されていたドイツ全体及びベルリンに関する西側三国の権利と責任は、将来の統一ドイツとの平和条約の締結まで保持されるということである。それは、一九五二年に締結され、五四年にパリ諸条約にともなって修正された一般条約（Generalvertrag、正式名は「西ドイツと三国の関係に関する条約（Vertrag über die Beziehungen zwischen der Bundesrepublik Deutschland und den Drei Mächten）」であり、「ドイツ条約」とも呼ばれる）の第二条に明確にされている［Münch 1968：229-34］。西側三国は、東西対立という国際環境のなかで、戦後の奇跡的な経済復興を果たしつつあった西ドイツを重要なパートナーとして認め、ほぼ「対等」の地位を受け入れたものの、ドイツ問題に対する権限を確保し続けたのである。一方西ドイツは、こうした権限によって行動の自由を制約されることで、米英仏の三カ国の意向に沿わない行動をとれないように、制度的に組み込まれることになった。しかし統一問題に関しては、西ドイツが統一ドイツまでの暫定的な国家であるとして、基本法に明記される再統一の目標を放棄していないと主張することができた。(5) さらには既にポツダム協定によって、国際法的には一九三七年末のドイツ国境が存続するとし、これは再統一要求やオーデル・ナイセ線非承認と結びつけられることになる。

このような事実上の主権回復と併せて、西ドイツは、NATOへの加盟を条件とした再軍備を果たす［岩間 1993］。東西対立の最前線に位置する西ドイツにとって、再軍備は自国の安全保障に不可欠であるばかりか、西側陣営内における「対等」な立場を主張する上で欠かせない前提条件であった［Hanrieder 1967：126］。アデナウアーは、このNATO加盟に際して、加盟国最大の兵力である一二個師団の提供に同意する一方、西ドイツの統一政策を全面的に支持する点で同盟国から了解を得ていた。なおこの統一政策への米英仏の支持は、前述のドイツ条約が修正された際に米英仏によって発表された声明にも明記されている［Münch 1968：246-47］。こうしてアデナウアーの「力の政策」と西側統合路線が確立されていくのである。

これらの動きに対してソ連側は、ソ連占領地区に東ドイツを成立させた後、次第に「二つのドイツ」の承認を要求するようになった。実はこの「二つのドイツ」の要求に至るまでにソ連の姿勢は変化してきた。例えば一九五二年三月の「スターリン・ノート」においては、自由選挙を実施した後に中立国としてドイツを統一し、その統一ドイツと平和条約を結ぶことを提案したが、アデナウアーはこれを拒否した［Morsey 1999：175-79；小嶋 2001：第1章；清水 2008］。なぜなら、この中立国としてのドイツ統一という措置を通じ、西ドイツを西側陣営から切り離すことで、事実上ソ連の影響力を拡大することを意図していると考えられたからである。西側の強硬な反対に直面したソ連は、西ドイツの西側への統合が次第に進むにつれて、「二つのドイツ」の承認を要求するに至ったのであった。さらには、一九五五年に西ドイツがNATOに加盟すると、東ドイツの主権を承認し、東ドイツを加えた軍事機構であるワルシャワ条約機構を成立させたのである。

ソ連による東ドイツの承認を受けてアデナウアーは、国際社会においてドイツを代表するのは西ドイツのみとする「単独代表権（Alleinvertretungsanspruch）」を主張し、その後しばらく西ドイツ外交を特徴づける「ハルシュタイン・ドクトリン」で対抗する。(6) これは、東ドイツと国交を結ぶ国（ソ連以外）とは国交を結ばないとするもので、東ドイツを国際的に孤立させることを狙いとしていた。(7) この外交方針は、東側陣営の内部崩壊を通じて分断の克服を目指すアデナウアー路線を如実に示すものと言えよう。しかしこのアデナウアー路線が、結果として軍事的にも経済的にも西ドイツの西側への結びつきを強めることになり、ドイツの東西分断がますます固定化されていくことになるのである。

(2)「ベルリンの壁」建設から東西緊張緩和へ

アデナウアーの外交路線は、激しく東西が対立する冷戦という国際環境においては、西側陣営全体の方向性と合致するものであった。ところが、東西ドイツがそれぞれの陣営に組み込まれていき、事実上のドイツ分断が決定的になるにつれて、ドイツ問題についての現状を凍結した形で、東西間の緊張緩和を模索する動きが出てくる。とりわけ一九五五年にジュネーブで開かれた米英仏ソによる首脳会談以降、両陣営間で軍備管理の問題を中心に対話が試みられたのである。(8) こうした動きに対してアデナウアーは、あくまで再統一問題を優先させることを主張した［高橋（進）1986：25-26］。西ドイツとしては、ドイツ分断を固定化する形での緊張緩和を何としても避けたかったが、その分断を「象徴、完成、そしてセメントづけする」［Grosser 1978：邦訳（下）281］事件が起こる。一九六一年八月一三日の「ベルリンの壁」の建設である。

壁建設の背景には様々な要因が考えられるが、ここでは次の二点を指摘しておきたい。まず、冷戦における米ソ対立の観点から、一九五〇年代後半までに水爆保有や人工衛星「スプートニク」の打ち上げの成功によって自信をつけたソ連が、東ドイツ領内に浮かぶ西ベルリンの管理権を手に入れるべく外交攻勢を仕掛けたという点である。ベルリン問題をめぐっては、一九五八年のフルシチョフ（Nikita Khrushchev）による「最後通牒」を契機として、再び米ソ間の緊張が高まっていた（第二次ベルリン危機）。この最後通牒は、西ベルリンを「非武装自由都市」（具体的には、両ドイツを含め如何なる国もその生活に干渉しない自由都市、にすることが主張された）として認めなければ、東ドイツと単独で平和条約を締結し、戦勝四カ国の権利であったベルリンへの通行管理を一方的に東ドイツ政府に移管する、という内容であった［村上 1987：137-38；Stevenson 1985：邦訳 112-14；倉科 2008：第5章］。

こうした状況下でケネディ（John F. Kennedy）米大統領は、一九六一年七月に、ベルリン問題に関する重要な点としていわゆる「三つの基本点」を発表した。すなわち、①西ベルリンにおけるアメリカ軍の駐留、②西ベルリンへのアメリカの自由な運行、③西ベルリン住民の安全とそれに関連して彼らが生活様式を自由に選べる権利、である。これをフルシチョフが、アメリカの関心はベルリン全体でなく西ベルリンに限定されていると受け取ったことが、東側が壁建設を決断する一因になったとされる［Grosser 1978：邦訳（下）300-301］。このベルリン問題をめぐる米ソの力くらべは、壁の建設を契機として一段落し、さらに一九六二年のキューバ危機を経てホットライン協定やＰＴＢＴが締結され、緊張緩和の動きが進展していくことになる(9)。

「ベルリンの壁」が建設された二つめの背景としては、東ドイツ国内の問題を指摘することができる。東ドイツの経済状況は、一九五八から五九年には比較的順調であったものの、六〇年に悪化したことで、西ベルリンを通って西側に逃亡する東ドイツ市民が急増していた。その数は、五九年の約一四万四〇〇〇人から六〇年には約二〇万人へ、さらに六一年に入るとその増加に拍車がかかっていた。こうした経済停滞や、それを背景とした若者や優秀な人材を中心とする多くの労働力流出を主因とする人口減少によって、そもそも出発点において民主的正当化の手続きを欠く東ドイツ政府の基盤は大きく揺らぎ、国家の存続すら危機に陥らせていたのである(10)。しかしここで注意を要するのは、このような社会主義陣営の内部崩壊は、アデナウアーが「力の政策」によって目指してきたものに他ならなかったことである。西ドイツ成立後、再統一を目標に掲げ一貫して西側統合を推進してきたアデナウアー路線は、壁の建設という厳しい現実に直面したのであった。

このように、「力の政策」によって再統一を目指していたアデナウアー路線は、「ベルリンの壁」が建設され、再統一の実現可能性が当面遠のくことで、その限界を露呈することになった。しかし、アデナウアーが再統一のための手段として推進する西側統合自体は、一九五七年のローマ条約によって、ヨーロッパ経済共同体（ＥＥＣ）とヨーロッパ原子力共同体（ＥＵＲＡＴＯＭ）が設立されるなど、市場統合への歩みを強める西ヨーロッパへ西ドイツが制度的にコミットメントを強める成果を挙げていた。

なかでもアデナウアーは、第二次世界大戦後のヨーロッパ統合の発想の原点ともいえるフランスとの関係を重視した。歴史的にもドイツとフランスの関係は、特に両国の対立を決定的にした一八七〇年の普仏戦争を境として、ヨーロッパの国際政治における不安定要因であった。第二次世界大戦後フランスは、ドイツ占領政策において西側三国のなかでも最も厳しい態度でのぞんでいた。しかしヨーロッパ統合問題に関しては、一九五八年のドゴールの政権復帰後、低下していく植民地市場との経済的結びつきの代わりとして、アメリカより自国が影響力を持つ「祖国からなるヨーロッパ」の統合を目指し、次第に西ドイツとの関係を見直しはじめるのである(11)。

ドゴールとアデナウアーの間には個人的にも信頼関係があったといわれるが、両者の間でまず共有されていたのは、アメリカが主導する西側陣営への不満である。アデナウアーは、とりわけ第二次ベルリン危機以降に顕著になったドイツ問題に対するアメリカの関心の低下を受け、「もはやアメリカがヨーロッパの利益を守るために、核を行使するつもりはない」と考えるなど、米主導の西側核戦力の共同管理に不信感を示していた［Hanrieder 1967：186］。またフランスも独自の核兵器を保有するなど、アメリカと距離を置く政策をとり、六六年にはＮＡＴＯ軍事機構から脱退している。このように両者は、アメリカへの不満や大陸ヨーロッパの強化の必要性に加えて、イギリスへの不信などの方向性でも一致を見たといわれている(12)。そして両国間で、多少の起伏はあるにせよ一貫して追求されてきた和解政策の成果として、一九六三年一月二二日に独仏友好条約（エリゼ条約とも呼ばれる）が調印されるのである。

このアデナウアーのフランスへの接近は、米ソの緊張緩和の兆しが見られる中で、その米ソの歩み寄りに対抗する側面もあった。それはまた、一九六〇年代に入り西ドイツ国内で活発になった外交路線に関する議論において、いわゆる「ゴーリスト」路線を踏襲するものであった［cf. Baring 1968 ; Besson 1970 : 322-28 ; Hildebrand 1990 ; Geiger 2008］。この路線は、アデナウアーや、フランスに倣い西ドイツの核武装を主張したCSU党首のシュトラウス（Franz Josef Strauß）らが代表とされ、「力の政策」を基本とし、独仏関係を主軸とする西ヨーロッパの団結を目標とした。(13)これに対して、アメリカとの関係を重視する「アトランティカー」路線（あるいは「大西洋主義者」ともいわれる）は、経済成長の立役者とされアデナウアーの後六三年一〇月に首相となるエアハルトや、「動の政策（Politik der Bewegung）」とよばれる、主に経済関係によって東欧諸国との限定的な関係改善を試みた外相シュレーダーに代表される。この路線対立が浮上する中で、次節で見るように外交政策の「転換」によって与党と共通基盤に立ったSPDは、アメリカの緊張緩和政策の中心をなす核兵器の軍備管理を促進する立場から、アトランティカーに含まれる。しかしこの両路線は、米ソ緊張緩和に対応する点で認識を共通していたものの、その対策は優先順位に違いがあるにせよあくまで西側陣営の枠内に留まっていた。

国際政治の舞台では、核の「手詰まり（stalemate）」に陥っていた米ソの間で、とりわけキューバ危機以降緊張緩和の動きが進展していくなか、ドイツ問題に対する関心の低下は明らかであった。(14)アメリカはヴェトナムへの軍事介入を深め、他方ソ連もフルシチョフの失脚後、再び東欧諸国の引き締めを図る。一九六六年一〇月のジョンソン（Lyndon Johnson）米大統領による「橋渡し（bridge-building）」演説では、ドイツ統一よりも東西緊張緩和に優先順位を置くアメリカの政策転換が明瞭に示された［cf. Costigliola 1994］。軍備管理を中心に進展する米ソ間の緊張緩和は、結果として東西両陣営が双方の勢力範囲を確認していく側面を持ち、ヨーロッパにおいてそれは、ソ連による東欧の支配という「現状」の承認の西側への要求として現出することになる。

これらの状勢を受けてNATOは、一九六七年一二月にヨーロッパの安全保障に対する西側陣営の基本的な方針を示す「アルメル報告」を発表した［*Europa-Archiv*（以下 *EA*）1968, D 73-77 ; Haftendorn 1992 ; 齋藤 2006 : 71-104 ; 山本 2010 :

45-48, 51-52；牧野 2000］。「同盟国の将来の課題」と題されたこの報告は、ヨーロッパの安全保障に対する西側陣営の基本的な方針を明らかにしたものであった。そこでドイツ問題については、「ヨーロッパの最終的かつ安定した和解は、現在のヨーロッパにおける分断の中心であるドイツ問題の解決なしにはありえない」と言及されている。これを西ドイツでは、緊張緩和とドイツ問題を結びつけ、ドイツ問題に対する西側全体の支持を言明したものと評価する声も聞かれたものの［Winkler 2000：邦訳 254-55］、その具体的な解決策を示すことはできなかったといえる。むしろ全体的に見れば、西側陣営が抑止と並ぶ二本柱のひとつとして緊張緩和への努力を前面に掲げた点が注目されるだろう。さらに六八年六月のレイキャビクでのＮＡＴＯ閣僚会議では、「レイキャビク・シグナル」と呼ばれるような、通常兵器の相互均衡兵力削減を提案した［*EA* 1968, D 357-60］。このように、西側陣営全体としても、ドイツ問題を事実上棚上げにしたままで、東西間の対話を模索する方針が打ち出されたのであった。

第二節　ＳＰＤの戦略と「接近による変化」構想

(1)　戦後ＳＰＤの再建と「転換」

このように西側陣営の方向性として緊張緩和への動きが明らかになってくると、再統一を優先する西ドイツは同盟内で孤立する恐れが出てくる。西ドイツ国内では、これ以上の孤立を避けるためにも、野党ＳＰＤを中心に再統一政策の見直しを求める声が強まってくる。

第二次世界大戦後のＳＰＤは、シューマッハー（Kurt Schumacher）のリーダーシップの下、ドイツの再統一と、社会化・計画経済・共同決定を骨子とする経済体制の実現を方針として再建された。とりわけ外交分野に関しては、東西の分断を固定化し再統一の目標と矛盾するとしてアデナウアーの西側統合を批判し、ＮＡＴＯ加盟、徴兵制、核配備などにも反対の立場をとる一方、ドイツ再統一と中立化を優先目標に掲げる。しかし「社会的市場経済」の理念のもとで経済成長を遂げていくアデナウアー政権が支持を集める中、西側陣営に組み込まれていく西ドイツの現実と、再統一を最優先するSPDの姿勢との間の乖離は広がっていった。そのため支持率も伸び悩み、与党CDU／CSUから政権を奪えないことから、党の方針の見直しを迫られることになる。(15)

一九五二年のシューマッハーの死後、既に五〇年代半ばから党改革の動きがあったが、「転機」となったのは、一九五九年のゴーデスベルク党綱領の採択と、翌六〇年のヴェーナー（Herbert Wehner）による「共通の外交政策」演説であった［cf. 高橋（進）1986；高村 1986；安野 2004］。外交政策に注目すると、これによって、国防やNATO加盟、さらには徴兵制を支持し、また核武装禁止を撤回するなど、CDU／CSUと共通の基盤に立ったのである。しかしその内容については、SPD党内でも微妙な温度差があった。それを主に、党内きっての外交専門家のエルラー（Fritz Erler）やヴェーナーを代表とするボンの党本部（以下ボンSPD）と、西ベルリン市長ブラントやバールを中心とするベルリンの党員ら（以下ベルリンSPD）に分けて整理すると以下のようになるだろう。まず、緊張緩和による西ドイツの孤立を避けるために、対米関係を緊密にするという点では、両者は一致していた。次に東方政策について、ボンSPDは、東ドイツを孤立させソ連にとって負担となるようにすること、より具体的には、ソ連と東ドイツを除く他の東欧諸国との関係を改善するシュレーダー外相の「動の政策」とほぼ同一歩調をとっていた。

これに対してベルリンSPDは、ドイツ分断の現実と壁建設に対する市民の不満に直面して、ブラントやバールを中心に独自の政策を展開し始める。一九六三年七月一五日にトゥツィング・プロテスタント・アカデミーでの演説でバールは、「接近による変化」という定式を示した。このバールという人物は、一九二二年に後に東ドイツ領となるチューリンゲン（Thüringen）州のトレフルト（Treffurt）という町で生まれ、第二次世界大戦後しばらくはベルリンに本拠を置く新聞社やラジオ局で勤めるなどしていた。ブラントとはベルリンで五〇年代半ば頃に知り合い、五七年にSPDに入党後、六〇年から西ベルリン市長となっていたブラントのもとで市政府スポークスマンとなる［Hahn 1973：861-62；Vogtmeier 1996：30-31］。「ベルリンの壁」が建設された六一年八月には、ブラントがSPDの首相候補としてアデナウアーと争っていたが[16]、バールは、後に西ベルリン市長となるシュッツ（Klaus Schütz）やアルベルツ（Heinrich Albertz）らと共にチームを組んで選挙対策にあたるなど、ブラントの側近として活躍していた［Bahr 1996：124-25］[17]。そのバールが示したのが次に見ていく「接近による変化」構想である。

(2) バールの「接近による変化」構想

このバールの演説は、後にブラント政権が推進する東方政策の新しい方向性を示したものとして重要である［Meissner 1970：45-48］。ここではその内容を以下の三点から見ていくことにする。

第一にバールは、東西関係におけるソ連の影響力の強さを認識する。西ドイツは成立以来、東側の政治体制の正当性に真っ向から反対してきた。しかしバールは、一九五三年の東ドイツ（本章注10を参照）や五六年のハンガリーに見られるように、東側の民衆蜂起がその政治体制を動揺させると、結果としてそれらに対するソ連の介入を招くことを学習していた［Bahr 1996：157］[18]。したがって、「ゾーン（Zone：東ドイツのこと）はソ連との同意を得て変換されなければならない。我々がそれをできるならば、再統一へ大きく踏み出すことになる」とし、ソ連との合意を通じた分断克服への展望を示したのである。さらにバールは、「ベルリンの壁」の建設を東ドイツの弱さの象徴として捉え、西側が東側よりも優勢であるという認識を背景に、西側が自らを開放することによって、東側を開放させる戦略の転換を主張した。それまでの東側の政治体制への硬直した対決姿勢から、それらに「接近」するといった姿勢への転換により、壁建設と分断による人々の苦痛を軽減する「変化」への一歩を踏みだそうとしたのである[19]。

バール構想の第二の特徴は、東ドイツに対する姿勢に見ることができる。ドイツ再統一についてバールは、「一度の行為ではなく……多くの歩みと段階をともなうプロセス」と位置づけ、「人々の負担を軽減する細い道」を通じて東ドイツの変化を目指すことを主張した。そして具体的な政策としてバールは、既に六二年にブラントに対して述べているように、東ドイツの事実上の承認を考慮すべきとまで考えていた［Vogtmeier 1996：71］。その背景には、東西ドイツの分断という現状を一時的に受け入れることよって、長期的にその現状の克服を目指す「現状の承認による克服」というアプローチがある。こうした認識に基づき六三年一二月には、東ドイツを交渉相手として通行証協定が締結され、壁による分断から二年半ぶりに約一二〇万人の西ベルリン市民が東ベルリンの親戚を訪問することができた。翌六四年一一月には、東ドイツの年金生活者に国境が開かれ、西側の親戚を訪問することが許される［Weber, 1988：邦訳 114］。西ベルリン市長として壁構築に立ち会ったブラントは、「大言壮語（große Worte）」に代わる「小さな歩みの政策（Politik der kleinen Schritte）」［Brandt 1989：55］を提唱し、市民の「人間的苦痛の軽減（menschliche Erleichterungen）」のため、東ドイツと直接交渉する独自の政策を推進したのである。(20) 後年ブラントやバールは、この通行証協定から東方政策が始まったと述べているように［Ash 1993：62］、この東ドイツに対する姿勢こそ、従来の西ドイツ外交政策と比較して決定的に異なる点であった。このように既にベルリンでは、具体的に実務的な関係を改善する「小さな歩みの政策」が開始されていたのである。

そして三つめの特徴は、東西あわせた全ヨーロッパ的観点に立ち、ドイツ分断の克服は全ヨーロッパの緊張緩和を推進してこそ可能であると位置付けた点である。バールは、後述するように長期的目標に「ヨーロッパ平和秩序（Europäische Friedensordnung）」を掲げ、緊張緩和の進展こそが分断克服につながると主張した。これは、エアハルト政権下で限定的に東欧諸国との関係改善を試みる「動の政策」に取り組んだシュレーダー外相が、再統一への姿勢としては基本的にアデナウアー路線を継承し、緊張緩和よりドイツ再統一を優先させたのとは対照的である。この「ドイツ問題のヨーロッパ化」を西ドイツ自らが提唱したところに、バール構想の斬新さがあったといえる。

このバールの「接近による変化」構想は、バール演説の約一カ月前に示されたケネディ米大統領の「平和の戦略」によって提唱されたアメリカの緊張緩和政策を、東西ドイツ関係に適用したと理解されることがある。(21) 確かにブラント自身が、同年八月の党大会で、「平和の戦略」によって両ドイツ間の人的交流拡大への第一歩を踏み出すといった主旨の演説をしている。(22) しかしこうしたアメリカの「平和の戦略」への言及によって、各方面から予想される批判を封じ込める意図があったことも見逃せない［Merseburger 2002：445］。後年バールも、既にブラントが前年の六二年にアメリカのハーバード大学で行った演説において[23]、ソ連による「現状」の承認への要求を真っ向から拒絶するのではなくそれを利用する政策の転換を主張していた点を指摘し、西ドイツ自らが緊張緩和に積極的かつ具体的に取り組む姿勢が重要であったと述懐している［Bahr 1996：149-54］。バール構想は、米ソ間の緊張緩和を利用し、西ドイツ独自で分断克服のために対処することを強調する点で、単に緊張緩和に対応する側面の強いシュレーダー外交やボンSPDの方針とは大きく異なっていたのである。

バールの演説は様々な方面で反響を呼んだ。東側陣営からは、例えば東ドイツは、一方で東ドイツの承認につながる点に積極的な意義を見出しつつも［Staadt 1993：89-96］、それが東ドイツの「変化」を企図したものであることに警戒の色を隠さなかった。外相ヴィンツァー（Otto Winzer）は、単に「無駄な小言の攻撃（Aggression auf Filzlatschen）」でしかないと強く反発している[24]。また西ドイツ国内でも、例えば外相シュレーダーは、通行証協定による東ドイツとの直接交渉が政府方針に反すると批判し［Potthoff　1999：45］、西ベルリンでブラントと市長の座を争ったアムレーン（Franz Amrehn）は、バールの構想が分断の固定化を招くとして激しく非難した[25]。さらにはCDU／CSUだけでなく、SPD党内からも懸念が示される。例えば後にCDU／CSUとの大連立政権を樹立する際の立役者となるヴェーナーは、バールの「無意味な発言」で「ばかふさげ（Narretei）」であると批判した[26]。党内では、CDU／CSUに攻撃材料を与えるといった懸念から、バール構想はあくまで個人的な意見としてしか扱われなかったのである[27]。こうした党全体の反応は、構想においてはバールに同調していた党首ブラントも、CDU／CSUとの共通性に基づいて有権者から信頼を得る党方針から、態度を慎重にせざるを得なかった点にも表れている［Ash 1993：66-67］。この時点ではベルリン独自の政策が連邦レヴェルに反映されるには至らなかったのである［Brandt 1976：108；網谷 1994：162-65］。

西ドイツ国内では一九六〇年代の初め頃から、バール演説への反響はもちろん、フェヒター事件などをきっかけとした知識人・ジャーナリストによる活発な議論もあって、世論の東方政策に対する関心が次第に高まっていた[28]。例えば六一年には、学者を中心に八人が「テュービンゲン覚書」を発表し、オーデル・ナイセ線の承認が不可避であることを主張している［Görtemaker 1998：54-55］。さらに六五年一〇月には、プロテスタント教会による東欧諸国との和解とオーデル・ナイセ線の承認を提唱する親書が注目された［Hildebrand 1984：194；Kirchenkanzlei der Evangelischen Kirche in Deutschland hg. 1965］。

しかし政府の東方政策に目を転じると、東欧諸国との経済関係の改善を軸としたシュレーダー外相の「動の政策」は、一九六五年のチェコスロヴァキアとの通商代表部設置に関する交渉の決裂などによって行き詰まっていた。こうした状況の中で、野党SPDは、特に東ドイツへの姿勢について、六五年の総選挙後に党全体として独自性を示し始める（網谷 1994：387-94）。まず六六年二月には、東ドイツの支配政党ドイツ社会主義統一党（SED）との間で、講演者交換の試みがなされた［Besson 1970：356-60；Brandt 1976：125-29；Hildebrand 1984：196-98；Potthoff 1999：49；Meyer 2006：269-73；*DzD*, IV/ 12：323-24］。この試みは結局実現に至らなかったが、西ドイツ世論の実に八二パーセントが歓迎していたという調査結果も出るなど、硬直したCDU／CSU政権の政策と比較して、SPDの柔軟性が大きく際立った(29)。さらに同年六月のSPD党大会では、東ドイツを武力不行使宣言に引き込むことが表明されるなど［Meissner 1970：131-34］、東ドイツを相手に交渉するベルリン構想が、党全体の方針として示されるようになったのである［網谷 1994：390-92］。

(3) 大連立政権の成立

米ソ間の緊張緩和を受けて、エアハルト政権も全く硬直し続けていたわけではない。一九六六年三月二五日の「平和ノート（Friedensnote）」によって、東側諸国への対話の呼びかけはなされた［Answärtiges Amt hg. 1995：295-98；Blasius 1995；Besson 1970：356-64；川嶋 2007：163-66］。これは、東欧諸国に対して武力不行使についてはじめて正式に呼びかけたものであったが、その対象に東ドイツは含まれていない。このように、東ドイツを孤立させることを目的としたハルシュタイン・ドクトリンを維持しながら関係改善が試みられたものの、東ドイツの承認を交渉の前提条件とする東側諸国との歩み寄りは困難であった。

　エアハルト政権は連立を構成していたCDU／CSUとFDPの対立から崩壊し、一九六六年一二月一日にCDU／CSUとSPDによる大連立が成立する［平島 1989］。SPDは、政権成立に先立って、東ドイツへの武力不行使に関する交渉の提案を含む「八項目プログラム」を提示し、連立交渉に臨んだ［Enderes 1987：22-26；Taschler 2001：62-72；Schönhoven 2004：51-78］。この連立交渉では、CDU／CSUが外交政策の分野でSPDの要求を聞き入れ、外相にブラント、東西ドイツに限定した問題を担当する全ドイツ問題担当相にヴェーナーが入閣することになる［網谷 1994：395-99］。さらには、首相に就任したCDUのキージンガーの施政方針演説では、東方政策に関して従来の姿勢からさらに踏み出し、ソ連や東ドイツにも交渉を呼びかけた点が注目された［*TzD*, I：7-27］。

　とりわけ東ドイツに対してキージンガーは、一九六七年四月に東ドイツ首相シュトフ（Willi Stoph）へ東西ドイツ間の問題や経済協力等に関する政府間の対話を呼びかけ、また六月の連邦議会でも同内容の演説を行った［*TzD*, I：45-47；71-76］。しかしこれに対してシュトフは、国際法的な武力不行使条約の締結に消極的なキージンガーの姿勢を猛烈に非難する。既に同年二月のワルシャワ条約機構外相会議では、東西ドイツ関係が正常化するまで、ワルシャワ条約機構の加盟国は西ドイツとの関係正常化を控える「ウルブリヒト・ドクトリン」が採択されていた。これは、西ドイツとルーマニアの国交樹立など大連立政権の攻勢に対して、東側陣営内で孤立することを警戒し、西ドイツのハルシュタイン・ドクトリンに対抗することを企図するものであった[30]。さらに同年四月の欧州共産党会議では、キージンガーの東側諸国への接近が「報復主義（Revanchismus）」であるとして批判される［Ash 1993：56］。このように大連立政権の対話の試みは東ドイツの激しい抵抗に遭い頓挫するのである。

　またソ連に対しても、一九六七年二月七日に西ドイツ側から、武力不行使宣言を内容とする書簡が手交され、双方の間で書簡交換が開始されていた［Mehnert 1970：816］。しかしソ連は、大連立政権が当時西ドイツ国内で党勢を拡大していた極右のドイツ国家民主党（NPD）の活動を放置していることを非難し［三宅 1996：279-82］、国連憲章に定める「旧敵国条項」を援用して西ドイツへ干渉（武力行使を含む）する権利を主張した。[31] そして翌六八年七月五日には、ソ連が機密事項など関係文書の一部を一方的に公表し、西ドイツの「報復主義」への非難を強めたため、実質的に交渉は中断してしまう。[32]

一方西ドイツ側でも、大連立政権を構成する両党の間では、東ドイツが要求する「国際法的承認（völkerrechtliche Anerkennung）」に関してはタブーとなっており［Potthoff 1999：57］、対東ドイツ政策の一致は見られなかった。キージンガー自身が東ドイツの存在を「現象（Phänomen）」としか表現できないことに端的に示されるように、単独代表権に基づく硬直した政策を堅持するCDU／CSU内からの反発が強く、「接近」の試みは限界を露呈する。[33] このように、ベルリンで見られたようなブラントやバールのイニシアチブは、CDU／CSUとの大連立政権下では発揮されなかったのである。[34]

一九六八年八月には、「プラハの春」と呼ばれるチェコスロヴァキアにおける一連の民主化の動きに対して、ソ連をはじめとするワルシャワ条約機構軍が同国領内に進入し、首都プラハを制圧する事件が発生する。[35] さらにソ連は、続く一一月に、社会主義諸国の主権は社会主義陣営全体の利益に従属すると主張する「ブレジネフ・ドクトリン」によって、あらためて東側陣営の引き締めを図った。しかしここで注目されるのは、これらの東側の動きに対する西側の反応が概して冷静だった点である。西側諸国にとっては、東側に表面的には抗議しつつも、改善されつつある対ソ関係を乱さないようにする方が大切だったのである［Grosser 1978：邦訳（下）385］。バールも、「プラハ侵攻は、ベルリンの壁建設によって既に示されていた教訓を再び明らかにしたものである」と述べている［Ash 1993：69］。またこれらの一連の動きは、東側陣営と対話を進める上でソ連の同意が不可欠であることをあらためて印象付けるものでもあった。

一方のソ連側も、翌六九年三月一七日のワルシャワ条約機構首脳会議において、ヨーロッパの安全保障に関して「ブタペスト声明」を発表した［*EA* 1969, D 151-53］。先だって六六年七月五日に全ヨーロッパ規模の会議開催を求めたブカレスト宣言では、ヨーロッパにおけるアメリカの影響力を減退させ西側同盟を分裂させることを企図し、NATOとワルシャワ条約機構の同時解体を提案の一つとしていたが［*EA* 1966, D 414-24］、ブダペスト声明ではそれらの提案が姿を消していた（第6章第一節も参照）。プラハ侵攻に対する西側の冷静な対応の後、ソ連も交渉の用意があることを示してきたのである［Ash 1993：57］。このように東西両陣営で、ヨーロッパの「現状」を事実上承認する方向で緊張緩和を進めることが明らかになってくると、西ドイツは孤立を避けるためにも、硬直した東方政策からの脱却が要請されることになるのである。

第三節　バールのヨーロッパ安全保障構想と「枠組み条約」構想

(1)　バールのヨーロッパ安全保障構想

大連立政権下でSPDは、連立相手CDU／CSUへの配慮もあって、得意の外交分野でも「思考の停滞（Stagnation des Denkens）」に陥っていた［Vogtmeier 1996：103］。しかしながら、外相ブラントの下で外務省政策企画室の室長に着任したバールは、ドイツ統一を実現するための中・長期的な視座に立つ新たな政策構想を練っていた[36]。その一つが、ヨーロッパ安全保障体制に関する三つのモデルである。一九六八年四月から六月の間に作成されたこのモデルは、「力の政策」によって再統一を目指してきた従来の西ドイツ外交を根底から問い直すものであった[37]。バールの政策構想を纏めた報告書は、ヨーロッパ安全保障に関して多岐にわたるテーマを包括的に分析したものであったが、ここでは特に彼のヨーロッパ安全保障モデルについて、ドイツ分断を克服する道程をどのように想定していたのかという観点から素描しておきたい。

この構想においてバールは、東西をあわせた全ヨーロッパ的な安全保障体制のなかでこそ東西ドイツ統一が実現すると想定した上で、その安保体制のモデルとして三つの可能性を検討する。まずモデル(A)では、現存の東西軍事同盟を出発点とし、二国間交渉による軍縮等を通じて緊張緩和を推進する。次に(B)は、軍縮を監視する共通の機関を設置し、最終的には現存の軍事同盟と併行する形でヨーロッパ安全保障会議として制度化される。そして(C)は、東西両軍事同盟に代わり、東西ドイツ、ベネルクス三国、ポーランド、チェコスロヴァキアの構成国からなり、米ソによって保障される新たな安保体制である。

さらにバールは(C)の構成国の可能性について、前述の七カ国からなるプラン①、デンマークとイタリア、中立国であるオーストリアとユーゴスラヴィア、それにハンガリーを加えたプラン②、そしてイギリスやフランス等も含めた計二五カ国のプラン③をそれぞれ検討する。[38] まずプラン①は、現存のEECや将来の西欧諸国間の政治協力に亀裂を生じさせ、また東西統一の実現後にはこの新たな安保体制内でドイツが強大になり過ぎ、周辺諸国に警戒されるとして、西ドイツにとって有益でないとされた。またプラン③は、なるほど英仏が参加することでドイツを牽制できるものの、構成国が多く既存の国際組織との兼ね合いが複雑化し、さらに同じ西側の核保有国でも構成国（英仏）と非構成国（アメリカ）の権利義務が明確でなくなるといった問題が生じると指摘した。そして、規模的に両者の中間にあたるプラン②では、適度の構成国数（一二カ国）によってドイツの影響力増大を抑える一方、体制内での西側諸国の比重が高まり、特にイタリアの参加がEEC内の分裂を妨げ西欧統合への悪影響も少ないと判断された。このように、現存する東西両軍事同盟に代わる新たな安全保障体制では、アメリカのヨーロッパへの関与が低下することを念頭に、西側陣営の結束を強化する西欧経済統合を妨害しないように注意を払っていた点を看過してはならない。また、将来の東西ドイツ統一に対する周辺諸国の警戒も十分計算に入れており、冷戦構造における東西間の勢力均衡や西欧諸国内の政治力学を慎重に考慮したものだった。

こうした詳細な分析に見られるように、バールはドイツ統一への道程としてこのモデル(C)を最も理想的と考えていたのは想像に難くない。しかし(C)は、NATO解体がアメリカのヨーロッパにおける影響力減少を招き、またソ連にとってもワルシャワ条約機構の解体とそれに代わって存立される自国を構成国としない安保体制が、東欧諸国の自由化を促しかねないと警戒されるため、両大国の同意が見込めず実現可能性が乏しいとされた。これとは対照的にモデル(B)は、現存の軍事同盟を静態的に捉えるため分断の固定化を導き、新たな安保体制への移行を困難にすると考えられた。そして残るモデル(A)では、(B)に至る現状の固定化を避けつつ、緊張緩和を促進するなかで統一のチャンスを見出すことができると判断された。以上から結論としては、まずモデル(A)を選択しながらも、長期的な目標に「新しい秩序」として(C)を設定する。

このように新たな安保体制を長期的目標に据えた上で、バールの構想において特徴的なのは、分断克服への段階的アプローチである。すなわち、第一段階としてソ連をはじめとした東側諸国との二国間関係の改善、第二段階に軍縮やヨーロッパ安全保障会議を通じた多国間緊張緩和の促進、そして第三段階に新たな安保体制の構築による「ヨーロッパ平和秩序」の創出であり、その中でこそ東西ドイツの統一が実現するのである。言い換えれば、一時的にドイツ統一問題を棚上げにして実務的な関係改善に取り組み、東西間の緊張緩和を推進するために西ドイツ自らがイニシアチブを発揮し、その上で全ヨーロッパ的な安保体制を通じてドイツ統一の道を探るものであった。

(2)　西側統合の弱体化？

しかしこのバールのヨーロッパ安全保障構想は、長期的にＮＡＴＯの解体と新たな安保体制の構築を視野に入れていたことから、西側の結束を脅かすとして非難された[39]。それは、東西間を自由に動くドイツの「ブランコ外交」や「中立化」、そして独ソ接近へのトラウマ（いわゆる「ラッパロ」）やドイツで長い歴史を持つ「中欧（Mitteleuropa）」概念とも関わる[40]。とりわけソ連への妥協的な態度への批判は、後にブラント政権が推進する東方政策への反対論にも見られ、西側諸国との意見調整を怠ったのではないかとの不信感にも繋がる。またバール自身も、超国家主義的なヨーロッパ政治統合に慎重な姿勢を示していたため、西側との結束を軽視したと批判されている［Link 1986：175-76；Loth 2007；Seebacher 2006］。例えば、後年大統領候補にもなる政治学者シュヴァン（Gesine Schwan）は、バールの構想がアメリカをはじめ西側諸国に距離を置き、ビスマルク（Otto von Bismarck）に代表される伝統的なドイツ・ナショナリズムに回帰していると痛烈に非難した［Schwan 1983］。こうしたバールへの警戒心は、ニクソン政権下で大統領特別補佐官や国務長官を歴任したキッシンジャーの回顧録にも如実に描かれている［Kissinger 1979：443］。そもそも当時のＳＰＤ内でも、バールの安保構想に全面的なコンセンサスがあったわけではなく、例えば後にブラントを後継し首相となるシュミット（Helmut Schmidt）は、東西間の軍事的な勢力均衡を重視する立場から、新たに「全欧」安保体制を構築する長期的目標に対して慎重な姿勢を崩さなかった［Enders 1987：126-27］。

とはいえここでまず注意したいのは、バールがヨーロッパ政治統合には消極的だったのは、それがドイツ分断を固定化し将来の統一可能性を減じさせるとの判断が働いたからという点である。もし西欧諸国に限定した政治統合を進めた場合、自由を求める東欧諸国の市民を失望させるのではないか。さらには、西欧に対抗して東欧諸国間が関係を強化するとなると、ヨーロッパの東西分断が固定化されてしまい、それを克服する可能性がより遠のく。しかし既に一九六五年の時点でバールは、将来における東欧諸国のＥＥＣ加盟を想定しており、バールにとって「欧州」は、「西欧」に限定されるのでなく、常に「全欧」を念頭に置いたものだった［Vogtmeier 1996：345］。なおバールの安保モデルでは、構成国である一二カ国の領域が部分的に「中欧」に重なるにもかかわらず、歴史的に論争的なこの表現を巧みに避け、冷戦構造の克服を含意する「全欧」安保体制を長期的目標として前面に掲げていることも興味深い。

さらにヨーロッパ統合への姿勢に関して看過すべきでないのは、バールが、むしろ緊張緩和を進める上で不可欠な西側の強化のために、政府間主義による経済統合については積極的であった点である。そもそも政治統合自体は、一九五〇年代から六〇年代半ばにかけての超国家主義的な試みが行き詰まりを見せており、その見通しに慎重にならざるを得なかった。しかしながら、超国家主義的な統合が当面実現不可能と考えられたがゆえに、政府間主義による経済統合の進展は、両ドイツ間の「接近」を核とする東西緊張緩和の障害にならないと捉えられたのである。たしかに、「西欧」政治統合と長期的目標たる「全欧」安保体制の間の一見矛盾すると思われる関係について、その「全欧」安保体制への参加国が確定されるまで留保されるべき問題であると規定するバールの見解自体に曖昧さは残る。しかし、長期的目標たる新たな安保体制を通じたドイツ統一のために、その前段階である緊張緩和を推進する前提としての西側の結束を重視する立場から、少なくとも経済統合には肯定的だったのである。

加えて、ヨーロッパの政治統合に熱心でなかった背景には、西側統合を推し進めてきた西ドイツ外交の「ドグマ化」に警鐘を鳴らし、分断克服への道筋のオルタナティブとして、西ドイツ自らが東側諸国との対話によって緊張緩和を促進することで、統一の可能性を探る意図があった点にも注意したい。(41)「ベルリンの壁」の建設が明らかにしたように、ドイツ統一が西側統合による西欧安全保障だけでは当面達成されない以上、分断克服への新たな構想を練ること自体が妨げられてはならない。しかしバールは、それが従来にない「新しく耳慣れない」要素を含んでいるのは当然であり、だからこそ政府内はもちろん、野党や西側諸国とも意見調整が必要であると十分に認識していた。(42)また対米関係についても、泥沼化するヴェトナム戦争の影響もあって、駐欧米軍削減要求の強まる当時の米国内世論を踏まえ、アメリカに過度に依存しない安保体制を構築する問題意識から発したものであり、西欧へのアメリカの関与そのものを否定していたわけではない。バールは、ドイツ統一の前提条件である西欧の安全保障のために、依然アメリカをはじめ西側諸国との緊密な連携が極めて重要であるとの認識を持っており、それはブラント政権の東方政策やヨーロッパ統合への姿勢にも反映されることになる。

(3)「枠組み条約」構想とブラント政権の成立

以上のように外務省政策企画室では、長期的な観点から分断克服への新たな構想が練られていた。しかしその第一段階であるソ連・東欧諸国との関係改善を進める上で最も障害となっていたのが、東ドイツの承認問題であった。一九六九年に入る頃になると、大連立政権を構成する二大政党間では、この東ドイツに対する政策をめぐって姿勢の相違が際立ってくる。CDU／CSU内では、ソ連のプラハ侵攻後、さらなるソ連や東ドイツへの妥協はドイツ分断を固定化するとして、ソ連が主唱していたヨーロッパ安全保障会議やSPD主導の東方政策への批判が強まっていた［Clemens

1989：50-51］。[43] 五月三〇日にキージンガー首相は、東ドイツの承認は「非友好的な行為（ein unfreundlicher Akt）」であると言明し、対立姿勢を鮮明にする（*TzD*, Ⅲ：254-55）。また、バールが「接近による変化」の演説以降、ソ連や東ドイツと極秘に接触してきたことをスクープされるなど［Hahn 1973：863］、首相の頭越しに東側と接触しているバールにキージンガーが苛立ち、[44] それに対して外相ブラントが弁明することもあった。[45]

こうした中で東方政策についてこの時期に積極的な態度を打ち出したのは、大連立政権下で野党の座に甘んじていたFDPであった。[46] FDPは、先述の六〇年代以降の外交路線の分類でいえば、CDU／CSU内のアトランティカーやSPDとともに「静かな連立」［Klotzbach 1982：563］を形成していた。しかし野党転落後に、単独代表権の放棄や東ドイツとの条約などを要求する「シュルヴェア文書」を新たに発表し［Baring 1983：259-64］、さらに六八年一月には、東方政策に対して積極的な姿勢を示すシェールを新党首に選出する。そして翌六九年一月には、両ドイツが常駐代表を交換することを内容に含む東ドイツとの条約案を連邦議会に提出するなどの動きを見せていた［*TzD*, Ⅲ：143-45］。そもそもFDPでは、戦後当初は党内でもナショナリストの潮流が影響力を持っていたものの、次第に東側との対話を主張する勢力が台頭していた。[47] また、既にベルリン通行証協定締結の際には、西ベルリン市政府においてSPDとの連立を経験するなど、SPDの「小さな歩みの政策」に協力的な態度を示していた。[48] 加えて、六九年三月の西ドイツ大統領選挙において、FDPはSPDの推すハイネマン（Gustav Heinemann）を支持し、その当選を確実としていた。[49] このように、東方政策に関する大連立政権内の相違が際立つのとは対照的に、SPDとFDPが連立を組む土台は形成されていたのである。

しかし一九六九年の五、六月頃になると、東ドイツの承認問題は新たな局面に入ってくる。大連立政権は、イラク、カンボジア、シリア、スーダンなどが相次いで東ドイツと国交を樹立し、[50] さらに世界保健機構（WHO）など国際機関への東ドイツ参加問題が浮上する中で、従来のハルシュタイン・ドクトリンによるドイツ政策を続けるべきかの課題に直面する。[51] バールは、これ以上の東ドイツの承認を防ぐ方策に関する報告書を作成する一方で、[52] 彼を中心に外務省政策企画室は、前述のヨーロッパ安全保障に関する報告書と並行して、東西ドイツ関係について包括的な戦略を準備していた。

こうした問題意識から政策企画室が、連邦議会総選挙の迫る一九六九年九月一八日に完成させた報告書が、「将来の西ドイツ外交政策に関する考察」である。(53) そこでは、東ドイツとの関係をより具体化したものとして「枠組み条約（Rahmenvertrag）」が提案された。とりわけ以下の二点が注目されよう。

第一に、この「枠組み条約」構想では、東ドイツを条約締結など国際法上の能力を持ち、西ドイツと同等の権利を持つパートナーとして認めるところまで踏み込んだ。そこでは、通常の国家間関係とは異なる両ドイツ間の特殊な関係を強調する一方で、緊張緩和の進展のためには東ドイツを孤立させず、むしろ関係構築が必要であるとの認識が反映されたものである［Vogtmeier 1996 : 113-15 ; Ash 1993 : 68］。その六日後の報告書でもバールは、東ドイツも参加するヨーロッパ規模の安全保障会議を開催する前提条件として、東西ドイツ関係の規制を挙げている。(54) バールは、両ドイツ関係の改善を通じた緊張緩和の促進に積極的に取り組む決意をしていたのである。

続いて第二に、東ドイツとの関係の構築がドイツ統一を断念するものでなく、長期的には分断を克服する最初の一歩になると位置づけられた［Vogtmeier 1996 : 116］。そして分断克服への具体的な一歩として、両ドイツ間の情報交換や旅行交通など、分断による人々の苦痛を軽減する実務的な関係改善を目指すことが示されたのである。特に情報交換については、出版物の自由な流通やラジオ及びテレビの規制撤廃などを通じた両ドイツ間の交流拡大に言及している。ここに漸く「接近による変化」構想が具現化され、ベルリンで開始した人的交流拡大を図る「小さな歩みの政策」が反映された。この東ドイツを交渉相手にする姿勢こそ、従来の外交政策と決定的に異なる点だったのである。

ただしこの「枠組み条約」構想では、大連立政権の維持の可能性が示唆されていたため、ドイツ政策やソ連の影響力の認識に関して、二大政党の間の一定のコンセンサスに注目する研究もある［Link 2001 : 300-301］。この視点は、ＳＰＤの戦略の独自性を相対化し、他方ＣＤＵ／ＣＳＵが東側諸国との関係改善に果たした役割の積極的評価につながる。しかしながら、東ドイツを交渉相手に認める点で従来と決定的に異なるバール構想や、後に野党として強硬な批判を展開するCDU／CSUの姿勢を鑑みると（第5章参照）、ブラントがより積極的な東方政策を推進するために、六九年の九月二八日の総選挙後にFDPとの連立を選択したことを軽視するべきではないだろう。こうして西ドイツの外交政策は新たな転換期を迎えることになるのである。

おわりに

本章では、西ドイツ成立以降の外交政策を概観しつつ、ブラントの東方政策の立役者であるバールの構想について、とくに「接近による変化」構想と新たなヨーロッパ安全保障体制に関するモデルを中心に考察してきた。次章以降で見ていくように、ブラント政権が成立する以前から練られていたこれらの構想が、政権樹立後の東方政策に多大な影響を与えることになる。もちろんここで想定された分断克服への構想が全て反映されたわけではなかったが、本章で見たように、長期的な視座に立つことによってはじめて、袋小路に陥っていた西ドイツ外交の打開を可能にした点に、バール構想の重要性を見出すことができる。加えてその内容で注目されるのは、「接近による変化」や「枠組み条約」に一貫して見られる人的交流の拡大への取り組みである。この問題意識は、次章以降で見る東方政策の実施段階でも貫徹される点で、長期的な観点からの分断克服へのアプローチと並んで、バール構想の最も重要な特徴のひとつである。また、そのバール構想において、確かに長期的には東西両軍事同盟の解体を視野に入れていたものの、決して西側諸国との連携が軽視されていたわけでないことも確認できた。次章では、ブラント政権の成立後、分断克服に向けた第一段階として取り組まれる、ソ連をはじめとする東側諸国との二国間関係改善の試みについてが検討課題である。

注

（1）「封じ込め」政策に関しては、Gaddis［2005］、佐々木［1993］、鈴木［2002］、Kennan［1984：邦訳 159-91］などを参照。

（2）しかし近年はこの意味から離れて、一九九〇年の東西ドイツ統一を「再統一」と表現することが定着しつつある［Rödder 2004：152］。なお本書では、第2章で触れるように一九七〇年のワルシャワ条約によってポーランドの西部国境として認められ、一九九〇年の統一後は統一ドイツとポーランドの国境となる境界線の表記を「オーデル・ナイセ線」とする。

（3）一九四八年のベルリン封鎖（第一次ベルリン危機とも呼ばれる）は、米英仏の占領地域が統合し西側のドイツ国家を成立させる動きを阻止するために、ソ連がベルリンの西側占領地区を封鎖したことに起因する。これに対しアメリカは、西ベルリン市民のために食料、燃料やそのほかの物資を空輸する作戦を行った（「空の架け橋」）。結局封鎖は翌四九年五月一二日に解除され、ソ連の目論見は失敗に終わったとされる［Mastny 1996：邦訳 72-95；森井 2008：28］。

（4）パリ諸条約は一九五四年一〇月二三日に署名されたが、これは修正されたドイツ条約、外国軍隊のドイツ駐留に関する協定［Münch 1968：271-73］、ドイツのNATO加盟を含むNATO条約の改正［Münch 1968：253-55］、ザールに関するフランス・西ドイツの協定［村瀬編 1970：217-18］、及びドイツとイタリアのブリュッセル条約加入を含む同条約の改正など、諸条約や議定書からなるものであった。戦後フランスと西ドイツの間で争われた問題の一つザールの帰属については、佐瀬［1970a：66-72］参照。

（5）一九四九年五月二三日に公布され、翌日から施行された基本法の前文には、「全ドイツ民族は、自由な自決権によってドイツの統一と自由を完成することを引き続き要請されている」とある［Münch 1968：91］。

（6）一九五五年一二月一一日に立案者と言われるグレーヴェ（Wilhelm G. Grewe）外務省政治局長がインタビューのなかで述べ［Auswärtiges Amt hg. 1995：229-30］、翌五六年六月二八日の連邦議会で外相ブレンターノ（Heinrich von Brentano）が公式に表明したが（*Verhandlungen des Deutschen Bundestages. Stenographische Berichte*, 2. Wahlperiode：8412-29）、当時の外務次官ハルシュタイン（Walter Hallstein）の名を冠して呼ばれるに至った［Booz 1995；Bärenbrinker 1996；Kilian 2001；Gray 2003］。

（7）ソ連とは一九五五年に国交を回復した。その際西ドイツ側からは、ソ連は戦勝四カ国の一員であり、他の東側諸国と異なるため特例であると説明された。アデナウアーの東方政策については、Baring［1968］、Schwarz［1980］、Schwarz［1983：27-42］、Kilian［2005］などを参照。

（8）この時期の軍備管理交渉とドイツ再統一問題の連関については、倉科［2008］参照。

（9）ベルリン問題に関しては、「最後通牒」による要求を貫徹できなかったソ連は、西ベルリンの存在を事実上受け入れた。例えばソ連が一九六四年六月に東ドイツと締結したのは平和条約ではなく「友好・相互援助・協力」条約であり、その条約では、ベルリンへの駐留を含むドイツに対する四カ国の権利を最も集約された形で表現しているポツダム協定を引き合いに出し［Grosser 1978：邦訳（下）306；村上 1987：202］、戦勝国の権限の存続を明らかにすると同時に、西ベルリンを「独立の政治単位（selbständige politische Einheit）」と位置づけることに言及している。しかしこのように西ベルリンの存在を明記する一方で、西ドイツが主張する西ドイツと西ベルリンのつながりを否定し続けたのである。

（10）既に一九五三年六月一七日に、ノルマ引き上げに反対する労働者蜂起がソ連の戦車によって鎮圧される事件があった。この事件は西ドイツ社会では東ドイツのスターリン主義的な支配体制に対する「民衆蜂起」と見なされた。他方で東ドイツにとっては、この事件が政府指導部を大きく動揺させる一方［Kleßmann 1982：邦訳 313-19］、結果として事件後の指導部内におけるウルブリヒト（Walter Ulbricht）の権力を強化する側面もあった［Sarotte 2001：10］。

（11）ドゴールに関する文献は多数あるが、ドゴールとドイツ問題について例えば、Loth［1998：117-25］、Wilkens［1990：17-31］、小窪［2003］、川嶋［2007］を参照。

（12）一九五五年のジュネーブ会談以降イギリスが、西ドイツの安全保障や統一問題よりも自国のベルリンに対する権利の確保やソ連との緊張緩和に関心を示していたことも、アデナウアーを苛立たせていた［藤村 1971：136-42］。

（13）アデナウアーのフランスへの接近は、「力の政策」を支持し個人的にも親交のあったアメリカのダレス（John Foster Dulles）が五九年にこの世を去ったことなども背景にあると言われている。「首相民主主義」ともいわれる指導力を発揮したアデナウアーだが、特に五八年頃から国内外の政策における硬直性が目立つようになった［成瀬・山田・木村編 1997：380-82］。

（14）キューバ危機後の米ソ間の「一九六三年デタント」については、青野［2009］を参照。

（15）アデナウアーの西側統合路線に対してSPDは、一九五三年の選挙敗北後に、ドイツ統一のために国連の枠内でのヨーロッパ安全保障構想を具体化していたが、それはあくまで統一ドイツのための構想であって、現実に存在する西ドイツのためのものではなかった［岩間 1993：267-68］。

(16) この選挙戦においてCDU／CSUは、ブラントの定かでない出生や、亡命によって以前ノルウェー国籍であったことから「祖国の裏切り者」と中傷するキャンペーンを展開した。あまりの中傷にブラントは失望し、職務を中断することもあったという［Marshall 1997：38-39］。壁建設の際にアデナウアーは、ベルリンにすら赴かない状況であったが、ブラントはフルシチョフの最後通牒以来、ケネディに情勢打開を訴えるなど精力的に活動していた［Marshall 1997：40-41；Küsters 1992］。ブラントがSPDで首相候補になるまでのプロセスは、安野［2010］を参照。

(17) ブラントとバールの関係については、関連文献や本人たちの回顧録において、東方政策推進に関して両者の信頼関係による一致が指摘され、一般にバールが理論家や立役者として描かれる一方、ブラントはそれを実践する推進者としての面が指摘されている［Hahn 1973；Fuch 1999：127-34；Schmid 1979：222-27；Bahr 1996；Brandt 1989：73-74；中谷 1992］。一九九〇年のドイツ統一後になると、統一への展望やヨーロッパ統合など西側への態度に関する両者の違いが言及される一方で［cf. Seebacher 2006］、近年の研究でも「ブラント＝バール・デュオ（Duo Brandt/Bahr）」と称されているなど、東方政策に関する両者の一致を指摘するものが多い［cf. Bange 2005］。CDU議員から後に大統領となるヴァイツゼッカー（Richard von Weizsäcker）は、「バールは、東方政策とドイツ政策で、ずっと以前からブラントのきわめて近い助言者だった。滅多にみられない信頼関係が生まれたが、それはブラントの本能とバールの理性との〝共演〟で、二人の協力は多くの言葉を必要としなかった」と振り返っている［Weizsäcker 1997：邦訳 150］。統一後にドイツの自己主張を強調するバールに関しては、Jäger［2000］を参照。

(18) 一九五六年にはハンガリーでソ連の支配に対して民衆が蜂起したが、ソ連軍によって鎮圧された。

(19) アッシュはこのバールの構想が相手側の懐に飛び込みその力を利用して目的を達成しようとした点に着目し、柔道の投げ技の比喩を用いている［Ash 1993：75；渡邉編 2008：177-78］。

(20) 壁建設に際してブラントは「我々は壁とともに生きることを受け入れなくてはならない……。我々は……どのようにして壁を取り払うかを考えなくてはならない」と、避けられない現実を受け入れるよう市民を説得している。この経験はブラント自身も認めるように、後の東方政策を中心とする彼の政治的価値観に大きく影響を与えた［Marschall 1997：42］。

(21) Schwarz 1985; Rupp 1999. 一九六三年六月一〇日のケネディ大統領による「平和の戦略」演説は、*Dokumente zur Deutschlandpolitik*（以下 *DzD*), IV/9, S. 382-85.

(22) Rede von Brandt bei der Sitzung des Parteirates in Hamburg vom 28. 8. 1963, in *AdsD*, SPD-Parteivorstand, August-Dezember 1963.

(23) 「共存の冒険とチャンス（Wagnis und Chance der Koexistenz)」と題した演説においてブラントは、東側との経済的な交流や学生間の交流を恐れず、可能な限り増やしていくといった姿勢の転換を主張している［Görtemaker 1998: 52; Bahr 1996: 149］。

(24) 例えば、Bahr［1996: 157］を参照。この「無駄な小言の攻撃」と揶揄したのはウルブリヒトであったという指摘もある［Baring 1983: 248］。

(25) "Scharfe Kritik Amlehns an Brandt und Bahr," in *Der Tagesspiegel*, 17. 7. 1963; "Amlehn: Berlin-Politik nicht aufweichen!" in *Berliner Morgenpost*, 23. 7. 1963; "Amrehn sieht Gefahr der Aushöhlung," in *Frankfurter Rundschau*, 23. 7. 1963.

(26) Interview Wehners in *Die Welt*, 31. 8. 1963, Bahr［1996: 158］を参照。ヴェーナーの東ドイツに対する姿勢は、Kroegel［1997: 119-30］を参照。

(27) "SPD: Bahrs Privat-Meinung", in *Der Abend*, 25. 7. 1963; "SPD: Bahr sprach nur für sich", in *Der Tagesspiegel*, 25. 7. 1963; "Berliner SPD zur Rede von Bahr. Seine persönliche Meinung", in *Telegraf*, 25. 7. 1963; "Pressechef Bahr äußerte Privatmeinung", in *Die Welt*, 27. 7. 1963; "Seine Privatmeinung", in *Berliner Stimme*, 27. 7. 1963; "Eine kritische SPD-Stimme zu Bahrs Tutzinger Rede", in *Der Tagesspiegel*, 4. 8. 1963; Meyer［2006: 268］を参照。

(28) 一九六二年八月に「ベルリンの壁」において、一八歳の青年フェヒター（Peter Fechter）が逃亡を試みた際、東ドイツ側から射撃され、重症を負ったまま放置され息を引き取るという事件が起こった。この事件でアメリカ兵は介入を拒んだため、西ベルリン市長は激昂する市民を静めるのに苦労した［Winkler 2000: 邦訳 202］。

(29) Vermerk von von Hase für Bundeskanzler Erhard, 27. 6. 1966, in *BAK*, B136/6502.

(30) 西ドイツとルーマニアは一九六七年一月三一日に外交関係を樹立したが、その際西ドイツ政府の説明として用いられたのが

「先天的欠陥理論（Geburtsfehlertheorie）」である。すなわち、ルーマニアは西ドイツとの国交樹立前から東ドイツとの外交関係を保っていたため、ハルシュタイン・ドクトリンの適用外であるとされたのである。しかし一年後の六八年一月三一日には、先だって五七年一〇月にハルシュタイン・ドクトリンを適用し断交していたユーゴスラヴィアとも国交を回復しており、この時点で事実上ハルシュタイン・ドクトリンが放棄されたと指摘される［Winkler 2000：邦訳 251-52；Killian 2001：337］。なおルーマニアとの国交樹立は、既にエアハルト政権下で準備されていたとされる［Brandt 1976：227-29］。

（31）国連憲章第五三条ならびに一〇七条に規定される旧敵国条項によって、加盟国は、第二次世界大戦における連合国の旧敵国（日本、ドイツ、イタリアなど）に対して武力干渉を行う合法的な権利を保有するとされた［三宅 1996：262-64］。またNPDは、西ベルリンを除く全一〇州中七つの州で議席を獲得し、大連立政権への批判票などを取り込んだ党勢拡大が警戒されていた［Winkler 2000：邦訳 245-46］。しかし六九年九月の連邦議会選挙では四・三％の得票率に留まり、ワイマール時代のような小政党の乱立を防止するために設けられたいわゆる「五％阻止条項」によって議会進出が阻まれた。すなわち、ドイツ連邦議会の選挙制度は小選挙区制と比例代表制を併用しており、全国票の五％以上の票を獲得しないと議席を配分されない。ただし、小選挙区で三議席以上獲得した場合は例外である［森井 2008：6-9］。

（32）大連立政権下でのソ連との交渉過程については、Zündorf［1979：29-32］、Hacke［2003：135-36］、Dannenberg［2008：34-46］を参照。

（33）キージンガーが「現象」と表現した一九六七年一〇月一三日の演説は、*Verhandlungen des Deutschen Bundestages*, 5. Wahlperiode, Band 65：Stenographische Berichte：6360.

（34）キージンガー自身は当初SPDの東方政策に理解を示していたものの、所属するCDU／CSUからの反対が強かった点を指摘するものに、例えばBange［2005］を参照。

（35）一九六八年のプラハ侵攻に関しては例えば、Kramer［1998］：Schwarz［1999］、Karner, Tomilina und Tschubarjan u. a. hg.［2008］、山本［2010：58-60］を参照。

（36）一九六三年に設置された外務省政策企画室は、直属する外務大臣の「私的シンクタンク（persönliche Denkfabrik）」と呼ばれるなど、当面の政策課題の策定や関連機関との調整などと並び、中・長期的観点から外交政策を検討する役割を担っている

［Schmidt, Hellmann und Wolf hg. 2007 : 337-38］。

（37）以下三つのモデルは、Aufzeichnung Bahrs, 27. 6. 1968, in *Akten zur Auswärtigen Politik der Bundesrepublik Deutschland*（以下 *AAPD*）1968, S. 796-814. このモデルについては既に先行研究でも取り上げられているが、西側の結束を乱すとの批判的言及を含む代表的なものに、Hahn［1973］を参照。邦語では、高橋（進）［1991］、妹尾［2009］を参照。

（38）Aufzeichnung（Entwurf）vom 17. 5. 1968, in Das Depositum Egon Bahrs im Archiv der sozialen Demokratie der Friedrich-Ebert-Stiftung in Bonn（以下 *DEB*）, Ord. 316.

（39）西側統合を西ドイツの「国家理性」とする立場は例えば、Schwarz［1975］を参照。

（40）一九二二年に独ソ間で締結されたラッパロ条約は、共産主義を警戒する西欧諸国の対独不信を掻き立てるものであり、「ラッパロ」とはこれに象徴されるドイツの東側への接近に対する不安を端的に表す言葉である（第3章第一節(4)も参照）。「中欧」概念に関する最新の研究は、板橋［2010］を参照。

（41）Aufzeichnung des Ministerialdirektors Bahr, 5. 8. 1968, in *AAPD* 1968, S. 963-66.

（42）Bahr an Bundesminister Brandt, 19. 8. 1968, in *DEB*, Ord. 399.

（43）東方政策をめぐるCDU／CSU内の外交論争は、Taschler［2001］、SPDからの視点は、Schönhoven［2004 : 380-408］を参照。

（44）Aufzeichnung vom 22. 11. 1968, in Willy-Brandt-Archiv im Archiv der sozialen Demokratie（以下 *WBA*）, Bestand Außenminister, Ord. 13 ; Brandt an Kiesinger, 16. 1. 1969, ebenda. 例えば二月四日付のフランクフルター・アルゲマイネ紙は、「キージンガーはバールに不満がある」と報じている（*Frankfurter Allgemeine Zeitung*, 4. 2. 1969）。

（45）Brandt an Kiesinger, 16. 1. 1969, in *AAPD* 1969, S. 72-73 ; Brandt an Kiesinger, 4. 2. 1969, in *AAPD* 1969, S. 145-47.

（46）ＦＤＰの東方政策に対する姿勢は、Niedhart［1995］、Siekmeier［1998］、Brauers［1992］を参照。

（47）一九五〇年代を中心にＦＤＰ内の外交政策をめぐる対立を検討したものとして、安井［1999］を参照。

（48）Vermerk von Dr. Schnekenburger im Bundeskanzleramt für Bundeskanzler Ludwig Erhard, 25. 5. 1965, in *BAK*, B136/6501、Mende［1986］、Potthoff［1999 : 45］を参照。

（49）西ドイツの大統領は国家元首であるが、実質的な政治的権限を殆ど有せず儀礼的な役割を担う。任期は五年でドイツ連邦議会の全議員と各州議会代表の選挙人とで構成される連邦集会（Bundesversammlung）にて選出される［森井 2008：14-15］。

（50）Aufzeichnung des Rererats I B 4, 7. 5. 1969, in *AAPD* 1969, S. 562-67 ; Aufzeichnung des stellvertretenden Regierungssprechers Ahlers, 16. 5. 1969, in *AAPD* 1969, S. 596-98.

（51）Aufzeichnung des Bundesministers Brandt, 22.5. 1969, in *AAPD* 1969, S. 620-21.

（52）Aufzeichnung des Ministerialdirektors Bahr, 1.7. 1969, in *AAPD* 1969, S. 751-60.

（53）Aufzeichnung Bahrs, 18.9. 1969, in *DEB*, Ord. 425.

（54）Aufzeichnung des Planungsstabs, 24.9. 1969, in *AAPD* 1969, S. 1072-78、第6章も参照。

第2章　ブラント政権の東方政策
――モスクワ条約と東西ドイツ関係を中心に――

はじめに

本章では、ブラント政権が推進する東方政策について、一九七〇年八月に調印されるソ連とのモスクワ条約の交渉過程と、同年三月と五月に二度開催される東西ドイツ首脳会談から基本条約に至る過程を中心に検討する。前章で見てきたバールの構想や分断克服への戦略が、実際にブラント政権が取り組む東方政策においてどのように反映されていったのだろうか。ここでは、長期的観点から分断克服に取り組むために肝要であった将来のドイツ統一の可能性の確保と、分断によって滞っていた人的交流の再活性化に向けた試みに焦点を当てて見ていくことにする。

第一節　ブラントの施政方針演説

一九六九年は、戦後の西ドイツ政治を振り返ったとき、間違いなく大きな転機となった一年と言うことができる。西ドイツ成立以後政権を担ってきたＣＤＵ／ＣＳＵが下野し、九月二八日の連邦議会総選挙後に、はじめてＳＰＤとＦＤＰが連立を組み、首相をブラント、外相をＦＤＰの党首シェールとする「小連立」政権が成立した。本節ではこの連立政権の樹立とブラントの施政方針演説に至るまでの動きを、ドイツ・東方政策を中心に見ていくこととする。

九月二八日の連邦議会総選挙に向けた選挙戦において、東方政策についての各政党の姿勢は、前章で見たように一方ではＳＰＤとＦＤＰ、他方ではＣＤＵ／ＣＳＵにほぼ二分されていたと言える。選挙結果は、第一党がＣＤＵ／ＣＳＵで二四二議席、第二党ＳＰＤで二二四議席、第三党がＦＤＰで三〇議席であった。大勢が判明し、前回より議席を減少させながらも第一党の座を確保することが確実となったＣＤＵ／ＣＳＵの首相候補キージンガーは、政権維持を確信し、夜にはテレビで勝利の記者会見を行っていた。しかし二二時を過ぎると、ＳＰＤとＦＤＰが議席数の合計で過半数を超え、両党による連立が可能となることが確定すると状況は一転する［Potthoff 1999：73］。そして数週間の連立交渉を経て、「東方政策の同盟（Bündnis der Ostpolitik）」とも呼ばれるＳＰＤとＦＤＰの連立政権が樹立されるのである［Vogtmeier 1996：119；安井 2008：61-66］。

第二次世界大戦後のＳＰＤから初の首相に就任したブラントは、その施政方針演説で新しい東方政策を総合的に提示した［*TzD*, IV：9-40］。注目される第一点目は、東ドイツに対する姿勢である。そこで目標として掲げられたのは、ドイツ民族の一層の「離間（Auseinanderleben）」を阻止し、「規制された並存（geregeltes Nebeneinander）」を経て「共存（Miteinander）」に至ることであった。東ドイツの要求する「国際法的承認」は「考慮され得ない」とするものの、従来の西ドイツ政権が主張していた単独代表権には言及せず、かわって「たとえドイツに二つの国家があるとしても、それは互いに外国なのではない。その相互の関係は、特殊な種類のものである」と言明する。「他の全ての民族と同じように、ドイツ民族が自決権を持つこと」は誰にも妨げられないとし、ドイツ人の「民族の一体性」を強調する一方で、ドイツに二つの国家が事実上存在することを認めた。これは「一民族二国家」論と呼ばれる。この演説は、分断に伴う人道的な配慮や人的交流促進の目的からも、従来は認めてこなかった東ドイツ政府を事実上認めることで、西ドイツ政府として現実的路線への転換を国内外に明らかにするものであった。

東方政策との関連で第二に注目されるのは、東ドイツを含むソ連・東欧諸国への武力不行使宣言の呼びかけである。

ここで注意したいのは、この武力不行使宣言が、それぞれの相手国の領土保全を考慮することを明らかにした点である。これは、東側が要求する戦後ヨーロッパの「現状」を承認する用意があることを示唆するものであった。そもそもこの武力不行使とは、国連憲章第二条に規定されているものの、西ドイツは当時国連にまだ加盟していなかったため、ソ連から見れば、西ドイツが武力によって国境変更を求めてくることを危惧していた。他方でソ連が、国連憲章に規定される旧敵国条項によって西ドイツへの武力行使の権利を保持していることも、前年のプラハ侵攻の記憶も相俟って、決して無視できない要素であった。前章で触れたように当時西ドイツ国内においては、ネオナチ政党と見なされるNPDが地方議会などで支持を集めており、ソ連が西ドイツへ武力攻撃する根拠にするのではないかと懸念されていたのである。

このような両者の立場を踏まえると、武力不行使というテーマが双方の歩み寄れる部分であった。だからこそブラント政権はソ連・東欧諸国との交渉を成立させる手段として利用したのである［Haftendorn 1985：159-251］。後にバールも、ブラントの東方政策の重要な点として、全ヨーロッパ的観点と並んで武力不行使を挙げている［Bahr 1999：42-47］。しかし武力不行使自体は、上記のように何も目新しいものではなく、施政方針演説で示唆されたように、それを第二次世界大戦後のソ連の東欧支配を意味する「現状」の承認と結びつけたことが、従来と異なる点として注目に値するといえよう［Krell 1990：30-31］。

また二国間関係改善に取り組む交渉相手としては「（東ベルリンではなく）モスクワを初めに」［Link 1986：215］と言われるように、ソ連が優先された。ブラントは、東側諸国との関係改善やヨーロッパの緊張緩和のためには、まずソ連との関係を最優先に考えなければならないことを、西ベルリン市長として直面した「ベルリンの壁」建設や、大連立政権下の外相としての経験から学んでいた［Marshall 1997：67］。ここに、バールの「接近による変化」の構想で示されていたソ連の影響力の強さの認識が、東方政策の指針に反映されたのである。

ここまでブラントの施政方針演説について、東方政策を中心に検討してきたが、この演説が西ドイツ政治に与えた影響の大きさを鑑みると、それ以外の部分についても述べておく必要がある。当時は、いわゆる「過去の克服」など歴史認識の問題への関心の高まりや学生運動をはじめ、大連立政権が制定した非常事態法に対する世論の反発など、戦後西ドイツの政治自体が一つの分岐点にさしかかっていた。(1) ブラント政権は、有名な「もっとデモクラシーを」という言葉にも示されるように、市民がより多くの情報を得て決定に携わり、ともに責任を担う社会を目標とした。「新しさ」や「開放性」を求める市民の、ブラントに集まる期待は大きかったのである［Marshall 1997：62］。

このようにブラントの演説では、様々な側面において「新しさ」が目立つ一方、前政権からの「継続」の側面も兼ね備えていた。外交政策についてそれは、西側との結束を第一として、その前提あってこその東側諸国との関係改善であるという姿勢に現れている［Brandt 1989：187］。また、政権成立後に水面下で始まっていたソ連指導部に近いソ連の報道関係者との接触（いわゆる「バックチャネル（Back Channel）」は本章第二節(4)参照）においても、アメリカとの関係を最優先することを繰り返し強調していた［Keworkow 1995：59］。バールも、一一月二八日にブラントへの報告書で、東方政策を推進する上で西側三国との関係が重要であることを力説している。(2) 東方政策の拘束要因となり得る西側諸国が抱く懸念を払うためにも、交渉過程において緊密な意見調整に取り組んだのである（第3章参照）。

第二節　ブラント政権の東方政策における政策決定過程

ブラントは、施政方針演説後に本格的にソ連・東欧諸国との関係改善に乗り出していく。本節では、ソ連との交渉を取り上げる前に、ブラント政権下の東方政策に関する政策決定過程について少し触れておきたい。

ブラント政権で副首相兼外相に就任したのは、ＦＤＰ党首のシェールである。しかし就任直後から取り組まれるソ連・東欧諸国との二国間関係改善において決定的な役割を果たしたのは、首相ブラントと首相府東方問題担当次官となったバールであった。それは次の三つの理由からである。第一に、大連立政権下で外相ブラントと外務省政策企画室室長バールは、他の外務省スタッフとともに東方政策に関する具体的な構想を準備していた。この準備なくして、政権成立直後から矢継ぎ早にソ連・東欧諸国との交渉に取り掛かることは不可能であり、その周到さがブラントやバールのイニシアチブを可能にしたことが指摘できる［Bahr 1982：221；Heinlein 1993：48；Geyer and Schaefer eds. 2003：137］。

これに関連して第二に、ブラントが外務省から首相府に移ることで、外交政策に関する継続性を円滑に確保することができた。これは大連立政権下で、東方政策や東ドイツへの姿勢をめぐって両組織間の溝が埋まらなかったことと対照的である。新首相ブラントやバールにとって、外務省で東方政策の策定に関わるスタッフは既知の仲であり、その上ブラントはバールをはじめ数人の側近を首相府に配置換えした。そもそも西ドイツは、分断の結果誕生した暫定的な国家と自己規定しており、また東西関係など国際環境に大きく依存していたことからも、外交問題に関し首相府に権限が集まりやすかったといわれる［Pfetsch 1988：14-18］[3]。実際大連立政権では、首相キージンガーが、さらに首相府の権限強化を試みていた［Schmid 1979：181］[4]。そこで外相だったブラント自身、外交政策をめぐる政府内の対立に苦しんだ経験を生かし、首相府が外務省など他の省庁と間で定期的な意見交換を可能にする「小サークル（Kleine Lage）」を非公式に設置するなどして、大連立政権下でできなかった構想を実現しやすい環境作りに腐心していたのである［Fuchs 1999：213；Dannenberg 2008：136-37］。したがってブラント政権でも、外交政策の決定権は事実上首相府に集約され、東西ドイツ関係のみ管轄するとされるドイツ内関係省（Bundesministerium für innerdeutsche Beziehungen）や外務省はあくまでそれに準ずる役割であった［Potthoff 1999：341-42］[5]。

しかしながら、結果的に東方政策に関する政策決定が首相府に集中することに対して政権内や外務省で不満がなかったわけではない。そこで第三に注目されるのが、東方政策に関してＳＰＤとＦＤＰの間にあったコンセンサスである。前章で見たように、この分野における両党の合意は連立形成の上で重要な基盤となっていた。例えば施政方針演説において、バールが戦略的理由で最初から「二つのドイツ国家」の表現を使用することに難色を示したのに対し、東方政策への意欲の強さを示したいブラントがこの表現を挿入することを決断した際、シェールもその決断を後押しした［Dannenberg 2008：134］。またシェールは、駐ソ大使に代わってバールをソ連との予備折衝の交渉代表者に推薦したのも自分であったと振り返っている［Scheel 1999：16］。確かに東方政策が進行する過程において、シェール自身が重要な政策決定からは疎外されている不満を持たなかったわけではない。また外務省スタッフが、具体的な政策決定に関して、外交経験の乏しいシェールではなく直接首相府に相談することも度々あった。しかし、後に検討するように対ソ交渉の内容や進行状況に対して政権内や外務省からも不満が出てくる中で、継続して意見交換を行っていたブラントとシェールが個人的に良好な信頼関係を築いたことが、両党の連立維持を支えたばかりでなく、東方政策で首相府が主導権を発揮する上で看過できない要素であった［Niedhart 1995］(6)。

以上のように政権成立直後に取り組まれた対ソ交渉に関しては首相府に権限が集中していたといえる。対ソ予備折衝に臨んだバールは、全権を委任された代表者としてソ連外相グロムイコ（Andrej Gromuyko）に対峙し、「全てがバールの手の内にあった」とシェールが述べるように事実上のフリーハンドを得ていた［Dannenberg 2008：149］。こうした交渉手法は、それ自体に議論の余地のあることはもちろんだが、バールが「構想者」としてだけでなく「交渉者」として東方政策に取り組むことを可能にしたのである(7)。

第三節　対ソ交渉
——戦後ドイツ問題の暫定的解決に向けて——

(1)　東方政策に対する東側の反応

ブラントは、施政方針演説で東側諸国へ二国間交渉を呼びかけたが、さらにその意欲を示す姿勢を見せる。演説から一カ月後の一九六九年一一月二八日、懸案であった核拡散防止条約に署名したのである。前首相のキージンガーは、ソ連に対抗するために、西側核戦力への西ドイツ編入を強調していたのに比して、これは西ドイツの安全保障政策の重要な転換点であった［cf. Hacke 2003：128-29；Gray 2009］。この姿勢転換に対して、西ドイツの核保有を恐れていたソ連が好意的に反応する一方で、東ドイツはそれと対照的な反応を示す。そこには、次のような東側同盟内での東ドイツの微妙な立場があった。すなわち、ワルシャワ条約機構の加盟国全体では、西ドイツとの交渉の条件として東ドイツの「国際法的承認」をはじめとする「最大限要求（Maximalforderung）」を掲げていたにもかかわらず、ソ連とポーランドは、その要求の一つである西ドイツの核保有禁止のみの実現で交渉再開に乗り出そうとしていたのである。これは、前章で触れた「ウルブリヒト・ドクトリン」に見られるように、西ドイツに対して東側同盟全体で統一して対抗することを期待していた東ドイツの意に反するものに他ならなかった。東ドイツは、「最大限要求」のうちでも、とりわけ「国際法的承認」を強く要求し、交渉再開に応じようとするソ連やポーランドとの違いを際立たせる。こうした理由から、東ドイツの国際法的承認問題は東方政策において重要な争点のひとつとなっていく。

前述のようにブラントは、交渉意欲を間接的にアピールする一方で、ソ連に凍結していた交渉の再開に応じる書簡を送付していた。(8) 大連立政権下でソ連との交渉は中断されていたが、ソ連側も特に一九六九年三月頃から西ドイツとの関係改善への関心を高めており（後述）、選挙前の九月一二日にはモスクワでの正式な交渉を提案していた。(9) そもそも交渉中断中も、ブラントやバールがソ連外務省関係者との非公式な接触を継続しており、また七月、八月にＦＤＰとＳＰＤの代表団がそれぞれモスクワを訪問してソ連外相グロムイコと会談していた。ＳＰＤ代表団の一員で後に首相となるシュミットが述懐するように、この訪問自体が具体的な成果を挙げることはなかったものの、交渉に前向きなソ連側の「実際的な」態度は十分に伝わっており、こうした積み重ねも選挙後の交渉再開に寄与したといえよう。(10)

こうして再開されたソ連との交渉には、当初駐ソ大使があたっていたが、一九七〇年一月、首相府東方問題担当次官のバールが直接モスクワに向かい、グロムイコ外相との予備折衝が開始する。この予備折衝では、モスクワ条約の核となる武力不行使の問題をはじめ、ベルリン問題、オーデル・ナイセ線の承認、一九三八年のミュンヘン協定の無効性といった他の東欧諸国との関係にまで影響を及ぼす様々なテーマが議題にのぼった。(11) これらの争点は、戦後ヨーロッパの「現状」の承認やドイツの戦後処理に関する東西間の対立とも関連するため、ソ連を抜きにして解決できない。ブラント政権にとっては、硬直した東方政策の打開のためにも、まずドイツの戦後処理などに関する諸問題に関するソ連との合意が必要だったのである。もちろんそこには、第1章で見たように、「接近による変化」構想におけるソ連との関係を重視する姿勢が反映されていたのは言うまでもない。首相になったブラントは、ドイツ統一問題をいったん棚上げし、将来の分断克服までの「暫定協定（modus vivendi）」として、まず対ソ条約の締結を目指したのである。

対ソ交渉の序盤では、先述のようにとりわけ東ドイツの「国際法的承認」問題が重要議題として浮上することが予想された。しかしこの東ドイツの「国際法的承認」をめぐっては、ソ連の柔軟な姿勢を示す注目すべき事実が冷戦終結後の研究で明らかにされている。例えば、ＫＧＢ（国家保安委員会）を通じてブレジネフ（Leonid Brezhnev）書記長に近いソ連報道関係者が、一九六九年一二月二二日にバールと極秘に接触し、東ドイツの「国際法的承認」問題については事実上棚上げにする一方、経済協力の重要なパートナーである西ドイツとの交渉では現実的に対応すると語るなど、交渉への関心の高さを伝えたのである［Nakath 1998a : 198-202 ; Keworkow 1995 : 53-62］。既に六八年初め頃から両者の接触は試みられていたが、これ以降ブラントとブレジネフを直接結ぶ「バックチャネル」が確立されることになり、ソ連との交渉ルートとして重要な役割を果たすことになった［Zubok 2007 : 211-12］(12)。

さらにこうした両国の歩み寄りは、以下の二点からも裏付けられよう。第一に、バールが回顧録のなかで、東ドイツによる「国際法的承認」の要求を懸念する必要は全くなかったと述べていること［Bahr 1996 : 283］、第二に、東ドイツの指導者ウルブリヒトが西ドイツ大統領のハイネマンへ、両ドイツ間の平等な関係樹立に関する条約の提案を主な内容とする書簡（次節で検討）を送った六九年一二月一七日の二日後に、ハイネマンから「国際法的承認」を考慮しないとする従来の姿勢に変化はないとする返書がなされたことである［Potthoff 1999 : 83］。こうした西ドイツ側の認識の背景には、ブラント政権の東方政策に対するソ連側の期待の高さを十分理解していたことがあったといえる。以上のように、後述の「バール文書（Bahr-Papier）」における「国際法的承認」の文言の消滅は、既にこの時点に兆候を見ることができるのである。

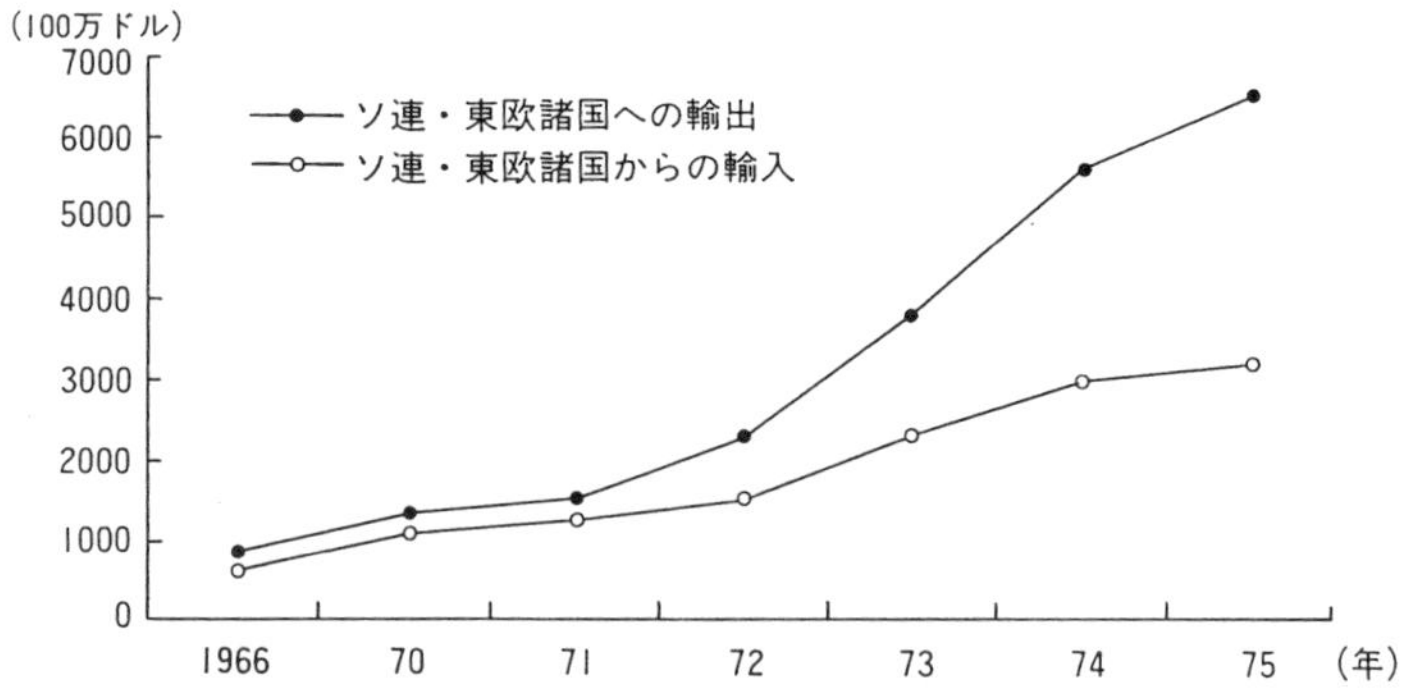

図 2－1　西ドイツとソ連・東欧諸国との輸出入（東ドイツを除く）

出所：ソ連東欧貿易会編［1977:125］より筆者作成.

ソ連が西ドイツとの関係改善に積極的な態度で応じた背景は何だったのだろうか。ここでソ連側の政策決定に関する分析が不十分ながら先行研究に基づいて整理すると、次のようになる。まず指摘できるのが、東側陣営内におけるソ連と中国の対立の影響である。一九六九年三月二日の珍宝（ダマンスキー）島の武力衝突によって激しさを増した両国の対立が、ソ連から見て地理的に西に位置する潜在的な強国西ドイツへ接近する誘因となった[13]。この時期にソ連側は、例えば一九六九年三月五日に西ベルリンで挙行された西ドイツ大統領選挙に際して、西ドイツと西ベルリンの結びつきを否定し連邦集会権（Bundespresenz）を容認しない立場から、当初は激しい妨害行為に訴える姿勢を見せるものの、結局姿勢を軟化させるなど、西側との対話に関心を示していた［Niedhart und Bange 2004: 437-41; 三宅 1996: 283; 山本 2008: 99-100］[14]。また既にブラント自身も、中ソ対立によってソ連が姿勢を変化させてきていることに気付いていた［Brandt 1976: 256; Harrison 2003: 18］。アメリカの歴史家スチーブンスンは、特に一九六八年八月のプラハ侵攻以降、ソ連側がアメリカとの緊張緩和の必要性を感じ、その障害となってきたベルリン問題をはじめとして、西ドイツに好意的に反応したと指摘する［Stevenson 1985: 邦訳 215-16］。「ブレジネフ・ドクトリン」によって東欧支配の引き締めを図ったソ連は、東アジアにおける新たな脅威となった中国に対抗するためにも、西ドイツとの関係改善を通じて「ヨーロッパ戦線の安定化」を目指したのである［Griffith 1981:

246；Winkler 2000：邦訳 257］。さらには、こうした「ヨーロッパ戦線の安定化」路線は、ブレジネフがソ連指導部内で主導権を握っていく上で重要な役割を果たしたのであり、彼自身の威信を賭けて推進された側面もあった［cf. Edemskiy 2009］。

次に、東西接近の要因と関連するのが、西ドイツをはじめとする西側との経済関係の強化である（図2－1参照）。この視点から東方政策を分析した先行研究では、西側の技術力と東側の市場について、より具体的には西ドイツから見たソ連・東欧市場及び原材料の存在と、ソ連側が六〇年代後半頃から行き詰まる経済に苦しみ、消費主義を奨励した点が指摘されている［cf. Stent 1981；Kreile 1978；Lippert 2011］。そこでは、条約成立に先立つ一九七〇年二月一日に調印された、ソ連の天然ガス開発にともなう大口径パイプの納入に関する大規模な経済協力協定や［ソ連東欧貿易会編 1977：47-48］、ほぼ同時期のパイプライン設置の大口商談など［Bender 1995：178；Ash 1993：70］、経済界主導の東方貿易が活発になっていたことが注目される［Stent 1981：154-78］。またソ連側が西ドイツとの経済協力に熱心だった背景には、単に西ドイツの技術をソ連経済の発展に利用するだけでなく、ヴェトナム戦争に苦しむアメリカに代わり主要な経済パートナーになることで、アメリカの西欧における影響力を減退させる意図もあった［Zubok 2007：211；Lippert 2011：63］。

他方で西ドイツ外務省は、既に大連立政権の時期から、こうした経済分野におけるソ連の関心の高さを、武力不行使に関する二国間交渉の進展といった政治目的に利用することを検討していた。しかしこのような政治目的への利用に対しては、ソ連のみならず、西ドイツ国内の経済界からも反発が出たため、ブラント政権成立後に両者を切り離す戦略の転換を図る。これは換言すれば、両者を別々に進めることが可能なほど、すなわち経済協力という「餌」が必要でないほどに、ソ連側が二国間交渉に前向きになっていたことを示しているともいえよう［Dannenberg 2008：213］。他方でバールをはじめブラント政権内では、前記の天然ガス開発に関する協定など、並行する経済協力の進展が対ソ交渉に好影響を与えることを期待する声があり、西ドイツ財界有力者とも緊密な連携を保っていた[15]。対ソ政策決定過程において、圧力団体として経済界がどれほど影響力を発揮したのかについてなどさらなる考察が必要であるものの、以上のことから、少なくとも経済的には両国の間に利害の一致があったことは指摘できる。こうした両国間の経済関係強化への関心は、モスクワ条約に至る過程で交渉進展を促す一要因になったと考えられるのである［Newnham 2002：157-59］。

とはいえ、このようにソ連の柔軟な態度が注目される一方で、東ドイツ側も「国際法的承認」の実現に固執したわけでなく、頭越しの西ドイツとソ連の接近を警戒していたことに注意を促す研究もある［Stelkens 1997：521-22］。それは、先に取り上げたハイネマン大統領への書簡におけるウルブリヒトの要求が「国際法的承認」ではなく、国際法的な関係による両ドイツ間の「平等な関係の樹立に関する条約」だったことからも窺える［Sarotte 2001：32］。確かに、この条約草案の第一条には「国際法の規範に基づく関係」とあるように［Bundesministerium für innerdeutsche Beziehungen hg. 1980（以下 *ZJD*）：120］、従来はウルブリヒトの強硬な姿勢が指摘されてきた。しかし新たに公開された東ドイツ側の史料に基づく研究によると、東西ドイツによる「経済連合」を構想するなど［Stelkens 1997：529；Sarotte 2001：110］、ウルブリヒトが東ドイツの経済改革のためにも両ドイツ関係の進展に意欲的だったと考えられるのである。

以上述べてきたように、ウルブリヒトの姿勢の解釈に相違はあるものの、東ドイツの「国際法的承認」問題に関して、既にこの時点でのソ連の柔軟な姿勢を認めることができる。この問題は、西ドイツによる統一可能性の確保の要求と密接に関連することから、次項で見る「ドイツ統一に関する書簡」を軸としたソ連との交渉過程にも影響を与えることになる。

(2)「ドイツ統一に関する書簡」をめぐる交渉過程

ブラント政権成立後、一方では両ドイツ間で直接接触が始まり、他方ではソ連と予備折衝に入るなど、ドイツ問題についての意見交換が活発化した。一九七〇年一月末から開始された対ソ予備折衝は五月二二日まで延べ五〇時間近くかけてなされ、その成果は「バール文書」に纏められる。本章ではその全争点を取り上げることはできないが、両国がドイツ問題をどのように扱ったのかを、後にモスクワ条約締結に際して西ドイツ側から手交される「ドイツ統一に関する書簡」の作成過程を中心に検討したい。

対ソ予備折衝に臨むバールにとっての大きな課題は、ドイツ統一問題と対ソ条約をいかに関係づけるかであった［Vogtmeier 1996：134］。なぜなら、ソ連の要求する戦後ヨーロッパの「現状」の承認とは、ソ連による東欧支配を受容すると同時に、ドイツ分断の容認を意味するからである。この課題に対してブラント政権は、「民族の状況に関する報告」において、ドイツ人の自決権が放棄されることはないとあらためて明言する［*TzD*, IV：203］。「一民族二国家」論によって、一民族であるドイツ人が、他の民族と同様に自決権を行使して国家をもつ可能性を維持すると主張するのである。他方、戦後ヨーロッパの「現状」の承認を求めるソ連は、ドイツ再統一の可能性を容認すると、自国の支配圏を脅かす西ドイツの国境修正要求と繋がることを危惧した[16]。グロムイコは予備折衝序盤に、ドイツ再統一の可能性を否定し、「国境の不可変（Unveränderlichkeit）」を要求する［Schmid 1979：46］。この場合の国境とは、東西ドイツ間の境界線や東ドイツとポーランドの間のオーデル・ナイセ線が含まれる[17]。グロムイコは、二月一七日の交渉においても、「再統一への言及は絶対に受け入れられない」と強調している。このようにソ連からの「現状」の承認の要求は、西ドイツによるドイツ再統一の可能性保持の目標と真っ向から対立したのである。

しかしここで注目されるのは、グロムイコが再統一に関する言及を拒否した同日、バールが初めて、両国間の条約が自決権に対するドイツ人の努力と反せず、分断を固定化しないとする、後の「ドイツ統一に関する書簡」と同内容の試案を提案したことである［Vogtmeier 1996：134-35］。そこでバールは、条約とは別形式の書簡による試案の実現を併せて提言したが、これはグロムイコに拒否された。さらにバールは、三月三日の交渉においても、「書簡の交換（Briefwechsel）」という形式によって、自決権についての主張を反映させるべくグロムイコに働きかけている[18]。このように「ドイツ統一に関する書簡」は、二月中旬には交渉で取り上げられ始めていたのである[19]。

以上のように、バールは統一可能性を確保する措置を提案する一方で、東ドイツが要求する「国際法的承認」についても、ソ連側に譲歩を迫る。バールは一月三〇日の一回目の交渉で、東ドイツの「国際法的承認」は、ソ連の保有するドイツへの権利と責任の放棄を意味すると反論した。[20] 換言すれば、米英仏ソが有するドイツ全体及びベルリンに対する戦勝国の権利と責任を指摘することによって、分断を固定化する東ドイツ国家の「国際法的承認」を阻もうとしたのである（第3章も参照）。ソ連はこの主張を否定できず、[21] 以降の要求は東ドイツの事実上の国家としての承認の明記に移っていった［Schmid 1979：66-67］。そしてバールは二月五日に、東ドイツによる妨害の可能性を指摘しながらも、「国際法的承認なしで条約締結が可能」と報告するに至ったのである。[22]

他方でソ連側も、二月二四日にグロムイコが直接東ドイツに赴き、「国際法的承認」問題に関する説得を試みている（次節で検討）。これに関してバールは、三月七日にブラントに送付した報告書で、ウルブリヒトがその説得を受け入れたと伝えている。[23] こうして西ドイツは、東ドイツの「国際法的承認」を阻むことによって、「民族の一体性」の存在する両ドイツ関係が「特別な種類」であることを示そうとしたのであった。なお西ドイツ側のこの論理は、後述する東西ドイツ首脳会談でも改めて繰り返されている。

このように従来の対立点に関する意見交換を経て、三月には双方の要求を具体的に提示する段階に移る。七回目の交渉前日の三月五日には、西ドイツからソ連へ準備文書が手交され、それに応じて交渉当日にソ連側から、一〇項目が提示された。[24] その後の交渉の土台となるここで提示された双方の要求について、注目される点を整理すると次のようになる。

第一に西ドイツは、東ドイツとの関係は「特別な種類」であること、そしてドイツ人の「民族の一体性」の重要性を改めて強調した。他方、ソ連の要求に「民族の一体性」の言及はなく、東西ドイツ間の条約が「国際法的な」効力を持つと述べるに留められた（第7項）。しかし、第二に注目されるのは、ソ連の要求に「承認（Anerkennung）」の文言が消えた点である。これをバールは、ソ連側から歩み寄りが見られると積極的に評価した。加えて第三に、グロムイコが、両ドイツ間の特殊な関係や国家統一に向けた権利などは「実際的な政策」の問題であり、西ドイツとソ連との条約主旨とは対立しないと述べた点である。これはソ連側に、ドイツ問題を暫定的に解決する用意があることを示唆すると考えられた。第四に、西ドイツとソ連の条約は、今後の東ドイツを含む他の社会主義諸国との一連の条約と「統一体」であると明記された。これは、東欧諸国に対するソ連の影響力の確認を意味したが、他方で西ドイツにとって、ソ連の東ドイツへの影響力を両ドイツ間交渉の進展に利用できることを示すものであった。そして最後に見逃せないのは、「統一への努力と武力不行使条約との関係に関する書簡交換」の提案である。これは、後に「ドイツ統一に関する書簡」で主張されるドイツ人の自決権を確保する内容の書簡が、既にこの時期に取り上げられたことを証明している。バールは、こうした条約と別形式の書簡交換について、三月一〇日の交渉で再び提案し、その際ソ連側に回答を求めている。[25]グロムイコは、これに対して三日後に、国境の「現状」の承認というソ連の目標に反しないかという疑問を示し、この申出を強く拒否した。[26]

この再統一の可能性をめぐる双方の対立は、二度の東西ドイツ首脳会談を経て「バール文書」の完成が発表される五月二二日まで続くことになる。グロムイコは五月一二日に、国境の「現状」の承認という要求を確実にするために、自決権に関する書簡を認める条件として、文書に「承認」の文言を挿入することを逆に提案するが、バールはこれを拒否した。[27]そしてバールは二一日に、交渉決裂を示唆するなど断固たる態度を示す書簡をグロムイコに送付し、同日午後には両者間で内密の会談がもたれた。「バックチャネル」を通じて西ドイツ側の決意の固さを知ったブレジネフが、グロムイコに書簡の受け入れを指示したとも言われている［Loth 1998 : 108 ; 山本 2010 : 130］。こうして遂にバールは、グロムイコの説得に成功するのである。[28]

そこでソ連側は、「ドイツ民族が自由な決定権においてその統一を達成できるようなヨーロッパの平和秩序に向けて働きかける西ドイツの政治目標と矛盾しない」ことを内容とする「自決権に関する書簡」を基本的に受け入れた［Nakath 1998a : 211-13］。統一の可能性保持については、後に西ドイツで論争になるが、それがこの書簡で確保されたとするならば、ブラント政権が国内からの反発を多少考慮したとしても、「バール文書」完成後の野党による要求の反映ではなく（第5章参照）、予備折衝におけるバールとグロムイコの合意が決定的であったことは明らかである。

この書簡は、七月下旬からの本交渉で多少字句が変更されたものの、モスクワ条約締結に際して「ドイツ統一に関する書簡」としてソ連側に通告されることになる。この通告は、形式的に一方的であったが、作成過程で両国の代表団が討議したことから、実質的には双方が合意したことを意味した［佐瀬 1973：113-14］。既述のように五月に完成していた「バール文書」でも、東ドイツとの関係に関する第六項で主権国家が当然保有する権利を列挙する一方で、「国際法的承認」に相当する文言はない。また、ソ連が要求する国境の「不可変」に対しても、国内での批准に支持を得るためにも再統一の可能性に配慮するよう理解を求め、ソ連も最後には了承した［Schmid 1979：54-55］。「バール文書」第三項（モスクワ条約第三条）は、「何人も現在の国境を侵害しないときにのみ、ヨーロッパの平和が維持される」という表現になっている（**資料2**参照）。

以上のように、将来の統一の可能性を確保する試みのひとつであった「ドイツ統一に関する書簡」に関して実質的な合意を得たことが、分断の固定化を阻止することにつながり、やがて一九九〇年の東西ドイツ統一の際に意味を持つことになるのである。

(3)　モスクワ本交渉から条約調印へ

「バール文書」完成後に、本交渉に向けて準備を進めることになった西ドイツ政府の前にまず立ちはだかったのは、ソ連との交渉に関して活発化した国内議論や米英仏をはじめとする西側諸国の不安であった。それらは東側の接近に対する拘束の強さを改めて物語っているといえよう。七月下旬からモスクワで開始され八月一二日の条約締結に至る本交渉については既に多くの先行研究が存在しており、紙幅の都合上全ての争点を網羅した詳細な交渉過程を辿ることはできないが、西側との関連（第3章）や国内議論（第5章）に関しては後に検討するとして、ここでは前項の統一の可能性保持に関連する議論を中心に見ていきたい。

予備折衝後、西ドイツに持ち帰られた「バール文書」は、互いの歩み寄りの結果だったとはいえ、国内の反対派にとって論争的な事項を多数含んでいた。本交渉に入る前に、ソ連への補足要求としてシェール外相が提示した「ドイツ・オプション」には、国内議論に配慮した項目が並んでいる。(29) すなわち、ドイツ人の民族自決権をより明確にすること、先述の西ベルリンと西ドイツの繋がりをより強く示すこと、などであり、野党を中心とした反対論の要求を取り入れたものであった。

さらに本交渉を前にして西ドイツ外務省は、既に予備折衝でソ連側に了解を取り付けた「ドイツ統一に関する書簡」に加えて、将来の統一の可能性を強調するためのさらなる措置を準備していた。それは、「バール文書」第二項（武力不行使）と第三項（国境不可侵）の連関の明示である。(30) この条文間の「橋わたし（Brücken）」は、「国境不可侵」があくまで「武力不行使」を具体的に示したものに過ぎないと位置づけることで、そのニュアンスを弱め、平和的手段による変更の可能性をより明確にすることを目的のひとつとしていた。これに対してソ連外相グロムイコは、「バール文書」のいかなる修正も拒絶し、将来の修正主義的な国境線の変更要求を認めかねないこの「橋わたし」が条約締結自体を危険に晒すものと非難する。(31) こうしてこの問題は、本交渉における「中心的な争点」になったのである［Link 2001：309］。

この局面で、ソ連関係者との「バックチャネル」によって、状況打開の突破口を開いたのはバールであった。バールは、「バックチャネル」や条文作成の作業グループのソ連外交官ファーリン（Valentin Falin）との会合を通じて、「橋わたし」が対ソ条約締結に向けた最後の決定的な争点であることを伝え、この問題の重要性に理解を求めていた。(32) 結局ソ連指導部はこの要求に応じ、グロムイコは、八月二日のシェールとの会談で、該当箇所に関する文言案を提示した。(33) こうして、モスクワ条約の第三条（国境不可侵）の冒頭には、第二条（武力不行使）との連関を示す「前記の目的及び原則に基づき」の文言が加えられるに至るのである。

しかしこれとは対照的に、「バール文書」第三項の国境不可侵に関して、西ドイツ側は「ポーランド人民共和国の西部国境」を外し、「オーデル・ナイセ線」とのみ表記するように求めたが、それは最後までソ連側に拒否された。この具体名の明記は、ソ連にとって、東ドイツの事実上の承認を確かなものにするためにも、これ以上譲れないところであった。モスクワ条約第三条では、東西ドイツ間の国境及びポーランドの西部国境としてのオーデル・ナイセ線が明記され、東側が東ドイツの国家承認を主張しうる根拠をなしたのである［Schmid 1979：170-71；Dannenberg 2008：65, 178；高橋（進）1991：49-50］。他方で前文において、西ドイツの再統一要求が記されているアデナウアー・ブルガーニン書簡を間接的に引用するなど、国境問題とドイツ統一問題に関して双方が歩み寄りを見せ、遂に七〇年八月一二日にモスクワ条約が調印されるのであった(34)。

こうして西ドイツ側は、以上のような様々な措置を通じて、ソ連との関係改善において統一の可能性確保をアピールすることに尽力した。このモスクワ条約の締結は、その第五条で他の東側諸国と結ぶ条約と「統一体」であると明記されているように、後の東方政策の展開を占ううえで決定的な突破口を開き、ヨーロッパの緊張緩和全体にも大きな影響を与えるのである［Potthoff 1999：91-92］。

第四節　対東ドイツ交渉
――基本条約への長い道――

前節では、西ドイツとソ連の交渉におけるドイツ問題を中心とした意見交換を整理した。だが、両国の予備折衝が進められる一方で、両ドイツ間の交渉もブラント政権成立直後から再開された。そこでブラントは、ベルリンを出発点とする「接近による変化」構想を対東ドイツ交渉にも反映すべく、分断による人々の苦痛を軽減する実務的な関係改善を試みる。この交渉の結果、まず一九七〇年に二度の首脳会談が開催されるが、本節ではそこで展開された双方の主張を中心に整理し、両ドイツ関係の側面から冷戦期におけるドイツ問題を検討する。

(1)　東西ドイツ首脳会談に向けた準備交渉

先述のように、ブラント政権による関係改善の試みに対する東ドイツの反応は、ソ連のそれとは対照的に、好意的ではなかった。その背景には、「ベルリンの壁」建設後における次のような政治状況があった。東ドイツは、一九六一年の壁建設で人口流出を喰い止めた結果、以後相対的に安定した時期を迎えたといわれる［山田 1994：9］。その後、対外的に地位向上を目指す一方で、六〇年代後半にはソ連からの自立化傾向を見せ始めていた。東ドイツの指導者ウルブリヒトは、技術力を重視する独自の社会主義モデルを提示し［Sarotte 2001：17-21］、自身の個人崇拝を強めるなど自信を深めていく［山田 1994： 12-13］。他方でドイツ統一問題については、社会主義国家による統一を目標としながらも［Sarotte 2001：30］、前章で触れた一九六六年のＳＰＤからの講演者交換の試みに対しては距離を置くなど、国内体制を揺るがしかねない西側からの影響力を恐れ、その影響力を限定する「遮断化（Abgrenzung）」政策をとっていた。これに従って東ドイツ指導部は、西ドイツのキージンガー政権が東側へ接近を試みると、六三年以降毎年更新していたベルリン通行証協定の交渉を中断し、さらには両ドイツ間の文化交流を限定するなど、人々の交流を一層厳しく制限する対応に出たのである。

大連立政権下で中断されていた両ドイツ政府間交渉は、ブラント政権成立後の六九年一二月一七日に、ウルブリヒトがハイネマン西独大統領へ親書を送ったことから再開される。(35) ウルブリヒトは、東ドイツを事実上国家として認めたブラント演説に一定の評価を与える一方で［Potthoff 1999：81］、「一民族二国家」のテーゼの「一民族」に対して激しく反発していた［Schröder 1998：195-96］。そこで彼は、親書と同時に両ドイツ間の「平等な関係の樹立に関する条約」の草案を送付し、その草案に沿った交渉の開始を提案する。東ドイツは、既に一二月初旬のワルシャワ条約機構首脳会談で、ドイツ民族が東西ドイツ成立以来分裂しているという立場から、ブラントの「民族の一体性」を「非現実的な主張」であるとし［Bender 1995：183］、「一民族二国家」に対抗して、ドイツ民族を「社会主義的民族」と「ブルジョワ的民族」に分離し、東ドイツを前者による国家として規定する「二民族二国家」の主張を展開していた。かかる主張の一方で、交渉再開を求めたウルブリヒトの狙いは、西ドイツとソ連やポーランドの接近を妨害することで［Vogtmeier 1996：124］、特にブラント政権に柔軟な姿勢を示すソ連に対し、東ドイツの立場を改めてアピールすることにあった（Potthoff 1999：83）。既にこの条約草案には、後の両ドイツ間交渉における東ドイツの姿勢が明示されている。すなわちそこには、東ドイツの国際的地位の向上の要求が列挙され、それに対して西ドイツの要求する実務的な関係改善に関する言及は見られないのである。

西ドイツ側も、ウルブリヒトの条約草案を受けて、直接交渉への具体的な準備をしていた。その一例が、外務省政策企画室の構想を基礎とした両ドイツ間の「平等な協力に関する条約」案である。[36] 二三条からなるこの条約案には、西ドイツ連邦議会議員四〇名と東ドイツ人民議会議員四〇名からなる評議会の創設や「ドイツ投資銀行」の設立の提案に加え、次のように実務的な分野に関する項目が並び、政策企画室でのバールの構想が基本的に引き継がれている。例えばそれは、両ドイツ間の交通をはじめ、居住の自由、郵便、情報交換、文化、スポーツなどの領域での関係強化の文言に具体的に表れている。バールは、「接近による変化」の「変化の基礎」として両ドイツ条約を位置づけ［Vogtmeier 1996：157］、人的交流の拡大を可能にする戦略を練っていた。こうした実務的な関係改善を図る西ドイツ側の姿勢は、ウルブリヒトによる条約草案に見られるものとは対照的であった。

ブラントは、翌七〇年一月の「民族の状況に関する報告」で施政方針演説の内容を繰り返し、ウルブリヒトからの要求を事実上無視する［*TzD*, IV：201-21］。これに対してウルブリヒトも、一月一九日の国際記者会見において、東ドイツを「社会主義的ドイツ民族の国家」と規定する「二民族」の主張を改めて言明する［Schröder 1998：196］。双方の主張に歩み寄りはなかったが、ブラントは、武力不行使と「分裂したドイツに住む人々の生活」の苦痛を緩和する実際的な問題に関して、「平等な関係」に基づく交渉を呼びかける書簡を、一月二二日にシュトフ東ドイツ首相へ送付する［Potthoff 1999：83］。これに対して東ドイツは、ソ連と緊密な連絡をとった結果、できる限り早期の首脳会談開催を返書で提案した。[37] ブラントは、この突然の首脳会談提案を、ソ連の政治的影響力から東ドイツが自立する傾向と捉え［Potthoff

1999：84]、「我々の政策はあらゆる方向に向けられるものであり、それは東ドイツを対しても同様である」[Brandt 1976：501] と応ずる。しかしながら、シュトフの書簡では東ドイツ外相ヴィンツァーの出席が伝えられたのに対して、ブラントが返書で外相シェールではなく、東西ドイツ関係のみを担当するドイツ内関係相のフランケ (Egon Franke) の出席で応じる点にも、双方の隔たりが表れているといえる [Nakath 1998a：202][38]。

両ドイツ間では二月から三月にかけて、首脳会談に向けた意見交換が進められていた。まず開催地は、当初の候補地としては東ベルリンが挙げられた。しかし東ドイツ側は、ブラントが西ベルリンにも立ち寄ることが、西ベルリンを「独立の政治単位」の地位と規定し、また西ドイツと西ベルリンの結びつきを否定する東ドイツの立場に反するとして反対した[39]。これを踏まえてブラントはシュトフに開催地の変更を三月八日の書簡で伝えている [*TzD*, IV：322]。その三日後、ソ連外相グロムイコは、東ベルリンでの開催を否定しながらも、それが会談の開催自体を妨げないとして、マクデブルクかエアフルトを候補地として東ドイツ側に通達し、東ドイツもこれを了解する。ここには、会談不開催による東ドイツの国際的評価を危惧するソ連の意向が窺える [Sarotte 2001：45]。

この時期のソ連は、直接交渉による両ドイツの接近を警戒する一方で [Potthoff 1999：99-100]、先行する西ドイツとソ連の交渉と両ドイツ間交渉の内容が整合するように、東ドイツへ働きかけていた。例えば、二月二四日に東ベルリンを訪れたグロムイコは、「国際法的承認」要求の貫徹の困難さをウルブリヒトに説いた。これに対してウルブリヒトは、西ドイツの「現存国境の承認」では不十分としながらも、両ドイツ間国境の明記などを要求することで、「国際法的承認」に関して譲歩する用意を示す[40]。モスクワにいたバールにも、三月一二日にブラントに送付した報告書で伝えているように、この時点ではソ連側から東ドイツに首脳会談の開催を迫っていた[41]。以上、会談に向けた様々な点で、東ドイツに対するソ連の影響力を顕著にみることができよう。こうして三月一九日に戦後初めて、エアフルトで両ドイツ首脳会談が実現するのである。

(2) エアフルト会談

この会談では、従来の双方の主張が繰り返され、実質的な成果はなかったと言われている。すなわち、一方でシュトフが国際法的な関係による条約を主張したが、他方でブラントはこの争点をなるべく避け、実務的な関係改善を試みたのである［Sarotte 1001 : 50］。当日は、当初から予定されていた午前中の会談に加え、夜には両首相のみで会談が行われたが［Brandt 1989 : 227-28］、具体的な合意点はほとんどなかったと言ってよい(42)。会談で表明された両首相の陳述や共同声明に加えて、新史料から秘密会談の内容などが明らかになり、双方の意見交換をほぼ再現することが可能になった。以下では双方の意見交換を通じて、戦後分断国家として出発した両ドイツ間の対立点を整理しておきたい。

まず東ドイツ側は、基本的にはウルブリヒトの条約草案に並べた項目内容を主張した。シュトフは基本陳述で、ヨーロッパの中央に位置するドイツで二度と戦争を起こしてはならず、帝国主義的で軍国主義的な西ドイツを非難し、東西ドイツの「平和共存」と緊張緩和に貢献する必要性を強調する。従来の西ドイツ政権が主導してきた単独代表権やハルシュタイン・ドクトリンなど対立的な政策の完全な放棄を求め、国際法的な基礎による平等な関係を樹立する条約の締結と、国連など国際機関への参加を要求する。そして、東ドイツの「国際法的承認」を拒否することこそが「人的苦痛の軽減」を困難にしているとして、西ドイツを批判するのである。

対するブラントは、今後の交渉に向けた西ドイツの立場を表明している。それは施政演説とほぼ同内容だが、分断による市民の不安定な生活を向上し、離散家族などの問題を解決に向けて前進させる目標のもと、両ドイツの「民族の一体性」が存在する「ドイツ内関係」を主張した。その根拠の一つが、ポツダム協定の「ドイツ全体及びベルリンに関する戦勝四カ国の権利と責任」である(43)。同協定では、米英仏ソが統一ドイツと平和条約を締結するまでドイツ全体に対する権利と責任を有すると明言されているが、四カ国の事情でドイツが分断された現状では、両ドイツ関係は「特殊な種類」であると規定するのである。さらにブラントは、事実上主権を回復してＮＡＴＯへ加盟するパリ諸条約にともなって修正されたドイツ条約と並び（第1章第一節(1)を参照）、一九六四年の東ドイツとソ連の条約でも、ドイツ統一の可能

エアフルト会談での西ドイツ首相ブラントと東ドイツ首相シュトフ

出所：Bundesarchiv, B145 Bild-F03:406-0017/Fotograf:o. Ang./Lizenz CC-BY-SA3.0

性が言及されている点を指摘する。それに加えて、東ドイツの一九六八年憲法第一条の「ドイツ民族の社会主義国家(ein sozialistischer Staat deutscher Nation)」は、「民族の一体性」の存在を示していると強調し、これを両ドイツ関係の暫定性を主張する一助としたのである［Münch 1968 : 525］。

この主張に対してシュトフは、ドイツ条約に掲げられている西ドイツ及びNATOへの東ドイツの併合などの膨張主義的な目標や、第一次世界大戦後のワイマール共和国において東部国境問題を未決のままロカルノ協調を推進したシュトレーゼマン（Gustav Stresemann）を引き合いに出し、西ドイツ政府による東部国境修正の可能性保持を非難する。[44] さらに、西ドイツが四カ国の権利と責任の対象とする西ベルリンの地位についても、東ドイツとソ連の条約やウルブリヒトの条約草案にあるものと同様に「独立の政治単位」であると反論し、西ドイツと西ベルリンの結びつきを否定するのである。[45]

以上のように、ブラントが「最低限の目標」としていた次回会談に合意したものの、ドイツ内関係に基づく交渉で実務的な関係改善を求める西ドイツと、国際法的な基礎による平等な関係を交渉の前提にする東ドイツの溝は埋らなかった。しかし戦後初の両ドイツ首脳会談は、東ドイツに二つの意味で影響を与えたと考えられる。第一に、会談前にソ連が期待したように、西ドイツ首相ブラントが東ドイツを訪問したことは、国家としての東ドイツの立場を誇示し、その国威を発揚する効果を持った［Potthoff 1999 : 87 ; Nakath 1995 : 49 ; Schöllgen 2001a : 118］。しかし第二に、会議の外では、東ドイツ政府の脆さを露呈する出来事が起こる。会場の外で市民達が「ヴィリー、ヴィリー（Willy, Willy）」とブラントのファースト・ネーム（奇しくもシュトフのファースト・ネームは「ヴィリ（Willi）」であった）を連呼し、熱烈に歓迎したのである。こうした市民の歓迎に対しブラントは、東ドイツ指導部による弾圧を憂慮して、市民に自制を促したと言われている［Brandt 1976：491；Ash 1993：182-83］。この出来事は、自らの政治体制に対する市民の支持を対外的にアピールしたかった東ドイツ政府の予想に反するものであり、東ドイツが否定する「民族の一体性」を内外に印象付けた(46)。その結果東ドイツ政府は、市民に対するさらなる支配の強化によって国家の権威を確固とする必要性を教訓にし、その後「遮断化」政策による引き締めを強めることになる［Potthoff 1999：88；Sarotte 2001：51-53］。

(3) カッセルの二〇項目提案

エアフルト会談後の共同声明では、第二回会談を一九七〇年五月二一日に西ドイツのカッセルで開催することが明らかにされた。予定通り開催されたカッセル会談で西ドイツ側は、東西ドイツ間関係に関するさらなる具体的方策として、二〇項目を列挙する。この「カッセルの二〇項目」提案は、その後の西ドイツ側の「交渉の基礎」とも言われ［Hacker 1995：1531］、両ドイツ関係の下敷きとなったものとして重要なので見ておきたい(47)。

この提案には、従来の対東ドイツ政策から踏み込むブラント政権の姿勢が明確に表されている。まず注目されるのは、従来形式的であれ西ドイツが主張していた「単独代表権」の放棄を明示したことである。すなわち第六項では、「二つのドイツ国家のいずれもが、他方に代わって行動したり、他方を代表したりすることはない」と明記されたのである。次に見逃せないのは、既にソ連との予備折衝でも取り上げられていた東ドイツの国際機関加盟に言及したことである(48)。東ドイツにとって自国の国威発揚のための格好のプロパガンダとなる国際機関への参加の容認を示したことは、関係進展を望む西ドイツの熱意を表している。さらに先述の施政演説で打ち出したように、東ドイツを国家として事実上承認する表現が、「ドイツの二つの国」（第一項）、「国家間（zwischenstaatlich）」（第三項）にある。しかし、東ドイツの要求をとりいれた内容を含む一方で、両ドイツに住んでいるドイツ人を「一つの民族に属する」（第一〇項）など、「一民族二国家」論が改めて示されている。

このように両者の対立する政治的争点に踏み込む提案がある一方で、二〇項目全体を見渡すと、むしろ実務的な関係改善に関する項目の方が目立つ。すなわち、「両国の住民間の結びつきを改善すること」（第一項）や、旅行交通及び居住の自由（第一四項）、エアハルト会談でも提起された離散家族問題（第一五項）、そして郵便、通信、情報交換、科学、教育、文化、環境問題及びスポーツの諸領域での関係強化（第一七項）である。かかる問題提起に、分断による苦痛を軽減すべく両ドイツ関係の改善を目指すブラント政権の強い意欲を見ることができる。こうして、前章で取り上げた「接近による変化」構想や東ドイツとの「枠組み条約」、そして「平等な協力に関する条約」案などに見られるように、ベルリンを出発点に一貫して人的交流の拡大を目指したバールの構想が、二〇項目提案における実務的な関係改善の主張に反映されたのである。

以上は西ドイツ側がカッセル会談前に準備した上での提案だが、東ドイツ側もソ連の意向に沿って会談に備えていた。ソ連は、エアフルトにおける東ドイツ市民の熱烈なブラント歓迎を受けて、西側との「接近」に伴うこうした危険性を憂慮し、これ以上の両ドイツ間交渉に難色を示していた［Nakath 1995：32-36；Mastny 1999：186］。ソ連指導部は、五月一五日の東ドイツ指導部との会談において、西ドイツが東ドイツの立場を理解するためには「思考の休止（Denk-pause）」が望ましいとして、両ドイツ間交渉の中断を指示する。(49) こうした審議を経て東ドイツ指導部は、さらに協議を重ね、会談二日前の五月一九日に準備文書を完成させたが、そこでは東ドイツの「国際法的承認」を交渉の前提とする強硬な立場を崩さなかった。ただ、ここには上記のように、両ドイツ間の直接交渉中断を望むソ連の意向が反映されていたことに注意したい。

こうして迎えた会談当日の経過を再現すると次のようになる。まずシュトフが冒頭で、西ドイツの法制が東ドイツの領域までも適用範囲に設定していることや、シュトフの西ドイツ訪問に関して西ドイツの右翼が展開していた誹謗言動に対し政府が対策を講じていないことを抗議した。続いて、二〇項目提案を含むブラントの原則表明、そしてシュトフの原則の表明の後に、両首相の直接会談、昼食を経て再度の両首相の見解の表明、再度の直接会談という経過を辿る。会談では、エアフルトで確認された対立点に関して、双方の主張が改めて繰り返された。例えばブラントは、東ドイツの要求する国際機関への加盟の問題が、特にドイツ全体に対する米英仏ソの権利などから他国にとっても重大な関心事であることを踏まえる必要性を指摘し、こうした問題よりも先に実務的な諸問題について前進させることを主張する。ここでも、国際社会における東ドイツの地位向上の要求に対し、西ドイツが四カ国の権利と責任を根拠に両ドイツ関係の暫定的性格を前面に立て、実務的な関係改善を試みる構図が現れている。これに対してシュトフは、東ドイツの立場を西ドイツが「現実的に」理解するための「思考の休止」を提案し、次回会談を約束しなかった。東ドイツ側には具体的な実務関係改善を盛り込む二〇項目提案を受けて、これを検討する用意がなかったのである [Potthoff 1999 : 90]。

このように東ドイツは、両ドイツ関係のこれ以上の進展に消極的な姿勢を示したとされる。だが注目されることに、実はウルブリヒトが交渉継続に意欲的であったことを裏付ける事実が明らかにされた。例えばウルブリヒトは、会談後六月九日の党中央委員会において、三度目の会談を望むことを表明している [Sarotte 2001 : 63-64]。当時SEDの幹部だったアクセン（Hermann Axen）も、この交渉継続に関するウルブリヒトの提案が初めてのことではなかったと、後に回想している [Axen 1996 : 312-13]。これに対してソ連のブレジネフ書記長は、七月下旬にSED政治局員のホーネッカー（Erich Honecker）との会談で、西側への「接近」によって東ドイツが「社会民主主義化（Sozialdemokratisierung）」することへの警戒心を隠さず、また社会主義陣営とその盟主たるソ連のバックアップなくして東ドイツ国家は存在し得ないと強弁し、改めてソ連の影響力の強さを確認した(50)。さらには、モスクワ条約を締結した直後の八月下旬に東ドイツ指導部と協議した際にも、これ以上の両ドイツ間の直接交渉を中断するように指示している [Przybylski 1992 : 340-45]。こうした点を踏まえると、会談の一時的中断は、ウルブリヒトの強硬姿勢が原因ではなく、両ドイツ間交渉を支持しないソ連の意向が決定的だったと考えられるだろう。両ドイツ間の交渉再開は、それを方向付ける西ドイツとソ連の交渉の進展を待たなければならなかったのである［Potthoff 1999：90-91］。なお、西ドイツへの「接近」に意欲的であったウルブリヒトが失脚し、よりソ連に従順とされたホーネッカーが後継するのは、翌七一年五月のことである。[51]

他方で西ドイツ側は、次回の首脳会談に積極的な姿勢を示していた。バールは、会談の一週間前にブラントに対して、首脳会談継続を提言している。[52] バールは、ソ連外相グロムイコとの予備折衝において、対ソ交渉の進展が将来的には東西ドイツ関係の発展にむしろ悪影響を及ぼすことに不安を抱き始めており、[53] 両ドイツ間の首脳による直接交渉を継続することが望ましいと判断していた。結果的にバールの不安が的中し、西ドイツ側の期待に反して両ドイツ間交渉が「思考の休止」に入ったのは見てきたとおりである。

(4)　交渉再開から東西ドイツ基本条約へ

両ドイツ間交渉は、モスクワ条約調印の三カ月後の一九七〇年一一月に再開される。一方並行して進められていた西ドイツとポーランドの交渉は、一二月のワルシャワ条約の締結という形で実を結ぶ。本書ではこのポーランドとの交渉を詳述できないが、この条約によってオーデル・ナイセ線をポーランドの西部国境として認めたことで、戦後ヨーロッパの「現状」の承認へまた一歩前進した。[54] またブラントが、条約調印のためにワルシャワを訪れユダヤ人ゲットー蜂起の記念碑の前で跪いたことは、西ドイツの「過去の克服」に対する真摯な姿勢を象徴するとして国際的にも高く評価された。[55]

このように東方政策の成果が出始め、さらに一九七一年九月に仮調印される米英仏ソによるベルリン四カ国協定が弾みとなり、同年一二月に西ベルリンのトランジット交通に関する協定、翌七二年五月には両ドイツ間で交通条約に合意、そして同年一二月には基本条約（正式には「東西ドイツ間の関係の基礎に関する条約」）が締結された。[56] 基本条約は、条文全体と議事録・覚え書き・書簡交換の形をとった一連の拘束力をもった合意や確認事項からなり［Weber 1988：邦訳 141］、さらにそれとは別に条約締結に際して、西ドイツ政府から東ドイツ政府へ「ドイツ統一に関する書簡」が送られた。東ドイツ政府は、これに回答しなかったものの受け入れ、モスクワ条約と同様に「ドイツ人の自由な自決権」が事実上認められる。こうして将来の統一の可能性は、東ドイツとの条約においても確保されたのである。また、この条約が以前に締結した条約や国際合意に抵触しないことを宣言し（第九条）、先述のドイツ全体及びベルリンに対する四カ国の権利と責任が引き続き留保されることも確認されている［Hacker 1995：1525-27］。

しかし基本条約の内容を見渡すと、それは双方の「相違についての合意」であったといわれる［Hacker 1995：1523-24］。すなわち、確かに西ドイツが従来主張してきた「単独代表権」が正式に放棄され（第四条）、「正常な善隣関係」が謳われたが（第一条）、再統一や「民族の一体性」について規定する文言はなく、前文でも述べられた「……民族の問題を含む基本的問題に対する見解の相違」を理由として、これらの課題が棚上げされたのである。

このように条約が複雑な形式をとられ、また「国際法的承認」という表現も回避されたものの、基本条約が通常の国家の締結する条約と同じ効力をもつことは明らかであった。両ドイツ関係は「特別なドイツ内関係」とする西ドイツの主張は、大使や公使ではなく「常駐代表部」を交換することや（第八条）、条約締結の二年後の一九七四年にこれらの事項を外務省でなく首相府が管轄することを別途定めた議定書において［*ZJD*：256-58］、形式的ではあるが反映されたと言える。また東ドイツ市民の国籍について、条約前から彼らが希望すれば西ドイツ国籍を要求することができたが、追加議事録で「国籍問題はこの条約で規定されない」と確認されることで、引き続きその権利は有効とされた［Ash 1993：129］。

なおこの基本条約に対して西ドイツ国内では、野党ＣＳＵのシュトラウスが、ボン基本法に違反するとして、連邦憲法裁判所に条約差し止め要求を持ち込んだ。これを受けて連邦憲法裁判所は、一九七三年七月三一日の判決で、基本条約の合憲性を明言すると同時に「二重の性格（Doppelcharakter）」を指摘する。(57) つまり、基本条約を通常国家間が締結する条約として認める一方、東ドイツの「国際法的承認」を明確に否定し、ドイツ全体に対する米英仏ソの権限に言及することで、ドイツ人の「民族の一体性」の存続を強調したのである［Potthoff 1999：113；Hacker 1995：1532-34］。こうして、バールが「以前まで我々は全く関係を持っていなかったが、今やたとえ悪くとも関係を持つようになった」と述べたように［Fuchs 1999：36］、東ドイツの「国際法的承認」を回避しつつ、ブラントが施政方針演説で当初の目標とした「規制された並存」をひとまず達成したのである。

他方で、バール構想から一貫して追求してきた人的交流の拡大に関して注目に値するのは、基本条約において、カッセル二〇項目で示された実務的な関係改善が反映され、東西ドイツ間の人的交流が格段に増加した点である［Hacker 1995：1521-24, 1531-32］。例えば、第七条の「相互の関係正常化の一環として実務的及び人道的問題を規制する用意」に関連し、離散家族、旅行の緩和、国境通過などについて、追加された議定書、覚書、書簡交換による確認事項が設けられることで、西ドイツの目指した分断による人々の苦痛軽減と交流拡大への努力が明示された。基本条約後の両ドイツ市民の相互訪問や旅行は、年金受領者（六五歳以上の男性と六〇歳以上の女性）と「親族の緊急時」に応じて東ドイツが許可した人々に限られたが［山田 1994：136-37］、西から東へは多数の人々が訪れるなど、滞っていた人々の交流が再び活性化した[58]。このように、東西ドイツ間の「暫定協定」は、東ドイツ市民との交流を密にする実務的な関係改善を進展させる出発点となったのである。こうした点を踏まえ、さらには基本条約がその後二〇年の両ドイツ関係に決定的であったことを考慮すると［Ash 1993：129］、カッセル会談における西ドイツの具体的な提案は重要だったのである。

(5) 基本条約後の東西ドイツ

東西ドイツ基本条約の締結後、一九七三年九月に両ドイツが揃って国連に加盟し、国際社会への参加が実現する。東西ドイツの関係は正常化し、また戦後ヨーロッパの「現状」も事実上承認されることでヨーロッパの緊張緩和は加速した。それは七五年のCSCEにおけるヘルシンキ最終文書で頂点をむかえるが、ブラント政権の東方政策がCSCEにおいて「多国間化」されていく過程に関する考察は第6章に譲るとし、ここでは基本条約後の東西ドイツについて若干触れておきたい。

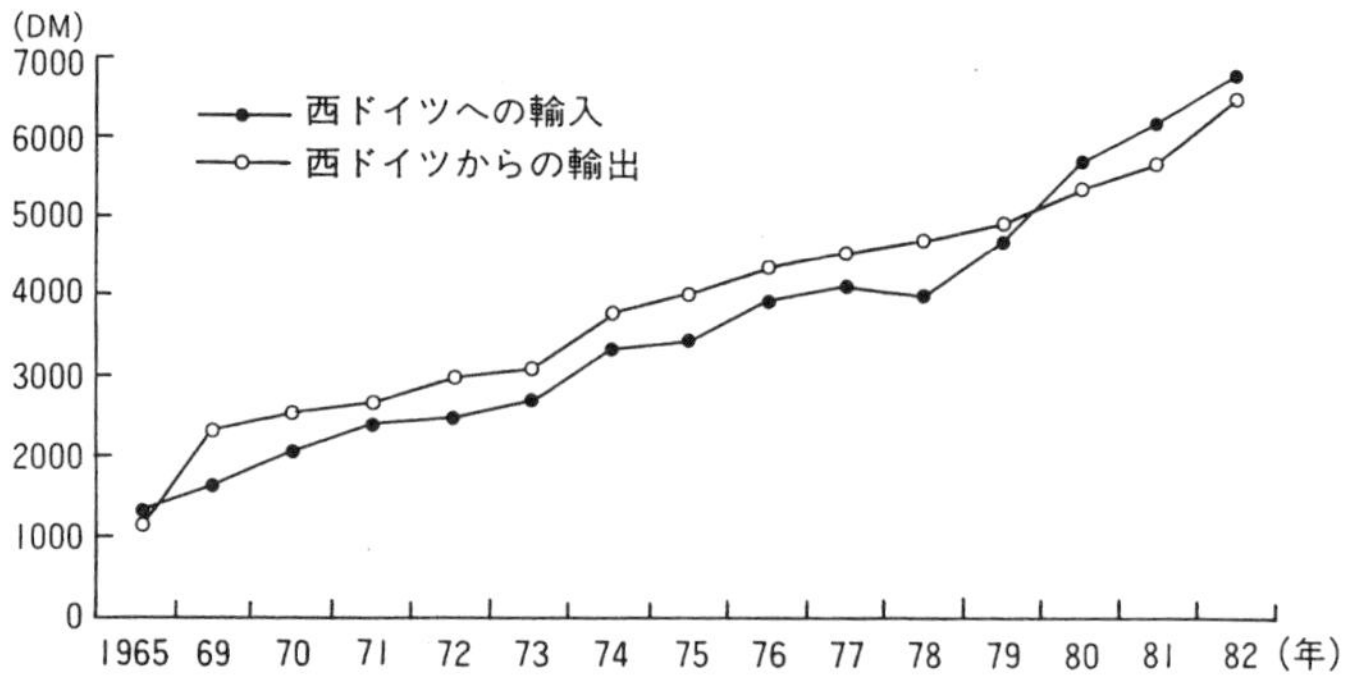

図2－2　西ドイツからみた両ドイツ間の貿易量

出所：山田［1994：135］より筆者作成.

基本条約以降の東ドイツは、長年西ドイツのハルシュタイン・ドクトリンによって阻まれていた国際機関への参加などが可能となり、目標としていた国際社会における地位の向上が達成される。一九七二年にスイス、オーストリア、スウェーデンなどヨーロッパ中立国をはじめとする二四カ国が、翌年にはイギリス、フランス、イタリア、オランダなどのNATO加盟国や日本を含む計四六カ国が東ドイツと国交を樹立した。そして、七四年九月にアメリカと国交を結んだことは、戦後東西対立の起因であったヨーロッパ国境の「現状」が西側に受け入れられたことを意味したのである［山田 1994：134］。また第六章で取り上げるCSCEは、東西ドイツが平等な権利をもって参加する初めての国際会議であり、東ドイツの指導者ホーネッカーが西ドイツのシュミット首相と肩を並べて出席し最終議定書に調印したことは、事実上の国家としての地位を印象付けるハイライトをなす出来事であった（二一七頁の写真も参照）。と同時に、東ドイツの国際的な地位を高め、東側陣営がアピールする「緊張緩和のプロセス」としてのCSCEへの貢献を内外に印象付けたのである［Hacker 1986：98］。

東西ドイツ間の関係に目を転じると、基本条約後に東西ドイツ間の経済交流や人的交流が緊密化し、特に経済関係が重要性を増してくる（**図2－2**参照）。東ドイツにとって西ドイツとの貿易関係は、西ドイツでは「ドイツ内貿易」として国内取引として扱われるため関税の対象外とされ、他方で「一三番目のEC加盟国」として西ドイツへの輸出にもEC関税の課税が免除されるなど、他の社会主義国にはない有利な地歩をもっていた［山田 1994：171-72］。また、両ドイツ間にはいわゆる「スウィング」協定があり、これは一方の貿易赤字に対し他方が一定額まで無利子の信用を供与する制度で、事実上東ドイツの経済苦境を西ドイツが救済する形になっていた。さらには、東西ドイツと西ベルリンの特殊な関係から得る、東ドイツ内通過料金、道路など西ベルリンへの輸送手段の西からの投資、郵便、鉄道料金の支払い、西側からの訪問者によって得られる収入などは、東ドイツ経済を支える重要な要素となり、他の東欧諸国と比べて市民が経済的に豊かな生活を送れる一因となった[59]。東ドイツ指導部は、国の安定が経済的成果次第であり、その成果は西側工業国、特に西ドイツとの協力によってのみ達成されることを承知していたのである［Weber 1988：邦訳 144-45］。

しかし経済関係の緊密化は東ドイツ政府に利をもたらす一方で、いくつかの問題を孕ませたことも指摘せざるを得ない。というのも、以上述べてきた経済利益によって、かえって政府による経済体制の近代化などへの取り組みが不十分となり、また西側への依存を深めてしまうなど、結果として経済体制を脆弱にした側面を否定できないからである［Craig 1994：165-66］。その上、「階級敵（Klassenfeind）」である西ドイツとの関係構築は、東ドイツ政府の正当性を揺るがしかねなかった［Vogtmeier 1996：162-63］。この正統性の問題に対し東ドイツ政府は、西ドイツによる「接近による変化」や「民族の一体性」を強く否定し、交流によって生じる西側社会からの影響力の浸透を抑えるためにも、さらに「遮断化」政策を強化した。例えば、本節第一項で述べた「二民族二国家」論に加え、一九七四年一〇月四日に制定された憲法（七四年憲法）の東ドイツ国家に関する文言にもさらなる「遮断化」政策の影響が見られる。すなわち、その前の六八年憲法では、東ドイツは「ドイツ民族の社会主義国家」であったが、七四年憲法では「労働者と農民の社会主義国家」（第一条）と規定され、またソ連との「永久かつ不変」の同盟が謳われるとともに（第八条）、それが社会主義諸国の同盟の揺るぎない構成体である事を改めて表明したのである［Münch 1974：463-500］。東ドイツ指導部は、西側へ「接近」することによる国内への反作用を恐れて「自閉」の体制をとらざるをえず、その「遮断化」政策はソ連との同盟強化とあわせて自国内の統合政策として推進されたのであった（山田 1994：138）。

したがって、東西ドイツ関係も、基本条約などの成果に従って円滑に進展したわけではなかった。一応条約は締結されたものの、その解釈が東西ドイツ間で異なっていることで様々な問題が浮上する。例えば、条約締結後しばらくして、東ドイツによる西ベルリンの孤立化の動きや環境問題への対応の不備などによって両ドイツ間で不穏な空気が流れた［Potthoff 1999：124-25］。これに対し、一九七三年五月末にＳＰＤ院内総務のヴェーナーがホーネッカーを訪問するなどして調整が図られたものの［Potthoff 1997：280-91; Wiegrefe und Tessmer 1995］、結局七五年のＣＳＣＥまでに最終的了解に達するとする実務交渉の目的は、予定通りには達成されなかったのである。

とはいえ、そのＣＳＣＥにおいて「人・情報・思想の自由移動」や基本的人権の尊重に合意したことが東ドイツ国内政治に与えた影響は小さくなかった。例えば、ヘルシンキ最終文書を引き合いに出して、数多くの市民が人権擁護や、特に自由往来の権利を主張し、出国願いを提出したのであった［Weber 1988：邦訳 144］。また、新たに公開された史料に基づく研究においては、東ドイツの指導部はこうした側面が政治体制に与える影響を過小評価していた点が指摘されている［Scholtyseck 2004］。例えば東西ドイツ統一後の一九九一年にホーネッカーも、言論の自由や人の自由移動が長期的にどのように作用するのかについて計算しきれなかったと回顧している［Otto 1996：412］。こうした点を踏まえ、また一九八九年の「ベルリンの壁」崩壊の過程で東ドイツ市民が起ちあがったことが一因であったことを考慮すると、基本条約後の東西ドイツ関係における人々の交流の拡大を決して軽視すべきでないことを意味していよう。そのＣＳＣＥにおいて、東方政策の成果がどのように「多国間化」されていくのかについては、第６章に譲ることとしたい。

おわりに

本章では、ブラント政権の東方政策について、まずソ連との予備折衝の結果完成する「バール文書」に至る交渉過程を中心に、とりわけ対東ドイツ政策に関する争点に焦点を当てて検討した。次に一九七〇年に二度開催される東西ドイツ首脳会談を軸として、一九七二年の基本条約の締結に至る両ドイツ関係について考察した。本章では特にドイツ分断に関わる問題として、統一の可能性の保持と人的交流の拡大の二点に焦点を絞って検討したため、ここでは扱えなかったポーランドやチェコスロヴァキアといった他の東欧諸国との関係についての分析は別に委ねざるを得ない。しかし本章で考察してきたように、分断克服への第一段階としてソ連・東欧諸国との「暫定協定」を実現した東方政策は、やがて一九七五年のCSCEで頂点を迎えるヨーロッパの東西緊張緩和に貢献したのである。またそのバール構想で第二段階に位置づけられたCSCEの内容には、こうした「暫定協定」との共通点を見出すことができ［Jacobsen et al. hg. 1973: 42-44, 388-95］、そこで西ドイツは、本章で見てきたような統一の可能性の確保と人的交流の拡大といった東方政策の成果を「多国間化」するべく、積極的に働きかけていくのである（第6章参照）。

本章で考察してきたことを踏まえると、ブラントの東方政策について、国家統一の可能性の保持という側面にのみ偏った解釈の一面性は明らかである。ブラント政権は、前章で検討したバール構想における段階的アプローチに基づいて、長期的な観点からの分断克服を目指し、まずソ連・東欧諸国との関係改善を通じた緊張緩和の促進に取り組んだ。その東方政策を進める際に、将来の統一の可能性の確保に熱心であったことは、西ドイツ国内の批判に対処すると同時に、「ヨーロッパ平和秩序」を通じた統一という長期的目標への道を閉ざさないためでもあった。東西ドイツ間の基本条約も、ドイツ統一の可能性をオープンにし先送りにした意味で「暫定的」であり［Vogtmeier 1996: 167］、この「暫定的」な性格こそ、ブラント政権が東側との関係改善を実現するため必要としたことであった。さらにそれは、分断という「現状」を暫定的に受け入れることで、両ドイツ間の人々の交流を拡大し、人々の苦痛を軽減する「小さな歩みの政策」とセットで取り組まれなければならなかったのである。そのためにも、ソ連の影響力の強さを認識し、優先して関係改善に取り組むことが重要であった。こうしたバール構想及び東方政策の多面性を把握することで、「ベルリンの壁」の開放から東西ドイツ統一といった政治変動においてどのような役割を果たしたのかについて複眼的な視座を得ることができるのである。

注

（1）「過去の克服」に関しては、石田［2002：第5章］を参照。ブラント政権の「過去の克服」への取り組みは、例えば一九七三年のイスラエル訪問などが高く評価される一方、東方政策によるドイツ分断の事実上の承認が「アウシュヴィッツの贖罪」となり、結果としてその後のSPDは分断克服への展望を失ったと批判的に言及されることもある［Winkler 2000：邦訳 623-24］。これに関連して、ブラント外交におけるソ連・東欧諸国との和解といった側面が注目されるが［cf. Longerich 1990；Niedhart 2003c］、国際政治学者シュヴァルツは、平和政策や東西和解といった道義的観点に偏重せず、国益追求といった現実主義的観点から評価する必要性を強調している［Schwarz 1985：45-47；1979］。また六〇年代後半には、大連立政権の成立や非常事態法の議会通過に抗議して、「議会外反対派（APO）」と呼ばれる運動が高まりを見せた。そして学生運動を経験した層の多くは、「制度を通じての長征（Marsch durch Institutionen）」を掲げてSPDの支持層に加わっていき［Müller-Rommel 1982；平島 1994：140；Lösche und Walter 1992：邦訳 199-207］、あるいは後の緑の党（現在の正式名称は「九〇年連合／緑の党（Bündnis 90/Die Grünen）」）登場の基盤を形成した「新しい社会運動（neue soziale Bewegung）」に参加していくことになる。なお非常事態法によって、例えば米英仏に代わり西ドイツ政府自身が、非常事態と判断される事態のもとでは、信書の検閲や特に電話の盗聴を行うなどの権利を留保することになり、その意味では主権回復の一部と見なすことができよう［平島 1994：109-15；三宅 1996：259-61］。また一九六八年に世界中で集中的に現出するいわゆる「六〇年代性」に関しては、菅［2001］、井関［2001］、西田［2010］、Cramer［1998］を参照。六〇年代における国内政治と国際政治の連関に注目したものに、Fink et al. eds.［1998］を参照。こうした側面とブラント政権の関連性を指摘したものとして、野田［2009：73-74］を参照。冷戦史家のスーリは、一九六〇年代後半から七〇年代前半のデタントは、各国国内で盛り上がる既存秩序への激しい抵抗などに対処し、保守的な秩序を再構築する政治エリートの「対抗革命（counterrevolution）」としての性格を持っていたと指摘する［Suri 2003］。

（2）Aufzeichnung Bahrs, 28. 11. 1969, in *DEB*, Ord. 440.

（3）首相府自体は政権運営の調整役としての機能が主だが、例外的に大きな役割を果たしうる分野が対外政策である［網谷 2008：71-72］。

（4）また大連立政権下では、一九六七年八月両連立政党間の対立を緩和するために、キージンガーの休暇先にて両党の主要政治家たちが非公式に意見交換を行う「クレスブロン・サークル（Kreßbronner Kreis）」が設置されたが、これは効率的な意思決定を可能にする一方、その透明性の欠如が指摘された［Winkler 2000：邦訳 258-59；Hildebrand 1984：274；Karstens 1993：357；Schneider 1999：92-103；網谷 2008：68］。このサークルによって内閣の機能が強化され、首相府のコントロールが事実上後退することも度々あったとされる［Echtler 1973：221］。なおこのサークルの議事録はキージンガーの個人文書ファイルに保管されている［Sitzungsprotokolle in *ACDP*, Nachlass Kurt Georg Kiesinger, 01-226-A-010］。

（5）ドイツ内関係省は、両ドイツ関係の特殊性をより強調するために、前政権までの全ドイツ問題担当省から改称された。

（6）当時の首相府長官でブラントの側近のエームケ（Horst Ehmke）も、シェールとブラントの良好な関係を証言している［Ehmke 1994：130］。

（7）こうした交渉手法に対する批判は、前章で見たように既に大連立政権下で東側と非公式に接触するバールに向けられていたが、例えば西側三国における批判は第3章、西ドイツ国内は第5章も参照。

（8）Bundeskanzler Brandt an Ministerpräsident Kossygin, 19. 11. 1969, in *AAPD* 1969, S. 1313-15；Keworkow［1995：50-53］.

（9）Aufzeichnung des Ministerialdirektors Ruete, 17. 9. 1969, in *AAPD* 1969, S. 1022-25；Falin［1993：57］.

（10）FDPのモスクワ訪問については、Niedhart［1995：112-13］、Genscher［1995：98-99］参照。SPD議員団のモスクワ訪問については、Aufzeichnung des Ministerialdirektors Ruete, 15. 9. 1969, in *AAPD* 1969, S. 1001-08、Allart［1973：208-09］、Lehmann［1984］、Schmidt［1987：25-26］を参照。例えばバールも、西ドイツ駐在のソ連外交官ベレツキ（Viktor Belezki）と非公式ながら接触を続けており、関係改善に向けた地ならしに取り組んでいた［Aufzeichnung Bahrs, 10. 11. 1968, in *DEB*, 431/B；Dannenberg 2008：41-46］。

（11）チェコスロヴァキアは、一九三八年九月にナチスドイツへのズデーテン地方の割譲を認めたミュンヘン協定の無効性を訴えていた。この問題に関しては、予備折衝の結果纏められるバール文書の第八項で、西ドイツとチェコスロヴァキアの両国によって解決されるべきことが明記された（資料2参照）。ただ問題の複雑性に加え、六八年のプラハ侵攻の余波もあり、両国の交渉が本格化するのは一九七二年一二月に東西ドイツ基本条約が締結された後のことである。翌七三年一二月に締結されたプラハ条約では、ミュンヘン協定が「この条約によって無効」となることが確認された［Zündorf 1979：96-111；Brach 1998；Winkler

2000：邦訳 275-76, 306]。さらに同月ブルガリアとハンガリーとも外交関係を樹立するが［Zündorf 1979：115-16］、これらの東欧諸国との関係改善に関する検討は今後の研究課題としたい。

(12) なおこの時期の「バックチャネル」では、とりわけベルリン問題を中心に米ソ間で活発であったキッシンジャーとドブルイニンのものが知られている［Geyer 2003；Hanhimäki 2003：649；山本 2010：79］。

(13) Gespräch des Bundeskanzlers Kiesinger mit dem sowjetischen Botschafter Zarapkin, 11. 3. 1969, in *AAPD* 1969, S. 356-61；Potthoff［1999：77］；Sarotte［2001：21-24］；Harrison［2003：12-13］. この時期の中ソ対立については、例えばOstermann［1995］、Radchenko［2010］を参照。

(14) 連邦集会権とは西ドイツ大統領の選挙を西ベルリンで挙行する権利で、西ドイツ側は西ベルリンとの結びつきを強調するために行使してきたが、ソ連は承認していない。

(15) Aufzeichnung Bahrs, 18. 9. 1969, in *DEB*, Ord. 425；Aufzeichnung des Planungsstabs, 24. 9. 1969, in *AAPD* 1969, S. 1072-1078；Dannenberg［2008：214-18］；筒井［1986］.

(16) Gespräch des Staatssekretärs Bahr mit dem sowjetischen Außenminister Gromyko, 10. 2. 1970, in *DEB*, Ord. 392/2.

(17) Gespräch Bahrs mit Gromyko, 17. 2. 1970, in *DEB*, Ord. 392/2.

(18) Protokoll über das Gespräch Bahrs mit Gromyko, 3. 3. 1970, in *DEB*, Ord. 392/1；Bahr an Scheel, 4. 3. 1970, in *DEB*, Ord. 392/1.

(19) 当時の連邦政府報道情報庁（Presse- und Informationsamt der Bundesregierung）幹部のヴェフマル（Rüdiger von Wechmar）は、バールが最初にこの要求を提案したことを証言している［Vogtmeier 1996：135］。

(20) Gespräch Bahrs mit Gromyko, 30. 1. 1970, in *DEB*, 392/1.

(21) 三月一三日の交渉で、グロムイコは東ドイツの国際法的承認を要求しないと述べるに至っている［Protokoll über das 9. Gespräch Bahrs mit Gromyko, 13. 3. 1970, in *DEB*, Ord. 392/2］。

(22) Aufzeichnung Bahrs, 5. 2. 1970, in *DEB*, 392/1.

(23) Bahr an Brandt, 7. 3. 1970, in *DEB*, 429B/1.

(24) Aufzeichnung Bahrs, 7. 3. 1970, in *AAPD* 1970, S. 393-400.
(25) Protokoll über das 8. Gespräch Bahrs mit Gromyko, 10. 3. 1970, in *DEB*, Ord. 392/2.
(26) Protokoll über das 9. Gespräch Bahrs mit Gromyko, 13. 3. 1970, a. a. O.
(27) Protokoll über das 11. Gepräch Bahrs mit Gromyko, 12. 5. 1970, in *AAPD* 1970, S. 739-43.
(28) Bahr an Scheel, 22. 5. 1970. in *AAPD* 1970, S. 855-857, Vogtmeier［1996：135-36］；Bahr［1996：319-21］.
(29) 「ドイツ・オプション」とは、ドイツ人が将来のドイツ再統一の実現可能性を保持しつづけることを意味する［Mehnert 1970：823］。シェール外相も連邦議会演説のなかで、野党指導者のバルツェル（Rainer Barzel）に対して、このオプションによってモスクワ条約でも統一の可能性が確保されると説明している［Potthoff 1999：91；*TzD*, V：176］。本交渉前に閣議決定された交渉指針については、Instruktionen für Bundesminister Scheel, 23. 7. 1970, in *AAPD* 1970, S. 1222-24.
(30) Aufzeichnung des Ministerialdirektors von Staden, 6. 7. 1970, in *AAPD* 1970, hier S. 1124.
(31) Protokoll über das Gespräch Scheels mit Gromyko, 29. 7. 1970, in *DEB*, Ord. 391/1.
(32) Bahr an Brandt, 1. 8. 1970, in *WBA*, Bundeskanzler, Korrespondenz 1969-1974.
(33) Aufzeichnung Scheels, 2. 8. 1970, in *AAPD* 1970, S. 1340-41.
(34) 一九五五年九月一三日に西ドイツとソ連の国交樹立に際して、アデナウアー西ドイツ首相とブルガーニン（Nikolai Bulganin）ソ連首相との間で交換された書簡。両国が「民主的なドイツ国家の一体性を再現する」ことを目標とすることが明記されている［Mehnert 1970：824；Vogtmeier 1996：138；高橋（進）1991：49-50］。書簡の全文はAuswärtiges Amt hg.［1995：224-25］を参照。
(35) ウルブリヒトからハイネマン宛ての親書並びに提案された条約の草案及びハイネマンの返書については、*ZJD*［119-21］を参照。ハイネマンは返書で「提案は歓迎する。ただし条約案については検討中である」と述べている。
(36) Aufzeichnung des Ministerialdirektors Ruete, 30. 12. 1969, in *AAPD* 1969, S. 1471-76.
(37) 一月二二日のブラントの書簡、二月一一日のシュトフの返書、それに対して一八日に送られたブラントの返書の全文については、*ZJD*［121-23］を参照。

(38) この時期にブラントはニクソン米大統領に送った手紙で、東ドイツは「プロパガンダ的であるだけでなく、我々とソ連の一致を妨げるあらゆる試みを企てている」と記している［Brandt an Nixon, 25. 2. 1970, in *AAPD* 1970, hier S. 311］。

(39) この東側による西ベルリンの「独立の政治単位」という規定については、第1章の注8を参照。

(40) Gespräch des Ersten Sekretärs des Zentralkomitees der SED Ulbricht mit dem sowjetischen Außenminister Gromyko, 24. 2. 1970, in *DzD* VI/1（1969/70）, Nr. 86, S. 293-324；Nakath［1998a：205-07］.

(41) Bahr an Brandt, 12. 3. 1970, in *DEB*, Ord. 429B/1.

(42) 以下、エアフルト会談については、*ZJD*［123-34］、両首相のみの会談は Potthoff［1997：135-59］を参照。

(43) ポツダム協定については、Münch［1968：32-43］を参照。この「権利と責任」については、六四年のソ連と東ドイツの条約の第九条にも明記されており［Münch 1968：450-54］、これを西ドイツ側が主張する根拠の一つとなった。

(44) 「ブランコ外交」と呼ばれるシュトレーゼマン外交とブラント外交の比較検討については、Brandstetter［1994］がある。

(45) 東ドイツは、「独立の政治単位」とする西ベルリンにおける西ドイツの政治的活動に対して、西ベルリンへの通行を妨害し、緊張緩和の障害となることが多かった［佐瀬 1973：172-78］。この西ベルリンへの出入通行権は、一九七一年のベルリン四カ国協定において「戦勝国の権利と責任」により保証され、東ドイツは事実上行使してきた権利を失うことになる。

(46) 東ドイツ指導部は市民の歓迎をシュトフに対するものと宣伝した［Sarotte 2001：95-98］。

(47) カッセルの会談の推移は、Potthoff［1997：164-88］、Nakath［1995：38-45］、二〇項目提案は *ZJD*［137-39］を参照。

(48) 例えば会談の九日前のバールとグロムイコの交渉は、Gepräch Bahrs mit Gromyko, 12. 5. 1970, in *AAPD* 1970, S. 739-43 を参照。

(49) Notizen des Politbüromitglieds Honecker über die Besprechung führender Vertreter der SED und der DDR mit der Führung der KPdSU Moskau, 15. 5. 1970, in *DzD*, Nr. 139, S. 519-22.

(50) Notizen des Politbüromitglieds Honecker über das Gespräch mit dem Generalsekretärs des Zentralkomitees der KPdSU Breshnew, 28. 7. 1970, in *DzD*, Nr. 167, S. 669-764.

(51) この点に関して、Stelkens［1997］、Kaiser［1997］を参照。国家保安省（略称Ｍｆｓ、通称シュタージ）の対外情報局次官ヴォルフ（Markus Wolf）は、エアフルト会談で受けた衝撃により、西側に対する姿勢についてウルブリヒトとホーネッカーの意見の相違が顕著になったことを、後に証言している［Sarotte 2001：55］。

（52）Bahr an Brandt, 1. 5. 1970, in *DEB*, Ord. 429B/1.

（53）Aufzeichnung Bahrs, 7. 3. 1970, a. a. O., hier S. 394.

（54）ワルシャワ条約に関しては、例えばZündorf［1979：62-76］、Hacke［2003：165-68］、Ruchniewicz［2009：45-48］、松川［2006］、佐藤［2008：151-59］を参照。

（55）しかし西ドイツ国内では、とりわけ保守層からブラントを「売国奴」と非難する声が高まった。ブラントのワルシャワ訪問後に『シュピーゲル（Der Spiegel）』誌が行った世論調査によると、四一パーセントが跪いたことを「適切（angemessen）」と答えたのに対し、「やり過ぎ（übertrieben）」が四八パーセントにのぼった。とりわけ三〇—五九歳の年齢層で「やり過ぎ」と回答したのは過半数を超える五四パーセントであった（"Kniefall angemessen oder übertrieben," in *Der Spiegel*, 51/1970, S. 27）。このワルシャワでの跪きについては、Schneider［2006］も参照。

（56）ワルシャワ条約など他の東欧諸国との関係改善と同様に、本書ではベルリン四カ国協定に関して検討することができなかったが、今後の課題としたい。ベルリン四カ国協定までの交渉過程に関しては、さしあたりZündorf［1979：117-75］、Keithly［1986］、Vogtmeier［1996：145-52］、Sarotte［2001：113-23］、山本［2010：164-84］を参照。なおこの場合のトランジットとは以下のような西ベルリンの置かれた特殊な事情によるものである。すなわち、東側は西ベルリンを「独立の政治単位」として、いわば内陸国のようなものとみなしており、国際法によれば、内陸国は、自動的に他国の領土を通過してその他の国又は海に出る権利を持っているわけではなく、それを包囲している国（西ベルリンにとっては東ドイツ）との通過協定を締結することによってのみ、包囲している国の領土を通過できる権利が生ずるということ、これがトランジット交通である。その他の西ベルリンとの交通（例えば西ベルリンとポーランドやチェコスロヴァキア等との交通）については、全く別に交通条約が五月二六日に締結された［村上 1987：224-28］。基本条約まで双方が取り交わした書簡や協定、条約の前文は、Presse- und Informationsamt der Bundesregierung hg.［1973］を参照。

（57）判決の全文は、*ZJD*［232-43］を参照。また、アデナウアー政権の時代以来、西ドイツがドイツ帝国の法的継承者であるとし

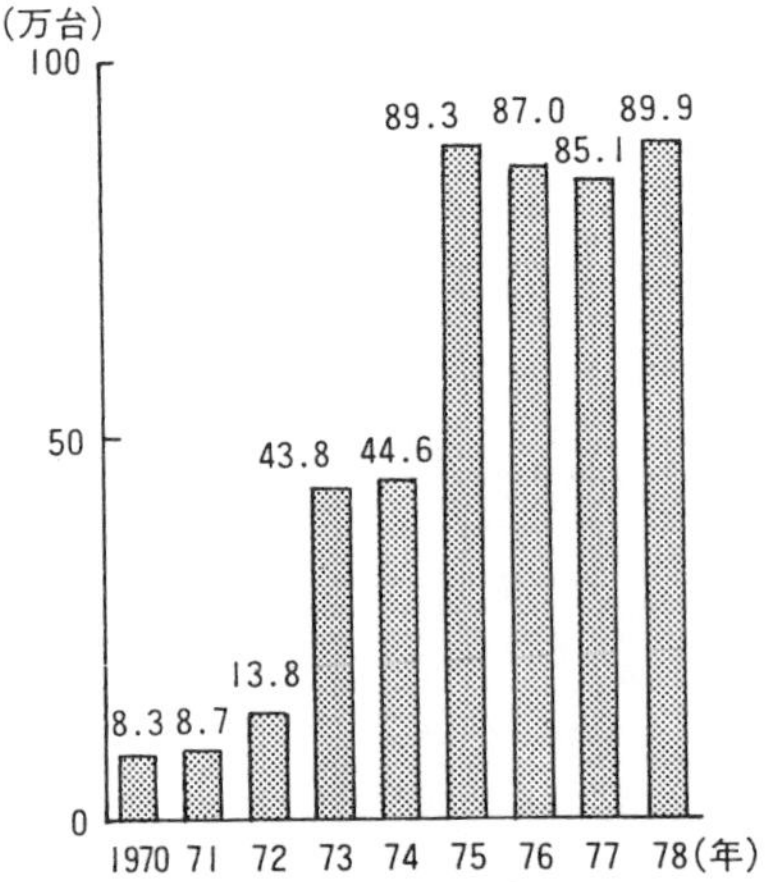

図2－3　西ドイツ領(西ベルリンを除く)から東ドイツ領及び東ベルリンへ乗り入れた乗用車の台数(1970－78年)

出所：*ZJD*［41］より筆者作成.

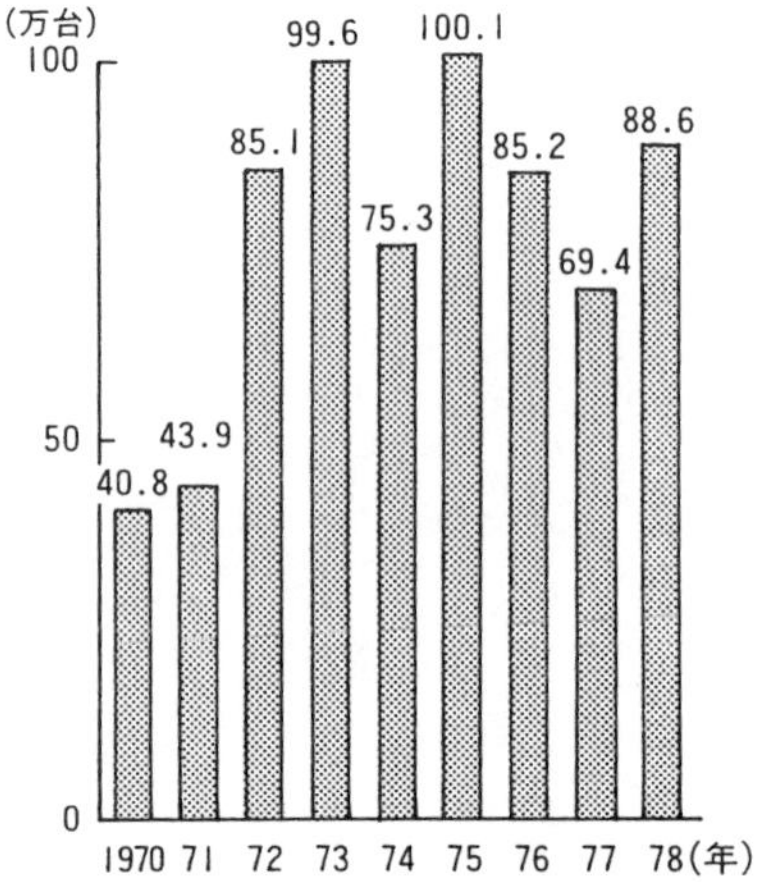

図2－4　西ベルリンから東ドイツ及び東ベルリンへ乗り入れた乗用車の台数(1970－78年)

出所：*ZJD*［42］より筆者作成.

てきたことに関連して、「基本法は……、ドイツ帝国が一九四五年の崩壊をのりこえて存続したことを主張している。……ドイツ帝国は存続しており、依然として権利能力を有する。……ドイツ全体の国民とドイツ全体の国家権力の解釈も基本法に依拠している」とし、西ドイツはドイツ帝国と「部分的に同一」であるとみなされた。これは、例えば東ドイツの国籍を認めないといった国籍問題での姿勢に反映された［Dann 1996：邦訳 264］。戦後から連邦憲法裁判所の決定に至る流れはHacker［1995：1508-1509］、野党CDU／CSUの動きを中心にした考察はClemens［1989：106-23］を参照。

(58)　例えば、**図2－3**、**2－4**を参照。また西ドイツから東ドイツへの旅行者は、一九七二年には七一年の約四倍に、七八年には七一年の約六倍に増加している［**図2－5**、**2－6**］。

(59)　東西ドイツの国内総生産（GDP）の推移については、山田［1994：162，表5－1］を参照。また、いわゆる「自由買い」と呼ばれる、「政治犯」など収監されている東ドイツ市民を西ドイツ政府または市民が資金を提供することで引き渡すものもあった［Ash 1993：142-46；渡邊編 2008：212-13；近藤 2008］。

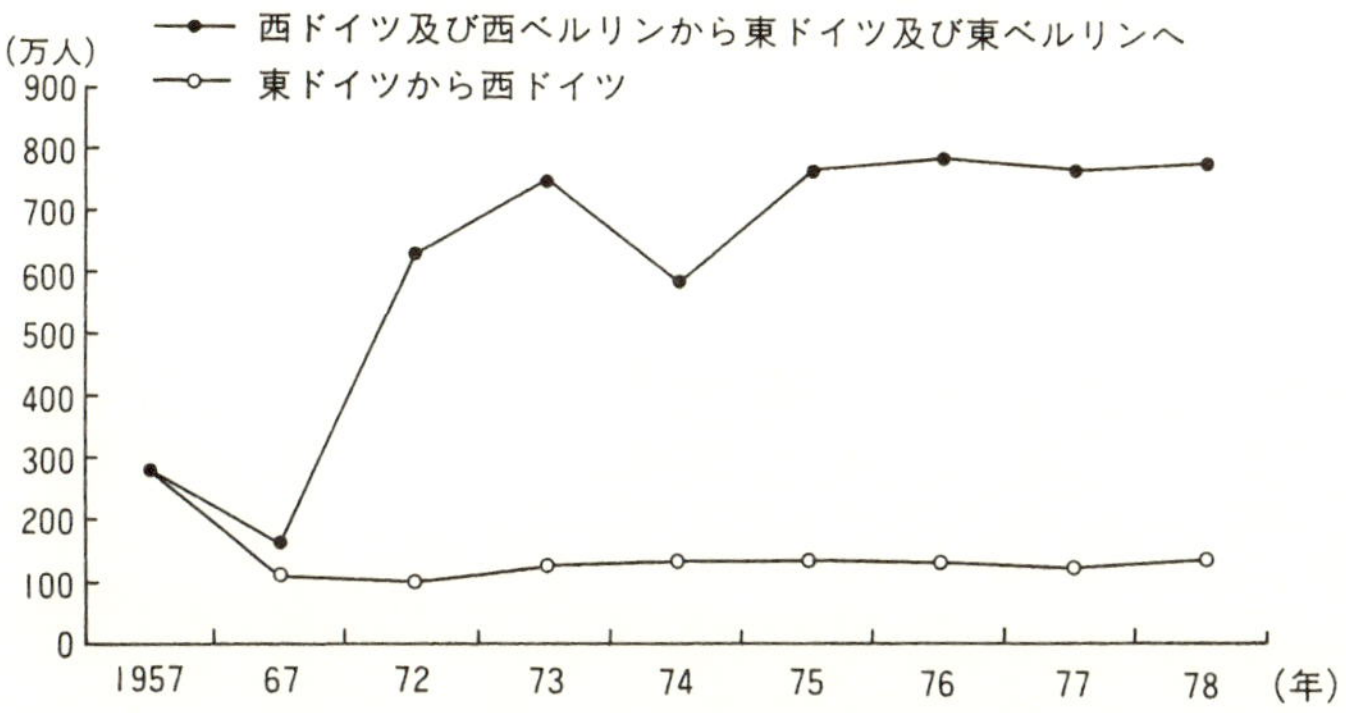

図２－５　両ドイツの旅行者（1957−78年）

出所：Grosser, Bierling und Neuss hg. [1996:259] より筆者作成.

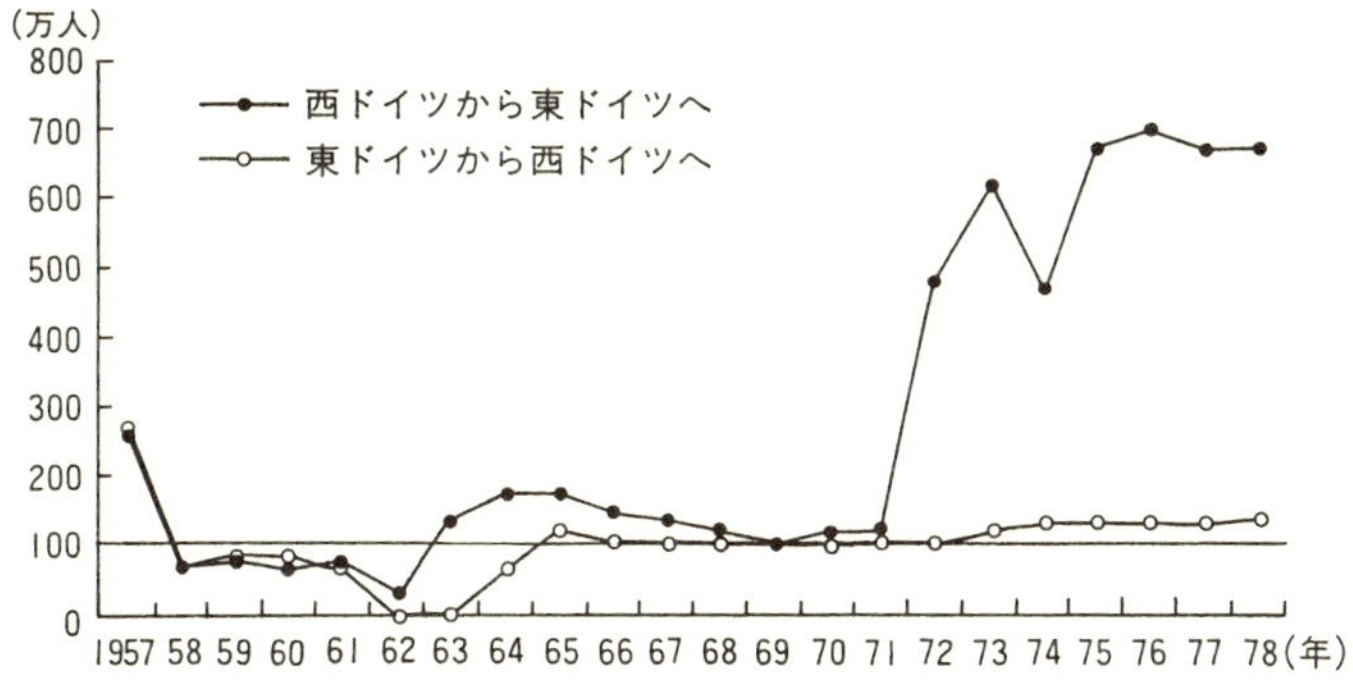

図２－６　両ドイツの旅行者数（1957−78年）

出所：Plück [1995:2024-27] より筆者作成.

第3章 東方政策と西側との意見調整

——モスクワ条約の交渉過程における米英仏との意見調整を中心に——

はじめに

本章では、ブラントが推進した東方政策について、西側三国（米英仏）との意見調整に焦点を当てて考察する。初代首相アデナウアー以来、西側統合路線を推進してきた西ドイツが東側に接近することは、他の西側諸国に少なからぬ不安を与えるものであった。既に当時から、ブラント外交が西側同盟の結束を乱すとの批判はあり、序章にて取り上げたように先行研究でもそうした側面が指摘されている。ブラント政権の東方政策は、西側との関係を損ねたのだろうか。

こうした問題意識から本章では、まずブラント政権の東方政策に対する西側三大国の反応を整理した後に、一九七〇年八月のソ連とのモスクワ条約調印に至る時期までの、西ドイツと三国との意見調整を取り上げる。東方政策における重要事項のほとんどが決定された対ソ交渉において、そこで同時並行した西側諸国との複雑な意見調整の過程を辿ることで、東方政策が西側諸国との関係にもたらす含意を検討したい。とりわけ本章では、一九七〇年三月に開始するベルリン問題に関する交渉における西側三国と西ドイツの意見交換と、モスクワ条約の際に西ドイツから西側三国に手交された、「ドイツ全体及びベルリンに関する戦勝四カ国の権利と責任（以下四カ国の権利と責任）」問題に関する覚書をめぐる意見調整に焦点を当てる。後述するように、西側三国にとって「四カ国の権利と責任」の確保は、西ドイツの東方政策をコントロールする手段であると同時に、各国自身の国益からも重要と考えられていた。三国は、対東側交渉の結果、この「四カ国の権利と責任」が侵害されることを防ぐために、西ドイツ政府に働きかけていくことになる。他方でこの問題は、西ドイツにとって、西側三国の主張に配慮すること以上の意味を持つものであった。すなわち、対ソ交渉において、この争点に関して西側三国の意向を反映させる努力を試みる一方、その制約の下で、三国から「四カ国の権利と責任」問題への西ドイツ政府の姿勢に了解を得るという巧みなバランスが要求されたのである。本章では、ブラント政権が「四カ国の権利と責任」問題をどのように位置づけていたのかに注目し、東方政策と西側諸国の関係の一側面を明らかにしたい。

第一節　ブラントの施政方針演説と西側三国の反応

(1)　施政方針演説における西側との関係の強調

一九六九年九月の連邦議会総選挙後、SPDとFDPが合計議席でCDU／CSUを一二議席上回り、両党による「小連立」政権が誕生した。首相となったブラントは、一〇月二八日の施政方針演説で、大連立政権が取り組んだ外交政策の継続を表明する一方で、「一民族二国家」論を打ち出し、従来拒否してきた東ドイツを事実上国家として認めるなど一歩踏み込んだ姿勢を示した（第2章第一節参照）。他方で、西側諸国との関係に関しては次のように述べている。「我々の国益が東と西の間にあることは許されない。西側との協力と一致、東側との和解が必要とされているのである」。さらに西側同盟の柱である大西洋同盟については、「同盟への強固な結びつきが、欧州緊張緩和への結束した努力の前提である」とし、同盟政策の継続を明らかにしている。東側諸国との関係改善に意欲を見せるブラント政権にとって、西側同盟の分断を図るソ連に対抗し、さらには東側への接近の拘束要因となり得る西側諸国の懸念を払うためにも、西側結束の強調は当然であったといえよう。後の対ソ交渉において重要な争点となるベルリン問題に関しては、「四カ国の責任の下にあるベルリンの地位は不可侵である」と述べ、ベルリンの状況改善のために西側三国との協議を継続していくとしている。

(2) 西ドイツ外交における「四カ国の権利と責任」問題

それでは、ブラント政権の提示した積極的な東方政策の方針に対し、西側三国はどのような対応を示したのだろうか。それぞれの対応を見ていく前に、三国に共通する「四カ国の権利と責任」問題について、後の対ソ交渉における各国の対応を検討する際に重要なのでまず触れておきたい。

一九五五年五月五日のパリ諸条約発効をもって、西ドイツはＮＡＴＯへの加盟や事実上の主権回復を実現した。これにより占領状態は終わったが、ここで注目されるのは、「四カ国の権利と責任」は、将来ドイツが統一し平和条約が締結されるまで存続するということである。それは、一九五二年に締結され五四年にパリ諸条約にともない修正されたドイツ条約の第二条に明確にされている（第1章第一節(1)参照）。米英仏は、この権限を確保することによって、西ドイツが三国の意向に沿わない行動をとれないように制度的に組み込んだことになった。他方で西ドイツ側の解釈では、一連の諸条約の当事者である西ドイツは統一ドイツまでの暫定的な国家であり、したがって基本法にも明記される再統一の目標を放棄していないとされた。そして西側三国がこの西ドイツの統一政策を支持することは、ドイツ条約が修正された際に出された三国による声明にも明記されているのである［Münch 1968 : 246-47］。

ここで留意したいのは、西ドイツ外交の拘束要因のひとつであったこの「四カ国の権利と責任」を確保することは、ブラントの東方政策において、一方で対ソ交渉における西側三国の権益保持というだけでなく、引き続き西ドイツ外交の行動範囲を制限することを意味したことである。例えばブラントは、首相就任後間もない一〇月三〇日の連邦議会演説で、東方政策は、あくまで「四カ国の権利と責任」による行動範囲の枠内でのみ取り組まれることに注意を促している［*TzD*, IV : 48］。しかし他方で、この行動範囲の制限こそが、西ドイツが引き続き西側に結び付けられていることを示し、したがってドイツの東方接近に対する西側三国の不安を和らげる一助となった点は注目される。この「四カ国の権利と責任」問題が内包する両義性は、対ソ交渉に取り組むブラント政権にとって大きな意味を持つことになる。

(3) アメリカ——ニクソン・キッシンジャー外交と東方政策——

以上に見てきた「四カ国の権利と責任」を有する西側三国の中で、まず西側の盟主たるアメリカは東方政策にどのような反応を示したのだろうか。その反応を見る前に注目されるエピソードがある。それは、既に施政方針演説の前にブラントの側近バールが、東方政策の説明のためにワシントンへ向かい、ニクソン政権の国家安全保障問題担当大統領補佐官キッシンジャーと意見交換を交わしたことである。キッシンジャーは、一〇月一日にバールに電話をかけ、選挙後初めて接触した。そこで彼は、ニクソン大統領が選挙当日にCDUのキージンガー前首相に祝福の電話をしたことを詫びた上で、ブラント新政権との協力関係を確認し、早期に会談することで合意した。これに関してバールはブラントに「好感触」と伝えている［Niedhart 1999：294］。後にバールが述べるように、他国の政府はもちろん、ドイツ連邦議会や世論よりも、ブラント政府が対ソ交渉の進展状況に関して詳細に報告していたのがアメリカ政府だったのである［Bahr 1996：271］。

ここでニクソン政権の外交政策におけるブラントの東方政策の位置づけについて若干整理しておこう。一九六九年一月に「交渉の時代」を掲げて成立したニクソン政権の焦眉の課題は、泥沼化するヴェトナム戦争でいかに「名誉ある和平」を実現するかにあった。そしてこのヴェトナムでの負担を軽減するためにも、東側への姿勢を「対立」から「交渉」へ転換することを目指す。したがって欧州政策に関しても、一方で確固たる西側同盟の結束と西欧に対する安全保障を約束しながら、他方で駐留米軍の負担軽減を求める国内圧力もあり、少なくとも軍事的関与について以前より積極性を失っていたといえる。例えば西ドイツが駐留米軍の負担を肩代わりするいわゆる「オフセット協定」も、強まる対外関与への消極姿勢やヴェトナム戦争が背景となっていた［Krieger 2001：188］。一九六六年に初めて提議されたマンスフィールド（Mike Mansfield）上院議員による駐留米軍の撤兵要求は否決されたものの、こうした米国内の孤立主義の高まりは、安全保障を米国に依存する西ドイツにとって、ヨーロッパにおける東西間の勢力均衡を揺るがすものとして警戒されたのである。(1)

以上のような理由から、アメリカ側では、既にジョンソン政権がソ連に対し通常兵力の相互均衡削減を呼びかけ、さらにニクソン政権誕生後には、核軍備管理に関しソ連とのSALT（戦略兵器制限交渉）が端緒に付いたところであった。キッシンジャーは、あくまでアメリカが主導権を握りつつ、米ソ両超大国間のデタントを進めようとしたのである。(2)そして、ソ連が東西関係において都合の良い争点だけ交渉に応じる「選択的デタント」に対抗するためにも、東西間の様々な争点を連関させて交渉する「連繫理論（theory of linkage）」を援用し、地域的にその中心をヨーロッパに置いた。なかでも戦勝国の一員として権限を有するベルリン問題は、東西交渉の主導権を握るための重要な「梃子（Hebel）」であった。その一方で、実際に米軍の駐留するこのベルリン問題によって、ブラント政権が新たに取り組む東方政策をコントロールする意図があったことも見逃せない。(3)こうしたベルリン問題を通じたコントロールや、前述の西欧への関与減少に対する国内圧力もあって、ブラントの東方政策は、米主導のデタント推進という範囲にとどまる限りでは、概ね許容されたといえる。キッシンジャーが述懐するように、アメリカが西ドイツの東方政策に対してとりうる唯一の選択肢は「（東方政策の遂行にあたって西ドイツが）やむを得ずとる措置には積極的指示を与えること」であり、彼自身は「デタントの進め方をコントロールできた」と振り返っているのである［Kissinger 1979：449；Stevenson 1985：邦訳 215］。

他方で西ドイツにとっても、緊張緩和の障害となっていた硬直した東方政策を改め、西側同盟内での孤立を回避することが目指されていた。バール自身、「接近による変化」を目指す東方政策構想は、ケネディ大統領の「平和の戦略」のドイツ問題への適用だったことを認めている（第1章第二節(2)参照）。しかし続けてバールが、むしろ西ドイツ自らが緊張緩和に積極的かつ具体的に取り組もうとした点が重要であったと述べているように［Bahr 1996：154］、ブラント政権の東方政策を東西緊張緩和への対応としてのみ理解することは一面的といえるだろう［Niedhart 2010：41］。

さらにここで注意すべきは、米ソ間の緊張緩和は、戦後ヨーロッパの「現状」の維持に関する暗黙の了解に基づいていたことである［cf. Wenger 1998］[4]。第二次ベルリン危機とその帰結としての壁構築や、一九六八年のプラハ侵攻に対してアメリカが示した姿勢は、表面的な抗議はともかく、実際はヨーロッパにおけるソ連の勢力範囲を受け入れるものであった。こうした観点からアメリカにとって、ヨーロッパの東西分断を事実上受け入れていくブラント政権の東方政策は、「現状」維持に基づく東側諸国との関係改善という枠内での緊張緩和の試みと理解されたのである［Link 1986 : 238 ; Romano 2009b : 708］。それはまた、アメリカの欧州政策における、ソ連とドイツに対する「二重の封じ込め」の目的にも適うものであった[5]。確かにキッシンジャーは、ドイツ・ナショナリズムや西ドイツ国内の混乱など東方政策が長期的に与え得る影響について警戒を怠らなかったものの、それ自体がブラント政権の取り組むソ連・東欧諸国との関係改善への拒否権の行使にはつながらなかったのである［Niedhart 2010 : 43］。また、アメリカの欧州政策が「現状」の維持を基本線としていたために、ブラント外交の積極性とは対照的に、ニクソン政権の対応が「部分修正」を重ねたものになり、概して受動的になったという指摘もある［Klitzing 2009 : 109-110］。実際キッシンジャーは、先に触れた回顧録に記述されるような東方政策へのコントロールの自信とは対照的に、米英仏ソによるベルリン交渉が失敗に終わり東方政策がストップした場合、アメリカにその責任が帰せられることを恐れ、交渉進展を促す西ドイツによって「我々が動かされている」という印象をニクソンに伝えているのである［cf. Klitzing 2009 : 89］。

さて多くの先行研究では、ブラントの東方政策に対するアメリカ側の評価について、積極的なものが多数を占めていたと指摘されている［Fuchs 1999 : 37-43］。とはいえ、批判者がいなかったわけではない。既に政界を引退していたクレイ（Lucius Clay）元占領軍政府長官、マックロイ（John McCloy）元高等弁務官、アチソン（Dean Acheson）元国務長官といったかつての「冷戦の闘士」たちは、概して東西緊張緩和に懐疑的な見方をしており、ブラント外交によるソ連への接近にも強い警鐘を鳴らしたといわれる［Larres 1996 : 315］。特にアチソンは、ヨーロッパの分断を受け入れ西側諸国が競って対ソ関係の改善を進める「モスクワ詣で（mad race to Moscow）」を批判した。外交当局者のなかでも、国務省内では東方政策の意義を認める声が聞かれたものの、対ソ関係改善に関して慎重な意見が根強く存在した。とりわけ、ニクソン大統領がブラントの積極的な外交を快く思わなかったことは従来から指摘されていたが［cf. Brandt 1989：315-16］、新たに利用可能となった文書等を用いた研究においても、社会民主主義政党出身のブラントに対して不信感を持っていたことが明らかにされている［cf. Sarotte 2008；Klitzing 2009；Michel 2010；Niedhart 2010］。またキッシンジャーが回顧録で述べるように、西ドイツの東方接近による予期せぬ結果に加えて、「東と西の間を自由に動くドイツ」や西側同盟の弱体化への警戒は、米政府内に東方政策に対する不安があったことを示している［cf. Kissinger 1979：441-45；May 1997］。

一〇月一三日のワシントンでのバール・キッシンジャー会談では、東方政策における両国関係を検討する上で興味深い意見交換がなされている(6)。そこでバールは、新たに取り組む東方政策に理解を求める一方で、アメリカへの過度の依存から脱却することを伝えた。これに対してキッシンジャーは、東方政策の報告について感謝の意を示した後に、東側諸国との素早い交渉開始の有効性を説き、終いには「西ドイツの成功は我々の成功であるだろう」と述べるのである。さらにキッシンジャーは、両国間の円滑な意見交換のために、国務省や外務省をパスし、ホワイトハウスと首相府の間でより円滑に意見交換する交渉ルート（いわゆる「バックチャネル」）を設置することを提案している(7)。確かにキッシンジャーの回顧録には、東方政策の内容を相談せずドイツ統一を強調するバールに全幅の信頼を置いていなかったとの記述も見られる［Kissinger 1979：442-44］。しかしこの会談における両者のやり取りからは、キッシンジャーが、東西緊張緩和を進める観点からも、行き詰まっていた東方政策の打開を目指すブラント外交の始動に支持を与えていたことが窺える。

しかしながら、ブラントの施政方針演説に関しては、アメリカ側から幾つかの懸念が伝えられた。一一月一六日に駐米大使から伝えられた報告によると、ブラントが提示した新たな東方政策について、アメリカの主要メディアが圧倒的好意をもって歓迎したのに対し、政府関係者は慎重であり、西側同盟政策や緊張緩和に予期せぬ結果をもたらさないか警戒し、迅速かつさらなる情報提供を要求した[8]。さらに同月二七日に、西ドイツ外務次官補ルーテ（Hans Ruete）に対して駐西ドイツ公使フェッセンデン（Russel Fessenden）は、ブラントが施政方針演説において東ドイツを事実上認めたことに対する米政府内の驚きを伝えた上で、対ソ交渉のテンポの速さに苦言を呈し、協議不足に対し遺憾の意を述べている[9]。翌日フェッセンデンはバールと会談するが、そこでも彼は対東ドイツ政策への疑問を述べ、とりわけ当時懸案となっていた東ドイツの国際機関加盟問題について説明を求めた。これに対しバールは、東ドイツが強硬な姿勢を改めない限り、従来同様国際機関への加盟阻止の努力を続けていくと応え、この問題に関する西側三国とのさらなる意見調整を提案している[10]。既に先行研究でも指摘されているが、拙速な東方政策や協議不足に対するこうしたアメリカの苛立ちは、対ソ交渉過程での西側三国との意見調整において度々表面化する問題であった［cf. Baring 1983 : 310-13］。

(4)　フランス――対独不信と緊張緩和の狭間で――

ブラントの東方政策に対するフランスの態度は、第二次世界大戦までの独仏対立から歴史的に対独不信が根強く、またヨーロッパ政治の主要な不安定要因であった両国の対立の克服を企図した西欧統合の観点からも、アメリカのそれとはやや文脈を異とする。まず、ドイツの東側への接近に対する不安を表す言葉として、「ラッパロ」がある。これは、第一次世界大戦後、共産主義を掲げる新生ソビエトと敗戦国ドイツが、一九二二年にラッパロにおいて条約を結び、英仏側に大きな対独不信の念を引き起こしたことに由来する。すなわち、「ラッパロ」は、ヨーロッパの「中央部」に位置するドイツが東と西の間を自由に動く外交を推進する「ブランコ外交」や「中立主義」などとともに、欧州安全保障の不安定要素としてのドイツ外交への警戒を端的に示す表現なのである[11]。一九六三年のアデナウアーとドゴールによるエリゼ条約は歴史的和解であったが、ブラント政権の積極的な東方政策に対して、フランス外交当局者の心中が穏やかならぬものであったことは想像に難くない[12]。

ドゴール退陣後に成立したポンピドゥ（Georges Pompidou）政権は、対米自立を謳うゴーリズムを部分的に継承する一方で、フランの切り下げに象徴されるような国際的影響力の低下などから反米姿勢を緩めざるをえず、経済力強化のためにも西欧統合を推進する。その背景には、西欧における西ドイツの地位上昇への対抗意識や、ブラントの東方政策が東と西の間を自由に動く伝統的なドイツ外交の再来ではないかとの不安があった。当時の西ドイツ大使セイドー (François Seydoux) は、「西ドイツはフランスの代わりに西欧での指導的地位を引き受けたのだ」と述懐している [Seydoux 1978 : 152]。加えて、ポンピドゥの西欧統合推進の背景としては、積極的な西ドイツ外交への牽制と同時に、農業財政問題などにおける自国の国益追求の側面を指摘できる [Wilkens 1999; Young 1996 : 259]。こうした西欧における政治力学を考慮した上で、ポンピドゥ政権は、ドゴールが拒否し続けてきたECへのイギリス加盟を遂に容認することになるのである (第4章も参照)。

ブラント外交による対ソ連・東欧諸国との関係改善への警戒心は、他にも様々な観点から指摘できる。まず、西欧統合での文脈と同様に、六〇年代に緊張緩和政策を率先してきたフランス外交の影響力を相対的に低下させるという理由から、ブラントの東方政策は歓迎されるものではなかった [Bernath 2001 : 118-19]。ブラント外交は、一方で事実上ドイツの分断を受け入れて東方政策に取り組みながら、他方で長期的にはドイツ再統一に向けた積極的関与でもあり、その点もフランスに一抹の不安を与えた。(13) また両首脳の個人的関係に関して、ポンピドゥがブラントに不信感を抱いていたという指摘もあり [Wilkens 1990 : 59]、バールの構想において対仏関係が軽視されていたとする研究も出ている [Bernath 2001]。さらに、六〇年代の西ドイツの外交路線論争では、対米関係を緊密にする「アトランティカー」と、対仏関係を重視する「ゴーリスト」の二つの路線が争っていたが (第1章第一節(2)参照)、そこでSPDは前者の立場をとっていたため、そもそも対仏関係には熱心でなかった。両国関係において、アデナウアー＝ドゴールの蜜月時代は既に終わりを告げていたのである。

またドゴール退陣後のフランスは、六八年の通貨危機やドゴール退陣のきっかけの一つとなった学生運動の盛り上がりに見られるように、積極的な緊張緩和外交を推進する確固たる国内政治基盤を持っていなかった。さらに、同年八月のワルシャワ条約機構軍によるプラハ侵攻は、東側陣営内の分裂や弱体化を図ったドゴールの東方外交の行き詰まりを露呈した。後継のポンピドゥには、ドゴールのようなカリスマ的指導を求めることはできず、変動する東西関係に対しより現実的な対応をしていくことになる。そのような現実的な判断は、例えばソ連との関係改善に関して西ドイツと競争しているという印象を与えることを回避しようとした点にも窺える［Rey 2009：119-22］。こうした中でポンピドゥ政権は、西ドイツの積極的な東方政策への警戒を示しながらも、それに真っ向から反対する立場をとれなかったといえるだろう［cf. Niedhart 2000］。

ここで興味深いのが、西ドイツ側は、緊張緩和政策において欧州の分断克服を目標に据える点で、フランスと共有するところが多いと捉えていたことである。バールは、大連立政権下で外務省政策企画室室長を務めていた際に、欧州の「現状」の維持ではなくその克服への前提として緊張緩和を志向する点において、両国は一致すると報告している。[14] ブラント政権成立後に、ブラントに宛てた書簡で駐西ドイツ大使セイドーは、新政権の東方政策こそがエリゼ条約の目的とする両国の緊密な協力を初めて可能にすると述べ、その期待感を示している。[15] さらに施政方針演説後、一一月九日の両国の外相会談では、ヨーロッパを分断する東西両軍事同盟の解体を目指す点で緊密な連携が必要であることを確認している。[16] 加えて、年が明けて七〇年一月三〇日に就任後初の首脳会談に臨んだブラントは、ソ連との困難な交渉を憂慮するポンピドゥに対して、対ソ関係改善による「現状」の一時的な承認によってのみ、その克服への道が開けると述べている。[17] ドイツの歴史家ヒルデブラントは、ドゴール構想とブラントの東方政策について、「ドイツ問題のヨーロッパ化」によって長期的に分断の克服を志向した点に加え、対米自主性の獲得と欧州の自立を目指した類似点を指摘している［Hildebrand 2004］。[18] 東西分断という戦後の「現状」の承認ではなく、むしろその克服を目指す「修正主義」的な点において、両国の方向性には重なる部分があったのである［Niedhart 2002；Niedhart und Bange 2004］。[19]

加えて、フランスにとって重要であったのは、「四カ国の権利と責任」によるドイツ全体及びベルリンへの発言権の確保であった［cf. 山本 2008：101-102］。米英ソと並んでこの「四カ国の権利と責任」を有するフランスは、他の三国と比べて第二次世界大戦における対独勝利への貢献度が低いにもかかわらず、その発言権を最も強硬に主張したといわれる［Schwarz 2005；Wilkens 1990：126-78；Link 1986：233-52］。ブラントが施政方針演説で提示した事実上の東ドイツの承認が、自らの有するこの権益の侵害を招くという危惧を強く抱いたフランスは、モスクワ条約成立に至る過程において、その確保のために繰り返し西ドイツへ働きかけていくことになる。

こうしたフランスの姿勢を踏まえるならば、次節以降で見ていくように、東方政策の進行状況について、二国間のみならず、西側三国との多国間協議の場で報告されていたことが注目される。ヴィルケンスは、ベルリン四カ国交渉の過程における独仏間の意見交換や協議について「他に例のないほど緊密」であったと述べている［Wilkens 1990：76］。そこで重要な役割を果たしたのが、ベルリン問題に関して西側三国と西ドイツが定期的に意見交換を交わす場だった「ボン四カ国グループ（Bonner Vierergruppe）」であった。この西側三国の駐西ドイツ大使館の政治局長や各国外務省のドイツ担当部門の課長レベルらとの会合において、西ドイツ側は、ベルリン問題に関する意見調整をするだけでなく、進行する東方政策について報告する貴重な機会を得ていたのである［Wilkens 1990：72-74；Fuchs 1999：61-62］。

(5)　イギリス――東方政策支持を通じた対西ドイツ関係の重視――

イギリスの対応は、フランスやアメリカと比較して、東方政策に対する支持がより明確に打ち出されたものといえる。ブラント政権の東方政策に対する主要紙の当初の論評は、力点の置き方に違いはあるものの、概してそれを支持するものであった［cf. Niedhart 2003b］。一一月二一日に開かれた両国の外務次官級会談では、イギリス側は新たな西ドイツの東方政策に対して基本的に歓迎の意を述べている[20]。こうした支持の背景として、スエズ以東からの撤退に見られる第二次世界大戦後の国際政治における影響力の低下と、東西緊張緩和のさらなる促進への期待がある一方で、イギリスの欧州政策にとって喫緊の課題であったＥＣ加盟問題を看過できない［芝崎 2006；橋口 2006］。イギリスは、東方政策に対して「西ドイツより一歩後ろ」と控えめな態度を示し、ソ連・東欧諸国との関係の改善に取り組むブラント政権を支持したが、その理由のひとつとして、フランスに阻まれ続けていたEC加盟を可能にするためには、西ドイツとの協力が不可欠だったことがあった［Morgan 2000：184］。次章でも検討するように、とりわけSPDは、戦後一貫してイギリス抜きのヨーロッパ統合に対し反対の姿勢を示してきたのであり、大連立政権下でもブラント外相はイギリスのEC加盟に積極的な支持を与えていた。こうした事情を踏まえイギリス側は、仏独の政権交代がEC加盟問題の前進に寄与することを期待したのである。

またこうしたブラント政権への期待は、西ドイツが既にヨーロッパの大国であるという政治情勢の理解にも基づいていた。ウィルソン（Harold Wilson）政権下の外相スチュワート（Michael Stewart）は、既にブラント政権成立前の一九六九年五月に、フランスのドゴール退陣後に「西欧における西ドイツの影響力は増大するだろう」との見解を示している。(21)ブラント政権成立時の両国の関係は概して良好であり、それは翌七〇年に政権交代した保守党ヒース（Edward Heath）政権でも基本的に維持された。新しく成立したヒース政権に向けてイギリス外務省は、西ドイツがECで最も強力な加盟国であり、ヨーロッパ統合問題や東西関係において鍵を握ることから、優れて良好な現在の両国関係の維持を強く勧めている［Niedhart 2003b：137］。この時期のイギリスは、西ドイツの国際的地位の上昇を考慮に入れた上で、より緊密な両国の協力関係の促進を目指したのである［齋藤 2006：141–45］。

さらにこうした状況に加えて、対西ドイツ関係重視の背景には、ブラント政権の推進する東方政策をイギリスの利益に繋げるといった意図も存在した。政権成立後にソ連・東欧諸国との関係改善に迅速に乗り出した西ドイツに対して、拙速で行きすぎた譲歩をしかねない東方政策への懸念を持った点では、米仏と同様であった。一一月一四日にブラントと会談したスチュワート外相は、特に対東ドイツ政策に関して、ブラントの打ち出した「一民族二国家」論が結果としてベルリン問題での東ドイツの影響力拡大を導くことを憂慮し、また東ドイツの国際機関参加問題に対する姿勢について説明を求めている。(22)これに対してブラントは、西ドイツの対東ドイツ政策に悪影響を及ぼしかねない国際機関参加問題に関してイギリス側に慎重な態度を求める一方、ベルリン問題における東ドイツの影響力の拡大を否定している。(23)この対東ドイツ政策への対応に見られるように、イギリスは、ベルリンにおける自国の権益を侵害しかねない西ドイツの東側への接近を牽制し、西側同盟の確固とした結束を強調することになる。ベルリン問題で自国の有する権益の確保を求める点で米仏と軌を一にするものの、ソ連に対抗するために西側で一致した態度をとることを強く目指したところに、イギリスの姿勢の特徴が現れているといえよう。

もちろん、米仏が抱いたような不安をイギリスが持たなかったわけではない［cf. Geppert 2009］。例えば、対ソ交渉を秘密裏に進める西ドイツの交渉当事者バールは、「秘密外交の天才」とまで揶揄され、「四カ国の権利と責任」に反する形でソ連と取引することが危惧された［Niedhart 2003b：140, 142］。確かに西ドイツ側は、西側三国との密接な協議を主張するが、それは「進展状況」に関するもので、対ソ交渉の内容について事前に協議されるわけではなかったのである。一九七〇年二月にブリメロー（Thomas Brimelow）外務次官代理は、ソ連駐在のイギリス大使に宛てて次のように述べている。「今後西ドイツの東方政策が、ドイツ問題におけるイギリスの権益やベルリンにおける立場を危険に晒すかもしれない」(24)。その五カ月後には、モスクワ条約に向けた本交渉を前にして、外務次官のグリーンヒル（Denis Greenhill）が「イギリスの権利が侵害される状況を受け入れるよう西ドイツに欺かれているのではないか」と不快感を隠さない(25)。さらにモスクワ条約締結後には、ヒース首相が閣議で「独ソの緊密な関係がイギリスの利益になったことは過去においてほとんどない」と述べている［Niedhart 2003b：143；齋藤 2006：146］。イギリスにおいても「ラッパロ」の不安は決して消え去ったわけではなかったのである。

それでもイギリスは、西側同盟を基盤とした西ドイツの東方政策について支援を与えていく立場にあったといえる。一九七〇年六月に政権交代するまで首相を務めた労働党のウィルソンは、米仏が抱きかねない警戒心を宥めるため、東方政策への支持を繰り返し明確に示していた。例えば一月にワシントンを訪れたウィルソンは、西ドイツの東方政策が西側同盟に与える影響について尋ねたニクソン大統領に対して、西側同盟へのブラントの忠誠は疑い得ず、東方政策についても心配はないと言明している［Niedhart 2003b：141-42］。さらにその立場を象徴しているのが、前述した「ボン四カ国グループ」での一貫した支持の姿勢であった。すなわち、この会合に参加した駐西ドイツ英大使ジャクリング(Roger W. Jackling)は、西ドイツに対してより迅速な報告を求める一方で、東方政策への断固とした支持を繰り返し表明しているのである［cf. 齋藤 2006：144-45］。ヒース保守党政権になっても、本章で扱うモスクワ条約が成立する一九七〇年八月まで、この東方政策への姿勢は基本的に変わることはなかったといえる。

しかしながらここでも注意したいのは、イギリスにとってのヨーロッパの緊張緩和とは、既述のアメリカと同様に、当面の戦後の「現状」維持に基づくものであったことである。欧州分断の克服やドイツ再統一が近い将来に実現する見込みが立たず、西側同盟の結束を固めた上で緊張緩和を働きかけていくところには、バール構想やドゴール構想に比べて、「現状」の克服を目指す視点は強くなかったといえる。無論そのことは、欧州分断の固定化やソ連の東欧支配を無条件に受け入れることを意味しないが、見通しの立たないドイツ再統一よりも、「現状」の維持に基づく東西間の勢力均衡を重視し、西側同盟の一致した姿勢を持って緊張緩和を進めていくイギリスの方針は、既に西ドイツ側にも理解されていたのである(26)。他方でイギリス側も、ソ連が「現状」の維持によって東欧支配を西側に認めさせることを目指していたのに対して、ブラントの東方政策が長期的に東欧の変動を促すダイナミックな可能性を持つことを見逃さない［Niedhart 2003b：142］。しかし、近い将来にその可能性が実現する予測の立たない以上、西側にしっかりと結びついた西ドイツの東方政策を支持することで両国関係を緊密にし、そして西側全体の緊張緩和政策の枠内に抑えることを期待したのである。

第二節　ベルリン四カ国交渉の開始と西側三国との意見調整

ここまでは、ブラント政権成立後の東方政策に対する西側三国の反応を整理してきた。しかし対ソ交渉過程において、各国の対応は不変であったわけでなく、交渉進展の局面毎に微妙な濃淡の違いが出た。本節以降の目的は、ベルリン四カ国交渉と対ソ交渉における「四カ国の権利と責任」問題をめぐる西ドイツと西側三国の意見交換を中心に、西側諸国との調整を検討することにある。

(1) 東方政策の始動と西側諸国との意見調整

首相就任後初の施政方針演説で新たな東方政策を打ち出したブラントは、ソ連、ポーランド、東ドイツに武力不行使宣言を内容とする交渉開始を呼びかける。これに対する西側三国の反応は、前節で概観したように、事実上の東ドイツの承認に関して多少の戸惑いを示したものの、概して歓迎したものであった。ここで重要なのは、一九六九年末の外交日程には、新たな東方政策と並んでヨーロッパ統合問題があったことである。第4章で詳述するが、ブラント政権は、一二月一日と二日のハーグEC首脳会談の成功に向けて尽力しヨーロッパ統合を推進した。東方政策の推進においてヨーロッパ統合の強調が重要であることを、十分に認識していたのである[27]。

ハーグ会談後には、ブリュッセルでNATO外相会議が開催された。開催前日の一二月三日に米英仏独の四カ国外相が会食したが、そこで西ドイツのシェール外相は西側三国との連携を強調した。これに対して西側三国も、東方政策に全幅の信頼を置いていると表明し、特に米国務長官のロジャース（William Rogers）は、米政府が東方政策への賛成の意を強調する重要性を指摘している[28]。二日後の外相会議では、各国から歓迎の意が述べられ、例えばシューマン（Maurice Schumann）仏外相が、ブラント政権の取り組む二国間交渉への賛同を明言している[29]。しかし、対ソ交渉を開始した二日後の一二月一〇日のNATO駐在外交官朝食会では、東ドイツの事実上の承認についてや、ソ連の要求するヨーロッパ安全保障会議への参加問題への質問と並んで、対ソ交渉に関する協議の要求が出ていた[30]。

(2) ベルリン問題に関する作業文書

ブラント政権は、政権成立後端緒に付いたソ連・東欧諸国との交渉と並んで、ベルリン問題に関する米英仏ソの四カ国交渉の進展を促していた。既に大連立政権期の一九六九年七月一〇日に、ソ連外相グロムイコがベルリン問題に関する交渉用意を明らかにし、その後東西間で意見交換の開始を模索していた[31]。ソ連は、交渉対象をベルリン全体ではなく「西ベルリン」に限り、それはベルリン全体に対する権利と責任を主張する西側と対立するものであったが[32]、ブラントが施政方針演説でベルリンの状況改善を訴えるなど［*TzD*, IV : 12］、双方に交渉開始の機運は高まっていた。ベルリン問題は米英仏ソの管轄下にあり、西ドイツは直接の交渉当事者でなかったが、壁建設時に西ベルリン市長であったブラントはもちろん、バールも個人的に西ベルリン市民に対して責任感を強く感じており［Schmid 1979 : 58］、分断による市民の人的苦痛を軽減すべくベルリン問題に並々ならぬ拘りをもっていた。したがってブラント政権は、ベルリン問題に関する「ボン四カ国グループ」や、キッシンジャーとバールの「バックチャネル」を通じて、後に「四カ国交渉のテーブルに着かずして西ドイツの国益を持ち込んだ」と評されるほど、自国の主張を反映させることに全力を注いだのである［Potthoff 1999 : 98 ; Vogtmeier 1996 : 145-52 ; Fuchs 1999 : 158-78］。

一九七〇年に入り、西側三国と西ドイツはベルリン交渉に向けて準備を本格化させていく。一月一五日に首相府次官ドュクヴィッツ（Georg Duckwitz）に宛てた私信でバールは、西ベルリンと西ドイツの結びつきや、西ベルリンの対外的代表権を東側に承認させる必要性を強調し、こうした西ドイツの要求を米英仏の交渉姿勢へ反映させていくことを目指すと述べている[33]。翌日の独仏外相会談でシューマン外相は、四カ国の権限の下にあるベルリンの地位を尊重することが緊張緩和の条件であり、東ドイツの国際的地位が向上することでベルリンの地位が不安定化する懸念を示した。そしてベルリン全体への四カ国の権利を確保することが、ベルリン防衛の基礎になると主張する。これに対してシェールは、東ベルリンが東ドイツの首都であることは既成事実化しており、西側の困難な立場を指摘した上で、東方政策におけるベルリン問題の重要性を説いた[34]。さらに二週間後の両国首脳会談では、ベルリン問題に関して更なる情報交換を求めるポンピドゥやシューマンの不安を受けて、ブラントは、西側の一員として東方政策を推進する旨を改めて説明した後に、西側三国の権利とベルリン問題を強調していくと言明している[35]。ブラントは、三月二日のウィルソン英首相との会談でも同様の主張を繰り返している。[36] 既に二月一七日の「ボン四カ国グループ」の会合では、ベルリン全体を交渉対象とする西側三国の姿勢が再確認されていた。[37] しかし翌日ボンで開かれた三国大使とドュクヴィッツの会食では、西ドイツ駐在の米大使ラッシュ（Kenneth Rush）が、三国と西ドイツの姿勢を一致させるにはなお時間を要すると述べている。[38] 他方で、四カ国グループによってベルリン問題に関する文書を作成し、NATOを通じて米英仏以外の西側諸国にも賛同を得られるように働きかけていくことで一致している。[39]

既に対ソ交渉は、一月三〇日にモスクワへ赴いたバールとグロムイコの間で意見交換が始まっていた。ここで見逃せないのが、ベルリン四カ国交渉に向けた西側三国との意見調整と、対ソ交渉の進展状況を中心とする東方政策に関する報告がほぼ並行して行われていたことである。バールは、二月二〇日にキッシンジャーへ宛てた私信のなかで、グロムイコとの交渉内容を報告すると同時に、西ドイツはベルリン問題に関しては当事者でなく、それは西側三国とソ連によって交渉されるものと述べた上で、米英仏と西ドイツが一致して取り組むよう希望を伝えている。[40] その二日前に米英仏の大使は、バール＝グロムイコ交渉に関する迅速な報告を求めると同時に、それまでの西ドイツ側からの情報提供に感謝と満足の意を表していた。[41]

さらに二月二五日には、ブラントから米英仏の首脳に向けて、東方政策の進捗状況について詳細な書簡が送付された。そこではまず、現時点において東ドイツによる対ソ交渉妨害の試みはあるものの、交渉の雰囲気自体は悪くなく、今後より具体的な議論に移っていくことが伝えられた。そして、グロムイコとの折衝にあたっているバールは、「四カ国の権利と責任」の確保によってのみ対ソ条約が可能という立場を堅持しており、ベルリン問題に関して西側が統一姿勢で臨む重要性を訴えた。またソ連側は決して早急な結果を期待しているわけではないが、西側の不一致によって交渉が遅滞している印象を回避するためにも、ベルリン四カ国交渉を早期に開始することの必要性を指摘している。[42] ブラントが、東方政策に関する報告と併せて、西側の交渉姿勢の一致とベルリン交渉の開始を働きかけていたことがうかがえよう。

そしてベルリン問題に関する西ドイツの立場を纏めた作業文書が、この三首脳への書簡と一緒に送付された。西ドイツの主張として以下の六点が挙げられている。すなわち、①対ソ条約のベルリンへの適用（いわゆる「ベルリン条項（Berlin-Klausel）」[43]、②ソ連の要求する「独立した政治単位」としての西ベルリンの否定、③米英仏ソによる共同管理という ベルリンの現状維持の不変、④西ベルリンと西ドイツの経済的、財政的、法制度的結びつき、⑤西ベルリンの対外的代表権（連邦集会権を含む）、⑥西ベルリン内の交通への妨害の防止、である。西ドイツにとって、米英仏ソによる戦後ベルリンの現状の「承認（Anerkennung）」でなく「尊重（Respektierung）」は、ますます強まる西ベルリンと西ドイツの結合（④）をソ連に尊重させることを含んだ。西ベルリンと西ドイツの妨害なき市民の行き来が緊張緩和に不可欠であると強調した上で、以上の西ドイツの要求をベルリン四カ国交渉における西側全体の立場として主張するよう訴えたのである。[44]この作業文書を土台に、西側はベルリン交渉における交渉姿勢に関する意見調整の最終段階に入っていく。

(3)　ベルリン四カ国交渉の開始

この作業文書については、まず二月二七日のボン四カ国グループ会合で話し合われた。そこでは、米英が歓迎の意を表し、作業文書がベルリン四カ国交渉の準備に価値ある貢献をするものと賞賛した。これに対しフランスは、ベルリンの現状をソ連に尊重させる西ドイツの目標に関して慎重な態度を示し、西側にとって好ましくない現状の承認であってはならないと釘を刺した。[45]そして西ドイツは、「四カ国の権利と責任」が西ベルリンに制限されてはならないことを再度強調している。三月一二日には、ニクソン米大統領がブラントに返書を送付し、東方政策に関する詳細な報告に感謝の意を伝えると同時に、西側の統一姿勢の重要性を確認している。さらにニクソンは、西側が不一致であるとの印象を避け、またソ連に対し交渉で優位に立つためにも、第一回目の交渉で西側として統一した交渉姿勢を打ち出すことを重視し、その日程として二週間後の三月二六日を提案する。[46]西側の一致した姿勢を求める点においてはブラントと見方を共有するものの、ベルリン交渉の開始を急ぐべきか否かで両者の見解が異なるのは興味深い。もっともブラントも、決

して交渉開始を急がせたわけでなく、例えば三月二日のウィルソン英首相との会談では、三月中で十分と述べていた。(47)

そして三月二一日と二二日のボン四カ国グループ会合では、二〇日に手交されていた三国大使の声明及び西側の交渉コンセプト草案を基に意見交換がなされた。そこでは、作業文書で西ドイツが主張した④や⑥に加えて、西ベルリンへのソ連の権利を認めない等の西側の目標が新たに設定された。他方で、東側との交渉取引材料として、西ベルリンにおける大統領選の投票を挙行する連邦集会権などの政治活動の減少が想定された（第2章第三節(1)参照）。また、三月一九日には戦後初めて東西ドイツ首脳会談が開催されており（第2章第四節(2)参照）、東西ドイツ間交渉における東ドイツへの譲歩を、ベルリン四カ国交渉においても利用できるかもしれないという希望的観測を西側三国は持っていた。ブラントは、東西ドイツ首脳会談後に送付したニクソンへの書簡で、東ドイツがベルリン問題に強硬な姿勢を示したことを伝え、特に④の要求をベルリン交渉で強調することを求めた。(48) そしてそれは、西ドイツの「本質的な要求」たる通行権の問題と並んで、西側の交渉姿勢に反映されるのである。(49)

第一回ベルリン四カ国交渉は三月二六日に開催された。交渉自体は友好的でリラックスした雰囲気でスタートした。そこにも並行する対ソ連・東欧諸国との交渉の影響があったとされる［Nakath 2002：143-44］。西側三国大使による声明には、西ドイツが求めていた西ベルリンと西ドイツの結びつきや、東西ベルリン間や西ベルリンと西ドイツの交通問題などが取り上げられるなか、特にフランスが「四カ国の権利と責任」を強調した。しかし西側三国とソ連の間では、予想されたように交渉対象をベルリン全体とするか西ベルリンに限るかで意見の相違が鮮明に表れた。この点について歩み寄りが見られるのはモスクワ条約締結後を待たねばならなかったのである。(50)

バール＝グロムイコ交渉が第二ラウンドを終えた四月に、ブラントは首相就任後初めてアメリカを訪問した。東方政策の展開はアメリカでも注視されており、メディアでも前首相のキージンガーと比べてブラントは注目を浴びていた［Fuchs 1999：105］。四月一〇日と一一日の首脳会談では、ニクソンは、まず両国関係の危機を否定した上で、西ドイツ東方政策への信頼を表明した。そしてベルリン問題に関して、とりわけ西ベルリンへの通行保障の重要性を強調し、両国が緊密なコンタクトを維持していく点で合意する。[51]また一一日の両国代表団会談では、ラッシュ駐西ドイツ米大使がベルリン交渉の状況について、この問題が東西関係に対するソ連の熱心さを探る試金石になると述べた。これに対してバールが、ベルリン四カ国交渉と対ソ交渉が相互に連関している点を指摘すると同時に、ベルリン四カ国交渉に西ドイツも参加するという可能性まで示唆する。[52]ここにも、ベルリン問題に西ドイツの意向を反映させようとする西ドイツ側の強い意欲を見ることができる。

ボン四カ国グループによる準備を経て四月二八日に、第二回ベルリン交渉が行われた。[53]四カ国大使の会談内容について、ソ連から二つの交渉モデルの提示があり、それに対して米英が、慎重な中でも積極的な評価を下す一方、仏がより消極的な姿勢を示したことが西ドイツ側に伝えられた。[54]四月三〇日には、シェールがシューマン仏外相に書簡を送り、西ドイツにとってベルリン問題の重要性を改めて強調した。同時にシェールは、ベルリン市民の交通問題に対する四カ国の責任を主張する西側の姿勢を支持することを伝え、またブラント政権の東方政策へのフランスの明確な支持を感謝している。[55]ここまでを見る限り、西側三国と西ドイツの間に大きな意見の違いはなく、対ソ交渉とベルリン交渉に関する意見調整は順調に進んでいると、少なくとも西ドイツ側は考えていた。しかしそれは、並行する対ソ交渉に対する西側三国の不安が表面化する前の静けさに過ぎなかったのである。

(4)　西側三国の不安の表面化

東方政策に対する西側三国の不安が増大していると伝えたのは、五月四日付の外務次官補ルーテによる報告書である。[56]そこではまず、ボン四カ国グループにおいて行われている対ソ連・対ポーランド交渉に関する報告が事後的で不完全であり、西ドイツが協議義務を果たしていないと三国から不満が高まっていることが問題視された。ルーテによれば、西側三国は、西ドイツに第二回ベルリン四カ国交渉においてソ連側の交渉代表者だった駐東ドイツ大使アブラシモフ(Pjotr Abrasimov)の声明の全文を知らせなかった。これは、西ドイツが東方政策に関する報告義務を十分に果たしていないことと同様の処置を取ったと考えられ、情報不足に対する不満を示すものであった。さらにそれは、米英仏が権限を持つ対東ドイツ政策への懐疑によって助長された。すなわち米英仏は、東方政策によって東ドイツの地位が向上し、自国の有する「四カ国の権利と責任」が侵食されることを恐れたのである。これは、既にブラント政権成立後に打ち出した「一民族二国家」論に対する反応でも見られた不安であったが、ソ連・東欧諸国との交渉が進行する中で、協議不足への不満と重なって、米英仏はより警戒を強めたのである。その背景には、第二回東西ドイツ首脳会談が五月半ばに予定されており、東ドイツが国連をはじめとする国際機関への加盟などを通じて、その地位向上に対する圧力を強めている状況もあった。また西側三国は、自国の保有する権益が西ドイツ及び西ベルリンに制限されることにも不安を抱き、特にフランスが強硬に自国の権利と責任の保障を求めたのである。

　こうした西側三国との摩擦の表面化について、ルーテは、各国政府や世論よりも西ドイツ駐在の三国大使の方から強く現れているとした上で、今後西ドイツが取るべき方策について次のように要約している(57)。まず、西側三国の直接の権益に抵触しかねない対東ドイツ政策を中心に、ドイツ条約による三国の権利と責任をより強調して対応していくことが目指された。しかしここに、単に西側三国からの不満への対応であっただけでなく、そこに西ドイツ自身の目標を折り込んでいく能動的な意図があったことは見逃せない。すなわち、ドイツ条約による西側三国の権限の強調は、ドイツ問題やベルリン問題の暫定的性格を示すものに他ならず、再統一の可能性を留保しドイツ問題を棚上げする西ドイツの目的に適うものでもあったのである。さらには、対東ドイツ交渉を中心として西側三国とのさらなる緊密な連携が必要とする一方、ドイツ条約の解釈によって西ドイツの外交政策の行動範囲が制約されることも警戒する。この報告書は、既に「バール文書」の公開前に西側三国の不安が高まっていたことと同時に、西ドイツが「四カ国の権利と責任」問題を通じて主体的に目標を追求した点を示すものとして興味深い。

　翌週のボン四カ国グループ会合では、東ドイツの国際的地位の向上によるベルリン問題への影響を中心に議論が展開された。フランスは、「四カ国の権利と責任」の保障の立場から、ベルリン及び両ドイツの市民の行き来の問題に関する責任を主張する一方で、特に国連加盟問題で東ドイツの地位が向上した場合、四カ国責任の保持は困難になると述べた。これに対して西ドイツが、既にソ連も両ドイツの国連加盟が「四カ国の権利と責任」に抵触しないことを認めていると応じたものの、西側三国は慎重な姿勢を崩さなかった。そしてイギリス代表は、西ドイツ側からのより迅速な報告を求めると念を押している。(58)

西側三国からの不満を受けて西ドイツ側も黙っていたわけではない。このボン四カ国グループ会合に沿った形で、三国代表者とバールの間で会談が持たれた。この時バールは、大詰めを迎えていたグロムイコとの予備折衝のためにモスクワに旅立つ直前であった。彼は、対ソ交渉とベルリン交渉は一体であり、四カ国の権利の「尊重」においてのみ対ソ条約の締結が可能であること、「一民族二国家」論は四カ国の法的権利に基づいており、平和条約が締結されるまで「四カ国の権利と責任」を保持する状況が、西側三国のみならず西ドイツにとっても望ましいと強調した。ここでバールは、対東側交渉の締結と同時に、ドイツ全体への三国の権益を確認することを目指すと述べ、ベルリン問題で結果が出るまでは、対ソ連・対ポーランド条約は締結後も発効しないという「リンケージ（Junktim）」を主張した。これは後に西ドイツ政府の見解として正式に表明される。(59)さらにバールは、三国に対し二つの提案を行った。第一に、西ドイツの求めるベルリン対外代表権と、西ドイツの締結する条約が西ベルリンにも適用されることを、西側三国からソ連に明示するように働きかけた。第二に、ソ連との条約が三国の権利を侵害するとの不安を除去するために、三国の権益が不変であることを三国と西ドイツによって明らかにする共同声明である。これは、後にモスクワ条約締結時に西ドイツから三国へ手交される書簡の発案がバールによってなされたことを示している。

以上のバールの説明を受けて、三国からはフランスが次のような疑問を投げかけた。まず、諸交渉が一体であるとするバールの見解には好印象を持ったものの、三国と西ドイツによる共同声明というアイデアに対して懐疑的な見方を示す。すなわち、既にパリ諸条約において西側三国の権利が明言されているにもかかわらず、あらたに共同声明を出すと、かえってその権益を侵害するという不必要な疑いを起こすのではないかと考えたのである。さらには、「四カ国の権利と責任」の確認を東側から引き出そうとするあまり、西ドイツが特に東ドイツの承認問題でかえって大きな譲歩をするのではないかと懸念を表した。

これに対してバールは強く反論する。まずバールは、ソ連は東ドイツの意向を無視できないため、そのソ連から「四カ国の権利と責任」の確認を求めるのは困難であると論じた。さらには、西ドイツは、かつてからフランスがオーデル＝ナイセ線の問題で行ってきたような譲歩を決して行わないと皮肉を交えて述べたのである。[60] そしてバールは、二月二五日のブラントの書簡にあるベルリン問題への要求に関する質問を受けて、西ベルリンの対外代表権と通行路の安全の保障、そして西ベルリンと西ドイツの結びつきを挙げた。この会談では、バールがソ連・東欧諸国との二国間交渉とベルリン交渉の意見調整について説明することが趣旨とされていたが、むしろバールから西側三国への積極的な提案が目立ったといえるだろう。[61]

このようにソ連・東欧諸国との交渉とベルリン四カ国交渉の意見調整に関する西側三国の不満が表面化したなかで、第三回ベルリン交渉が五月一四日に行われた。そこで西側三国は、事前に西ドイツと協議して作成した声明をソ連に渡したが、他方でソ連側はアブラシモフが声明を発表した。アブラシモフは、ここまでの西側の頑迷な姿勢に驚きを示し、より建設的な提案を求めていく一方で、あらためて全ベルリンに対する権利を主張した。さらに、西ベルリンにおける西ドイツの政治活動を容認する西側三国を批判し、それがベルリンの通行問題の主要因であると述べたのである。[62] ここで詳細に立ち入ることはできないが、並行する東西ドイツ間の交渉の一時休止を東ドイツに求めるなど、ソ連はこの時期、自国と西ドイツの二国間交渉を優先させていた［Sarotte 2001：54-56］。この後しばらく、ベルリン交渉においてソ連は強硬な姿勢を崩さず、その進展はモスクワ条約の締結を待つことになる。

第三節　モスクワ条約への道と西側三国との意見調整

(1)「バール文書」への反応

バールとグロムイコによる予備折衝の結果は、五月二〇日に「バール文書」として纏められた（**資料2**参照）。五月二五日に、翌日のNATO外相会議のためローマを訪れていたシェール外相は、西側三国の外相との会談で、対ソ交渉の結果と同月二一日に開催されたカッセルでの第二回東西ドイツ首脳会談について報告した。まずシェールは、「バール文書」は武力不行使にとどまらず東方政策全体を視野に入れたものであるが、ベルリン問題は四カ国交渉に委ねる点で西ドイツもソ連も一致したことを伝えた。その上で、あらためてベルリン問題の重要性を強調し、その「満足な規制」があって初めて対ソ条約は西ドイツ国内で批准されるとして、ベルリン交渉と東方諸条約の成否は政治的に一体であるとする「リンケージ」を主張したのである。これに対して西側三国は、特にシューマン仏外相が東方政策への明確な支持を再度表明し、対ソ合意による発展は「ドイツと欧州の歴史に多大な影響を与える」と述べた上で、今回の西側三国と西ドイツの会談はここ数年で最も重要で実り多いとの共通見解にいたる。そして会談最後には、スチュワート英外相がこの成果は「大きな前進である」と述べたのである。翌日のNATO外相会議においても、参加国の全外相が西ドイツの対東側交渉へ繰り返し支持を表明したように、東西緊張緩和の進展を期待する点から、ソ連との合意という西ドイツの成果について積極的な評価が支配的であった(63)。

しかし、一〇項目に纏められた「バール文書」の各項については、その内容に関して西側三国からいくつかの疑問点が提示された。この文書の内容は、前述のNATO外相会議の際に、第一項から四項までが手渡されて、残りの項目については口頭で報告されることになった。そのなかで焦点となったのは、「四カ国の権利と責任」に関連する第四項である。第四項には、西ドイツとソ連との間の条約は、既に両国がそれぞれ締結してきた二国間及び多国間の条約及び合意に抵触しないとある。この文言が米英仏の権利を保持するのに十分かどうかが問題となったのである（**資料1**参照）。六月一〇日の三国との協議で英仏は、既述の五月中旬の会談でバールが主張した三国の権利保持のためには、第四項の文言では満足できないと述べた。またアメリカは、イギリスとともに、「四カ国の権利と責任」の特別な言及が重要であると要求した。そして特に第四項を中心に、「バール文書」にさらなる検討を加えた上で協議することとした。[64]

さらに翌日、西ドイツ外務省にフェッセンデン米公使が訪れ、英仏は「バール文書」の第四項に不満を持っており、対ソ条約に四カ国の権利の確保を明示するよう求めていく可能性を指摘される。これに対して西ドイツ側は、対ソ条約における四カ国の諸権利の言及自体が、既に明確にされてきたことにあえて言及することで、かえって従来明白であったその権利の弱体化を意味しかねないと説得を試みた。そして、西側三国はベルリン問題を対ソ交渉の議題とすることを望んでおらず、ゆえに三国の要求する条約への四カ国権利の直接的な言及よりも、このまま権利には言及しないという姿勢のほうが適当であると論じる。さらには、三国とソ連が共同で諸権利を確認するという代替案の可能性についても示唆している。なおフェッセンデンは、同時に西ドイツの情報提供不足を改めて非難し、それによってボン四カ国グループの機能が弱体化していると伝えた。これについて西ドイツ側は、野党を中心に東方政策批判が強まる国内政治状況に理解を求めた上で、四カ国グループ以外でも情報提供をしていくと応じている。[65]

「バール文書」に関する検討を経て、ボン四カ国グループによる協議は六月一三日に行われた。そこでは、特にフランスが西側三国の権利と責任に関する点で態度を留保したものの、アメリカは「バール文書」にある内容を基本的に受け入れると態度を軟化させた。第四項についてもアメリカ側は、西ドイツが三国との共通の利益から「四カ国の権利と責任」の言及を試みた点を評価し、無論望ましいのは条文への言及だが様々な形式もあり得ると述べる。そして米英仏は、「バール文書」の文言が三国の権利を侵害していないという見解で一致し、法的には第四項が三国の権利を明言するドイツ条約の効果を保障すると言明するに至ったのである。[66]

当初は「四カ国の権利と責任」について、条文での言及を求める可能性まで示した西側三国だったが、なぜ態度を軟化させたのだろうか。史料を読む限り、西側三国にとって、確かにドイツ全体及びベルリンにおける自国の権益確保は重要であったが、それと同等、あるいはそれ以上に、ブラント政権による対ソ関係改善を支持する立場にあったことが推論できる。以下にその背景を見ていこう。

まず、西側三国が西ドイツの国内政治状況へ配慮したことが指摘できる。四カ国グループによる協議の前日、六月一二日に、「バール文書」の第一項から第四項が西ドイツの反政府系新聞にスクープされた(67)。これによって、予備折衝を終えソ連との本交渉の準備を進めていたブラント政権の姿勢に対する風当たりが強まり、「バール文書」におけるソ連への譲歩を強く批判する野党や反対派の態度がさらに硬化していく。こうした中で「四カ国の権利と責任」を認めることは、西側三国と同様にソ連の西ドイツへの権益を確認することをも意味した。それは、「旧敵国条項」を定める国連憲章五三条と一〇七条の放棄を求めてきた交渉姿勢と矛盾するだけでなく、西ドイツ国内の激しい抵抗を招くことが必至であった(68)。当時は一九六八年のワルシャワ条約機構軍によるプラハ侵攻の記憶が新しく、また極右政党NPDの地方選挙での台頭もあって、「旧敵国条項」を根拠にソ連軍が西ドイツに攻め込む可能性が危惧されたのである。西側三国は、こうした西ドイツの国内状況を踏まえ、東方政策が失敗に帰することで、東西緊張緩和自体が後退するリスクを恐れたのではないだろうか。ここで「四カ国の権利と責任」問題に関する当初の主張を取り下げたことや、第5章で見るように、後に対ソ連・対ポーランド条約批准をめぐって西ドイツ国内が分裂の危機に陥った際に、事実上ブラント政権に支持を与えた西側三国の態度からも、東方政策への期待を見ることが可能であろう。

これに関連して注目されるのは、こうした東方政策への西側三国の期待は、西ドイツ側にも十分認識されていた点である。すなわち以下に見るように、三国が東方政策を支持するという感触を得ていたことが、この時期における各国駐在の西ドイツ大使館の報告書から浮かび上がるのである。まず駐米大使からは、アメリカはニクソン政権の「交渉の時代」に沿う東方政策を支持し、西ドイツのリーダーシップへの期待からも、英仏より制限なき積極的評価を与えていると報告されている。ドイツ全体及びベルリンに関する地位の問題についても、西側大国としてのアメリカの立場や、ヨーロッパとの地理的距離に加え、米独間の相互依存と指導者間の信頼関係から、英仏に比べてアメリカは西ドイツを信頼していると考えられていた。(69) 次にパリからの報告書では、フランスの西ドイツ東方政策への姿勢は複雑で、ベルリン問題における自国の権益確保に熱心としながらも、シェール外相による報告を歓迎し、一般的には支持しているという分析結果が示されている。(70) そして駐英大使は、イギリスにとって西側同盟の犠牲は許されないものの、西ドイツが自身の国益を自覚した点を理解し、また近い将来のドイツ再統一は不可能との冷静な判断から、四カ国の権利を確保した上で賛同していくと伝えた。(71) もちろん、三国にとってドイツ全体及びベルリン問題に関する権益は重要であることを認識する一方で、西ドイツ側は、各国が結果として東方政策を支持するとの見通しも持っていたことがわかる。こうした西ドイツ側の自信に満ちた評価は、結果として三国が態度を軟化させた背景とも決して無縁ではない。

またこうした西ドイツ側の認識は、対ソ交渉や西側三国との意見調整における西ドイツ自体の姿勢にも無視し得ない影響を与えていた。例えば六月一八日に三国大使と会談した外務次官フランク（Paul Frank）は、米英仏から対ソ条約における三国の権利言及の要求があったことを踏まえつつも、それは前文で権利を書き換えることや注釈をつけることなどの代替案で満たされうると記すに至ったのである。(72) このように、この戦勝国の権限の言及をめぐっては、米英仏の要求を西ドイツが一方的に飲んでいたわけでなく、むしろ能動的に次善策を提示するなど、西ドイツ外交の積極性を垣間見ることとさえできるのである。

さらに米英仏がブラント政権の東方政策を基本的には支持していたことを示すのが、この三国が他の西側諸国に対してその旨を表明していたことである。対ソ交渉による関係改善は、「ドイツと欧州の歴史に多大な影響を与える」重要な進展であることから、それが東西関係や現存する西側同盟にいかなる対応を迫るものか、西側三国以外の各国の関心にも高いものがあった。それゆえに、東方政策の内容に関する協議不足への不満は、米英仏以外の西側諸国にも存在したといえる。こうした不満を受けてバールは、六月一九日のＮＡＴＯの北大西洋理事会で、対ソ交渉の内容について報告する機会を得る。そこでバールは、西側同盟の結束こそ対ソ交渉成功の前提と強調し、これで同盟国への情報提供不足も埋めることができたと説明する。(73) しかしながらNATO加盟国の疑念が完全に消え去ったわけではなかった。同盟諸国からは、より集中的な協議が要求された上で、対ソ交渉における西ドイツの戦略であった「承認」と「尊重」の違いや、ベルリン問題など他交渉との「リンケージ」、そして西ドイツが譲歩し過ぎたのではといった疑問点が伝えられたのである。これに対してバールは「ソ連は当初の要求を取り上げた」と述べ、対ソ交渉の成果を誇示したものの、ソ連をはじめ東側諸国の交渉姿勢への同盟諸国内の警戒には根強いものがあった。しかしここで興味深いのは、そのバールの説明に際して駐NATO仏大使が、ボン四カ国グループを代表して、西ドイツ政府による東方政策の報告は満足のいくもので、ドイツ全体及びベルリンに関する米英仏の責任は保持されると説明したことである。西側三国は、西側同盟の一体性を維持する観点からも、NATO内においては西ドイツの東方政策を擁護する立場を示したのだった。(74)

(2) 西側三国との直接会談

七月に入ると、ソ連との本交渉を控えた西ドイツは、西側三国の首脳レベルと相次いで直接会談を行い、東方政策への支持のさらなる確認を求める。まず七月三日と四日には、ポンピドゥ仏大統領が就任後はじめてボンを訪れ、ブラントとの首脳会談にのぞんだ。ポンピドゥは、あらためてベルリン問題の重要性を指摘した上で、フランスは「四カ国の権利と責任」により強い関心を持ち、東ドイツの国際的地位向上などによってベルリンの状況が不安定化することへの憂慮を示した。また、ベルリン四カ国交渉でソ連が次第に姿勢を硬化させていたことから、対ソ条約及びベルリン問題の先行きに楽観的なブラントに釘を刺した。これに対してブラントは、米英仏が求めている対ソ条約の中での四カ国の権利の条文化について、本来西ドイツではなく四カ国が扱う問題であると指摘した上で、ソ連が一九五五年の西ドイツとの国交回復以降あらためて権利更新の措置をとっていないことから、対ソ条約では条文化以外の形式を取りうることを示唆した。さらにその際には、将来のドイツ再統一の可能性を留保する通称「ドイツ・オプション」（第2章第三節(3)を参照）と関連させて解決策を模索すると述べ、対ソ交渉における西ドイツ側の要求を結びつけようと試みている。ポンピドゥは、西ドイツの東方政策にブレーキを掛ける意図などないと支持の姿勢を改めて示し、両国の利益が基本的に共通していることを伝えた。そしてブラントは、東方政策はヨーロッパ統合と西側同盟結束の基礎によってのみ成功すると強調した。両者の会談では、フランスから東方政策への支持を取り付けると同時に、対ソ条約と「四カ国の権利と責任」問題に関する意見調整が行われていたのである。(75)

ここで見逃せないのが、シェールが続く米英歴訪に発つ前に、西側三国の権利と責任に関する分析が外務省で綿密に準備されていたことである。独仏首脳会談後の七月六日には、外務次官補シュターデン（Berndt von Staden）が、政治局ソ連課のまとめた対ソ条約の条文案の検討と、対ソ条約とベルリン四カ国交渉の連関についての分析を報告している。まず条文に関して、米英仏が求める条文中の三国権益の言及について、この問題はそもそも対ソ条約で扱われる性質のものではなく、その必要はないとする。そして条文中に明記する代わりに、ソ連が受け入れ、かつ公開に反対しない「解釈書簡（Interpretationsbrief）」の通告によって、三国権益の確認を求める代替案を示したのである。さらには、対ソ条約の際に、対東側交渉とベルリン四カ国交渉が一体であることを示す「ベルリン書簡」の交換を提案し、(76)四カ国交渉自体の進展を三国に強く促していくとしている。また対ソ条約とベルリン四カ国交渉の「リンケージ」に関しては、ソ連も四カ国交渉と他の東西交渉の「リンケージ」を計算に入れていることから、ベルリンの満足な規制が対ソ条約の発効に不可欠という立場を引き続き維持するとされた。この時点でも西ドイツ側は、西側三国からの要求を受けながらも、ベルリン問題での自国の利益の反映に積極的だったといえる。(77)そして、ベルリン四カ国交渉に関する草案を纏める一方で、(78)対ソ条約の草案とともに三国の権益確保に関する西側三国への覚書の草案も完成させていたのである。

七月一〇日のボン四カ国グループ会合では、まず西ドイツ側がシュターデンの報告書に基づいて対ソ条約への準備状況を伝えた。条文での明示を放棄し、解釈書簡での西側三国の権利と責任の保持を明示する案に対して、三国は一様に遺憾の意を示した。とりわけフランスは、首脳会談でブラントがポンピドゥに語ったように、四カ国の権利問題は対ソ条約の対象でないことを条文で言及するよう求める。これに対して西ドイツ側は、既述のように、そうした言及が西ドイツへのソ連の権利拡大に繋がりかねないと反論する。と同時に、対ソ条約が西側三国とのドイツ条約の内容に抵触せず、したがって三国の権益が確保されることを明らかにする覚書の草案を手渡したのである[79]。

七月一六日からは、シェール外相がロンドンとワシントンを相次いで訪問した。そこでは、東方政策の説明とあわせて、対ソ条約において「四カ国の権利と責任」をどのように確認するのか、その方法についても意見交換が交わされた。まずロンドンでは、ダグラス＝ヒューム（Alexander Douglas-Home）外相が、対ソ条約の第三条への追加条項によって西側三国の権利を明示するのが望ましいと述べた。これに対してシェールは、まず西ドイツと西側三国による書簡交換で三国の権利について確認した上で、それをソ連に通告するという方法か、あるいは四カ国によって共同声明を出すという手段を提案し、条文中の明示には消極的な姿勢を示す。ダグラス＝ヒュームは、条約の本文ではなく前文か、または西ドイツとソ連による共同声明での言及はどうかと食い下がったが、シェールは、その後訪問するアメリカで国務長官ロジャースと様々な可能性について協議するとかわした。他方で、ダグラス＝ヒュームがあらためて西ドイツ東方政策への支持を表明するなど、シェールは東方政策への支持を確認する当初の目的を果たしたものの、以上のように「四カ国の権利と責任」の確認方法については意見に一致が見られないまま、ワシントンへ向かったのである[80]。

ワシントンに到着してロジャース米国務長官との会談に臨んだシェールに、フランク外務次官から、一七日にボンで行われていた四カ国グループの協議内容に関する報告が届いた。そこでまず米仏の大使は、三国の権利については対ソ条約前文での言及で確保が可能であるとの見方を示した。あくまで条文化に拘る三国側に対し、フランクは三国と西ドイツによる書簡交換による三国権益の確認を提案し、議論の末、前述の書簡の草案について二〇日のボン四カ国グループで協議することで一致した。西ドイツ側の提示する書簡交換の措置について協議することで、ボンでは三国の説得に成功していたのである[81]。

一七日のシェールとロジャース米国務長官の二時間半にわたる会談は、特に対ソ交渉の進展状況をはじめとする東方政策に関する議論で終始した。とくにロジャースが尋ねたのは、対ソ条約の第五条における諸条約は統一体であるとの文言に関して、そこにベルリン問題の言及を含めるかについてである。これに対してシェールは、ベルリン問題は四カ国の権限にあり、解釈書簡による四カ国の権利言及を求めていく考えをあらためて伝えた。そしてロジャースからは、翌日に会談したニクソン大統領と同様に、東方政策への全面的な支持を取り付けることに成功する。(82) こうして、帰国後シェールの報告を受けて、対ソ交渉方針に関する閣議決定では閣内一致で、対ソ交渉に関して西側同盟国と「完全なる一致」を確認したと満足を持って表明することができたのである。(83)

対ソ本交渉に向けて西側三国から東方政策への支持をあらためて取り付ける一方で、三国の権利と責任を確保する措置についての意見調整は続いた。西側三国は、権利と責任の条文化を繰り返し求め続けていた。例えば七月一七日に西ドイツ側へ送付したメモランダムでは、第三条を「四カ国の権利と責任」で補完することを提案し、これは七月二〇日のボン四カ国グループ会合でもアメリカが要求している。(84) しかし西ドイツ側は、「四カ国の権利と責任」の明示が、西ドイツへのソ連の権利拡大の可能性を含む多様な解釈を生むため、解決策として考慮に入れるべきでないとして、ドイツ条約による西側三国の権利と責任の指摘で十分との結論に達しつつあった。さらには、ソ連が前述の「解釈書簡」を認める用意がない場合には、三国にソ連への通告を提案する次善策も練られていたのである。(85)

しかし、並行していたベルリン四カ国交渉におけるソ連の強硬な姿勢は、西側三国に少なからず不安を与えていた。七月二三日の第六回交渉においても、ソ連は交渉対象を西ベルリンに限るとの立場を譲らず、(86) これを受けてシューマン仏外相が、モスクワで予定される西ドイツとソ連の本交渉の進展を危ぶんでいることが西ドイツ外務省に伝えられた。そしてシューマンは、西ドイツはベルリン四カ国交渉の進展を待って対ソ本交渉に入るべきとの慎重論を唱えた。ここにきて、緊張緩和に対するソ連の態度に疑問を抱いたシューマンは、ベルリン交渉でソ連の真意をテストした上で、対ソ本交渉に臨むべきだと考えたのである。これに対して西ドイツ側は、むしろ対ソ条約の締結こそがベルリン四カ国交渉にプラスの影響を及ぼすとして、フランス側に我慢強い姿勢を求めている。(87) 確かに対ソ本交渉も難航が予想されたが、他方で、予備折衝で交渉に当たったバールは、キッシンジャーへの書簡で、本交渉妥結による条約締結への手応えもっかんでいると述べていた。さらにバールは、米政府が西ドイツの東方政策に不信感を持っているといった噂が出ていることを憂慮し、これに反論するためにも西側三国と西ドイツの姿勢が一致していることを「再確認（reaffirmation）」するべきとのブラントの考えを伝えている。(88) 西側との結束こそ東方政策成功の基礎であるとの立場に、ここでも揺らぎは見られなかったのである。

(3) モスクワ本交渉

シェール外相を中心とする西ドイツ交渉団は、七月二七日からモスクワで対ソ本交渉に臨んだ。ここでは、シェール＝グロムイコ両外相による本交渉過程で扱われた全てのテーマを扱うことはできないが、「四カ国の権利と責任」問題について、特に西側三国と西ドイツの意見調整を中心に整理しておきたい。(89)

訪ソ前から予期されていたように、本交渉開始直後からソ連側は、西ドイツの求める「バール文書」の修正や補完を拒絶した。「四カ国の権利と責任」については、条約がそれに抵触しないものであるという点で両国は一致していたが、これをいかに保障しうるかが問題であった。西ドイツ側は、まず西側三国の求める条文化を目指したが、条文でこの問題に触れること自体を否定するソ連に拒否される。バールは三一日の報告書でシェールに、西ドイツ側としてはそもそも熱心でなかったものの、やはり条文化は不可能との見通しを示している。しかし同時にバールは、交渉に行き詰まり一旦ボンに戻ろうとするシェールを押しとどめる。もしシェールが帰国すると、その後新たな要求を突きつけるのではないかという疑念をソ連に抱かせ、また西側三国や野党はもちろん、西ドイツの世論に対して不安を与えることが危惧されたのである。

さらにここで注目されるのは、バールは、西側三国の権利保障に関して、対ソ交渉をとりまとめた調印後であれば、三国は条文化を諦めざるを得ず、残るはいかに保障するかの形式についての議論になるため、条文化を求めてきた三国に対して有利な状況で協議できると考えていた点である。バールが、一方で条約成立を危険に晒さず、他方で三国を説得するといった、いわば両面作戦に腐心するなかでも、西ドイツにとってより望ましい形での解決策を積極的に模索していた様子がうかがえる。(90)また西ドイツ側は、本交渉開始当初からソ連の強硬な姿勢に直面したものの、条文化に代わる次善策として、書簡か覚書交換によって西側三国の要求を満たすことが可能との見方をしていた。(91)より具体的には、ソ連との条約に際して、書簡交換あるいはソ連への一方的な書簡（前項で触れた「解釈書簡」）の通告を、西側三国への書簡との間で相互に関連させるという手段を想定していたのである。(92)

こうした本交渉の進行状況は、前節で取り上げたベルリン問題に関するボン四カ国グループや、ソ連駐在の西側三国の大使館を通じて逐次報告されていた。後者のルートを通じた報告の任にはバールがあたっていた。八月三日の西側三国の大使との会合では、シェールが本交渉において、対ソ条約が「四カ国の権利と責任」に抵触しないことの明示を繰り返し求めていることを伝えた。バールは、当初は条約でこの問題を扱うことを拒否していたソ連の姿勢が、やや軟化の兆しを見せてきたと説明する。すなわちバールによれば、グロムイコ外相は、調印前に西ドイツが三国へ、この条約が四カ国権利に抵触しないことを報告し、そのことをソ連側に伝えた場合、ソ連側はそれを「確認する（bestätigen）」だろうと述べており、これはソ連からの返答と見なしうる。このように、四カ国の権利を侵害しないと明らかにする本質的な部分で、ソ連側が歩み寄る用意を示してきたと力説したのである。

ではグロムイコはどのように回答するのかという三国側からの質問に対して、バールは、シェールは具体的な形式について議論を進めていないものの、それは口頭での声明になり、おそらく条約調印後に両外相による声明を公表する手続きになるとの見通しを語っている。併せてこの会合では、西ドイツ側が起草した三国との書簡交換の草案を手渡している。(93)

シェールとグロムイコの本交渉では、「四カ国の権利と責任」問題に関して、以上のような形式と並んで、どのように表現するかについても意見に隔たりがあった。西ドイツ側は、平和条約が締結されるまで四カ国の権利は保持されるとの表現を求めたが、ソ連は平和条約が未締結という言及自体を避けることを主張した。この平和条約の問題は、それが未締結であることは、四カ国の権利のみならず、国境問題や再統一の可能性などの面からも「暫定協定」的性格を主張する根拠をなしうることから、西ドイツ側としては何らかの形で強調したいと考えていた。(94) さらに西側三国も、西ドイツとソ連・東欧諸国との条約が積み重なって平和条約的規制になるという印象を避けるため、平和条約が未締結であることの明示を望んでいた。(95) これに対してソ連側は、条約の「暫定協定」的性格を明示した場合、とりわけ国境の現状維持に関して、条約締結後に西ドイツから国境線の修正を要求されるのではないかと警戒したのである。こうした理由からソ連は、平和条約が未締結であるとの明文化に最後まで抵抗し、結局条文自体や再統一可能性に関する「ドイツ統一に関する書簡」にその言葉は見当たらない。(96) しかし他方で、西側三国への覚書では、西ドイツ政府の立場として、平和条約の未締結に言及している。このように「四カ国の権利と責任」問題は、本交渉における他の争点とも密接に関連しており、西側三国、ソ連、そして西ドイツの思惑が複雑に絡み合いつつ決着点が探られていた。

八月四日の午後には、シェール＝グロムイコ両外相会談と並行して、西ドイツ外務次官フランクとソ連外務省の欧州第三局局長ファーリンによって行われていた条文検討の非公式会合において、西ドイツから西側三国への覚書について、ソ連はそうした西ドイツの措置に反対しないとグロムイコが了承したことが伝えられた。(97) その日の夜、モスクワでの西側三国代表への報告でバールは、ソ連は平和条約の未締結に言及しないものの、条約が「四カ国の権利と責任」に抵触しないことを確認するという前日の内容に加えて、具体的には、グロムイコの声明は議事録形式になり、その声明を三国に通告すると説明した。三国側が四カ国権利の条文化を繰り返し求めるのに対して、交渉の場で譲歩を見せることが稀なソ連から書面による文書を受け取ること自体容易でなく、これによって西ドイツ及び西側三国の要求を満たしうるとバールは説得を続けた。その結果会合の最後に駐ソ米大使ビームが、グロムイコの声明が書簡の形式をとることを確認したうえで、バールによる報告に感謝の意を表し、非常に満足したと述べるにいたったのである。(98) 翌日にもビームは、条文化が望ましいと再度述べる一方で、アメリカ本国でも「四カ国の権利と責任」に関する三国と西ドイツの措置に満足していると伝えている。(99)

こうしたことから、この時点では、西側三国と西ドイツの間で、以上のような内容の覚書による通告について、基本的な了解があったと見ることができる。しかし条約調印直前に、この形式と表現をめぐって最後の攻防が繰り広げられることになる。

(4) 条約調印式典と西側三国への覚書

八月五日のシェール＝グロムイコ交渉では、「四カ国の権利と責任」問題に関する西ドイツから西側三国への覚書について激しい議論が交わされた。前日にファーリンから、グロムイコは西ドイツの措置に反対しないとの言質を得ていたものの、問題となったのは公表の手続きであった。シェールは、三国への覚書の内容について、事前にソ連の同意を得ることを求めたが、グロムイコはその覚書の内容を読むことすら拒否したのである。シェールは、書簡では四カ国権利と平和条約未締結についての西ドイツの立場が表されていると伝えたが、グロムイコはその内容に一切責任を持つことができず、あくまでこの問題に関する口頭での声明のみ表明するという立場を崩さなかった。さらには、この予定される声明が口頭で読み上げられるのみで、文書で手渡されることはなく、したがって西ドイツ側から修正要求があったとしても断固としてそれを受け付けないとする姿勢を示す。グロムイコは、平和条約の未締結に言及する文書にソ連が同意しているといった印象を与えることを、極力回避しようとしたのである。[100] したがってシェールは、同日夜に西側三国に駐在する西ドイツ大使への電報で、条文と併せて三国への書簡の文言を報告したものの、予定されるグロムイコの声明の箇所は空白のままであった。[101]

翌日の午前に、シェールはバールと共に西側三国代表との会合に臨んだ。そこでシェールは、グロムイコによる声明が議事録交換などの書式ではなく口頭であることと、それは西ドイツ側のみによる公開になることを伝えた。それを受けて米英仏の間に、「同盟国との劇的な危機」とも呼ばれる動揺が広がったのである。西側三国の側は、前日夜のシェールによる報告ではグロムイコ声明が空白であったものの、最終的にそれは書式によるものになると考えていた。それはまた、八月四日の会合でバールが三国代表に説明したことでもあった。しかしその二日後のシェールによる説明は、三国の予想を大きく裏切るものであったといえる。ここにおいて三国代表は、就任後間もなく外交政策で経験不足のブラント政権が、早急な結果を求めるあまり、西側にとって不利な内容で交渉を妥結するのではと警戒したのである［Baring 1983：414］。

さらには、翌八月七日に仮調印を意味する条約調印式典が行われることも、西側三国を不安にさせた。六日夜の駐米西ドイツ大使による電報では、覚書に関する更なる協議のために、米国務省から式典延期の要望があったことを伝えている。[102] また深夜には、イギリスの駐ソ臨時代理大使エドモンドの申し出によって急遽シェールとの間に会談が開かれ、そこでエドモンドは米英仏を代表して、条文の精確な分析のために式典を延期することを求めている。その背景には、本交渉においてソ連が、条約の調印を危険に晒すことで、西ドイツに譲歩を迫ったのではないかという疑念もあった。[103] またエドモンドは、覚書の文言の表現についても疑問を呈す。すなわち、三国への覚書の序文では「ドイツ全体及びベルリンに関する連合四カ国の権利と責任」とあるのに対し、続く両外相の声明では「連合四カ国の権利に関する諸問題」と表現されており、これは西側三国の権益を弱めるのではないかと考えたのである。

後にシェールが、外相在任中の最も劇的な場面のひとつと振り返るこのエドモンドの訪問であったが、調印式典を翌日に控えて延期を提案すると、交渉相手としての信頼を失うことを意味し、既に時期を逸していると説得した［Baring 1983：416；Frank 1982：299-301］。エドモンドによる要求は式典自体の延期を超えるものではなく、また延期することによって三国が従来獲得してきた以上のさらなる有利な譲歩をソ連から引き出そうとしているとしたら、それはほぼ不可能であるとして拒否する［Baring 1983：416-17］。加えて、覚書の文言の表現についても、前日夜に読み上げられたグロムイコの声明のドイツ語仮訳をシェールがボンに伝え、専門家から国連憲章の例を引き出し「四カ国の権利」はその「責任」をも意味するという回答を得ており、「四カ国の権利」という表現で十分とする西ドイツの立場は明確であった。[104] そして式典直前にシェールは、ダグラス＝ヒューム英外相への書簡において、この問題によって条約自体を失敗させ

ることは得策ではなく、また西側の姿勢の一致を示すことこそが必要と説得を試みている。(105)

こうしてモスクワ条約調印式典は、予定通り八月七日に行なわれた。式典直前には、米英仏の政府に宛てて覚書が伝達された（**資料3**参照）。結局、「ドイツ全体及びベルリンに関する連合四カ国の権利と責任問題」に対する西ドイツの立場を述べた後に、シェールとグロムイコによる、この条約は「四カ国の権利」と関係しないとする口頭での声明をノートするという形式がとられた。式典前の西側三国からの延期の要求に対して、条約成立を優先した西ドイツが最後に押し切った形となったのである。

さらにこの条約の仮調印と併せてブラントは、米英仏の首脳に書簡を送付した。そこでブラントは、ソ連は「四カ国の権利」がこの条約によって侵されないことを明示して確認したのであり、交渉結果は東西間で釣り合いのとれたものであるとの見解を伝えている。そして西側同盟の一致こそが成功の前提であり、その信頼関係なしにはこの成果はなかったと強調する。加えて、西側同盟国間の強固な信頼関係を示すためにも、今秋に西ドイツと米英仏による首脳会談を開催することを提案したのである。(106) 対ソ条約によって西側同盟国との関係が損なわれないように、ブラントが積極的に提案を行ったことがわかる。

モスクワ条約仮調印直後の西側三国の反応はどうだったのだろうか。八月一〇日の駐米大使による電報では、米政府、国務省とも条約締結に対して積極的な評価をしていることが伝えられた。例えば国務省欧州局長のヒレンブラント(Martin J. Hillenbrand) は、四カ国の権利確保は、条文あるいは議事録の交換によれば望ましかったものの、交渉で三国の主張を反映させようと努力した西ドイツを信頼すると述べている。(107) また、条約調印式典当日にダグラス＝ヒューム英外相がシェールに、三国の権利の存続についてソ連から承認を得るための西ドイツの努力に対して、感謝の意を伝えている。(108) 確かにソ連駐在の三国大使から懸念が伝えられたが、西側三国との意見調整の過程において、対ソ本交渉で西ドイツがこの問題に対してソ連に強く働きかけていたことは報告されており、その西ドイツの姿勢を非難する声は聞かれなかったといえるだろう。

しかし、思わぬところで西側三国の不信感が高まることになる。ブラントによる米英仏首脳への首脳会談の提案が、八月一〇日付の西ドイツの『ヴェルト』紙によってスクープされたのである。[109] 米国務省のヒレンブラントは、首脳会談自体日程的に困難であり、また開催できない場合はかえって西側同盟の不一致と見なされる恐れがあるにもかかわらず、その意見調整が十分でないまま報道されたことに極めて不快の意を示した。既に西ドイツが「バール文書」のスクープによって苦境に陥った前例もあり、こうしたことが西ドイツ外交の指導性を著しく損ね、今後同盟国で協力した外交を推進できないとまで苦言を呈したのである。[110] 翌八月一一日には、西側三国から西ドイツ側に覚書への回答が送付されたが、[111] 政治学者シュミットが述べるように、その内容が相対的に冷ややかであったのは、こうしたブラントによる四カ国首脳会談の提案を含めて、西ドイツの単独行動への慎重な姿勢を示していると考えられるだろう［Schmid 1979：176-77］。なおこの四カ国会談については、西側諸国の結束をより重視するイギリスが賛同したものの、米仏から了解を得ることはできなかった。

そしてモスクワ条約は、八月一二日に正式に調印された。調印後には、ブラントとソ連側のブレジネフ書記長やコスイギン（Alexei Kosygin）首相の間に会談が持たれた。そこでブラントは、停滞しているベルリン四カ国交渉の進展をあらためて促した。そしてブレジネフからは、非公式ながら、ベルリン問題の解決は可能であるとの言質を引き出す。[112] 併せてブラントは、西側三国に対しても交渉進展を働きかけ、東西交渉の焦点はベルリン問題など他の東西交渉に移ることになるのである。

おわりに

本章では、ブラントの東方政策について、モスクワ条約締結に至るまでの米英仏との意見調整の過程に注目して考察してきた。ブラント政権は、就任当初から西側同盟の結束を繰り返し表明し、三国との意見交換に精力的に取り組みながら、その重点がベルリン問題から対ソ条約における「四カ国の権利と責任」問題へとシフトする中で、積極的に自国の利益を反映させるべく働きかけていた。特に後者の問題は、単に三国の権益を確保するためだけでなく、対ソ条約の「暫定協定」的性格を強調する西ドイツの目的に適う形でソ連との交渉にあたった。無論、西ドイツの東方への接近に対する警戒は消え去ったわけではなかった。度々表面化した協議不足や東側への拙速な譲歩への不満は、ブラントの東方政策におけるこうした拘束要因が依然根強かったことを物語っている。しかしそのことは、東側との関係改善自体への反対や西側結束の乱れを意味するものではない。ブラント政権は、本章で見てきたように、ベルリン問題を協議するボン四カ国グループ等の公式・非公式の場を通じて、東方政策に関する西側三国への報告を逐次行っていた。他方で西側三国も、東側との関係改善という大枠において東方政策に反対したわけでなかった。そして何より、「四カ国の権利と責任」問題こそが、それが引き続き西ドイツへの三国の権益を保障するものであるために、西ドイツ外交の積極性に対する不安を和らげる効果を持ったのである。

また後の展開から看過すべきでないのは、「暫定協定」的性格を持った東側との関係改善は、「現状の承認による克服」への第一歩であった点である。対ソ交渉では、一方で国境問題や東ドイツの事実上の承認等を通じて東側との関係について、他方では「四カ国の権利と責任」問題を通じた西側三国との関係について、将来の「現状の承認による克服」に向けた楔が打ち込まれた。これは、第一章で見たようなバール構想の段階的アプローチが内包する、長期的目標たる分断の克服と、東ドイツの事実上の承認を伴う当面の東方政策の間にある一見した矛盾を乗り越える上で重要であった。モスクワ条約締結後の三国との関係は常に安定していたわけではなかったが、(113)ブラント外交は決して「東か西か」の選択で揺れ動いたわけでなく、複雑な交渉過程を巧みに切り抜けて、東側との関係改善を成就させるためには西側結束が不可欠であると認識した上で、西側との意見調整に取り組んだのである。

モスクワ条約調印後にアメリカを訪れたバールに対して、キッシンジャーは対ソ関係改善に歓迎の意を表した。キッシンジャーは、ソ連との交渉を妥結に持ち込んだバールに、交渉方法や雰囲気、それにソ連指導者の個性などについて助言を求める。さらにキッシンジャーは、バールが以前目標として掲げたことを、そのまま西ドイツ政府が実現していくといった事例は稀であるとして、その功績を称えたのだった。[114] バールは報告書において、キッシンジャーは、他国の政府と比べても、西ドイツ外交が明確な方向性を持って遂行されているとして、ソ連との関係改善の突破口となりうるモスクワ条約を転機に、当初の懐疑的な見方からさらに歓迎の姿勢に転じたと伝えている。そしてバールは、キッシンジャーから提案された「バックチャネル」の活用などを通じて緊密な関係を継続していくことで、西ドイツは対ソ条約を締結する前よりも、さらに有利な立場で外交政策に取り組めるとの見通しを述べている。[115] こうして西ドイツは、西側結束を前提とした東側との関係改善を通じて、ヨーロッパにおける緊張緩和の「主導者（Schrittmacher）」に躍り出るのである［Hacke 1988：10-11］。

注

（1）Botschafter Knappstein an Bundesminister Brandt, 11. 10. 1968, in *AAPD* 1968, S. 1304-08.

（2）キッシンジャー外交にとってデタント政策は、それ自体が目的でなく、米ソ二極構造を維持したまま両国が歩み寄る手段に過ぎなかったとされるが［cf. Garthoff 1994］、それを「封じ込め」政策の延長と捉えるのか［cf. Gaddis 2005a］、それともその「封じ込め」政策の終焉を意味すると考えるのかで解釈は分かれている［cf. Romano 2009b］。

（3）Botschafter Pauls an das Auswärtige Amt（以下 AA), 12. 2. 1970, in *AAPD* 1970, S. 240 f., hier S. 241；Kissinger［1979：444］；Bender［1995：187-88］；Haftendorn［1985：352］.

（4）この点については例えば、Wenger［1998］。キッシンジャーのデタント政策は東欧におけるソ連の勢力圏を受け入れると同時に、東欧諸国のソ連からの自立を追求した点を指摘するものに、Selvage［2009］を参照。

（5）ソ連だけでなくドイツも対象にした「二重の封じ込め」に言及したものに、例えばHanrieder［1989］、Ninkovich［2001］、倉科［2010］、上原［2008］、Gruner［2003］、岩間［1993］を参照。しかし、西ドイツに対する姿勢はソ連への「封じ込め」とは文脈を異にすることから、同様に「封じ込め」という表現を用いることが誤解を生む可能性を指摘する論者もいる［Schwarz

2001]。

（6） Aufzeichnung Bahrs, 14. 10. 1969, in *DEB*, Ord. 439.

（7） Vermerk Bahrs für Brandt, 14. 10. 1969, in *DEB*, Ord. 439 ; Kissinger [1979 : 441-42].

（8） Botschafter Pauls an AA, 16. 11. 1969, in *AAPD* 1969, S. 1301-04.

（9） Aufzeichnung des Ministerialdirektors Ruete, 27. 11. 1969, in *AAPD* 1969, S. 1338-41.

（10） Aufzeichnung Bahrs, 28. 11. 1969, in *DEB*, Ord. 440.

（11） 戦後西ドイツ外交と「ラッパロ」について、Larres [1996 : 278-326] を参照。戦後ドイツと「中立主義」については、Gallus [2001]、Geppert und Wengst hg. [2005] を参照。

（12） Aufzeichnung des Ministerialdirektors Frank, 22. 10. 1970, in *AAPD* 1969, S. 1143-47.

（13） ブラントの後に首相となるシュミットは、ポンピドゥとブラントの関係について、欧州統合政策における相違点から、両者の間に「特に信頼関係はなかった」と振り返っている [Schmidt 1990 : 163]。独仏関係に詳しいグロセールは、ポンピドゥと英首相ヒースの「円滑な」関係に比して、ポンピドゥとブラントの間に「不信感（Argwohn）」があったと指摘する [Grosser 1986 : 邦訳 300]。

（14） Aufzeichnung von Bahr, 11. 1. 1967, in *DEB*, Ord. 441 ; Niedhart [2000 : 361].

（15） Vermerk von Wolf-Dietrich Schilling, 30. 10. 1969, in *DEB*, Ord. 441.

（16） Aufzeichnung über das Gespräch zwischen dem Herrn Bundesminister des Auswärtigen und dem französischen Außenminister in Anwesenheit der deutschen und der französischen Delegation am 9. November 1969 im Quai d'Orsay, 9. 11. 1969, in *AAPD* 1970, S. 1237-46, hier S. 1238.

（17） Gespräch des Bundeskanzlers Brandt mit Staatspräsident Pompidou in Paris, 30. 1. 1970, in *AAPD* 1970, S. 119-26, hier S. 123 ; Brandt [2005 : 268-77].

（18） そもそもバールのヨーロッパ安全保障構想において、当時のフランスの安全保障構想からの影響を見ることができるが、この点についての考察は今後の課題としたい。バールのヨーロッパ安全保障構想とドゴールの外交構想については、例えばVogt-

meier [1996 : 342-50]。
(19) もっとも、ポンピドゥ自身はドイツ再統一に反対の立場を取っていたとも言われるなど [山本 2008 : 111]、一方では欧州分断の克服を望みながら、他方でドイツ統一には熱心でなかった点において、フランスの態度はアンビバレントなものであった [Bernath 2001 : 126-27]。
(20) Deutsch-britisches Regierungsgespräch in London, 21. 11. 1969, in *AAPD* 1969, S. 1319-27, hier S. 1322.
(21) Memorandum by Michael Stewart to Duncan Wilson, 15. 5. 1969, in *DBPO*, Series III, Bd. I, p. 146.
(22) Gespräch des Bundeskanzlers Brandt mit dem britischen Außenminister Stewart, 14. 11. 1969, in *AAPD* 1969, S. 1281-89.
(23) Gespräch Brandts mit Stewart, 14. 11. 1969, a. a. O.
(24) Brimelow to Wilson, 13. 2. 1970, in *DBPO*, Series III, Bd. I, p. 243.
(25) Minute by Greenhill, 13. 7. 1970, in *DBPO*, Series III, Bd. I, p. 242.
(26) Botschafter von Hase an AA, 13. 6. 1970, in *AAPD* 1970, S. 979-83.
(27) Botschafter Pauls an AA, 16. 11. 1969, a. a. O., S. 1304.
(28) Ministerialdirektor Ruete an AA, 4. 12. 1969, in *AAPD* 1969, S. 1359-64.
(29) Ministerialdirektor Ruete an AA, 5. 12. 1969, in *AAPD* 1969, S. 1367-77, hier S. 1375.
(30) Botschafter Grewe an AA, 10. 12. 1969, in *AAPD* 1969, S. 1395-96.
(31) ソ連最高会議でのグロムイコの演説。*EA*, 12/1969 : 458-59.
(32) 例えば、Runderlaß des Ministerialdirigenten Sahm, 16. 9. 1969, in *AAPD* 1969, S. 1010-12.
(33) Bahr an Staatssekretär Duckwitz, 15. 1. 1970, in *AAPD* 1970, S. 26-27.
(34) Gespräch des Bundesministers Scheel mit dem französischen Außenminister Schumann, 16. 1. 1970, in *AAPD* 1970, S. 27-34, S. 30-31.
(35) Gespräch Brandt mit Pompidou, 30. 1. 1970, a. a. O.
(36) Deutsch-britisches Regierungsgespräch in London, 2. 3. 1970, in *AAPD* 1970, S. 333-41.

(37) Aufzeichnung des Ministerialdirektors Ruete, 17. 2. 1970, in *AAPD* 1970, S. 260-62.
(38) Aufzeichnung des Staatssekretärs Duckwitz, 18. 2. 1970, in *AAPD* 1970, S. 278-80.
(39) Ministerialdirektor Ruete an die Ständige Vertretung bei der NATO in Brüssel, 24. 2. 1970, in *AAPD* 1970, S. 306-308.
(40) Bahr an Kissinger, 20. 2. 1970, in *DEB*, Ord. 439.
(41) Aufzeichnung des Staatssekretärs Duckwitz, 18. 2. 1970, a. a. O.
(42) 以上ブラントの書簡。Brandt an Nixon, 25. 2. 1970, in *AAPD* 1970, S. 311-13.
(43) 「ベルリン条項」については、Aufzeichnung des Legationsrats I. Klasse Bräutigam, 4. 3. 1970, in *AAPD* 1970, S. 369-70.
(44) 以上西ドイツ政府のベルリン問題に関する作業文書。Arbeitspapier der Bundesregierung, 25. 2. 1970, in *AAPD* 1970, S. 308-11.
(45) 以上二月二七日のボン四カ国グループ会合。Aufzeichnung des Vortragenden Legationsrats I. Klasse van Well, 2. 3. 1970, in *AAPD* 1970, S. 344-45.
(46) Nixon an Brandt, 12. 3. 1970, in Brandt 2005 : 279-80 ; Kissinger [1979 : 568].
(47) Deutsch-britisches Regierungsgespräch, 2. 3. 1970, a. a. O., hier S. 338.
(48) Brandt an Nixon, in *WBA*, Bundeskanzler, 60.
(49) 以上三月二一・二三日のボン四カ国グループ会合。Aufzeichnung von van Well, 23. 3. 1970, in *AAPD* 1970, S. 509-11.
(50) 以上第一回ベルリン四カ国交渉について、Drahterlaß des Ministerialdirigenten Lahn, 27. 3. 1970, in *AAPD* 1970, S. 528-32.
(51) Aufzeichnung des Bundeskanzlers Brandt, 11. 4. 1970, in *AAPD* 1970, S. 591-95 ; Brandt [1976 : 379-85] ; Bahr [1996 : 314-15] ; Kissinger [1979 : 457-58].
(52) Botschafter Pauls an Bundesminister Scheel, 13. 4. 1970, in *AAPD* 1970, S. 601-604.
(53) 四月二二日のボン四カ国グループの会合は以下を参照。Aufzeichnung von Lahn, 22. 4. 1970, in *AAPD* 1970, S. 642-44.
(54) Aufzeichnung von Lahn, 30. 4. 1970, in *AAPD* 1970, S. 699-702.
(55) Scheel an Schumann, 30. 4. 1970, in *AAPD* 1970, S. 697-98.

(56) 以下、Aufzeichnung von Ruete, 4. 5. 1970, in *AAPD* 1970, S. 703-706.
(57) Ebenda, S. 705-706.
(58) 以上、Aufzeichnung von Lahn, 11. 5. 1970, in *AAPD* 1970, S. 722-29.
(59) この「リンケージ」は、四月一一日にブラントが訪米の際に公式に初めて示したとされ、その後シェール外相によって明確に提示された［Schmid 1979：62］。
(60) 西ドイツが否定してきたオーデル＝ナイセ線の問題について、ドゴールは、早くも六〇年代前半からその承認に言及していた［小窪 2003：61-75］。
(61) 以上のバールと三国代表者との会談は、Aufzeichnung von van Well, 11. 5. 1970, in *AAPD* 1970, S. 730-34を参照。
(62) 以上、第三回ベルリン交渉について、Aufzeichnung von Lahn, 16. 5. 1970, in *AAPD* 1970, S. 793-95.
(63) 以上四カ国外相会談は、Duckwitz an Scheel, 26. 5. 1970, in *AAPD* 1970, S. 866-73を参照。ＮＡＴＯ外相会議は、Duckwitz an Scheel, 27. 5. 1970, in *AAPD* 1970, S. 880-83を参照。
(64) Aufzeichnung von Lahn, 10. 6. 1970, in *AAPD* 1970, S. 940-42.
(65) 以上ザームからバールへの報告。Aufzeichnung von Sahm, 11. 6. 1970, in *AAPD* 1970, S. 966-68を参照。
(66) Aufzeichnung von van Well, 13. 6. 1970, in *AAPD* 1970, S. 978-79.
(67) Werner Kirchner, "Ging Bahr zu weit? —Alliierte wittern Fallen im Moskau-Vertrag", in *Bild-Zeitung*, 12. 6. 1970, S. 1, 12. これは野党の同調者である役人による機密漏洩事件であった［Winkler 2000：邦訳 276］。第5章第一節(1)も参照。
(68) 西ドイツの対ソ関係における「旧敵国条項」の問題について例えば、三宅［1996：263］を参照。
(69) Botschafter Pauls an AA, 15. 6. 1970, in *AAPD* 1970, S. 984-88.
(70) Gesandter Blomeyer-Bartenstein an AA, 10. 6. 1970, in *AAPD* 1970, S. 942-44.
(71) Botschafter von Hase an AA, 13. 6. 1970, in *AAPD* 1970, S. 979-83.
(72) Aufzeichnung von van Well, a. a. O., Anm. 5.
(73) Botschafter Grewe an AA. 19. 6. 1970, in *AAPD* 1970, S. 997-1000.

(74) Grewe an AA, 25. 6. 1970, *AAPD* 1070, S. 1031-34.

(75) 両者の首脳会談は、Gespräch zwischen Brandt und Pompidou, 3. 7. 1970, in *AAPD* 1970, S. 1069-80, 1089-97. 同時並行した外相会談でも、シューマンは、東方政策への支持のための最も重要な問題として、対ソ条約における三国の権利確保を再三唱えたのに対し、シェールは条文化に慎重な態度で応じ、他の解決策を模索することが不可避の場合もあると述べている［Gespräch zwischen Scheel und Schumann, 3. 7. 1970, in *AAPD* 1970, S. 1081-88, 1098-1105］。

(76) 対東側交渉とベルリン交渉の「リンケージ」について、ソ連側は強く否定していた。しかし「ベルリン書簡」については、対ソ予備折衝の最終局面五月二一日にバールが、文書作成作業を進めてきたソ連外務省欧州第三局局長ファーリンから一考するとの言質を得ていた［Bahr an Scheel, 21.5.1970, in *AAPD* 1970, S. 846-48］。

(77) Aufzeichnung des Ministerialdirektors von Staden, 6. 7. 1970, in *AAPD* 1970, S. 1121-30.

(78) Vereinbarung der Vier Mächte über Berlin, 10. 7. 1970, in *AAPD* 1970, S. 1134-36.

(79) Aufzeichnung von van Well, 13. 7. 1970, in *AAPD* 1970, S. 1150-56.

(80) Botschafter von Hase an AA, 17. 7. 1970, in *AAPD* 1970, S. 1101-94.

(81) Frank an Scheel, 17. 7. 1970, in *AAPD* 1970, S. 1195-96.

(82) ロジャースとの会談は、Lahn an AA, 18. 7. 1970, in *AAPD* 1970, S. 1196-98. ニクソンとの会談は、Botschafter Pauls an AA, 19. 7. 1970, in *AAPD* 1970, S. 1200-1202を参照。

(83) Instruktionen für Bundesminister Scheel. 23. 7. 1970, in *AAPD* 1970, S. 1222-24.

(84) Aufzeichnung von van Well, 21. 7. 1970, in *AAPD* 1970, S. 1213-15.

(85) Aufzeichnung des Vortragenden Legationsrats I. Klasse von Schenck, 20. 7. 1970, in *AAPD* 1970, S. 1203-1206.

(86) Aufzeichnung des Ministerialdirektors von Staden, 23. 7. 1970, in *AAPD* 1970, S. 1224-28.

(87) 以上駐仏西ドイツ大使ルーテからの電報。Ruete an AA, 23. 7. 1970, in *AAPD* 1970, S. 1230-31.

(88) Bahr an Kissinger, 24. 7. 1970, in *DEB*, Ord. 439.

(89) 本章ではソ連の交渉姿勢の詳細に立ち入れないが、モスクワ本交渉については既に幾つかの先行研究でも取り上げられている

[Schmid 1979 : 158-78 ; Baring 1983 : 398-419 ; 高橋（進）1991 : 45-52]。

(90) 以上七月三一日付のバール報告書。Aufzeichung von Bahr, 31. 7. 1970, in *AAPD* 1970, S. 1314-15.

(91) Bahr an Brandt, 1. 8. 1970, in *WBA*, Bundeskanzler, 2.

(92) Brandt an Scheel, 3. 8. 1970, in *AAPD* 1970, S. 1341-44.

(93) Protokoll über die Unterrichtung der Moskauer Missionschefs der drei Westmächte durch Staatssekretär Bahr am 3. 8. 1970, 3. 8. 1970, in *DEB*, Ord. 391/2 ; Schmid 1979 : 170. アメリカから駐ソ大使ビーム（Jacob Beam）、イギリスから駐ソ臨時代理大使エドモンド（Robert H. Edmonds）、フランスから駐ソ臨時代理大使ダライエ（Yves Delahaye）が参加した。

(94) モスクワ条約における平和条約の問題について、例えばBaring［1983 : 378-79］、Zündorf［1979 : 60］を参照。

(95) 例えばアメリカの姿勢について、Botschafter Pauls an AA, 31. 7. 1970, in *AAPD* 1970, S. 1315-18を参照。

(96) 「ドイツ統一に関する書簡」については、第2章第三節(2)を参照。

(97) Staatssekretär Frank an Staatssekretär Freiherr von Braun, 4. 8. 1970, in *DEB*, Ord. 392/1. 午前中強硬だったファーリンの態度は、午後の会談で軟化した。

(98) Botschafter Allardt an AA, 4. 8. 1970, in *DEB*, Ord. 392/1.

(99) Drahterlaß des Ministerialdirigenten Lahn, 5. 8. 1970, in *AAPD* 1970, S. 1387.

(100) 以上の八月五日の交渉は、Protokoll der Sitzung der Minister vom 5. 8. 1970, in *DEB*, Ord. 391/1.

(101) Scheel an die Botschafter von Hase（London）, Pauls（Washington）und Ruete（Paris）, 5. 8. 1970, in *DEB*, Ord. 391/2.

(102) Pauls an AA, 6. 8. 1970, in *AAPD* 1970, S. 1419-20.

(103) Gesandter Wickert an AA, 7. 8. 1970, in *AAPD* 1970, S. 1426-27.

(104) Scheel an Staatssekretär Freiherr von Braun, 5. 8. 1970, in *AAPD* 1970, S. 1402-15, Anm. 2. この場合、「四カ国の諸権利」の四カ国とは国連憲章の戦勝国のことを指し、国連憲章の定める戦勝国の権利と責任がここでも該当するとした。

(105) Fernschreiben von Pauls, 6. 8. 1970, a. a. O., Anm. 4.

(106) Brandt an Nixon, 7. 8. 1970, in *AAPD* 1970, S. 1428-29.

(107) Pauls an AA, 10. 8. 1970, in *AAPD* 1970, S. 1433.

(108) Fernschreiben von Wickert, 7. 8. 1970, a. a. O., Anm. 8.

(109) "Brandt schlägt jetzt Gipfeltreffen der Westmächte vor," in *Welt*, 10. 8. 1970, S. 1.

(110) 以上のヒレンブラントの批判は、Pauls an AA, in *AAPD* 1970, S. 1436-37.

(111) 覚書全文は、**資料4**参照。覚書の最後には、西側三国の立場として「ドイツ全体及びベルリンに関する連合四カ国の権利と責任」と明記されている。

(112) Dolmetscher Protokoll über das Gespräch de Herrn Bundeskanzlers mit dem Generalsekretär des ZK der KPdSU, Breschnew, am. 12. 8. 1970 von 15. 30-19. 30, 12. 8. 1970, in *DEB*, Ord. 429/A.

(113) とりわけ一九七一年九月にクリミア半島の保養地オレアンダで行われたブレジネフとの首脳会談に対して、ブラント自身がこれを「ラッパロ問題ではない」と言明し火消しに努めるなど、フランスをはじめとした西側諸国の反応は複雑なものであったが、東方政策自体への支持が変わるものではなかった。こうしたモスクワ条約締結後のブラント外交期における西側諸国との関係については例えば、Link [1986 : 251-51]、Wilkens [1990 : 105-12]、Niedhart [1999 : 301-302 ; 2000 : 365-66 ; 2003 : 145]、Senoo [2011 : 187-91] を参照。

(114) Aufzeichnung über das Gespräch zwischen Bahr und Kissinger, 17. 8. 1970, in *DEB*, Ord. 439.

(115) Aufzeichung Bahrs, 19. 8. 1970, in *DEB*, Ord. 439.

第4章　東方政策とヨーロッパ統合問題

――ハーグEC首脳会談を中心に――

はじめに

本章では、ブラント政権が推進する東方政策とヨーロッパ統合問題の関係を考察する。第二次世界大戦後のヨーロッパにおける東西対立とヨーロッパ統合は、様々な局面において互いに影響を与えつつ展開してきた。戦後ヨーロッパ統合の出発点として、とりわけドイツのヨーロッパへの「封じ込め」が重要な要因の一つであったとすれば、(1)積極的にソ連・東欧諸国との関係改善に乗り出したブラントの東方政策が、当時のヨーロッパ統合の展開に影響を与えたのではないか。それはまた前章でも触れたように、ドイツの中立化や東西間を自由に動くドイツ外交に対する西側諸国の警戒とも関わる。西側統合を進めてきた西ドイツ外交が、積極的な東方政策を推進することで生じかねない西側諸国の不安に対し、ブラント政権はどのように対応したのだろうか。そしてその西側諸国との意見調整の過程においてヨーロッパ統合問題はどのような役割を果たしたのだろうか。

こうした問題意識から本章では、ブラント政権が推進する東方政策とヨーロッパ統合問題について、一九七〇年八月のモスクワ条約までの時期を中心に見ていく。一九六九年一〇月に首相に就任したブラントは、ソ連をはじめ東側諸国と相次いで交渉を開始し東方政策を活発化させる一方、ヨーロッパ統合に関してはハーグEC首脳会談に向けた準備を進めていた。既に大連立政権下で外相としてこの問題に取り組んできたブラントは、引き続きこの首脳会談開催に力を注ぎ、後に首相就任当時の最も重要な外交成果として、フランスを説得して会談を成功に導いたことを挙げている [Brandt 2005：46-47]。先行研究でも、ブラントとポンピドゥ仏大統領の合意が会談の成否を決める上できわめて重要であったことが指摘されており [Möckli 2009：30]、ブラント自身も「ポンピドゥがいなければ首脳会談は失敗に終わっていただろう」と振り返っている [Brandt 1976：322]。さらにブラント政権は、東方政策による自立的な外交が西側諸国に与える不安を緩和するためにも、西ドイツをヨーロッパ統合にさらに深く組み込む必要性を十分に理解し、ヨーロッパ統合が東方政策の成功の基礎であると繰り返し言明していた。確かにこの時期の東方政策と欧州政策の関連についてヴィルケンスが指摘するように、二つの政策は並行していたというよりむしろ分離して進行しており [Wiklens 1999]、ソ連との交渉が進展する一方で、ハーグ首脳会談以降の欧州政策がめざましい成果を挙げたとは言い難い。しかし本章では、欧州政策自体の展開とあわせて、とりわけ西側諸国との意見調整という文脈でヨーロッパ統合問題を検討することで、ブラント政権の東方政策とヨーロッパ統合の関連を考察することとする。

本論に入る前に、いくつか用語の意味内容を確認しておきたい。まず「欧州政策（Europapolitik）」という言葉は、戦後の西ドイツでは暫く西欧諸国への政策を指し、それはヨーロッパ統合に関する政策とほぼ同義であった [森井 2005：160]。ブラントの東方政策により東欧諸国との関係改善が進んだ後も、この用語方法は基本的には変化せず、東西合わせたヨーロッパを指す言葉として「全欧（Gesamteuropa）」が使用されることが多くなった。また「西方政策（Westpolitik）」は、西欧諸国に加えアメリカやカナダなども含む広く西側諸国への政策を意味することとする。本章では、東方政策や欧州政策における各国との交渉過程の詳細に立ち入ることができないが、ブラント政権が積極的な東方政策を推進するなかで、とりわけ西方政策としてのヨーロッパ統合問題の側面に着目する。

第一節　一九六九年のヨーロッパ統合とフランスによるEC首脳会談の提案

まず第一節では、一九六九年一二月に開催されるハーグEC首脳会談の準備段階におけるフランスとの調整過程に焦点を当てて考察する。

一九六九年のヨーロッパ統合は、袋小路に陥っていたといわれる。六〇年代を通じて西欧諸国の指導者たちは、超国家主義的な政治統合や理想主義的なアプローチの無力さを身にしみて感じていた。その主要因は、フランスが「拡大」問題に関するいかなる交渉も拒絶していたことにある。ドゴール大統領は、既存の統合の枠組み外で、仏英独伊からなる政治協力の可能性を提案したが、これは明らかに既存のEC組織を弱体化するものであった。一方イギリスは、ドゴールに対抗し孤立させるために、フランス抜きで他のEC加盟五カ国との政治協力を求める動きをとっていた。そして西ドイツは、二大政党による大連立政権内で欧州政策に対する方針がまとまりを持たないまま、英仏の間でただ右往左往するばかりであった。(2)

大連立政権内では、首相キージンガーと外相ブラントの間で、イギリスの加盟と政治協力の問題に関して意見の相違が存在した。この二つの問題は相互に密接に関わりあっていたが、そのどちらに優先して取り組むかで対立したのである。キージンガーは、共通市場の完成と安全保障上の協力関係の拡大、そして独仏を軸とした「中核ヨーロッパ（Kerneuropa）」による「政治同盟（eine politische Union）」を主張する一方、(3)ブラントは「拡大」に最優先順位を置き、イギリスなど加盟申請国も含みできる限り多くが参加する政治協議の場の創設を提唱した。(4)さらに外務省では、現加盟国の六カ国にイギリスを加えた七カ国によるフーシェ・プランの再提起も検討されていた。このように欧州政策に対する様々な見解が交錯する中で、ブラントはイギリスの加盟を一貫して支持する立場から、政治協力に関しては、より緩やかなアプローチを採ろうとしていたといえる。(5)なおこうしたブラントの英加盟支持が、イギリスが積極的なドイツの東方政策へ抱く不安を緩和する一因になったことは前章でみたとおりである。
停滞していたヨーロッパ統合であったが、一九六九年四月末のドゴールの退陣によって転機を迎えた。一〇年以上も続いたドゴール体制の終焉は、彼の拒否してきた英加盟問題が主たる理由であった統合の閉塞感を打破する機運を高めたのである。既にドゴール本人もイギリスとの関係改善に向けて姿勢を変化させつつあったとはいえ、彼の在任中にヨーロッパ統合の進展は望めないとの見方が西ドイツ外務省でも支配的であった(6)。それだけに、彼の後を継ぎ大統領に就任したポンピドゥの欧州政策の方針に注目が集まったのである。

こうした中でポンピドゥによって打ち出されたEC首脳会談の提案に対して、西ドイツをはじめ他の西欧諸国はどのような対応を示したのだろうか(7)。イタリアやベネルクス三国は、イギリスの参加なしで政治協議を進めることを警戒し、また新たに首脳会談によって既存の諸組織の機能が低下することを危惧した。そもそもフランスによる首脳会談の提案は、それに先立ちブラントが西欧同盟（WEU）の場で提起した、現加盟国にイギリスを加えた七カ国による首脳会談構想に対抗するものと見られ、イギリスを含む新規加盟国との交渉開始を遅らせる戦略と考えられたのである。西ドイツ政府も英加盟問題を重視する立場は変わらなかったが、他方で、新たなフランス側からのイニシアチブに真っ向から反対すると、統合の停滞ムードをさらに深め、またポンピドゥ新政権との関係に支障をきたしかねない。西ドイツの欧州政策が抱えるジレンマは続いていた［Küsters 2004 : 136–38］。

したがって西ドイツ政府が首脳会談提案に対して取りうる対応は限定的なものであった。すなわち、第一に他の西欧諸国を不安にさせないよう配慮しながら、フランス提案に対し慎重かつ前向きに応ずること、第二に会談の議題内容に関して西ドイツ側のイニシアチブを発揮すること、そして第三にEC委員会の首脳会談への参加等を通じて従来の統合組織の弱体化を回避することである(8)。このように、フランス側からのイニシアチブを受け、それをどのように西ドイツの国益及びヨーロッパ統合の進展のために活用できるかが検討されたのである。

西ドイツ政府は、一九六九年末に控えるハーグ首脳会談に向けてどのような準備を行っていたのだろうか。既にローマ条約で設定した目標より早く、一九六八年七月に関税同盟が、同年八月には共通農業政策（CAP）が発足しており、ハーグ首脳会談は、こうした成果と当面の課題を総決算すると同時に、ヨーロッパ統合を新たな段階に進める足がかりを築こうとするものであった。とりわけ、ECが固有の財源に依ってCAPへの融資を大幅に増加し、さらなる共通市場の発展を目指す「完成」問題や、アメリカのドル危機を端緒とする国際的な通貨体制の動揺を受け、西欧諸国で共通の通貨政策を志向する「経済通貨同盟（EMU）」や「ヨーロッパ政治協力（EPC）」を推進する「深化」問題、そしてイギリスをはじめとする加盟国の「拡大」問題の三つがテーマとなった。この会談の準備にあたっては、そこで扱われる様々な争点に関して事前に独仏間が合意していたことが大きい。ここで九月の総選挙後に首相となったブラントが、対仏協調に積極的に取り組んだ点は注目される。というのも、大連立の時期には、首相キージンガーと比べブラントは対仏関係に積極的でなく、またSPDはフランスのゴーリズムに批判的であったからである(9)。しかし選挙戦では、かつて五〇年代にアデナウアーに対立しヨーロッパ統合へ反対していたイメージを払拭すべく、六〇年代の停滞を打破できないCDUとの違いを有権者にアピールしていた。ドゴール退陣後に吹き込むであろう新しい風を逃さず、西ドイツ自らが欧州政策にイニシアチブを発揮するためにも、新たにFDPと連立を組み首相に就任したブラントは、よりフランスに接近した路線修正を図っていく［Bernath 2001：232］(10)。

その一つの表れが、統合の「完成・深化・拡大」に並行して取り組むとのフランスの提案に合意したことである(11)。それまでは、一方でフランスと、他方で英加盟を含む「拡大」問題に優先して取り組むことを主張するフランス以外の五カ国との対立が、ヨーロッパ統合の停滞の大きな要因となっていた。この「拡大」問題に関連して、既述のようにブラントは、新規加盟申請国を含む西欧諸国間の政治協力を主張しており、とりわけイギリスとの対話を重視する姿勢は、英仏共に加盟国であり、本来西ドイツに対抗すべく形成されたWEUを積極的に活用しようとした点にも表れている。しかしフランスが、WEUで「拡大」問題が議題になることを警戒し消極的な態度を示したため、WEUが政治協力の場の中心に据えられることはなかった。結局、まず独仏間で新規加盟申請国との交渉開始に関して具体的な時期の言及は避けつつ妥協が図られ、「拡大」問題を他の問題と並行して進めるフランスの「並行主義」が採用されるに至る。その際ブラントは、この「並行主義」をフランス以外の他の西欧諸国が受け入れるように精力的に働きかけたのである[Hiepel 2003 : 67]。

第二節　ブラント政権の欧州政策とハーグ首脳会談への道

政権交代により新しく成立したブラント政権が欧州政策を重視する姿勢は、彼の就任演説にも表れている。一九六九年一〇月二八日の演説でブラントは、同年末に控えるハーグ首脳会談がヨーロッパ統合の将来を決定付ける重要な会談になると言及し、新政権が取り組む最重要課題に位置づけた[*TzD*, IV : 39]。さらには、首相府に東方問題担当次官としてバールを置くと同時に、あらたに欧州問題担当の政務次官(Parlamentarische Staatssekretärin)としてフォッケ(Katharina Focke)を重用し、東方政策と並び欧州政策に力を注ぐことを内外に示す。積極的な東方政策の推進のためにはヨーロッパ統合の強調が重要であることを、新政権は認識していたのである。(12)フォッケは、一九六三年に設置されて以来、政府内での欧州政策の調整に極めて重要な役割を果たしてきた「欧州問題事務次官会議(Staatssekretär-Ausschuss für Europafragen)」に積極的に関与することで、事実上首相府が欧州政策のイニシアチブを握る[Hiepel 2004 ; 71]。(13)またブラント自身も、「ヨーロッパ統合の父」と呼ばれるモネ(Jean Monnet)を中心とする「ヨーロッパ合衆国行動委員会(Aktionkomitee für die Vereinigten Staaten von Europa)」のメンバーであり、とりわけ通貨統合の問題について、「欧州準備基金(European Reserve Fund)」の設立に向けてモネとの間で緊密な意見交換を行っていた。(14)この準備基金構想は後にハーグ首脳会談でブラントから提案されることになる。

なかでもブラントが重要視したのが、欧州政策に関してフランスと足並みを揃えることであった。ハーグ首脳会談の準備過程においては、独仏間で緊密な意見交換がなされており、例えば政権成立直後には特使をパリに派遣し、エリゼ条約以来の両国の連携継続に念を押している。またフランス側も、一〇月八日にバールと会談した駐西独仏大使が述べたように、ブラントが前首相のキージンガーよりさらに欧州政策に積極的に取り組むと見ていた。この会談を終えてバールは、「拡大」問題で譲歩を迫られることが予想されるフランスに対して、ブラント政権がより強い立場から交渉できるとの印象を持ち、フランスが「まだ定まることなく日和見的で、妥協の余地のある」態度をとっているこのチャンスを逃すべきでないと提言している。(15)

しかしブラント政権内では、独仏を中心に西欧諸国間で活発化する意見交換と対照的に、首脳会談の議題に関する構想はなかなか具体的な形で現れてこなかった。そこにはやはり政権交代による混乱もあった。(16) ようやく首脳会談に臨む西ドイツ政府の姿勢が具体化されたのは、一一月一三日の省庁間連絡会議においてである。そこではまず、「完成」問題に関する最終的な同意は、加盟申請国との交渉開始時期についてのフランスの譲歩を含む、他の問題の進展を待ってからということを確認した上で、その開始時期として一九七〇年四月一日を想定した（実際に開始されるのは同年六月末）。この時点では、共通農業市場の発足にともなう予算問題を中心とした「完成」問題と「拡大」問題が議論のほとんどを占め、後のEPCなど政治協力に関する問題はほとんど取り上げられていない。この加盟交渉開始時期についても、ハーグ首脳会談直前の各国との意見調整の中で、コミュニケでは明確な日時に言及しないことを提案し、フランス側への配慮を見せた。

そしてブラントは、一一月二七日にポンピドゥへ送付した書簡で、独仏間の連携の必要性をあらためて強調すると同時に、ポンピドゥにとって最優先課題であったCAPに関し農業補助金の問題で譲歩の用意があることを示す。さらには、経済通貨政策に関連して、各国の経済政策の協調をまず優先し通貨政策には慎重だった従来の立場を修正し、各国の経済政策が一定の収斂を見せた後に「欧州準備基金」を設立することを提案した。首脳会談前に、ブラントはテーブルに持ち札を全て出したのである。(17)

ポンピドゥもブラントの熱意に応える。翌日の返信で、独仏関係の重要性に関し賛同し、両首脳間に良好な関係を築くことがヨーロッパ統合の諸問題の解決に資すると言及した(18)。両者の関係については、従来はポンピドゥが「摑み所のない」ブラントに不信感を持っていたことも指摘されていたが（第3章第一節(4)を参照）、近年の研究で少なくともこの時期には独仏関係やブラントとの個人的な信頼関係の構築に前向きであったことが明らかにされている［Bernath 2001 : 231 ; Hiepel 2004 : 38-39］。この首脳会談直前における両首脳の書簡のやり取りでは、ポンピドゥが加盟申請国との交渉開始時期に関して明言を避け続けていたものの、水面下で折衝を重ねてきた諸問題の調整が改めて確認されると同時に、両国間の信頼関係が醸成されたことも成果の一つであった。

こうして一二月一日と二日に開催されたハーグ首脳会談では、フランスの主唱した統合の「完成・深化・拡大」が採択され、一五項目からなるコミュニケが発表された(19)。会談を通じて、後に「ハーグ精神」と呼ばれるほど好意的な雰囲気が支配的であったと言われるが、他方で各国首脳は、万一この首脳会談が失敗に終わると、西欧諸国間の対立を白日の下に晒し、各国が国益を非妥協的に追求する勢力均衡の時代に逆戻りするのではないかとの不安も抱えていた［Möckli 2009 : 34］(20)。そのためか、会談初日の冒頭でポンピドゥは、慎重な調子を終始崩すことなくヨーロッパ統合の再出発に向けて包括的な内容の演説を行った。

これとは対照的に、会談の成功に向けて積極的な姿勢をアピールしたのがブラントである。まずブラントは、ポンピドゥが言及を避けた「拡大」問題について、この問題に関心の高い西ドイツ国内世論や連邦議会に触れつつ、具体的な成果を示さないことには国に帰れないと、改めて強い意欲を示した［Neumann eds. 1974 : 561 ; Wilkens 1999 : 83］。続いて「深化」の問題に関連して、「拡大」後を念頭に各国の外務大臣が定期的に意見交換を行うＥＰＣについても触れた。「完成」問題について述べたのは、午前のセッションを終え午後になってからのことである。ここでもブラントは、「拡大」問題など他の問題で主張が配慮されない限り、西ドイツに事実上の負担増を強いる共通財政など「完成」問題に関して国内で同意を得られないだろうと言明した。さらに二日目には「経済通貨同盟」構想を披露し、既述の「欧州準備基金」の創設を唱える。通貨問題に関しては、既に首脳会談前の一〇月にそれまで拒んできたマルク切り上げに遂に踏み切っていたが、この「欧州準備基金」の提唱は、まだまだ根強かった西ドイツ国内の関係当局者の否定的意見を押し切ってまでも、フランスが要求してきた通貨協力に応じたことを意味した。(21) ここにもブラントが新政権の「名刺代わり」として会談成功に尽力する姿勢がうかがえる［Bahr 1996：276］。その後夕方には独仏首脳間で会合が行われ、CAP財政問題の年内解決と引き換えに、七〇年六月までに新規加盟国との交渉を開始することで合意するのである。

この「拡大」問題において、ポンピドゥ政権が英加盟に最終的に歩み寄った背景には、影響力を増し続け積極的な東方政策を展開する西ドイツをヨーロッパ統合の枠内で牽制するためのみならず、フランス同様イギリスも超国家主義的な統合に反対の立場をとるという見込みもあった［Bernath 2001：235；Wilkens 1999］。(22) 一方でイギリスは、加盟を実現させるためにも西ドイツとの良好な関係が不可欠であることから、アメリカやフランスと比べてブラント政権の東方政策に理解を示していた（第3章第一節(5)を参照）。前述のように、ブラント自身イギリスの加盟に早くから賛同しており、たしかにその経済的な効果に多くを期待していなかったものの、統合ヨーロッパにも加盟国間の勢力均衡は必要と考え、また緊張緩和を推進する上で不可欠な西側結束のために英仏の接近を歓迎していた［Brandt 1974：521；Bernath 2001：234］。その後各国は、加盟交渉の過程でCAPをはじめ様々な問題で対立したが、一九七一年五月の英仏の合意が弾みとなり、一九七三年一月一日の加盟条約の発効をもって、イギリス、アイルランド、デンマークの加盟が実現する。そこでもブラントは、ポンピドゥとヒース英首相の仲介役として、停滞する加盟交渉の打開に一役買ったといわれている。(23)

また第1章で検討したバール構想との関連で注目されるのは、政治外交分野について言及したハーグ・コミュニケの第一五項である。そこでは「国家元首・政府首脳は、外相に対し、拡大を視野に入れつつ、政治的統一における進歩を実現する最善の方策について検討する」ことが提唱された。項目の文言自体は各国の利害を考慮した妥協の産物であったが、(24) この決定を受け、ベルギー外務省の政務局長ダヴィニョン（Etienne Davignon）を議長として、各国外務省の政務局長から構成される委員会で協議が進められた。一九七〇年五月二九日にローマで開かれた外相会議を経て、同年七月二〇日のブリュッセルでの外相会議において委員会の作成した報告書が提出される。(25) ここで報告書が原案通りに合意された後、六カ国ならびに加盟予定国政府に通知された。このような手続きを経て、同年一〇月二七日のEC外相会議において、この委員会の作成した報告書（「ダヴィニョン報告」）が採択され、外交政策の調整の基本的な枠組みとしてEPCが打ち出される。

このEPCは、各加盟国はあくまで外交主権を保持しつつ、外交政策でECとして共同歩調をとることで、国際政治における影響力を拡大しようとする試みでもあった。EPCの枠組みを通じて加盟国は、まずその発足から一九七三年まではCSCEの準備過程で足並みを揃えることに尽力し一定の成果を得た。その背景には、積極的なブラント外交をコントロールする意図もあった。他方で西ドイツは、当初外務省ではEPCがNATOにおける政治協力を侵害しかねないとして慎重な姿勢が示されたものの、次第により積極的な関与を試みるようになる［Möckli 2009：60-64］。そこには、西ドイツ外交をEPCに埋め込んでいくことで東方政策に対する各国からの支持を得ていく方針が反映された。たしかに当初の政治協力は、構成国の政府間協力といった点で限界はあったものの、そこで行われる情報交換や協議を通じて東方政策への不信感を緩和することが期待されたのである(26)。

第三節　東方政策と欧州政策の展開
――首脳会談後の西側諸国との意見調整を中心に――

このように、ブラント政権は欧州政策に積極的に取り組み、ヨーロッパ統合の発展に寄与しようとした。西ドイツにとってヨーロッパ統合のさらなる推進は、東方政策を成功させる上で不可欠な前提をなすものであった(27)。しかし、対ソ交渉を中心に次第に進行する東方政策が西側諸国に不安を与えなかったわけではない。例えばハーグ首脳会談から三カ月を過ぎた頃、ブラント政権の欧州政策に関して他の西欧諸国から懸念が表明された。まずイギリスの政府筋からは、ソ連が東西ドイツ間の問題に関する合意の条件として、西ドイツによるECへの新規加盟交渉開始の延期を迫っているのではないかとの疑問が示された。[28] すなわち、西ドイツが東方政策を優先するあまり、西側諸国に了解を得ないままソ連に譲歩し、ヨーロッパ統合の進展を犠牲するのではないかと考えられたのである。またオランダの駐西独公使からは、ブラント政権における欧州政策の「力点の変化（Akzentverschiebung）」に疑問が呈された。対ソ交渉をはじめとする東方政策に関する積極的な取り組みに比して、ハーグ首脳会談以降、欧州政策に対するブラントのトーンが明らかに下がっていると捉えられたのである。

これに対して西ドイツ側は、東方政策の展開に注目が集まるのは、それ以前の行き詰まった状況を打開しつつあるためで、それによって欧州政策の路線が変更することはないと強調した。たしかにこうしたイギリスやオランダの懸念は、公的には東方政策に支持を与えつつも、実際にはそれが西側の結束を揺るがすのではないかという不安があったことを示している。しかし興味深いのは、この問題は、独自の東方政策を行うことに伴ういわば「コインの裏側」であって、それ自体だけでは決して解決できるものではない、と西ドイツ側が捉えていることである。そしてこうした認識に立脚しつつ、西側諸国の警戒を必要以上に強めさせないために、さしあたり以下の二つの対策を講じるとされた。第一に、四月に予定されるブラントの訪米に際し、ヨーロッパの政治的統一という目標が不変であることを改めて強調すること、第二に、西側諸国に対して、ソ連は進行する予備折衝において西ドイツの欧州政策には全く反対していない旨を報告することである。つまり、西ドイツ側は、積極的な東方政策に対して抱く西側諸国の不安を十分に認識した上で、改めて西側の結束を示すべく対処しようとしたのである。[29]

四月のブラント訪米後、ベルリン問題をめぐる米英仏ソによる四カ国交渉は停滞する一方で、バールとグロムイコによる予備折衝は大詰めを迎えていた。そしてバールとグロムイコによる予備折衝の結果、五月二二日にその合意点を纏めた「バール文書」の完成が発表される。後にソ連と締結されるモスクワ条約の土台となるこの文書の完成に対し、西側諸国からは概ね歓迎の意が表されるなど東方政策が成果を見せ始める一方で、[30] 欧州政策においては、ハーグ・コミュニケを具体化すべく各テーマに関して事務レベルを中心に意見調整が進行していた。しかし、このような事務レベルでの折衝は派手さに欠けるがゆえに、ブラント政権の欧州政策が後退したかのような印象を与えかねなかった。七月三日の独仏首脳会談でブラントは、こうした点に注意を促した上で、あらためて西ドイツの欧州政策の一貫性を強調し、東方政策はヨーロッパ統合の強化と西側同盟を土台にしてのみ意義を持つと主張した。[31] さらに、ソ連との本交渉を前に東方政策の支持を確認するためにロンドンを訪れたシェール外相も、東欧諸国との関係改善は欧州政策の一部であると言明し、さらには七月末から予定されるソ連との本交渉において「ヨーロッパ・オプションに関する書簡（Brief zur europäischen Option）」を提案することを明らかにしている。[32]

この「ヨーロッパ・オプションに関する書簡」は、ソ連との本交渉に向けて外務省で検討されていたもので、後にモスクワ条約締結の際に西ドイツ側からソ連に手交される「ドイツ統一に関する書簡」と並んで、西ドイツが条約の暫定性を主張する根拠の一つにしようとした。[33] この「ヨーロッパ・オプション」とは、将来のヨーロッパ統合の発展に関する可能性を確保するという意味である。すなわち、対ソ条約における現存国境の不可侵性に関する合意が、ヨーロッパ統合の発展を妨げてはならず、将来におけるヨーロッパ統合の進展とそれに伴う国境の変更可能性をより強調するために、ソ連側に条文とは別に書簡を手交するという形式を用いて、西ドイツのヨーロッパ統合への積極的な姿勢を内外に示そうとしたのである。これは対ソ交渉で結果的に実現されることはなかったが、[34] 西ドイツ政府が分断の固定化を避け将来の再統一の可能性を保持することと同時に、対ソ条約によってヨーロッパ統合の進展と西側結束を損なわないように措置を講じようとしたことを物語っている。

西ドイツ政府が西側諸国との調整を重視する姿勢は、ソ連との本交渉を前に、西側三国と相次いで首脳レベルの直接会談を行ったことにも表れている。先述のポンピドゥ仏大統領の訪独を皮切りに、七月中旬にはシェール外相が英米を相次いで訪問し、ソ連との条約で扱われる様々なテーマについて意見調整がなされた。その際、一貫してヨーロッパ統合への積極的な関与の姿勢を示し続けることで、東方政策を進めることへの理解を求める一助とした。こうしてブラント政権は、対ソ交渉方針に関する閣議決定において、対ソ交渉について西側同盟国と「完全なる一致」を確認したと満足を持って表明することができたのである。[35]

このようにブラント政権は、対ソ交渉と並行して取り組んだ西側諸国との調整過程においても、ヨーロッパ統合への積極的な態度を繰り返し表明した。その際ヨーロッパ統合は、ブラントやバールが掲げた長期的目標である「ヨーロッパ平和秩序」の「構成要素（Bauelement）」であるとの論理が展開された。[36] さらには、ヨーロッパ統合を推進することは、東欧諸国に西側の魅力をアピールし引き付けることにもつながると考えられていた［Möckli 2009 : 33］。そして、分断克服への第一段階である東方政策は、ソ連・東欧諸国との関係改善という点において従来の西ドイツ政府が取り組んできた欧州政策を補完するものとした。すなわち、ヨーロッパ統合の延長線上として東方政策を位置づけることで、東方政策とヨーロッパ統合の両立を図ったのである。[37] こうした認識に立脚し、ヨーロッパ統合の関与をアピールし続けることは、東方政策を成功させる上で非常に重要であった。

おわりに

本章では、ブラント政権が推進する東方政策とヨーロッパ統合問題の関係に注目して考察した。とりわけ本章では一九六九年一二月のハーグEC首脳会談と、ソ連との交渉をはじめ東方政策が活発化した一九六九年後半からモスクワ条約締結までの時期における西側諸国との調整過程に着目した。このハーグ首脳会談開催に力を注いだブラントは、フランスとの緊密な意見交換を通じて会談を成功させる原動力となった。また本章で扱った時期では、首脳会談以降東方政策とは対照的に、欧州政策に関する目立った成果はしばらく出なかったが、積極的な東方政策に不安を抱きかねない西側諸国に対して、西ドイツのヨーロッパ統合への関与をあらためて強調し、西側との確固たる結束の下でこそ東方政策は成功するとの姿勢を示し続けた。

その後のヨーロッパ統合は、通貨危機や石油危機などにも直面し停滞を余儀なくされる。さらにはブラント政権の東方政策も、ソ連・東欧諸国との二国関係改善が一段落つき、CSCEなど多国間の枠組みの中で緊張緩和を推進しようとするものの、やがてそのダイナミズムは失われていく。しかしソ連との交渉を進め東方政策が活性化した時期に、並行してヨーロッパ統合への積極的な態度を示し続け西側諸国との意見調整を進めたことは、バール構想における分断克服への第一歩を踏み出す東方政策の成功の前提として、欧州政策を含む西方政策を決して軽視していたわけではないことを表している。本章で見てきたように、積極的なヨーロッパ統合への関与のアピールは、東方政策の成功に不可欠である西側諸国との意見調整においても重要な役割を果たした。その意味でも「東方政策は西側に始まる（Ostpolitik beginnt im Westen)」のである［cf. Brandt 1972］。

注

（1）いわゆる「二重の封じ込め」については、第3章第一節(3)を参照。戦後アメリカがヨーロッパ統合を支持したのも、ソ連とともに西ドイツを「封じ込める」意図があった［Lundestad 1998］。この「二重の封じ込め」のためにヨーロッパ統合と並び中心的な役割を果たしたのがNATOである［佐瀬 1999；金子 2008］。

（2）一九六〇年代後半から七〇年代のヨーロッパ統合については、Ludlow［2006］、Türk 2006；Harst ed.［2007］、川嶋［2008］、橋口［2008］、田中［1998：20-26］、金丸編［1996：91-105］等を参照。

（3）キージンガーの「中核ヨーロッパ」構想は、Türk［2005］を参照。政治協力をめぐるキージンガーとブラントの政策の違いは、山本［2011：第四節］も参照。

（4）Aufzeichnung des Ministerialdirektors Frank, 26. 8. 1969, in *AAPD* 1969, S. 929-30; Küsters［2004：138-39］.

（5）戦後SPDは、アデナウアーの主導する超国家主義的なヨーロッパ統合や、そこにイギリスやスカンジナビア諸国が参加しないことを一貫して反対してきた［高橋（進）1984：114］。

（6）Memorandum Bahrs für Brandt, 25. 4. 1968, in *DEB*, Ord. 341; Schönhoven［2004：414-15］.

（7）既に大統領選挙戦でポンピドゥは首脳会談の開催を提唱していたが、一九六九年七月四日にパリを訪問したブラントがポンピドゥとの会談で六カ国による首脳会談に言及し、その後ポンピドゥが七月一〇日の記者会見で表明した。Aufzeichnung über das Gespräch des Bundesministers Brandt mit Staatspräsident Pompidou, 4. 7. 1969, in *AAPD* 1969, S. 774-80 ; Türk [2006 : 215]、川嶋 [2007 : 241] を参照。ブラント自身は六カ国首脳会談と七カ国首脳会談を互いに排除するものではないと考え柔軟に対応していた。

（8） 以上 Aufzeichnung des Ministerialdirigenten von Staden, 1. 8. 1969, in *AAPD* 1969, S. 873-76.

（9） 例えば一九六八年九月の独仏首脳会談におけるキージンガーとドゴールの対立は、川嶋 [2007 : 234-35] を参照。

（10） 外相に就任するＦＤＰのシェールも一九五九年から六九年まで欧州議会議員を務めるなど「筋金入りの欧州主義者（ein überzeugter Europäer)」と言われている [Aufzeichnung über das Gespräch des Bundesministers Scheel mit dem belgischen Außenminister Harmel in Brüssel, 10. 11. 1969, in *AAPD* 1969, S. 1247-50 ; Mittag und Wessels 2004]。

（11） 例えばシューマン仏外相は、七月二二日のＥＣ理事会において「完成の必要性、深化の様式、拡大の条件」というＥＣの三つの問題を指摘した [Runderlass des Auswärtigen Amts, 24. 7. 1969, in *PAAA*, B1 ; *EA* 1969 : D 421-22 ; 川嶋 2007 : 241-42]。

（12） Aufzeichnung Bahrs, 21. 9. 1969, in *AAPD* 1969, S. 1047-57 ; Botschafter Pauls an AA, 16. 11. 1969, a. a. O., S. 1304.

（13） この事務次官会議については、Germond und Türk [2004] を参照。

（14） 「ヨーロッパ合衆国行動委員会」は、様々な国々の主要な政治家や実業家などからなる委員会で、ヨーロッパ統合の将来や統合理念などについて活発な意見交換がなされており、ブラントの他にＳＰＤからはシュミットやヴェーナー、それにＣＤＵからも元ＥＥＣ委員長のハルシュタインらが参加していた。モネは、ブラントとの直接の文書のやり取り以外にも、フォッケとの会合を通じて西ドイツ新政権の欧州政策に影響力を及ぼそうとした [Focke 1999 ; Bossuat 1999]。「ヨーロッパ合衆国行動委員会」に関しては、細谷 [2008 : 150-53] を参照。

（15） Aufzeichnung Bahrs, 9. 10. 1969, in *DEB*, Ord. 441 ; Hiepel 2003 : 71.

（16） Interministerielle Besprechung unter Vorsitz StS Bahr, 13. 11. 1969, in *PAAA*, B20.

（17） Brandt an Pompidou, 27. 11. 1969, in *DEB*, Ord. 441/1 ; Hiepel 2003 : 76-77.

（18） Vermerk Pompidous, 28.11.1969, in *DEB*, Ord. 441/1 ; Hiepel 2003 : 77.

(19) このコミュニケは西ドイツの提案した草案に基づき起草された［Entwurf eines Kommuniqués für die Gipfelkonferenz, 27. 11. 1969, in *PAAA*, B1 ; Hiepel 2003 : 79］。コミュニケの邦訳は、遠藤編［2008b : 420-22］を参照。

(20) またこうした首脳会談による政府間主義は委員会主導の統合推進という観点からも決して好ましいものではなかった［Ludlow 2003］。

(21) この通貨問題については、一九六八年一〇月の通貨危機の際には大連立政権が米英仏の期待するマルク切り上げを拒否した。これは西ドイツが西側三国の要求に明確に反対の態度を示したものとして警戒されたが、六九年に入りフランスのフラン切り下げを受けて、同年一〇月に、西ドイツは遂にマルク切り上げに踏み切る。そしてハーグ首脳会談での合意を弾みとして、一九七〇年一〇月八日のウェルナー報告では、最終目標として「単一通貨」や「共同中央銀行制度」並びに「経済政策決定機関」の創設が提案されるのである［Wilkens 2004a ; Zimmermann 2004 ; 権上 2005］。

(22) しかしポンピドゥが西ドイツの牽制のために期待したのは、むしろアメリカやソ連であったとの指摘もある［Soutou 2006 : 230］。

(23) Brandt an Pompidou, 18. 3. 1971, in *WBA*, Bundeskanzler 51 ; Aufzeichnung über das Gespräch zwischen Brandt und Heath, 5. 4. 1971, in *AAPD* 1971, S. 577-83 ; Wilkens 1999 : 83-84.

(24) Focke an Ehmke, 2. 12. 1969, in *AAPD* 1969, S. 1357-59.

(25) Runderlass des Ministerialdirigenten von Staden, 1. 6. 1970, in *AAPD* 1970, S. 894-96 ; Runderlass des Ministerialdirigenten Gehlhoff, 21. 7. 1970, a. a. O., S. 1216-17.

(26) ＥＰＣについてはMöckli［2009］、Küsters［2004］、Nuttall［1992］、Rummel und Wessels hg.［1978］、Höhn［1978］、川嶋［2009］、田中［1998 : 182-83］、辰巳［1990］、山本［2011］等を参照。

(27) Aufzeichnung von Frank, 22. 10. 1969, in *AAPD* 1969, S. 1145.

(28) Von Hase an AA, 23. 3. 1970, in *BAK*, B 136/6417.

(29) Carl Sanne an Katharina Focke, 24. 3. 1970, in *BAK*, B 136/6417d. 訪米中ブラントはニクソンとの会談で、ＥＰＣなどヨーロッパ統合の重要性についてあらためて強調している［Aufzeichnung des Bundeskanzlers Brandt, 11. 4. 1970, in *AAPD* 1970,

S. 591-95; Brandt 1976: 379-85; Bahr 1996: 314-15; Kissinger 1979: 457-58]。

(30) Duckwitz an Scheel, 26. 5. 1970, in *AAPD* 1970, S. 868-73; Duckwitz an Scheel, 27. 5. 1970, a. a. O., S. 880-83.

(31) Aufzeichnung über das Gespräch zwischen Brandt und Pompidou, 3. 7. 1970, a. a. O., S. 1069-80, 1089-97. 報告書はポンピドゥが会談中東方政策への支持を繰り返したことについて、ブラント政権の東方政策に対して西ドイツ国内の野党や世論、あるいはアメリカからも生じかねない懸念を意識していたことも背景にあると指摘している。

(32) Botschafter von Hase an AA, 17. 7. 1970, a. a. O., S. 1191-94. この書簡についてはバールがキッシンジャーに送った私信でも言及されている［Bahr an Kissinger, 24. 7. 1970, in *DEB*, Ord. 439］。

(33) この「ヨーロッパ・オプションに関する書簡」の草案は、"Entwurf eines "Briefs zur europäischen Option", 6. 7. 1970, in *AAPD* 1970, S. 1126-27, Anm. 19を参照。この「ヨーロッパ・オプションに関する書簡」と並んで、ドイツ再統一の可能性を確保するために西ドイツ側が作成した「ドイツ統一に関する書簡」については、第2章第三節(2)参照。

(34) Scheel an Brandt, 30. 7. 1970, in *AAPD* 1970, S. 1293-94. ソ連は、西ヨーロッパに限定されたヨーロッパ統合は東側に敵対的であるとしてEECの存在を正式には認めなかった。ブレジネフがEECの存在に言及し事実上承認するのは一九七二年三月になってからのことである（第5章第二節参照）。

(35) この点は第3章第三節(2)を参照。モスクワ条約調印後にシューマン仏外相は「条約の成果はEECの発展の論理的帰結である」と述べている［Link 1986: 241］。

(36) Aufzeichnung des Bundeskanzlers Brandt für die Kabinettssitzung, 7. 6. 1970, in *WBA*, Bundeskanzler 91.

(37) Brandt an Pompidou, 27. 11. 1969, a. a. O.

第5章 東方政策をめぐる西ドイツ国内の議論

――一九七二年の連邦議会選挙を中心に――

はじめに

本章では、ブラントの東方政策について、一九七二年一一月のドイツ連邦議会総選挙でのブラント率いるSPDの勝利に至る西ドイツ国内の与野党の対立と、東方政策や西ドイツ国内の対立に対する東側及び西側諸国（とくに米英仏）の対応に焦点を当てて考察する。ブラント政権の東方政策に対しては、序章で見たように、東ドイツを事実上国家として認めたために分断を固定化し、東ドイツの政権を延命させ結局統一を遅らせたといった批判がなされてきた。あるいは、ドイツ民族の自決権確保という成果には野党CDU／CSUの働きが大きかったとする反論もある。例えば当時の野党指導者のバルツェルは、ソ連・東欧諸国との関係改善という成果を一定程度認めるものの、分断の固定化を避け統一の可能性を保持した点については野党の功績を強調している［Barzel 1998］。

本章ではこうした議論も念頭に置きながら、ブラント政権の東方政策をめぐる西ドイツ国内の与野党の対立を検討し、ヨーロッパにおける東西対立の最前線に位置する西ドイツが、緊張緩和の流れの中でソ連をはじめ東側諸国との関係改善を図ることの意義を、西ドイツ国内政治の側面から考察する。この国内政治過程に加えて、西ドイツ国内の東方政策をめぐる与野党対立が、実際の東方政策における国際交渉にどのような影響を与えたのかに焦点を当てて検討する。

第一節　ブラント政権の東方政策をめぐる西ドイツ国内の反応

(1)　東方政策の開始と与野党の対立

一九六九年九月の連邦議会選挙では、CDU／CSUは第一党に留まったものの、第二党のSPDと第三党のFDPの議席数合計が過半数を超え、いわゆる「小連立」政権が誕生する［安井 2008］。首相に就任したブラントは、ソ連、ポーランド、東ドイツと矢継ぎ早に交渉を進めるが、まず取り組んだのが、東側の盟主たるソ連との二国間交渉である。一九七〇年一月にバールが直接モスクワに向かい、ソ連外相グロムイコとの予備折衝を開始した。その交渉過程は第二章で見てきたので、ここでは並行して推移した西ドイツ国内の東方政策をめぐる議論を、主にモスクワ条約とワルシャワ条約の批准をめぐる与野党の対立に着目して考察する。

首相就任後に新たな東方政策を打ち出したブラントの演説は、それまでCDU／CSUが拒絶してきた戦後ヨーロッパの「現状」の承認を、とりわけ「一民族二国家」論によって東ドイツを事実上承認する用意があることを内容に含んでいたため、野党となった同党から強い非難を受けることとなった。この所信表明演説後、東側諸国と相次いで交渉が開始された当初は、バールとグロムイコの予備折衝など、厳しい情報統制におかれた政府の秘密主義的な交渉スタイルが批判された。一九七〇年四月二七日には、CDU／CSUの連邦議会議員団から政府へ、その秘密外交やソ連との無条件な和解に反対し、またベルリン問題や旧敵国条項に関する姿勢を問い質す一一項目からなる質問状が提出される。これに対して政府は五月六日に回答書を発表したが、そこでは三月にエアフルトで開催された東西ドイツ首脳会談の成果が誇示され、また旧敵国条項も事実上死文化していると言明するなど楽観的なものであった。こうして議会の与野党対立が本格化することになる(1)。

既に見たように、バールとグロムイコの予備折衝の結果、合意点が「バール文書」として纏められたが、それが政権に批判的な新聞・雑誌に掲載されてしまうことで、与野党の対立はさらに激化していった。西ドイツの新聞界で圧倒的部数を誇るシュプリンガー系の各紙が、特に六月一二日付の『ビルト』は「バール文書」の最初の四項目を、そして七月一日には全項目を掲載するなど、『ヴェルト』、『ヴェルト・アム・ゾンターク』などの系列紙とともに執拗な批判キャンペーンを展開したのである。(2) そこでとくに問題となったのは第三項の「何人も現在の国境を侵害しない」という表現であり、CDU／CSUは、これをソ連への一方的な譲歩と決めつけた。また以前から水面下で進められていたソ連との意見交換に秘密警察KGBが加わっていることが知られており、バール個人への不信感から「スパイ」や「裏切り者（Verräter）」といった非難が集まっていた［Potthoff 1999：97］。

さらには政権内部でも、対ソ交渉の内容や進行状況について慎重な意見が聞かれた。例えばシュミット国防相（一九七二年途中から財務相、一九七四年五月よりブラントを後継し首相となる）は東西勢力均衡を重視する立場から、そしてFDPではゲンシャー（Hans-Dietrich Genscher）内相（後にシュミット政権及びコール政権で外相）などが、ブラントやバールが主導する東方政策に対して慎重な態度を示したのである［Dannenberg 2008：202］。ブラントは、こうした慎重派の意向に配慮しつつ、対ソ交渉で扱われる諸問題が戦後西ドイツ外交の根幹をなすことから、与野党で超党派的に本交渉に備えるよう呼びかけた。しかしCDU／CSUは、その前提条件として「バール文書」の破棄を掲げる。政府は、紆余曲折の末にようやくソ連と合意に至った「バール文書」を白紙に戻す条件を飲むことは到底できず、超党派外交の推進は見送られることとなった。

ソ連との本交渉の結果八月一二日に調印されたモスクワ条約は、「バール文書」の内容を大筋で踏襲するものであったが、野党が強く要求する再統一の権利は、条約調印に際して政府からソ連側に手交された「ドイツ統一に関する書簡」等によって留保できたとされた。またこの条約は西側諸国からも概ね歓迎されたため、CDU／CSUの連邦議会議員団長（院内総務）バルツェルは、一方で条約の内容が西ドイツの要求を十分に反映したものではないとする書簡をブラントに送付すると同時に、ベルリン問題に関しては協力することを提唱する。(3) 西ドイツにとって、国家統一の可能性の確保と並んで重要な問題であったベルリン問題においては、分断による人道的諸問題の解決を目指す点で与野党が共通姿勢をとることが可能であると思われたのである。

(2)　CDU／CSUの東方政策反対論

しかしCDU／CSU内部において、ブラント政権の東方政策への対応が一致していたわけではなかった。[4] それは、党内の多数を占める原理的反対派と、少数ながらも新たな東方政策を模索する改革派の大きく分けて二つのグループに分類できる［Clemens 1989：55–66；田中 1993：202–203］。まず党内の多数を形成する原理派のなかで最も強硬な立場をとったのは、旧ドイツ領から移住を強制されたいわゆる「被追放民（Heimatvertriebene）」のグループである。第二次世界大戦後に連合国が規定した新たな国境線にしたがい、縮小されたドイツ領に周辺地域からドイツ人居住者が流入した。一九四九年に西ドイツが成立した時点でその数は八〇〇万とも一〇〇〇万とも言われている［山口 1990：252；石田 2007：91；Winkler 2000：邦訳 147］[5]。さらに東ドイツからの逃亡者も含むこのグループの人々にとって、ブラントの東方政策による「現状」の承認は、ソ連の東欧支配を認め分断を固定化するとして受け入れられないものであった。特に戦後処理におけるソ連の「西方移動」によってポーランドの管理下に置かれたオーデル・ナイセ線以東の旧ドイツ領は、正式にポーランド領になったわけでなく、したがって東ドイツとポーランドの国境線としてオーデル・ナイセ線を認めることができないとする（第1章第一節(1)参照）。この原理的反対派には、CSUの党首シュトラウス、グッテンベルク（Baron von und zu Guttenberg）ら保守派が加わる。とりわけシュトラウスは、バールの構想に基づき推進される東方政策は、ソ連のヨーロッパ支配を導く「宥和政策」であるとして非難する。[6] その強硬な反対論には、先の総選挙でネオナチ政党と目されるNPDに流れた票や、またFDPからの票も取り込むことで、単独政権を目指すという狙いもあった。

一方少数ではあったが改革派も存在していた。その主張は、西ドイツにとって有利に関係改善を進めるために、限定的な「現状」の承認を東側諸国との交渉の切り札とすることに主眼が置かれていた。その背景には、まず再統一よりも東西ドイツ関係の正常化を求める声が世論からも高まっていたことがある。例えば世論調査では、ドイツ再統一について、一九六五年には四〇％以上の西ドイツ市民が最も関心のある問題として捉えていたが、七〇年には二〇％以下になっていた［Noelle-Neumann 1981：144］。またブラントの「一民族二国家」論に対しても、六九年の就任直後の世論調査では賛成論が反対論を上回り［Noelle-Neumann 1981：119］、東方政策に対する支持は、七〇年一二月及び七二年一二月においても半数を超えていた［Noelle-Neumann 1981：409］。そして、モスクワ条約の結果「ポーランドの西部国境」として不可侵が明記されたオーデル・ナイセ線については、六四年には六割の西ドイツ市民が国境線として受け入れることに反対だったが、七二年五月には逆に六割以上が認めるべきと答えている［Noelle-Neumann 1981：460］。改革派は、こうした世論の変化に加えて、ポーランドをはじめ東欧諸国との和解自体の必要性や、緊張緩和の障害となることで西側陣営内でも外交的に孤立することへの恐れといった認識を持つに至っていた。このグループには後に大統領になるヴァイツゼッカーらがおり、FDPとの連立を模索している点も原理派と立場を異にする［Clemens 1989：64-66］。

モスクワ条約調印後、次に争点となったのはポーランドとのワルシャワ条約であった。この条約はオーデル・ナイセ線以東の領域の問題にかかわるため、「被追放民」を中心に原理的反対派が強硬な反対を唱える一方、改革派は早くから一定の歩み寄りを示していた。党内をまとめきれないバルツェルは、政府からの協力の要請にも応じることができず、並行していた米英仏ソによるベルリン交渉の推移を見守ることになる。一九七一年九月三日に仮調印されたベルリン四カ国協定では、政府が重視してきた西ベルリンへのアクセスや両ドイツ間の旅行の自由などが一定程度保障されたのに対し、CDU／CSUが強く求めてきた西ベルリンにおける連邦集会権などのプレゼンスが事実上断念されたため、主に原理的反対派からの批判の的となった(7)。しかし他方で、米英仏の西側三国が当事者となったこの協定を真っ向から拒絶することもできず、改革派は事実上甘受する姿勢を示していた。

こうしてベルリン四カ国協定の仮調印により、モスクワ条約及びワルシャワ条約の批准のためにブラント政権が要求していたベルリン問題の「満足な規制」が満たされたとされ、両条約の批准に関する与野党の論戦が本格化する。前述したように野党内の反対論はまとまりのないままであったが、バルツェルは国内世論や各国の反応を見ながら、政府との全面対決を避け、部分的修正を求める戦略をとる。一九七一年一二月には、批准にCDU／CSUが賛成するための以下の三つの条件を提示した。すなわち、①ソ連が、EECを公式に認めなければならない（西欧統合は東側に敵対的であるとしてソ連はEECの存在を正式に認めていなかった）。②ドイツ民族の自決権は条約中に明記されなければならない。③両ドイツ間の人々の移動の自由が保障されなければならない。(8) バルツェルら党執行部は、この戦略によって党内分裂を回避しようとしたものの、原理的反対派は姿勢をさらに強硬にすることになり、かえって亀裂を隠蔽することになってしまうのである［田中 1993：204］。

(3)　建設的不信任案の否決から共同決議案作成へ

しかし、一方のSPDとFDPの連立政権も安定していたわけではなかった。東方政策をめぐるFDP内の路線対立から前党首のメンデ（Erich Mende）など三名が、またSPDからも一名が離党したことで、批准に必要な議席過半数よりわずかに二議席多い二五〇議席になる。そしてFDPの一議員は、離党しないものの反対票を投ずると表明しており、さらに何名かの議員が賛否を決めかねていた。四月二三日のバーデン＝ヴュルテンベルク州選挙でCDU／CSUが勝利し連邦参議院の過半数の議席を確保したが、そこで議席を減らしたFDPから一名が離党する。(9) これは、連立与党を構成するFDPの議員が、二大政党化の趨勢のなかで動揺していたという背景もあった［佐瀬 1973：187］。その結果ブラント政権は、批准に必要な過半数を獲得するのが困難となるに至ったのである。

とはいえ世論調査によると、反政府系各紙の批判キャンペーンにもかかわらず、条件付きを含め東方諸条約へ半数以上の支持があった［cf. 佐瀬 1973：183-86；Glaab 2000］。CDU／CSUにとっては、一方でこれらの国内世論に加え、次節でみるように東西間の緊張緩和に対する国外からの支持も、批准賛成への圧力となる。しかし他方で、党内の原理的反対派からは、批准の阻止に向けた圧力がかかってくる。こうした中でCDU／CSUは、これ以上の党内亀裂を防ぐためにも決断を迫られた。そこで党執行部は、四月二七日にバルツェルを後任の首相とする建設的不信任案を提出する正面突破に打って出る。(10) すなわち、党分裂と東方諸条約との全面対決の双方を回避するために、CDU／CSU政権の実現を図ったのである。しかし結果は、事前の票読みが外れ二四七票にとどまり、過半数の二四九票を得るには至らなかった（次節を参照）。

政権崩壊の危機は脱したブラントだが、翌日に行われた信任投票でも過半数に達せず、条約批准のための過半数を得ることが事実上不可能となる。ここでブラントが選択したのは、連邦議会で与野党による共同決議を付して条約を批准するという打開策であった。他方で野党も、例え予定される批准投票で拒否に成功しても、議会の解散を経て総選挙に勝利しないとCDU／CSU政権の実現があり得ない状況に追い込まれる。世論の望まない条約批准拒否はイメージダウンとなることが必至であり、また緊張緩和という国際環境のなかで西ドイツが孤立する恐れもあった。これらを考慮した野党首脳は、かつて大連立政権においてSPD議員団長としてバルツェルと協力したシュミットの働きかけなどもあって、共同決議案の作成にとりかかることで合意する［Baring 1983：512］。

こうして五月の初めから作成に向けての作業が始まった。(11) 原理的反対派は決議案作成に不満を抱いていたが、この作業にはCSU党首のシュトラウスも参加する。シュトラウスは、ソ連が受け入れ難い要素を加えた決議案にすることでソ連の姿勢を硬化させ、CDU／CSUの批准拒否の姿勢を有権者に対して正当化することも念頭に置いていた［Clemens 1991：102］。彼らの主張は、両条約が現存国境の法的な基礎とならないことやドイツ人の自決権を侵害しないことなどであり、これはSPDの譲歩もあって文言に加えられる。(12) しかしこれらは、ソ連との交渉において既に合意したことを与野党共同で改めて声明することであった。むしろ注目に値するのは、この決議案の作成に際してソ連側からファーリン駐西ドイツ大使が参加し、モスクワと意見調整しつつ受け入れた点である。これは、野党側に根強い不信感のみならず、共同決議案が西ドイツの一方的なもので国際法的に保障されるものではないとするSPDのヴェーナーの疑問に対しても［Clemens 1989：103］、決議案の有効性をアピールする上で重要であった［佐瀬 1973：192-93；Winkler

2000：邦訳 290]。

こうして完成した共同決議案に対して、当初ＣＤＵ／ＣＳＵは、決議案自体には賛成するものの、連邦議会における批准の採決については自主投票を認める決定に踏み切る。党内では、ヴァイツゼッカーら九〇票前後の賛成票が予想されており、与党票を含めて過半数を超え批准の見通しが立っていた。しかしシュトラウスは、党内で賛成と反対に分裂することを批判し、元外相シュレーダーやコールらもその批判を後押しした。さらには、ブラント政権が批准後に共同決議案を無視し野党の意向を考慮しなくなることへの警戒も強く、党内での足並みは揃わなかった [Clemens 1991：104]。こうした状況下でバルツェルは、党分裂を回避するために方針を転換し、共同決議案に賛成、批准投票に全員棄権という全体案を提示する。しかしながら結果は、共同決議案に棄権五票、批准反対票がモスクワ条約に一〇票、ワルシャワ条約に一七票であり、バルツェルは最後まで党をまとめることはできなかった。その二日後には州の代表で構成される連邦参議院で、過半数の議席をもつＣＤＵ／ＣＳＵは一致して両条約批准に棄権、共同決議案に賛成し、ようやく両条約は批准に致るのであった（資料5参照）。

(4)　東西ドイツ基本条約と連邦議会総選挙

モスクワ条約及びワルシャワ条約の批准を待って、一九七二年六月三日にベルリン協定が米英仏ソによって正式に署名され、さらに翌日には協定履行に関連した両ドイツ間の二つの取り決めと一つの協定（一九七一年一二月仮調印）が発効した。これにより、西ベルリン市民は年に三〇日間、東ベルリン及び東ドイツを訪問できるようになり、人的交流が再活発化することになる。他方で批准後の連邦議会では、与野党とも二四八議席ずつという手詰まりの状況に陥り、ここにおいてブラントは、任期満了を待たずに解散総選挙にうってでる。

選挙戦でＳＰＤは、前年にノーベル平和賞を受賞した首相ブラントを前面に押し立て、東方政策に対する信任を国民に問うという戦術をとる。その点において、選挙直前の一一月八日に東西ドイツ間の基本条約が仮調印に至ったことは

（後述）、東方政策の成果を有権者へさらにアピールすることとなった。これに対して野党の首相候補バルツェルは、テレビの党首討論で「東ドイツが逃亡者を撃つのを止めなければ条約を署名しない」と述べるなど全面対決の姿勢を示す。投票率が九一・一％にのぼるなど選挙戦は空前の盛り上がりを見せる。その中でも、例えば後のノーベル文学賞作家グラス（Günter Grass）らは、ＳＰＤの支援を自発的に行う「有権者イニシアチブ（Wählerinitiative）」を組織し、また学者や知識人など約二〇〇名による東方政策支持の声明が出された［Winkler 2000：邦訳 296-97］[13]。

一一月一九日の選挙の結果は、ＳＰＤが前回より六議席増の二三〇議席を獲得して戦後初の第一党に躍進し、ＦＤＰも一一議席増加させた（資料６参照）。こうしてブラント政権の東方政策は西ドイツ国内で信認されたのである。選挙に敗れたＣＤＵ／ＣＳＵは、バルツェルに変わりＣＤＵ党首となったコールの下で党の建て直しを図る中で、ＳＰＤ主導の東方政策へ「適応」していくことになる［Hacke 1975］。

第二節　東方政策をめぐる西ドイツ国内の動きに対する東側の対応

西ドイツ国内の東方諸条約批准の行方は、東西緊張緩和の進行にも重大な影響を与えるため両陣営からも注目されており、既に早くからアメリカやソ連からも慎重ながら支持の姿勢が打ち出されていた［Loth 1998：150］。とりわけソ連は、ブラント政権がモスクワ条約の批准を達成できるように様々な対応をとることになる。ソ連は、ブラント政権の成立当初から、ＣＤＵ／ＣＳＵ主導の政権が続いてきた西ドイツ政治の変化を歓迎していた。だがモスクワ条約の交渉過程では、戦後国境の「現状」の承認をはじめとした様々な問題で衝突し、ブラント率いるＳＰＤを公然と非難することもあった。他方でブラント政権も、わずかな議席数の差で成立させた政権の下で東方政策を推進する中で、東側諸国への宥和的な交渉姿勢を野党から激しく批判される。

しかしここで興味深いのは、ブラント政権の国内政治基盤が脆弱なゆえに、結果として西ドイツに有利な形でソ連から譲歩を引き出すことになった点である。例えば、予備折衝において西ドイツ側の交渉当事者であったバールは、条約の文言をめぐる激しい応酬のなかで、むしろ意図的に、予想される国内の強硬な反対論を持ち出し、条約が批准可能な内容になるべくソ連側に働きかけた。とりわけ国境問題に関して、ソ連のグロムイコ外相は、ドイツ再統一の可能性を拒否しかねない国境の「不可変」を要求したが、それに対してバールは、国内での批准を達成するためにも再統一の可能性に配慮するよう理解を求めたのである。[14] この抵抗を前にソ連も最後には了承し、一九七〇年五月に完成した「バール文書」第三項（モスクワ条約第三条）では、「不可変」を避け、「欧州における平和は何人も現在の国境を侵害しない場合にのみ維持され得る」という表現で合意する（資料1参照）。

さらには、第2章で見たように、同年七月下旬からモスクワで始まる本交渉でも、ソ連側は西ドイツ国内の強硬な反対派を無視することはできなかった。ソ連指導部は、条約が西ドイツ国内で批准拒否された場合のリスクを恐れ、その批准の可能性にかなり注意を払っていたのである。例えば、第3章第三節で見たように予備折衝後に「バール文書」が西ドイツの反政府系新聞に掲載され、政府の交渉姿勢に対する野党など反対派からの批判が強まった際、ブレジネフの意向を受けたグロムイコは「バックチャネル」を通じ、本交渉でバールを擁護すべく譲歩する用意があることを伝えていた［Keworkow 1995：83］。実際に本交渉においては、再統一の可能性確保に関する西ドイツ側の要求が部分的に受け入れられる形になり、モスクワ条約は八月一二日に調印される。このように、野党を中心とする反対論が対ソ交渉にのぞむ政府の交渉姿勢を強化することに繋がったのである［Hacke 2003：176-77］。

さらにブラント政権は、モスクワ条約と同年一二月のワルシャワ条約の調印後に、両条約の西ドイツ国内批准、ベルリン問題、そしてCSCEの開催という三つの争点を「リンケージ（Junktim）」することで［Hacker 1986：94］、ベルリン四カ国交渉や東西ドイツ間交渉など他の東西交渉を有利に進めようとした（CSCEに関しては第6章参照）。まず、ベルリン協定によるベルリン問題の「満足な規制」をモスクワ条約批准の条件に挙げ、自らは参加できないものの、米英仏ソによる四カ国交渉の進展のために積極的に働きかけた。[15] そして実際に、「当事者でないにもかかわらずベルリン交渉に西ドイツの国益を持ち込んだ」と揶揄されるほど、同盟国たる米英仏を通じて西ドイツの主張を反映させることに全力を注いだのである[Potthoff 1999 : 98 ; Vogtmeier 1996 : 145-52 ; Fuchs 1999 : 158-78]。ところが協定が仮調印された後、今度はソ連が、協定の正式な発効には西ドイツのモスクワ条約批准が前提であるとする、いわゆる「逆リンケージ(Gegenjunktim)」を提示する。これに西ドイツ側は猛反発し、むしろこの逆リンケージが国内の反対派を勢いづかせ、批准を困難にすると非難した。(16)

他方で西ドイツ政府は、東西ドイツ間の諸問題が解決に向けて前進していることを示し、その成果を誇示することで条約批准を容易にしようと試みた。すなわち、一九七二年二月から本格化する批准をめぐる連邦議会の議論を睨みながら、東西ドイツ間の交渉の進展を図り、批准を成功させるために好影響を与えようとしたのである。既述のようにベルリン協定が仮調印された後、七一年一二月に東西ドイツ間のトランジット協定と西ベルリン市民の東ドイツ訪問に関する協定が締結され、滞っていた人的交流を再活性化させる成果を挙げていた。さらに七二年四月中旬には、バールが直接ホーネッカーを訪問し、交渉が停滞していた東西ドイツ間の行き来を取り決める交通条約の締結に合意を取り付ける。後述のようにその際バールは、野党を中心とする東方政策反対派の存在に言及し、西ドイツに有利な譲歩を引き出そうとしていた。この時点において東ドイツ指導部では、東方政策を進めるブラント政権の存続が望ましいと判断されていたのである。

この東ドイツの判断は、条約批准を熱望するソ連の意向に沿った形のものであった。ソ連は、当初は西ドイツが国内で強硬な条約反対派を抱えていることをなかなか理解しなかったが、やがて批准を可能にするために様々な対応を見せ始める。まず、CDU／CSUが批准に必要な条件に挙げていた、ソ連によるEECの正式な承認については、七二年三月二〇日にブレジネフによって事実上なされる。(17)また四月七日に合意された「通商・経済協力協定」では西ベルリンも適用内に含まれ、これは西ドイツと西ベルリンの事実上の繫がりに関しソ連が譲歩したと考えられた。(18)さらに注目されるのは、モスクワ条約の締結に際して西ドイツからソ連に一方的に通告された、将来のドイツ人の民族自決権を主張する「ドイツ統一に関する書簡」について、グロムイコ外相がソ連最高会議で同書簡の受領と存在に言及し公式に認めたことである［*EA* 1972: D 309-14］。そして実際の西ドイツの政治情勢に対しても、ブラント政権の存続を容易にすることを目的として、野党への非難を強めていった(19)。こうしたことからも、ソ連が、戦後ヨーロッパの「現状」の承認を意味するモスクワ条約の成立させるために、それまで関係を構築してきたブラント政権の存続にいかに熱心であったか窺い知ることができよう(20)。

しかしこうしたソ連の対応や政府の試みにもかかわらず、七二年四月には批准をめぐる西ドイツ連邦議会の緊張は頂点に達していた。こうした状況の中で、四月二六日に前出の東西ドイツ交通条約が締結され、深夜にその発表がなされる(21)。翌日に、先述のように野党によって建設的不信任案が提出される事態にいたる直前の、正に異例の条約締結発表であった。これもまた、ブラント政権の存続を願う東側が、野党の要求する両ドイツ間の人的交流に関して譲歩の姿勢を示す対応に他ならなかった［Potthoff 1999: 106］。

ここで注目されるのは、この東側の意図をバールは十分に理解しており、交通条約に向けた交渉過程で両ドイツ間の交流増加を実現するために相手側から譲歩を引き出す手段として利用した点である［Bahr 1996: 385］。しかし他方で、実は条約締結当日に、西ドイツが要求してきた人的交流の拡大のベルリンへの適用について、東ドイツの指導者ホーネッカーからさらなる譲歩を引き出していたものの、両者はその発表を当面控えている。これは、建設的不信任案の表決前日に東ドイツからの歩み寄りが公になると、ブラント政権の存続を望んでいることがあからさまになり、そのことがむしろ政権への支持を失わせるリスクを恐れたからであった(22)。先述のように、結局この票決では、野党側は事前の票読みが外れ過半数に達することができず、政権交代の企ては失敗に終わる。現在では、野党側の議員が数名賛成票を投じなかった背景に、与党SPDの多数派工作に東ドイツの秘密警察シュタージが関わる形で、金銭の授受があったことがほぼ明らかになっている［Winkler 2000: 邦訳 286-88; 近藤 2010: 218; Baring 1983: 492-508; Potthoff 1999: 105-106］。以上に見てきたように、東ドイツはブラント政権を延命させるために働きかけていたのである。

モスクワ条約及びワルシャワ条約の批准をめぐる与野党の対立は、前節で述べたように共同決議案による批准という形をもって一旦収束に向かい、両条約の批准を待って一九七二年六月三日にはベルリン四カ国協定が正式に調印され発効の運びとなった。西ドイツ国内では、連邦議会における与野党の議席が拮抗し審議が手詰まりになったことから、解散総選挙への流れが加速する中で、次に焦点となったのは東西ドイツ間の関係正常化に関する「基本条約」であった。ベルリン協定の発効後、バールと東ドイツの担当者コール（Michael Kohl）の交渉は断続的に行われていたが、両者の意見の隔たりはなかなか埋まらなかった。バールは、一一月一九日に予定される連邦議会総選挙の前に両ドイツ間の条約締結を目指していたが、交渉は完全に座礁に乗り上げてしまう［Bahr 1996：396-405］。

ここでバールは、九月七日にホーネッカーと直接会談し、事態の打開を図る。そこでホーネッカーは、ドイツ統一の可能性に関する問題等でやや姿勢を軟化させたものの、依然として条約締結に関しては消極的な態度を示した(23)。交渉の行き詰まりに焦りを感じたバールは、翌月一〇日にモスクワに赴きブレジネフと直接接見する。そこでバールは、両ドイツ間の条約締結に向けて東ドイツへ働きかけるように要請した(24)。そしてバールがモスクワから戻ると集中的にコールとの間で交渉がなされ、一一月八日の仮調印に至ったのである(25)。

この東ドイツの姿勢の軟化については、先行研究では九月のホーネッカーとの会談か一〇月のモスクワ訪問のどちらを重視するかで解釈が分かれる。例えばナカートは、バール＝ホーネッカー会談後に、西ドイツの国内政治状況や並行するCSCEの準備開始を配慮し（第6章参照）、東ドイツ指導部では一一月上旬頃までに交渉をまとめることが提議されていた点に着目し、ブラント政権にとって有利な譲歩を示そうとしたと指摘する［Nakath 2002：186-87］(26)。とはいえ、アッシュやフォクトマイアーが論究するように、ブレジネフとの接見後の急速な交渉の進展からも、やはりバールのモスクワ訪問の意義は大きかったと言えよう［Ash 1993：77；Vogtmeier 1996：165］。ブレジネフが他の東側諸国の指導者の前で「いかにブラントを助けることができるか」と述べたように、ソ連が東西ドイツ間の条約を成立させるために、東ドイツに圧力をかけたことが推測される(27)。いずれにせよソ連も東ドイツもブラントに有利な形で譲歩する用意を示していたのあり、そのことを十分に認識していたバールは、停滞していた東ドイツとの交渉においても、ブラント政権の存続を望む東側から譲歩を引き出し、交渉妥結への突破口を開こうとしたのであった。

第三節　東方政策をめぐる西ドイツ国内の動きに対する西側三国の対応

以上のような西ドイツ国内の動きを米英仏の西側三国はどのように見ていたのだろうか。既に第3章で東方政策に対する西側諸国の反応や東方政策と西側との関係について詳細に検討したので、ここでは、西ドイツ国内の与野党対立や一九七二年の連邦議会総選挙に関連して検討することとする。

ブラントの東方政策に対する西側諸国の反応は一様ではなかったが、緊張緩和に貢献する点に関して概ね積極的に評価するものが多かった。一九七〇年五月二二日に、対ソ予備折衝の結果として合意点を纏めた「バール文書」の完成が発表されたが、当初西側三国は、「バール文書」の各項目について、とりわけ「四カ国の権利と責任」に関連する第四項が三国の権利を保持するのに十分かどうかが疑問を呈した。しかし第3章でみたように、その後米英仏は、「バール文書」の内容が西ドイツの反政府系新聞に掲載され、政府の交渉姿勢に対する風当たりが強まる中で、ソ連との本交渉を準備していたブラント政権をこれ以上苦境に追い込まないように配慮を働かせ、態度を軟化させる。後の対ソ連・対ポーランド条約批准の際に示した西側三国の態度からも、このような西ドイツ国内状況を考慮した上での、ブラント政権の東方政策への期待を見ることが可能であろう。

モスクワ条約が調印され、西ドイツ国内で東方政策をめぐる対立が激化する中で、西側諸国は、西ドイツ内政への干渉を避けるためにも、条約批准は「ドイツ人の案件」であるとして表面上静観していた［Tiggermann 1998 : 98］。しかし、やがて米英仏ソによってベルリン協定が仮調印されると、東西緊張緩和の流れに水を差されるのは決して好ましくなく、またそれによって西側同盟の結束に支障をきたすことや、西ドイツ国内が東方政策をめぐって分極化し不安定化することも危惧した。[28] 批准に関する議論が本格化する一九七二年二月の時点において、野党CDU／CSUが主張する条約の修正については、これ以上交渉内容を西側に有利にすることが困難との判断から、西側諸国も難色を示していた［Tiggermann 1998 : 99］。

特にアメリカ政府は、一九七二年初頭は五月に控えるニクソン大統領のモスクワ訪問を成功させることに集中しており、ここにきての西ドイツの条約批准失敗によって引き起こされる混乱や緊張緩和の逆行を何としても避けたかった。[29] また前節で触れたソ連の「逆リンケージ」を受けて、ベルリン四カ国協定を成功裏に発効させるためにも、西ドイツの条約批准に高い関心を払っていたのである。例えば一九七一年一一月には、西ドイツの野党CDUの外交政策専門家ビレンバッハ（Kurt Birrenbach）がアメリカを訪問したが、そこでの反応は「米政府は、ブラント政権が議会で多数派を維持し条約が批准されることを期待する」というものであった［Birrenbach 1984 : 336-37］。翌七二年三月下旬には、ワシントンを訪問したバールに対しキッシンジャーが、西ドイツ国内政治への干渉行為を注意深く回避しつつも、五月の米ソ首脳会談でベルリン協定発効を議題とするためには、アメリカにとって西ドイツの条約批准が望ましいと述べている。[30] 既に第3章で触れたように、確かにニクソン自身は「社会主義者」ブラントの首相就任を快く思っておらず、また野党に転落したCDU／CSUの関係者が頻繁に訪米し、東方政策への批判論を説いていた［cf. Schaefer 2003］。新たに公開され利用可能となった史料に依拠した研究では、ニクソンやキッシンジャーが西ドイツで政権交代の起こった六九年九月の連邦議会選挙を「悲劇」と嘆き、ブラントやバールを侮蔑するような発言を度々していたことも明らかにされている［cf. Sarotte 2008 ; Klitzing 2009 ; Michel 2010］。しかしながら、とりわけ七一年九月のベルリン四カ国協定の仮調印以降、緊張緩和の逆行や西ドイツ国内の不安定化を警戒する立場から、政権存続と条約批准への期待を持ち、米ソ間のデタントの「触媒」としてブラント政権の推進する東方政策を追認していったのである［Michel 2010 : 328］。

このアメリカ側の条約批准に対する関心の高さを、ブラント政権も十分に認識していた。バールは、ソ連のケースと同様に、こうしたアメリカの態度を西ドイツ国内で条約批准を可能にするために利用しようする。四月一日にキッシンジャーに送付した私信の中で、アメリカ政府が条約批准を望んでいることを明らかにするために、あくまで非公開で、野党議員も含む西ドイツ連邦議会議員が内々で閲覧できる書簡を用意できないかと要請したのである[31]。さらに四月四日に野党代表者との会合にのぞんだブラントは、バール訪米の際にキッシンジャーが条約批准の支持を示唆したことを伝えている［Michel 2010：337］。なおアメリカ側に要請した書簡は実現には至らなかったものの、これらの動きは、緊張緩和の逆行を望まないアメリカの姿勢を明確にすることで、条約批准に反対する野党議員や態度を決めかねている与党議員に圧力をかける試みがあったことを示している。そして実際に、明確な東方政策への立場表明は、西ドイツ政治への内政干渉に見なされる恐れがあるにもかかわらず、アメリカ側は様々な機会を通じて東方政策支持を明言していたのである[32]。

そして前述のように野党の建設的不信任案を否決し、政権崩壊の危機を乗り越えたブラント政権は、与野党の共同決議案による批准の道を探ることになる。主導権を握りたい野党指導者バルツェルは、建設的不信任の試みが失敗した翌日、アメリカ側から与野党でこの事態の収拾を図るように促す声明を発表するように働きかけた。しかしこれに対してキッシンジャーは慎重な対応を示し、すぐさまバールに、バルツェルの要請にアメリカ政府としてどのように応答すべきか助言を求めた[33]。バールは、バルツェルの立場を強化するような声明の公表を控えるように釘を刺す［Michel 2010：338］。結局このバールの返答通り、アメリカ側がバルツェルの働きかけに応じることはなかったのであった。

フランスやイギリスも、緊張緩和に悪影響を及ぼしかねない批准の失敗を憂慮していた。また万一批准に失敗し条約が不成立に終わった場合、ソ連のブレジネフの国内政治基盤を揺るがし、彼が率先して進めてきた西側への緊張緩和政策が終焉を迎えることを恐れていた[34]。例えば、パリを訪れたバルツェルらＣＤＵ／ＣＳＵの指導者に対して、ポンピドゥ仏大統領は、ソ連がベルリン問題に関して譲歩したことを強調するなど、東方諸条約の批准の重要性を示唆した［Barzel 1998：93］。フランスにとっては、ドゴール以来のソ連との特別な関係を維持するためにも、ブレジネフの望む条約批准が好ましいと考えていたのである［Bernath 2001：93］。

またイギリスも、西ドイツ政治への干渉行為を注意深く避けつつも、批准失敗による緊張緩和の逆行を警戒していた。例えば一九七〇年六月に成立した保守党政権のヒース首相は、西ドイツの連邦議会において批准をめぐる与野党対立が頂点に達しつつあった一九七二年四月二〇日にロンドンを訪問したブラントに対して、東方政策を支持する立場を明確に伝えている［橋口 2010：164］。また四月二四日には、ブリメロー外務次官代理が西ドイツ外務次官フランクとの会談で、東西間の緊張緩和への悪影響を回避するためにも条約批准が望ましいとまで明言していた(35)。ブラント自身が再三繰り返したように、東方政策が「緊張緩和政策」や「平和政策」につながると位置づけられている以上、西側三国もあからさまに批判的な姿勢を打ち出すには至らなかったのである［クラインシュミット 1994：邦訳 60］(36)。

おわりに

本章では、ブラントの東方政策と一九七二年一一月のドイツ連邦議会総選挙について、主に西ドイツ国内の与野党の対立と東側及び米英仏の西側三国の対応に焦点を当てて考察した。大連立政権で政権担当能力を示し、一九六九年の選挙後に初の首相を誕生させたSPDだが、ブラントの推進する東方政策は、野党に転落したCDU／CSUから激しく反発された。しかし、野党の反対論も終始まとまりを持つことができず、また有効な代替案も提示できないまま逡巡し、一九七二年の選挙で敗北を喫する。とはいえこの野党の反対論が、結果として西ドイツの条約批准とブラント政権の存続を望む東側に、様々な形で譲歩させるという結果を生み出した点は指摘できる。ここで注意したいのは、政府側が意図的に野党の強硬な反対論を利用し、東方政策の進行過程において、西ドイツに有利な形で交渉を進め、かつ内容的にも東側から譲歩を引き出したことである。他方で西側三国は、緊張緩和に寄与する東方政策に概ね支持を与えており、その逆行を恐れて反対姿勢をとることはなかった。さらには、東方政策をめぐり西ドイツ国内が混乱することを警戒し、緊張緩和のさらなる進展のためにもブラント政権の存続を願っていた。こうした西側の態度は、東方政策の推進に際して、繰り返し西側結束の重要性に言及してきたブラント政権の「西方政策」の成功を裏付けるものになったともいえる。

本章で見てきたように、ブラント政権の東方政策における西ドイツ国内の与野党の対立のなかで、特に野党が見せた対応は、東西緊張緩和という国際政治の流れ、つまりヨーロッパの「現状」の承認と緊張緩和を認めることについて、西ドイツが戦後背負ってきた遺産がいかに当時の西ドイツ外交を拘束していたのかを示している。と同時に、西ドイツ外交の積極性や独ソ接近に対する警戒のみならず、西ドイツ国内の政治的不安定化を西側諸国が危惧していた点も指摘できよう。そして、野党を中心とする反対論によって条約批准が困難であるときに、国際交渉において相手国から譲歩を引き出す側面を見ることができるのである。[37]

注

（1）四月二七日の質問状及び五月六日の政府による回答の部分訳は、三宅［1996：290-301］、旧敵国条項については、第1章の注31を参照。

（2）Werner Kirchner, "Ging Bahr zu weit? —Alliierte wittern Fallen im Moskau-Vertrag," in *Bild-Zeitung*, 12. 6. 1970, s. 1, 12 ; Mehnert 1970 : 817-18、高橋（進）［1991 : 46］、三宅［1996 : 287］を参照。

（3）バルツェルはCDUの政治家で、一九六六年の大連立政権ではCDU／CSU連邦議員団団長を務め、七一年にはCDUの党首となりCDU／CSUの首相候補となるが、七二年総選挙での敗北後、七三年に党首を辞職する。バルツェルからブラントへの書簡は、Barzel an Brandt, 18. 8. 1970, in *AAPD* 1970, S. 1497-98.

（4）ブラント政権の東方政策に対するCDU／CSUの反応に関する先行研究として例えば、Hacke［1975］、Clemens［1989］、Tiggermann［1998］、Grau［2005］、河島［1990］、田中［1993］を参照。

（5）戦後ドイツにおける東方国境の問題に関して、佐藤［2008］を参照。六〇年代後半から七〇年代にもなると、「被追放民」らの層が西ドイツ社会に次第に編入されていき、分断という政治的現実を一定の条件のもとで承認しなければならないとの認識が大勢を占める変化に大きく作用した［Jakobsen 1975: 邦訳 91］。このような変化は、これらの層を対象とした問題を扱っていた難民省が六九年一〇月に閉鎖されたことなどにも見ることができる［Ryder 1973：邦訳 256-57］。

（6）“Strauß : Bahr-Plan führt zu Moskauer Vorherrschaft,” in *Berliner Morgenpost*, 23. 9. 1973 ; Link［1989 : 79］. しかし保守派の大物政治家であるシュトラウスが、統合ヨーロッパを通じたドイツ問題の解決を提唱したのは興味深い［Winkler 2000：邦訳 235-36 ; Strauß 1966 ; Heuser 1997］。なおシュトラウスは、一九八〇年にはCDU／CSUの首相候補として当時の首相シュミットに挑むが敗れ、その後一九八三年には東ドイツへの信用供与を先導した。こうしたシュトラウスの構想には、東ドイツ政府を安定化させる点においてもバールと共通点を見出すことが可能である［Winkler 2000：邦訳 400-401］。

（7）連邦集会権については第2章第三節(1)参照。

（8）Protokoll der Franktionssitzung, 17. 12. 1971, in *ACDP*, Sankt Augustin, 08-001-1028/1 ; Grau 2005 : 235-39.

（9）二院制のドイツ国会において、各州の州政府代表によって構成される連邦参議院で、一つの州の州議会選挙で力関係が逆転するだけで政府与党が過半数の支持を失うことがある。

（10）戦後の西ドイツでは、戦間期の政治の混乱がナチスの台頭につながったという「歴史から学習」し、政治の安定化こそが最優先された［Morsey 1999 : 20］。その安定性の確保のために、例えば首相の不信任について、後任の首相を総議員の過半数の賛成で指名しなければ不信任できない「建設的不信任」制度によって、首相の解散権についても、信任決議案が否決された場合のみに限定された［森井 2008 : 4-6］。

（11）シュトラウス、SPDから首相府長官エームケ、FDPから内相ゲンシャー、そしてCDUからは原理的反対派のマルクス（Werner Marx）が参加した［Bender 1995 : 203］。

（12）共同決議案全文は、Link［1986 : 210］を参照。

（13）SPD系の「有権者イニシアチブ」は一九六九年一月に世論の前に登場し、既に同年九月の連邦議会選挙の際には、作家や大学教授など幅広い著名人がSPDへの支持を表明していた。一時は「西ドイツのテレビ視聴者の間の人気者たちのなかでは、新聞広告で公然とSPDの選挙戦に肩入れすることがエチケットになっていた」ほどの盛り上がりを見せたものの、七二年の選挙でSPDが勝利した後、急速に熱は冷めていき、やがてSPDへの幻滅を強めていく［Lösche und Walter 1992：邦訳 354-71］。

（14）Protokoll über das Gespräch zwischen Bahr und Gromyko, 30. 1. 1970, in *AAPD* 1970, S. 105-118 ; Schmid［1979 : 46］. 第

2章第三節(2)も参照。

(15)　ベルリン問題との「リンケージ」は、モスクワでの本交渉前に閣議決定した交渉指針に既に示されている［Instruktionen für Scheel, 23. 7. 1970, a. a. O.］。

(16)　ソ連の「逆リンケージ」は、Aufzeichnung über das Gespräch zwischen Breschnew und Brandt am 17. 9. 1971, in *AAPD* 1971, S. 1388-89 ; Ministerialdirektor von Staden an das Auswärtige Amt, 27. 9. 1971, in *AAPD* 1971, S. 1453.

(17)　Botschafter Allardt an AA, 21. 3. 1972, in *AAPD* 1972, S. 306-11 ; *EA* 1972, D 209.

(18)　Aufzeichnung des Ministerialdirigenten van Well, 4. 4. 1972, in *PAAA*, B41 ; Stent 1981 : 187-88.

(19)　Schreiben von Heinz Geggel, Westabteilung des ZK der SED, an Norden und Honecker, 10. 10. 1972, in *SAPMO*, ZPA, Signatur : IV B2/2028/4, Bestand Büro Norden.

(20)　Botschafter Allardt an AA, 3. 4. 1972, in *AAPD* 1972, S. 354-56, hier S. 355. そこには、ブラント政権との合意によって有利な形で進められることになった経済関係を継続する狙いもあったとされる［Staadt 1993 : 300］。

(21)　この交通条約によって、国境に近接する西ドイツ地区の住民が、国境に近接する東ドイツ地区へ、一年間に総計三〇日以内、三カ月に合計九日以内で日帰り旅行する（Kleine Grenzverkehr）手続きを定めた。交通条約の条文は、*ZJD*［183-88］を参照。

(22)　Gesprächsvermerk Michael Kohls über das Treffen zwischen Bahr und Honecker in Potthoff 1997 : 194-98 ; Potthoff［1999 : 105-06］; Nakath［2002 : 174］.

(23)　ホーネッカーとバールの会談は、Aufzeichnung des Staatssekretär Bahr, 11. 9. 1972, in *DEB*, Ord. 380A ; Vermerk über das Gespräch des Ersten Sekretärs des Zentralkomitees der SED Honecker mit dem Staatssekretär im Bundeskanzleramt Bahr, 7. 9. 1972, Nr. 169, in *DzD*, VI/2, S. 593-605, hier S. 594 ; Sarotte［2001 : 192］; Bahr［1996 : 401-05］.

(24)　Bahr an Kissinger, 10. 10. 1972, in *DEB*, Ord. 439 ; Keworkow［1995 : 126-27］.

(25)　一〇月一七日のバールとコールの交渉と一一月一日から四日の交渉は、Potthoff［1997 : 243-67］を参照。

(26)　同様の解釈としては、Potthoff［1999 : 110］を参照。

(27)　Stenogramm des Freundschaftstreffens führender Vertreter der kommunistischen und Arbeiterparteien der sozialistischen Länder, 31. 7. 1972, in Potthoff 1997 : 216.

(28) Botschafter Pauls an AA, 20. 3. 1972, in *PAAA*, B41 ; Schaefer 2003 : 101.

(29) Pauls an AA, 25. 3. 1972, in *AAPD* 1972, S. 327-30 ; Baring 1983 : 516.

(30) Aufzeichnung des Staatssekretärs Bahr, 1. 4. 1972, in *DEB*, Ord. 439. ニクソンは五月二二日から二九日までソ連に滞在した。

(31) Aufzeichnung des Staatssekretärs Bahr für Brandt, 1. 4. 1972, in *DEB*, Ord. 439 ; Bahr an Kissinger, 1. 4. 1972, in *DEB*, Ord. 439.

(32) Botschafter Pauls an Bundesminister Scheel, 5. 4. 1972, in *AAPD* 1972, S. 368-69 ; Aufzeichnung über die Gespräche des Ministerialdirektors von Staden mit dem Staatssekretär im amerikanischen Außenministerium, Irwin, und Abteilungsleiter Hillenbrand in Washington, 13. 3. 1972, a. a. O., hier S. 244.

(33) Kissinger an Bahr, 29. 4. 1972, in *DEB*, Ord. 439.

(34) Botschafter Ruete an AA, 17. 3. 1972, in *AAPD* 1972, S. 266-68 ; Aufzeichnung des Vortragenden Legationsrats I. Klasse Thomas, 24. 4. 1972, in *AAPD* 1972, S. 474-77.

(35) Ebenda, hier S. 474.

(36) ブラントは反ナチス活動によりノルウェーに亡命していたためナチスに加担しておらず、交渉相手として従来に比して信頼できるとソ連は表明していた［Gromyko 1989 : 邦訳 309 ; Zubok 2007 : 221］。西側でも、西ベルリン市長の経験など共産主義と闘ってきた点で信頼に値すると見なされていた［Bahr 1999 : 26 ; Bender 1995 : 188］。

(37) モスクワ条約の交渉過程及び西ドイツ国内での批准において、ソ連が批准を可能にするべく譲歩した点は、二層（ツー・レベル）ゲーム理論を援用すると、国内の野党を中心とした反対派による強硬な批判が西ドイツ政府の「勝利集合（win-sets）」を小さくし、ソ連側の譲歩を引き出したとの解釈も可能である［Putnam 1993］。

第6章 東方政策の「多国間化」
――CSCEの準備過程を中心に――

はじめに

本章では、ブラント政権の東方政策が、ソ連・東欧諸国との二国間関係改善から、多国間交渉の枠組みにおいて「多国間化」されていくプロセスを、ヨーロッパ安全保障協力会議（CSCE）の準備過程に注目して跡付ける。東方政策におけるソ連・東欧諸国との関係改善においては、国境の不可侵と平和的変更の可能性の確保や、戦勝国の権限の問題、さらには人的交流などの問題に関して、複雑な交渉や意見調整の結果漸く合意に至った。西ドイツ政府は、これらの合意内容を多国間の枠組みにおいても反映させるために、西側諸国との意見調整を通じて積極的に働きかけていく。とりわけそれは、CSCEの四つの「バスケット（議題群）」における第一バスケット（政治・安全保障問題）や第三バスケット（人の移動の自由・情報・思想の分野を含む文化協力の問題）において、西側全体の交渉姿勢に西ドイツの意見をどのように取り入れていくかの問題として浮上した。(1) 西ドイツ政府は、アメリカとの意見調整やEPC等の枠組みを通じて、バール構想では分断克服への第二段階に位置づけられていたCSCEが、東方政策における二国間関係改善の成果と矛盾しないようにするべく、精力的に関与していくのである。

第一節　東側によるヨーロッパ安全保障会議の提案と西側の対応

(1) ヨーロッパ安全保障会議の提案とブラント政権の成立

ソ連によるヨーロッパ安全保障会議の提案の起源は、一九五〇年代にまで遡ることができる。その当初の目的は、西ドイツの西側軍事同盟への参加阻止やアメリカの欧州関与の低下を主眼としてきたが、一九六〇年代後半頃になると、会議開催によるヨーロッパの現存国境の承認を通じて、西側にソ連の東欧支配や東ドイツを承認させる手段としての性格を担うようにもなった。一九六六年七月のブカレスト宣言では、アメリカの「侵略主義」と西ドイツの「報復主義」がヨーロッパの安全保障への直接的な脅威であると非難し、東西両軍事同盟の解体と、アメリカを排除した全ヨーロッパでの会議開催を提唱した［*EA* 1966, D 414-24］。さらには、「平和共存」の原則に基づき、主権尊重、内政不干渉、平等な善隣友好関係、並びに経済・貿易関係の拡大及び科学・技術・文化領域での交流の拡大や、ポーランドと東ドイツの間のオーデル・ナイセ線及び両ドイツ間の境界線を含む現存国境の承認を要求する。

しかし一九六〇年代末頃になると、東側のヨーロッパ安全保障会議の提案内容にも変化が見られるようになる。六九年三月一七日のブダペスト声明では、ヨーロッパの現存国境の不可侵性や二つのドイツ国家の承認を主張する一方で、両軍事同盟の解体に関する要求が姿を消すなど、会議開催を実現するために攻撃的な調子を弱めたと推測される変化が見られた［*EA* 1969, D 151-53］。これは、前年八月のワルシャワ条約機構軍によるチェコスロヴァキアへの軍事侵攻と、その後のいわゆる「ブレジネフ・ドクトリン」によって東欧支配圏の引き締めを行ったことや、中ソ対立の激化などが背景として考えられる（第2章第三節(1)参照）。

この東側の変化に応じたのがブラントであった。大連立政権下で外相を務めていたブラントは、慎重な姿勢を堅持する連立相手のＣＤＵ／ＣＳＵと対照的に、ブダペスト声明が東側の姿勢軟化を示していると捉えていた［Brandt 1976 :

248]。四月にワシントンで開かれたNATO外相会議でも、他の西側諸国の多くがブダペスト声明に不信感を表明する中、ブラントは、過大評価は禁物であることを強調しつつも、ブダペスト声明について真剣に討議するよう同盟国を説得し、NATOとしてヨーロッパ安全保障会議に向けて準備する必要性を訴えたのである。(2) そしてそこでは、具体的に会議でどのような問題を扱うかについてNATO内で検討を開始することで合意に至った。しかし会議に向けた準備自体は決して急がれたわけでなく、アメリカのキッシンジャー大統領特別補佐官（当時）が述べたように、準備自体を「巧妙に鈍行列車に乗せる」ことで、他の東西交渉にまず優先的に取り組むことが目指されたのである［関場 1992：122］。

このように東西間でヨーロッパ安全保障会議に関するコミュニケの応酬が始まる中、中立諸国側から会議について提案がなされる。五月五日にフィンランド政府が全ヨーロッパ及びアメリカとカナダに送付した会議を呼び掛けるメモランダムには、西ドイツの要求する北米二国の参加や、会議に向けた入念な準備が提唱されていたこともあって、西ドイツ側では概ね積極的に評価された。(3) このように会議に関する意見交換が活発化する一方、西ドイツとしてどのような立場をとるべきかの方針の策定も進んでいた。NATOはワシントン外相会議後、ヨーロッパ安全保障会議において討議されるべき具体的な諸問題のリストの作成を開始していたが［山本 2010：69-70］、西ドイツ政府や外務省内では、会議自体への評価は分かれていたものの、こうした多国間の会議が開催される前に、まずソ連・東欧諸国との二国間交渉に優先して取り組むことが検討され始めていた。

西ドイツ外務省では、ブラント外相の訓令の下、ヨーロッパ安全保障会議に関する作業班が報告書の作成に取り組んでいた。政策企画室長のバールは、既に一九六九年六月の時点で、同室で作業班の責任者であったザーム（Ulrich Sahm）に対し、東西ドイツ関係の規制を西ドイツが会議に参加する前提条件にすべきと提言している［Hakkarainen 2008：168］。同年九月二四日に政策企画室が完成させた報告書においても、そうした多国間会議に他の諸国と同等の立場で東ドイツが参加することが想定される以上、東西ドイツ関係の規制が西ドイツにとって最も重要な課題である点が強調された。(4) もし東西ドイツ関係が規制されないまま会議開催に至った場合、この問題が会議を失敗に導く元凶になるばかりでなく、西ドイツの意図に反した形で多国間交渉におけるテーマになる恐れがでてくる。したがって、ベルリン問題を含む東西ドイツの問題は、こうした多国間会議で扱われる以前に、ソ連をはじめとした東側諸国との「暫定協定」を通じて妥結することが目指されたのである。

さらに注目されるのは、西ドイツは会議開催問題において決して守勢に回るのではなく、むしろ東方政策を有利に進展させるためにそれを利用しようとした点である。すなわち、ソ連がこの会議に熱心であることを逆手にとり、またヨーロッパ安全保障に関する多国間会議に西ドイツが参加することは自明であることから、西ドイツが会議に参加することと引き換えに、二国間交渉で東側から譲歩引き出すことが企図されたのである。(5) このように既に大連立政権期に外務省において、二国間で進める東方政策の進展のためにヨーロッパ安全保障会議の問題を利用することが検討されていた。

その後、西ドイツ国内では九月末の連邦議会選挙に向けた選挙戦が激化していき、政権を構成するCDU／CSUとSPDの間で外交政策をめぐる対立が鮮明となるなかで、ヨーロッパ安全保障会議への準備は、政府内で当面棚上げとならざるを得なかった。選挙前の九月一一日にフィンランド政府への返答が送付されたが、そこでの会議に向けた「注意深い準備（sorgfältige Vorbereitung）」という表現は、この問題を先送りする姿勢を象徴するものであった［Haftendorn 1983：430］。選挙後、ブラント率いるSPDは、会議開催に積極的であった小政党FDPと連立を組み、外相には同党党首シェールが就任したものの、首相就任演説でブラントが明らかにしたように、新政権は当面ソ連・東欧諸国との二国間交渉に専念することになる。(6)

(2) 東西間のコミュニケの応酬と二国間交渉の優先

東西両陣営間のコミュニケの応酬に目を転じると、ブラント政権成立直後にワルシャワ条約機構側から出された「プラハ声明」では、フィンランドのメモランダムに歓迎の意を示す一方で、ブダペスト声明と同様に、両軍事同盟の解体が交渉の前提条件として掲げられることはなかった［*EA* 1969, D 551-52］。これに対して西側は、概ね東側の姿勢の軟化を見て取ったものの、アメリカやカナダの参加問題に言及がない点に疑念を抱く。一二月上旬にワシントンで行われたNATO外相会議では、会議開催の条件として、ベルリン問題の解決や「人・情報・思想の自由移動」に基づく経済・技術・文化交流の促進などに関する具体的成果に加えて、前年に西側が提案していた相互均衡兵力削減（MBFR）の交渉や戦略兵器制限に関する米ソ交渉の進展が提示された。さらには、「北米のNATO同盟国」の参加が望ましいことや、「現在のヨーロッパの分割を正当化する会議になってはならない」と念を押すことも忘れなかった。

この時点において西側諸国は、自ら提案するMBFRとCSCEの交渉を別々に行うのか、MBFRなどの軍縮問題もCSCEで扱うテーマに含めるのかの問題に直面していた。東側は「プラハ声明」において軍縮問題を会議のテーマに含めることを条件としていたが、西側はMBFRとCSCEを別々に進めることを主張し対抗姿勢を鮮明にする。とりわけアメリカは、東側の提案に懐疑的な立場を示しており、例えば一九六九年一二月六日のブラントとの会談でロジャース国務長官は、MBFRや西ドイツの東方政策には意義を認めるものの、CSCEはソ連の東欧支配を受容する点で東側に利するのみであるとして警戒の色を隠さなかった(7)。一方西ドイツ側は、この時点ではMBFRとCSCEの両交渉に対する統一見解を纏め切れていなかったが、西側にとって前者が後者より重要であるというアメリカの態度に理解を示していた(8)。

それでは他の主要同盟国はどうだったか。イギリスは、ソ連が西側によるMBFRを拒否するために、代わって会議開催の提案を積極的に行っていると捉えていた。しかしフランスは、MBFRによる在欧米軍の削減によって西欧安全保障が不安定化することを懸念し、MBFRに消極的な態度を示す。このように西側全体で足並みは揃わなかったが、西ドイツのNATO常駐代表グレーヴェは外務省宛の電文のなかで、西側諸国がこれらのテーマで歩調を合わせるために、西ドイツ自らがイニシアチブを発揮するよう進言している(9)。既に早くから西側全体で統一した交渉姿勢をとることを重視していたのが窺える。

しかし西ドイツにとっての頭痛の種は、やはり東ドイツの参加問題であった。ソ連によるアメリカやカナダの参加の容認の条件には、同様に東ドイツが会議に参加することが掲げられていたが、こうした前提条件は、東ドイツの国家承認を拒否してきた西ドイツに難題を投げかけたのである。もちろんＣＳＣＥ開催の暁に東ドイツが参加することは、西ドイツにとっても自明なことであった。それゆえに、会議前に両ドイツ間関係の規制を通じて敵対関係が解消されなければ、会議自体でも両ドイツ間の問題がテーマとなってしまう。そうなれば、会議が「ドイツ問題」によって失敗に終わる恐れがあるばかりでなく、西ドイツ自らが自国の主張を反映しにくくなる危険性もあった。したがって西ドイツにとっては、会議開催前に「ドイツ問題」に関してソ連や東ドイツとの二国間での「暫定協定」によってまず合意に至ることが目指されたのである。

またこのように会議開催に慎重な西ドイツの立場は、他の西側諸国にも概ね共有されていた。一二月上旬の米英仏独の外相会談では、会議開催のためには両ドイツ間交渉やベルリン問題に加え、米ソの戦略兵器制限交渉など他の東西交渉の具体的な進展が不可欠という点で一致した。とりわけ東ドイツの国際的地位の問題に関しては、ＣＳＣＥへの参加が東ドイツの国際法的承認を意味しないことを言明する留保声明まで検討されている(10)。米英仏も、第3章で既述のように、東ドイツの地位向上がドイツ全体及びベルリンに関する権限を侵害しないか不安視しており、拙速な会議開催を避け、東側の緊張緩和への真意を確かめるテストとしてまずは二国間交渉を優先する点で、西ドイツと共同歩調を取ったのである。

こうした背景からブラント政権の東方政策は、まずソ連をはじめとした二国間関係改善に優先して取り掛かった（第2章参照）。ブラント政権は、もしＣＳＣＥを支持した場合はソ連の東欧支配やドイツ分断を容認するリスクを背負うが、他方でそれに反対すると西側世論の中でも孤立する可能性があることを理解していた。こうしたジレンマを脱するためにも、先にソ連・東欧諸国との二国間関係の改善に取り組み、その成功こそＣＳＣＥの開催に寄与するという論理を展開したのである。そしてその論理を展開するためにとりわけ重視されたのは、西側諸国との一致であった(11)。

ここでさらに注目されるのは、西ドイツにとって優先順位の高い二国間交渉の進展を会議開催への条件とするために、東側へ積極的に攻勢に出ることが主張された点である。すなわち、ブラント政権による東方政策の進展を妨げることは、CSCEの開催自体を妨害することを意味し、東側が二国間関係の改善への熱意をみせることこそが会議の成功に繋がると主張したのである。またこのように主張することで、会議開催を通じ「平和攻勢」に出ていたソ連が、実は緊張緩和を逆に阻害しているというマイナスイメージをアピールできると考えられた。来るべきCSCEが、例えばバールとルーマニアの外務副大臣との会談では、東西のブロック間対立ではなく参加国が自由に関与するべきとの建前が述べられていたが(12)、実際は東西間でどちらが緊張緩和に熱心であるかをめぐってプロパガンダ合戦が繰り広げられていたのである。

こうした世論を意識したプロパガンダは、一九七〇年五月にローマで開かれたNATO外相会議でCSCEに向けてより具体的な提案がなされたことにも表れた。そこでは、人の自由な移動、思想と情報普及の自由、並びに文化・経済・技術・科学及び人間的な環境の発展に資するような国際関係の発展が具体的なテーマとして新たに加えられた。興味深いことに、このような提案を行うことで、西側全体の交渉主体としてのNATOの重要性を世論に再確認させる意図が加盟国外相の間でも共有されていた(13)。このようにNATOは、CSCEの準備過程において、西側の交渉姿勢を調整する場としての役割も果たすことになる。

これに対し東側は、六月のワルシャワ条約機構外相会議において、兵力削減問題も扱う常設機関の設置を会議の目標として加えた。これには特にアメリカが、西側同盟の分裂を図るものとして反発する一方、西ドイツは緊張緩和に向かう「正しい方向への一歩」であると積極的な評価を与えた(14)。この西ドイツの立場はデンマークとノルウェーに支持されただけだったが、ブラントは七月のポンピドゥ仏大統領との会談でも、以前に比べて東側の態度に軟化の兆しがあると述べている(15)。並行するソ連との二国間交渉も紆余曲折を経て大詰めを迎えていたが、ブラントは東側との交渉に確かな手応えを感じでいた。しかしCSCEにおいて、兵力削減など軍事安全保障問題をどのように扱うかについて、この時点で西側陣営内において意見が統一されることはなく、MBFRとの兼ね合いに関し各国の思惑が複雑に交錯する状態がしばらく続くことになる［山本 2010：117-27］。

なおこの六月の東側提案では、「人・情報・思想の自由移動」に関する言及はない。ソ連のグロムイコ外相は、並行する武力不行使に関する条約の本交渉のためモスクワを訪れていたシェール外相に、会議で余りにも多くのテーマを議題とすることへの憂慮を示している。[16] しかし西側は、早くからこのテーマを会議の議題に挿入することで、長期的に東側体制を揺るがしかねないダイナミックな要素を取り入れようと試みていた。この時点で西ドイツは、両ドイツ関係において追求していた旅行の自由など人の自由移動を、ＣＳＣＥという多国間の枠組みでも実現しようとしたのである。

第二節　東方政策の進展と西側陣営内の意見調整

一九七〇年八月に西ドイツとソ連の間でモスクワ条約が調印されると、ヨーロッパの緊張緩和は新たな段階へ歩を進める。西側は、ＣＳＣＥに熱心なソ連に対して、他の東西交渉の進展を促す手段としてＣＳＣＥ開催問題を利用していく。

既にモスクワ条約締結後にブラントは、ソ連のコスイギン首相に対し、ＣＳＣＥ開催前にできる限り多くの問題に解決されることこそが会議の成功に繋がると言明し、とりわけベルリン問題や東西ドイツ関係の重要性を強調した。[17] またバールも、八月一七日のキッシンジャーとの会談で、両ドイツ間の問題が合意に至ってこそＣＳＣＥ開催に利益を見出せると述べている。[18] こうした西ドイツの主張を反映させることは、ＣＳＣＥに対する西側の統一した交渉姿勢に向けて意見調整する過程において、東方政策への西側諸国の支持を確保することと並んで肝要であった。このように、バールのヨーロッパ安全保障構想において分断克服への第二段階と想定されていたＣＳＣＥは、ベルリン問題や東西ドイツ関係に比して、この時点でも優先順位が低かったことが窺える。「多国間化」への機はまだ熟していなかったのである。[19]

こうした西ドイツの意向が反映される形で、一九七〇年一二月のＮＡＴＯ外相会議では、ＣＳＣＥ開催とベルリン問題とのリンケージについて意見交換がなされた。フランスは、東西ドイツ間の合意を前提としたベルリン問題の「規制」が達成された後にCSCEの準備に入れるべきとの立場を示した。これに対してアメリカは、CSCEの開催条件として、停滞していた米ソ間のSALTなど他の東西交渉も掲げるべきで、もしCSCEを先に開催した場合、ソ連が他の交渉で「先延ばし戦術」をとることを危惧した[20]。結局、ベルリン問題での「満足いく結果」による解決を参加条件に会議開催に同意するとの声明が出された。

このベルリン問題に加えて西ドイツにとって死活的な問題が、東西ドイツ間交渉であった。既に述べたように西ドイツ政府は、CSCEの開催にはヨーロッパの緊張緩和が不可欠であり、それは両ドイツ関係の「規制」なしには実現しえないとの論理を展開していた。一九七〇年一〇月三〇日のグロムイコとの会談でシェールは、東西ドイツの国連加盟に向けた前提条件が整ってはじめてCSCEの準備を開始できると述べ、両ドイツ関係改善の重要性をあらためて主張する。しかしグロムイコは、これらの諸問題をリンケージさせることに反論する[21]。ソ連側は、確かにベルリン問題や東西ドイツ関係を重視する西ドイツの立場に理解を示しつつ、とりわけ西ベルリンに関する問題は特別であり、こうした諸問題はそれぞれ独立に交渉されるべきとの考えであった[22]。すなわちソ連によれば、CSCEの準備を開始するにあたり、西ドイツには発言権のないベルリン四カ国交渉の進展をも条件にすること自体が「間違い」であった[23]。しかし東側諸国の間でも、少なくともベルリン問題の解決が緊張緩和の本質的な要素であることについては既に認識が共有されていた［*EA* 1971: D 23］。

西ドイツの主張するベルリン問題とのリンケージは、一九七一年一月の独仏首脳会談でも確認された。この会談でブラントとポンピドゥは、ベルリン問題の「満足な規制」をCSCE準備開始の条件にすることで合意する。なお先行研究では、ここでポンピドゥが、条件として東西ドイツ交渉の妥結を取り下げ、ベルリン問題のみを条件とするようブラントを説得することに成功し、米英は西ドイツのこの譲歩を驚きをもって迎えたと指摘される［Hakkarainen 2008: 170；山本 2010: 158-59］。しかし後述のように、引き続きこのベルリン問題と東西ドイツ交渉は密接に絡み合いつつ進行することになる。

このように西側諸国間でCSCE開催に向けて意見交換が進むなか、西側の盟主たるアメリカの態度は依然慎重であった。とりわけ、一九七〇年一二月のワルシャワ条約機構加盟国の首脳会議で出された声明内容が、かつて反米姿勢を鮮明にした一九六六年のブカレスト宣言に逆行している点を懸念する。さらには、CSCEによって西欧諸国が分断克服への幻想に陥り、西側同盟の結束や安全保障が弱体化することも危惧していた。アメリカにとってCSCEの優先順位は決して高いものではなく、他の東西交渉でソ連から譲歩を引き出すための「餌」として利用することが想定されていたが、それによって西側の連帯を乱すことなどあってはならなかったのである[cf. Romano 2009b]。とはいえ、ワシントンの政策決定者の中でも、CSCEが長期的には東欧諸国の自由化に寄与しうる可能性を排除していなかった点は興味深い(24)。

またアメリカのCSCEに対する姿勢は、フランスやイギリスと同様に、東ドイツの国際的な地位向上に伴う自国の権益の侵害への警戒とも密接に関わっていた。すなわち第3章でも述べたように、戦勝四カ国の保有するドイツ全体及びベルリンに関する権利と責任が、東ドイツの地位向上によって脅かされることを恐れていたのである。したがってアメリカは、CSCEにおいても四カ国の権益に関する留保条項を挿入し、加えて西側三国による声明を発表することを通じて、自国の権限を確保しようとした。しかしこうしたアメリカ側の要求に対して西ドイツは距離を置く。西ドイツ政府は、既にCSCEの準備開始とベルリン問題のリンケージが戦勝四カ国の権益の保障を含意するのであり、むしろ東西ドイツ関係の特殊性を強調することで、会議開催による東ドイツの国際的地位向上を阻止することを力説した。その背景には、アメリカの要求する四カ国の権限の主張によって、西ドイツ自身の外交政策の行動範囲が制限されかねないという懸念が存在していた(25)。ここに西ドイツ政府が、東方政策を推進するにあたって、西側諸国と緊密な連携をとりつつも、過剰にコントロールをされることを避け、一定程度の独自性を確保して外交政策を展開するべく腐心していた様子が窺える。

第三節　ベルリン四カ国協定とソ連による「逆リンケージ」

(1)　ベルリン協定とソ連の「逆リンケージ」

既に見てきたように、CSCE開催問題とベルリン交渉や東西ドイツ間の問題など他の交渉とのリンケージをめぐって、西ドイツとソ連との間で対立が先鋭化してくる。ソ連は、CSCEの開催条件にベルリン交渉を掲げることに強く反発し、両交渉を並行して進めることを主張した。これに対して西ドイツは、第5章で指摘した東方諸条約の批准への条件と同様に、ベルリン四カ国交渉の進展こそCSCE開催に不可欠な前提であるというリンケージを訴える。(26)

この西ドイツのリンケージについては、一九七一年六月にリスボンで開かれたNATO外相会議においても概ねコンセンサスを得ていた。ベルリン四カ国交渉は、ヨーロッパの緊張緩和へのソ連の真意を確認するテストとしての重要性を有しており、西ドイツの東方政策が成果を挙げるかの鍵を握っている。しかし実際にベルリン問題の「満足な規制」が何を意味するのかについては解釈の相違もあった。アメリカがベルリン四カ国協定の締結をもって条件を満たすという考えを示したのに対し、西ドイツやイギリスは、ベルリン四カ国交渉を東側が抵抗するようにCSCE開催の条件と明示するのではなく、時間的にベルリン交渉の優先順位が高いことを強調すればよいという立場であった。さらにフランスもリンケージを明確にすることには反対した。結局外相会議後に発表された声明では、ソ連を刺激しかねないリンケージの明文化は回避され、順序としてベルリン交渉に優先して取り組むとの表現に留められた。(27)

しかしこのリンケージを拒否するソ連の姿勢に変化はなかった。これに対して西ドイツは、西側が態度を軟化させていることをソ連も積極的に評価すべきであると説得を試みる。西ドイツは、ヨーロッパの中央に位置する先進工業国として、CSCE開催に前向きな発言を繰り返してきた。ベルリン交渉は東西間の緊張緩和が本当に可能なのかを占うテストであり、もしベルリン問題や東西ドイツ関係に関する対立が解決できないままCSCEに持ち込まれると、会議自体がそれらの諸問題に忙殺され失敗に終わるリスクを抱えるという論理を展開したのである。(28) ソ連はこれに対し沈黙をもって応じるのみであった。

一九七一年九月三日にベルリン四カ国協定が仮調印された。ここで紆余曲折を経た交渉過程の詳細については検討できないが、直接の当事者でない西ドイツは、「ボン四カ国グループ」や西ドイツ駐在の西側三国との意見調整等の様々なルートを通じて、ベルリン問題に関する自国の立場を成功裏に反映できたと評されている［Loth 1998：144；本書第5章第二節も参照］。複雑に絡み合う争点のなかで、停滞する交渉の突破口を開いたのは、ベルリンの地位などの形式的な問題を一旦棚上げにし、実際的な課題から解決の糸口を見出すバールの提案であった［Kissinger 1979：880；Merseburger 2002：619-20；山本 2010：174-76］。そしてこのベルリン交渉において見られたような西側三国との緊密な意見調整もまた、西ドイツ外交に対する諸国の不安を緩和する効果を持ったのである［Haftendorn 2001：197；Hacke 2003：174］。

ところがこの四カ国協定の仮調印後、今度はソ連が攻勢に出る。すなわち、仮調印された四カ国協定の発効条件として、西ドイツ国内における東方諸条約の批准を掲げたのである。この「逆リンケージ」については第5章でも述べたが、二週間後にブレジネフの招待でクリミア半島の保養地オレアンダにて開催されたブラントとの首脳会談においても、この「逆リンケージ」が繰り返された。(29) 会談でブレジネフは、CSCEに関連して、東方諸条約の西ドイツ議会の批准の遅れが会議開催を阻んでいると苦言を呈する。これにはブラントは、東方諸条約に対する野党をはじめとした反対論が依然根強く、批准にはなお時間が要すると応じるしかなかった。またブラントは、一二月に予定されるNATO外相会議でCSCEの準備開始にゴーサインを出すためには、ベルリン四カ国協定の発効が必要との見解を示した。これに対してブレジネフは、東西ドイツ関係の規制なしに四カ国協定の発効は不可能であると反論する。しかしこの時点で西ドイツ政府は、CSCEの準備開始を焦っていたわけではなく、むしろできる限り先延ばしにすることで、引き続き東西ドイツ交渉など他の交渉を進展させるための手段として利用しようとしていたのである。(30)

(2)「逆リンケージ」への対応と西側の「先延ばし戦術」

ソ連による「逆リンケージ」に対して西側諸国の反応は一様でなかった。アメリカは、ベルリン協定の発効や西ドイツの東方諸条約批准だけでなく、一九七二年一一月に予定される大統領選挙前にCSCEの準備を開始するつもりはなかった。[31] フランスは、東西ドイツ間の交渉において、ソ連が東ドイツに譲歩を迫るよう圧力をかけることを期待し、両ドイツ間交渉の妥結まで会議準備の開始を控えるべきと主張した。[32] イギリスも、こうした西側の「先延ばし戦術」に対する世論の反発が高まらない範囲内で、フランスの立場に同調する。[33] そして西ドイツは、ソ連の「逆リンケージ」が事態をさらに複雑にし、野党の反対論を勢いづけ東方諸条約の批准が困難になることを危惧した。また西ドイツにとって、東ドイツが他の参加国と同じようにCSCEの準備過程に関与することも、東ドイツの国際的な地位向上につながるため好ましくなかった。ソ連が西ドイツによる東方諸条約の批准を熱望していることは明らかであり、したがって「逆リンケージ」に対しても過剰に反応せず静観する姿勢をとる。[34]

とはいえ、そもそもCSCEに対する西側諸国の交渉姿勢を一致すべきかどうかについても意見が分かれていた。フランスは、必ずしも西側諸国が共同歩調をとる必要はないという見解を示したのに対し、アメリカやイギリスは西側陣営内の一致した交渉姿勢が不可欠と考えていた。こうした状況を受けて西ドイツは、フランスのみならず他の西側諸国もそれぞれ個々の国益を追求していくことで西側陣営が分裂することを懸念する。こうした認識は米英にも共有されており、各国の意見の相違を表面化させず、西側全体が統一した交渉姿勢を堅持するためにも、西ドイツにその調整役を期待していたのである。[35]

一九七一年一二月のNATO外相会議では、CSCEの準備開始の条件であるベルリン問題に関する解釈に違いが見られた。フランスは、仮調印されたベルリン協定を補完する東西ドイツ間の諸協定が締結された後にCSCEの準備を開始すべきとの立場であり、デンマークやノルウェーが同調した。これに対しアメリカや西ドイツは、イギリスやオランダらとともに、協定を補完する両ドイツ間交渉が妥結した後も、最終的にソ連を含む四カ国によってベルリン協定が発効するまで準備開始を待つべきとの考えであった。その背景には、ベルリン協定後に進められていた両ドイツ間交渉が期待に反して外相会議までに妥結できなかったことへの失望もあった。(36) 各国代表による長い議論の末、結局、ベルリン交渉の「満足な締結」の後にCSCEの準備開始に入るという表現で一致する。これによって西ドイツは、早急なCSCEの準備開始を回避することができたのである。

一九七二年に入ると、モスクワ条約やワルシャワ条約の批准をめぐる西ドイツ国内の与野党対立が激しさを増すなか、東西ドイツ間交渉の進展状況が焦点となった（第5章参照）。ブラント政権は、仮に東方諸条約の批准が失敗に終わった場合、ソ連が二国間関係ではなくむしろCSCEによる全ヨーロッパ規模での関係改善に傾注することを懸念した。(37) しかし他方で、ソ連にとって西ドイツによる条約批准とCSCEの準備開始の優先順位はともに高く、ブラントはCSCEに執心するソ連に対して、東西ドイツ間交渉を促進すべく東ドイツに働きかけるように迫っていた［Loth 1998 : 150］。ブラント政権は、四月末の倒閣の危機を乗り越え、与野党による共同決議案によって遂に東方諸条約を批准するが、そこには野党側にも、五月下旬に予定されるNATO外相会議でCSCEの準備開始問題が取り上げられることは間違いなく、西側陣営内でこれ以上の孤立を回避すべきとの判断があったとされる［Lemke 1992 : 168］。

五月末の米ソ首脳会談では、ニクソン大統領がMBFRとCSCEを「並行して」進めることに同意し、CSCEの準備開始に弾みがついた。(38) そのため西ドイツにとって、東西ドイツ間の基本条約を締結するまで、CSCEの準備開始を先延ばしできるか否かは不透明であった［Haftendorn 1974 : 327］。六月一五日に西ドイツ側の代表者バールと東ドイツ側のコール（Michael Kohl）の間で交渉が再開されるが、両ドイツの「特別な関係」を要求する西ドイツに対して、東ドイツは拒絶の姿勢を崩さなかった。(39) さらに東ドイツは、大統領選挙を理由にCSCEの準備開始を遅らせるアメリカを痛烈に非難し、早急な開始を主張する。(40) また西側が展開する人の自由移動の問題を通じたプロパガンダに対し、東側に有利な内容を見込める国境問題など安全保障に関するテーマで対抗すべきと考えていた。(41) 既にこの時点で東ドイツは、両ドイツ間交渉における人的交流をめぐる対立を念頭に、CSCEでもこのテーマについての警戒心を露わにしていたのである。

これに対して西ドイツは、東ドイツも参加するCSCEの準備が開始にいよいよ近づくなかで、東西ドイツ間交渉の行き詰まりに焦りを感じていた。しかし、西ドイツが時間的にプレッシャーを受けているという印象を東ドイツに与えると、交渉妥結のために譲歩を迫られるリスクが生じる。バールは野党指導者に対し、東西ドイツ間交渉がCSCEの準備開始後までずれ込んだ場合、ますます交渉が困難になると説明し、東西ドイツ間の諸問題で強硬な要求を出し続ける野党に理解を求めた[42]。ブラント政権は、東西ドイツ交渉の進展の障害となっていた野党を説得するために、CSCEの準備開始問題を利用していたのである。

そして第5章で見たように、バールは、停滞するコールとの交渉の打開を求めて、九月七日に東ベルリンにて東ドイツの指導者ホーネッカーと対談する。そこでホーネッカーは、旅行制限の緩和など両ドイツ間の人的交流に関し譲歩の姿勢を示し、さらに一〇月のバールとブレジネフの会談を経て、一一月八日に東西ドイツ基本条約が仮調印された。その後一一月一九日の連邦議会総選挙にブラント政権は勝利し、東方政策に関し西ドイツ国内で信任を得る。このように東方政策が一段落するのを待ってようやく、CSCEの準備会議である予備会合が一一月二二日に開始された。西ドイツの思惑通り、会議の準備を開始する前に東西ドイツ間の「暫定協定」を妥結することで、CSCEの議題に東西ドイツ間の対立を持ち込むことを回避できたのである。

第四節　CSCEの各テーマに対する西ドイツ及び西側諸国の姿勢

以上のように西ドイツは、CSCEの準備開始問題をベルリン問題や東西ドイツ交渉など他の交渉の進展に利用する一方で、実際に会議において扱われるテーマに関する西側陣営内の意見交換でも積極的に働きかけていく。その際、先行するソ連・東欧諸国との二国間関係改善によって得た成果を、多国間の枠組みであるCSCEにおいて参加国に確認させることで、東方政策の「多国間化」を図るのである。

既に一九七一年一二月に外務省で、来たるCSCEに向けた交渉姿勢に関する検討を本格的に着手することが決定された。各省の意見を集約した結果纏められ、一九七二年五月一六日に閣議に答申された報告書は、この時点の各テーマに対する姿勢を示すものとして、その後の西ドイツ政府の交渉指針の基本となる。この報告書は、ECや西側同盟全体の意見調整を重視した上で、CSCEにおいて西ドイツがいかに自国の利益を追求していくかを包括的に分析したものであった。また報告書の作成過程においても、ブラント政権が先だって取り組んだソ連・東欧諸国との二国間関係の改善と同様に、CSCEでも西ドイツの「単独行動」を絶対に回避すべきであるという認識が色濃く反映された。(43) こうした西側諸国との意見調整は、一方では西ドイツ自身が自由に国益を追求することを制限したが、他方で西側全体の姿勢に自国の主張が反映されることで、その立場を強化する側面もあったのである［Lentz 1978：152, 154］。

報告書の内容は計一八項目からなるが、そのうち会議で扱われるテーマについては、第一〇項以降に纏められている。そこでとりわけ重視されたのが、「国家間関係の諸原則」の一つとして扱われる国境問題に関する規定である。

この国境問題については、CSCEのテーマにおける武力不行使の多国間化を通じて、ソ連の要求する戦後ヨーロッパ国境の「現状」の承認に対して、将来のドイツ統一の可能性をいかに確保するかが焦点となった。第2章で見たように、一九七〇年八月に調印されたモスクワ条約では、西ドイツ側からソ連側へ手交された「ドイツ統一に関する書簡」によって、将来のドイツ人の自由な自決権を保持することを確認した。したがってこの書簡と同内容の措置を通じて、先行した二国間関係改善の際の「暫定協定」的性格を、CSCEにおいても参加国に認めさせることが、西ドイツにとって重要になる。さらにこの自決権に関しては、CSCEに参加する東欧諸国にも適用することで、これらの国の主権を制限するソ連の「ブレジネフ・ドクトリン」に対抗すべきとの認識が西側陣営全体でも共有されていた。(44) とりわけ西ドイツやフランスは、そこに東欧諸国がソ連からより自立した政策を推進できる根拠を見出すことも期待していた。(45)

また以上の自決権と並んで、CSCEがドイツ分断を固定化することを避けるために、ソ連とのモスクワ条約の際と同様に、ドイツ全体およびベルリンに対する戦勝四カ国の権限を強調することで、東西ドイツが参加するこの会議の暫定的性格をアピールしようとする。

当初アメリカは、こうした西ドイツの姿勢に距離を置いた。なぜなら、バルト三国の併合や中ソの国境問題などを考慮すると、ソ連に有利な形でこの問題が扱われることを警戒したからである。これに対し西ドイツは、自分たちを「頭越し」にして米ソが会議進行の主導権を握ることを危惧すると同時に、先立つソ連・東欧諸国との二国間関係の改善で主張した国境問題における「承認」と「尊重」の違いを、CSCEでも反映させようとする。(46) すなわち、戦後ヨーロッパの国境をあくまで「承認」ではなく「尊重」するとすることで、CSCEの暫定的性格を強調する一助とし、将来の国境の平和的変更（ドイツ統一を含む）の可能性をオープンにしようとしたのであった。後述するようにこうした問題は、CSCEにおいて国家間関係の基本原則を扱う第一バスケットで扱われ、国境の平和的変更の可能性をいかに条文化するかを中心に争われることになる。

ここで注目されるのは、この報告書の中に「人・情報・思想の自由移動」の問題に関する項目が見当たらない点である。この問題については、既に一九七一年に西側陣営内で取り上げられ、その重要性に関する認識は一致していた。しかし、アメリカやオランダなどがこのテーマに関して西側が強い立場に立って東側から譲歩を引き出すべく最大限要求を掲げようとしたのに対して、西ドイツはより長期的観点から段階的に停滞した交流の再活性化を目指すことを主張した。ここには、最大限要求によって東側が姿勢を硬化しCSCE自体の失敗に繋がることや、並行していた東西ドイツ間交渉に支障をきたすことへの危惧が背景にあった。(47) とはいえ、西ドイツ国内における東方政策反対派に着実な進展を誇示する必要性もあったことから、ゆっくりではあれ具体的な成果を漸進的に積み上げていく「小さな歩みの政策」が、CSCEにおけるこのテーマへのアプローチにも反映されたのである［cf. 山本 2010：209-11］。

これに対してアメリカやイギリスは、西側が攻勢に出ることのできるこの問題を先延ばしにする西ドイツの姿勢を批判した。経済・技術協力の分野では相対的に東側に有利な内容で合意することが予想される以上、西側はこの「人・

情報・思想の自由移動」の問題でその対価を獲得することが期待されていたのである。しかし他方でアメリカは、このテーマによってCSCEに対する楽観的なムードが支配的になり、西側同盟の結束が弱体化することも警戒していた。

こうしたなかで西ドイツは、論争的な「人・情報・思想の自由移動」の問題において東側に譲歩を迫るよりも、「国家間関係の諸原則」の一つとして「武力不行使」や「内政不干渉」などの問題と並んで人権や個人の基本的自由の問題を取り上げることで、より一般的で東側にも受け入れやすい形で目標を追求する戦術をとる。これこそが、後に一九八九年の「ベルリンの壁」開放からヨーロッパにおける冷戦の終焉を招く背景の一つとなったといわれるCSCEの人権条項の起源であったと言われている［山本 2010 : 204-12 ; Romano 2009a : 127, 146］(48)。またこの議題のタイトルについても、東側が警戒を強める「人・情報・思想の自由移動」に代わり、西ドイツはより穏健な「コミュニケーションの促進」という文言を提案していた。結局この案は反映されなかったものの、ここにも、「名」より「実」をとることを重視する西ドイツ政府の姿勢が明確に表れているといえよう。そしてその上で西ドイツは、より具体的な成果を得るために、CSCEのなかでこの議題にとくに積極的に関わっていくのである［Lentz 1978 : 165 ; 宮脇 2003 : 117-18］。

第五節　CSCE予備会合の開始

一九七二年一一月二二日から開始されたCSCE予備会合は、翌七三年六月八日に最終勧告書が採択されるまで計四つのラウンドに渡って展開された。当初は会議の進行手続きなどに関する議論が大半を占めたが、やがてスイスの提案に沿って以下の四つのバスケットに別れて話し合われるようになる。すなわち、政治・安全保障問題（第一バスケット）、経済・科学技術・環境での協力の問題（第二バスケット）、人の移動の自由・情報・思想の分野を含む文化協力の問題（第三バスケット）、会議の継続や会議後の組織化など再検討に関する問題（第四バスケット）であり、この四つの分野について本会議で扱われるべき議題を設定する「作業指令文書（Mandate）」が作成されることになった(49)。本章ではそこで扱われたテーマのすべてを見ていくことはできないが、東方政策との関連で注目されるのは、東西間の主要な対立点として浮上した第一バスケットにおける「国境不可侵」問題と第三バスケットの「人・情報・思想の自由移動」に関する問題である。

(1)「国境不可侵」をめぐる問題

「国家間関係の諸原則」としての「国境不可侵」

既述のように、まず「国境不可侵」の問題については、将来のドイツ統一の可能性を確保することが西ドイツにとって課題となった。ソ連は、念願である戦後ヨーロッパ国境の「現状」の承認を確たるものにするために、第一バスケットが扱う「国家間関係の諸原則」（資料6も参照）に関する作業指令文書に「国境不可侵」を独立した原則として挿入することを目指した。なおこの諸原則の内容は、内容的にはほとんど国連憲章や友好関係原則宣言に沿ったものであったが、それらにはない「国境不可侵」を項目に加えることは、この項目を通じた戦後ヨーロッパの「現状」の承認を企図したものに他ならなかった。西ドイツは、ソ連の要求するように「国境不可侵」をひとつの原則にした場合、この「国境不可侵」が「武力不行使」原則と同等に扱われてしまうことに反対し、「国境不可侵」があくまでより一般的な原則である「武力不行使」の一部であると主張した。この「国境不可侵」が国家間関係の原則として認知されることで、先行するソ連とのモスクワ条約では保持された将来のドイツ統一を含む、国境の平和的変更の可能性が排除されることを警戒したのである。一九七三年一月末に西ドイツの交渉団代表が報告しているように、この「国境不可侵」をめぐる問題が予備会合における東西間の最大の争点となった[50]。

したがって西ドイツにとっては、東方政策による成果から後退することなく、かつ西側陣営内でも孤立しないためにも、この問題に関してまず他の西側諸国と統一姿勢をとることが重要となった[51]。そもそもソ連側は、ＣＳＣＥにおいて西側陣営内で対立が生じ分裂することを期待しており、とりわけアメリカ、フランス、そして西ドイツとそれぞれ二国間で交渉を試みることで、三国の足並みを乱そうとしていた[52]。それはまた、ヨーロッパの安全保障問題を「頭越し」に決定する米ソによる「二国間主義」にも関連する。西ドイツは、一方で東方政策以降のソ連指導者ブレジネフとの良好な関係をCSCEでも活用することを考慮に入れつつも、他方でこうしたソ連の策略を察知していたがゆえに、西側同盟の結束を確保することに殊更関心を払ったのである。

こうした文脈から興味深いのは、この「国境不可侵」の問題に関して、西ドイツ外務省内で既に次善策が練られていた点である[53]。前述のように西ドイツとしては、この問題を国家間関係の諸原則の独立した項目として扱うことに反対する立場であった。しかしこの立場が貫徹できず、もし独立の項目として挿入される場合、「主権平等」や「自決権」など他の諸原則の後に記載する順番が来るようにし、さらには「国境不可侵」と並んで「平和的変更」の可能性にも言及するように働きかけることが検討されていたのである。この一九七三年一月の時点では、ソ連の主張が他の東欧諸国の間でどの程度受け入れられているかなど不確定な要素も多く、西側としても柔軟に対応する構えを見せていた[54]。

そして三月上旬には、西ドイツはソ連の要求する「国境不可侵」の項目の挿入を基本的には受け入れる。ただしそれは、「自決権」や「人権と基本的自由の尊重」を項目として諸原則のリストに加えることを条件としていた。これに対してソ連側は、こうした諸項目は「国境不可侵」と同等ではなく、国家間関係の諸原則に準じる扱いにすべきとの立場をとる[55]。ソ連によれば、例えば人権に関しては既に一九四八年の世界人権宣言にて規定されているため、CSCEにおける国家間関係の諸原則には相当せず、また自決権に関しても、植民地諸国が独立することを念頭に主張されるべきで、今日のヨーロッパに適用されるものではないのである[56]。

しかし同月中旬を過ぎる頃に、ソ連側は国家間関係の諸原則に関して歩み寄りの姿勢を見せた。ここで議題として挙げられる計一〇原則のなかに、自国の要求する「国境不可侵」と並んで、「自決権」や「人権と基本的自由の尊重」を含むことを受け入れたのである。しかしそれには条件があった。それは、この一〇原則をそれぞれ独立した項目として扱うことと同時に、その諸項目をどのような順番で明記するかについてソ連の要望が反映されることであった［齋藤

2006：171]。

こうして「国境の不可侵」の項目が独立して扱われることについてコンセンサスができたものの、その「国境不可侵」の概念自体に関しては、東西間の意見の隔たりは依然大きかった。ソ連は「国境不可侵」を国家間関係に関する中心的な原則として捉え、ソ連の東欧支配を含意する戦後ヨーロッパ国境の「現状」の承認と結び付ける。そして、武力以外の手段による国境の変更可能性を示すと解釈されうる「武力不行使」原則との関連性をなくし、その可能性をできる限り排そうとしたのである。このようにソ連は、「国境不可侵」と「武力不行使」の関連性を明示することに激しく抵抗した。

これに対して西ドイツは、「国境不可侵」と「武力不行使」の連関は既に一九七〇年のソ連とのモスクワ条約でも明確にされており、さらには「ドイツ統一に関する書簡」などの措置を通じて確認されたように、将来のドイツ統一のみならず、ヨーロッパ統合の進展による国境の消滅をも想定した平和的変更の可能性を主張した（第2章第三節参照）。この立場は、CSCEに関する西欧諸国間の意見調整で重要な役割を果たしたEPCにおいても賛同を得る。(57) しかし他方で西ドイツは、あまりにも強硬な姿勢によって西側陣営内で孤立するのを回避するためにも、国家間関係の諸原則における各項目の優先順位にかかわらず、ソ連の主張に対し譲歩の用意があることを、この西側諸国との意見調整の場において明らかにしていた。このテーマに関する自国の主張を反映させるためには、まず西側諸国内での合意形成が不可欠と理解していたのである。(58)

この諸原則の順番については、東側は自ら作成した草案の中で「国境不可侵」を筆頭項目に置いていたのに対し、西側の草案では「武力による威嚇又は武力の行使は、とりわけ国境不可侵との関連で禁止する」という文言によって「国境不可侵」と「武力不行使」の連関を明確にしていた。(59) ソ連側は、西側が両者の連関の明示を放棄することを条件に、「国境不可侵」を筆頭ではなく「武力不行使」項目の後ろに置く妥協案を示す。(60) これに対して西側では、もしこの東側の提案に応じる場合、文書の中でこれらの諸原則と同列に「自決権」を並べることに加えて、モスクワ条約のように

「ドイツ統一に関する書簡」を東側に手交することも検討されていた。このアイデアはソ連側の冷ややかな反応を受けて取り下げられたものの、ブラント政権が取り組んだ成果を「多国間化」するために、CSCEで「自決権」をより明確に示すことで統一の可能性を保持しようとする姿勢が見えてくる。(61) 結局西ドイツは、「武力不行使」と「国境不可侵」の連関の明示を放棄する反対給付として、諸原則の順番で前者の後ろに後者を置き、さらに「自決権」の原則を同列に置くというソ連の妥協案を受け入れた。

西側諸国の支持

このような「国境不可侵」問題に関する西ドイツの拘りは、他の西側諸国にも十分に理解されていた。例えば七三年四月にワシントンを訪れたバールも、この「国境不可侵」問題に関してキッシンジャーとの意見交換に取り組んでいる。(62) そこでバールは、CSCEの議題において国境問題こそが西ドイツにとって最優先事項であると強調した。これを受けてキッシンジャーは、この問題に関する西ドイツの立場を全面的に支持し、単独でソ連と交渉して西ドイツに圧力をかけることはしないと言明する。しかしキッシンジャーは、西側全体にとって何が受け入れられるかを西ドイツ自らが決定すべきであると述べ、予備会合において西ドイツの意向をアメリカ交渉代表団に「全面的に」伝えることが肝要であると釘を指すことも忘れなかった。

一方でこの時点で西ドイツ側も、「国境不可侵」問題でソ連に譲歩を迫るにあたって、アメリカの役割に期待していた。西ドイツ政府は、CSCEにおいてモスクワ条約より不利な内容で合意することを断固として拒否するため、西側の超大国アメリカとの協力関係を通じてソ連に対抗し、自国の主張を展開することを視野に入れていた。そしてアメリカも、確かにヨーロッパにおけるソ連の軍事力の優位を崩すために、CSCEよりMBFRなど軍縮問題に関心を払う傾向にあったが、(63) CSCEにおいて統一した姿勢をとり続ける重要性を十分に認識しており、西側陣営内の意見調整に西ドイツが深く関与すべきであることに同意していたのである。(64)

第一バスケットの作業指令文書の作成が大詰めを迎えていた五月二三日には、西ドイツの交渉団代表が、あらためて西ドイツの立場を明確にする声明を発表する。(65) そこでもまた、「国境不可侵」は将来的な変更の可能性を排除することを含意する「国境不可変」を決して意味しないことが強調された。さらにドイツ人の自決権に関しても同様に力点が置かれた。これは、将来におけるドイツ統一の可能性を残すために、国境の平和的変更の観点からのみならず、ドイツ民族の自決権にも依拠して主張することを明らかにするものであった。このように西ドイツは、「国境不可侵」を独立した項目として挿入するというソ連側の要求を受け入れる姿勢を示したものの、その上で様々な措置を通じて平和的変更の方途を探っていた。そしてこうした西ドイツの立場は、米英仏をはじめとした西側諸国によっても支持されていたのである。

こうして西ドイツは、最終勧告書の採択に向けて、「国境不可侵」を独立した項目として扱うことに関して譲歩を示す一方、その過程において西側諸国との意見調整を怠ることはなかった。しかしこれらの諸問題はなお多くの議論の余地を残しており、引き続く事務レベル協議で東西対立の構図が明瞭に現われてくるのである［Ferraris 1979：27］。

(2)「人・情報・思想の自由移動」に関する問題

以上のように、西ドイツは予備会合の終盤になって、「国境不可侵」を独立した項目として挿入することを条件付きで容認する譲歩を示した。その条件として、第一バスケットにおける統一の可能性の保持と並んで想定されていたのが、「人・情報・思想の自由移動」問題に関して扱われる第三バスケットにおける東側からの歩み寄りである。

この問題に関する東側の抵抗は、予備会合の開始当初から非常に強かった。ブレジネフは一九七二年一二月二一日の演説において、この問題をＣＳＣＥで議題とすること自体には反対しないものの、それは各国の主権の尊重に反しない限りであることを明言した。ソ連側は、とりわけ「内政不干渉」の原則を強調し、「人・情報・思想の自由移動」の問題によって自国内に与えるような影響を極力排除しようとしたのである。

翌七三年一月二二日にＣＳＣＥの議題に関してソ連から提案された文書では、人的接触や情報の自由移動に関して言及されていた。これはソ連の姿勢が柔軟化する兆候として西側に歓迎されたが、本会議開催を急ぐ東側陣営は、予備会合において議題の詳細については決定せず、予備会合後の非公式折衝で議論することを併せて提案する。とりわけ「人・情報・思想の自由移動」に関するソ連の提案には具体性がなく、この問題を曖昧にしたまま本会議に入りたい意図は明らかであった。この「人・情報・思想の自由移動」の問題は、第三バスケットの「文化協力」として扱われることが決定していたが、東側は人的接触や情報の自由移動よりも文化交流を中心に議論すべきであり、さらに各国の国内法の尊重をあらためて強調していた。

こうしたソ連の強硬な態度は、イースター（復活祭）明けになるとやや軟化の兆しを見せ始める［齋藤 2006：172］。ソ連は、第三バスケットに前文を作成し、そこに「内政不干渉」に関する文言を挿入することを条件に、人的接触に関する議論に応じる構えを見せたのである。しかしこれは人的接触に関してソ連が歩み寄りを見せた一方で、「内政不干渉」の文言挿入を前文に挿入することによって、実質的に骨抜きにする意図は明白であった。五月上旬にソ連を訪れたキッシンジャーにブレジネフが述べたように、「自国のシステムを侵食するような交流に関する合意を受け入れる」つもりなどなかったのである。(66)

しかしここでソ連は、五月一八日から予定していたブレジネフの西ドイツ訪問を前に譲歩を示す。このソ連指導者の初の西ドイツ訪問を前にブラントは、ブレジネフにあてた書簡の中で、第三バスケットにおける現在までの交渉内容に全く満足しておらず、予備会合を終結させるために取り組むべき最重要課題であると言及していた。(67)五月一七日、ソ連交渉団は以下の三点を条件として、「内政不干渉」の文言挿入を放棄することを受け入れたのである。すなわち第一に、第三バスケットの前文において第一バスケットの諸原則を尊重する旨を明記すること、第二に人的接触については「関係国の案件」であり個別に判断し実施されるべきであること、そして第三に「国内旅行」の文言の削除である。(68)ブレジネフがブラントとの会談において語ったように、ソ連は一九七三年度中のＣＳＣＥ本会議開催を急いでおり、これ以上予備会合を長引かせたくなかった。(69)五月二一日にモスクワで開かれたワルシャワ条約機構加盟国の外務副大臣級の会議では、人的接触と情報交流の分野における西側の提案を受け入れる前提として、各国の主権を尊重するべきであるとする従来の主張が繰り返されたが、それらが予備会合の作成文書に反映されることまで要求するものではなかった。[70] ソ連の威信をかけて本会議を一刻も早く開始したいという時間的圧力に加えて、前項で論じた「国境不可侵」に関する西側からの譲歩の引き換えに、最終勧告書が完成する前日になって第三バスケットにおける妥協が成立したのである。[71]

六月八日に完成した最終勧告書では、第三バスケットの「人道的及びその他の領域での協力」として、人的接触、情報、文化交流、教育、の四分野に分かれて議論されることが明記された。この「人道的及びその他の領域での協力」という曖昧な表現自体が双方の妥協を示していたものの、この東西間の合意は、予備会合の最終段階で西側の予想以上に東側が歩み寄りを見せたこともあって、[72] 西側にとって「心理的な勝利」とも評される。[73] しかし他方で、仮に西側の要求が実現したとしても、この分野における実質的な成果への過大な期待は禁物であるという冷めた見方も存在していた。[74]

そしてその見方は、最終勧告書を各国の閣僚が採択する場として七月三日から開催された、CSCEの本会議の第一段階である外相会議における東側の態度でより強まったと言える。初日の演説でソ連外相グロムイコは、人的接触や情報の移動に関する規定が各国の内政への干渉を導くことがないようにする必要性を改めて強調した。これとは対照的に、翌日演説を行った西ドイツ外相シェールは、分断による人道的な諸問題の改善を含む具体的な成果なしにCSCEは成功しないと述べる。予備会合における東西間の妥結などまるでなかったかのように鮮明になった両者の見解の相違は、続く本会議の第二段階の事務レベル協議が難航することを暗示しているようであった。

第六節　ヘルシンキ最終文書への道

(1)「国境不可侵」と「平和的変更」をめぐる対立

ソ連の姿勢の硬化

一九七三年九月一八日から始まった事務レベル協議において、開始当初における第一バスケットの議論は、「武力不行使」（第2項）や「国境不可侵」（第3項）といった論争的な議題に関しては避けられた（**資料7**も参照）。まず関連するテーマとしては、CSCEにおける戦勝四カ国の権利と責任問題について議論になった。事務レベル協議の本格化を念頭に、既に九月一一日、米英仏に西ドイツを加えたいわゆる「ボン四カ国グループ」によって、戦勝四カ国の権限に関する声明が発表されており、これはソ連によっても受諾される。このテーマについてソ連は米英仏と基本的に立場を共有しており、CSCEの成果がいかなるものであれ、それがそれまでの二国間及び多国間協定（もちろんモスクワ条約も含む）の内容に抵触しないという点が確認された。[75] 既に第3章でみたように、ブラント政権が対ソ交渉過程において確認した戦勝四カ国の権限については、その後表現方法などに関する意見調整が多少の紆余曲折を経るものの、協議の開始早々にCSCEの場において「多国化」されることについて、米英仏ソの間で概ね合意したのである。[76]

第一バスケットで議題の中心となったのは、やはり「国境不可侵」と「平和的変更」に関する問題であった。このテーマに関する議論をリードすべく西ドイツは、九月二六日に作業文書を提出する。[77] そこでは、国境線の平和的変更は国際法によって一般的に保障されており、第一バスケットにおける「国境不可侵」によってもその可能性が排除されることはないことがあらためて強調された。言うまでもなく、西ドイツが一貫して目指してきた将来のドイツ統一の可能性を確保するためである。また、将来のヨーロッパ統合の発展の帰結としての政治統一を目標とする点も、ソ連・東欧諸国との二国間関係改善に取り組んだ東方政策における主張と同様であった。

このテーマに関しては、西側諸国内でNATOやEPCを通じて緊密な意見交換が行われてきた。西側を代表してフランスが、一〇月一九日のCSCE第一バスケットの事務レベル協議において、「国家間関係の諸原則」に関する草案を提出するが、西ドイツの再統一要求はそこでも配慮されている。[78] すなわち、西ドイツの求める国境の平和的変更の可能性に関して、国家間関係の諸原則の一つである「自決権」との関連で、武力に訴えないのであれば住民の意思に基づき国境を変更することができるのは明白との立場をとったのである。

しかしソ連は、このフランス草案の受け入れを拒否する。なぜならソ連は、「国境不可侵」原則こそ平和の礎であり、復讐主義的・修正主義的な領土回復の要求を阻止するためにも絶対に侵されるべきでないとの立場をとるからである。したがってこの原則が「武力不行使」原則の下に置かれることに断固反対した。[79]「国境不可侵」は「一点の曇りもなく明確で純粋に」規定されるべきものであり［齋藤 2006：186］、他の諸原則によって何ら影響を受けず、独立した項目として扱われなければならないのである。国境の平和的変更を一切受け入れないソ連の姿勢は、本会議の事務レベル協議に入り再び強硬になった。

この東西間の意見の隔たりを受けて、西ドイツでは外務省政策企画室が交渉戦略を新たにまとめていた。そこでは、既にソ連とのモスクワ条約の第三条の導入部分で確認したように、「国境不可侵」と「武力不行使」の「橋わたし」を明確にすることで、平和的変更の可能性に関する主張をさらに強固なものにすることが目指された。[80] しかし西側を代表して提案されたフランスによる草案は、現時点では西ドイツにも満足のいく内容である一方で、その前に西ドイツ自らが提起していた作業文書によって、平和的変更への道をより確かなものにする考えも念頭にあった。これは、もし西ドイツの納得できない内容でフランスが草案を修正し東側と合意に至った場合や、平和的変更に関する文言が曖昧になった際のリスクを想定したからである。[81] フランス草案が東側に全面的に拒絶されたため、いかに平和的変更の可能性を保持するかについて西ドイツは苦心することになる。

年が明け一九七四年に入ると、このテーマに関する交渉の行き詰まりが明白となってきた。西側は、一月中旬のEP

Cの会合において、第一バスケットの「国家間関係に関する諸原則」の中で、国境不可侵と平和的変更の連関を直接的かつ明確に示すことが不可欠であることを確認した。[82] ブラント自身、二月七日のブレジネフへの書簡で、国境不可侵に関してはモスクワ条約で合意した内容を踏襲する必要性を伝えている。[83] さらに同月二七日にブレジネフと直接会談したバールも、「一九七〇年に可能であったことがなぜできないのか」と詰め寄った。[84]

しかし一方で、事務レベル協議の終結を焦るソ連が、停滞を打開するべく圧力をかけ始めていた。二月中旬にフランスを訪問したソ連外相グロムイコは、国境不可侵がCSCEにおける最重要課題であるにもかかわらず、西側が平和的変更の問題で歩み寄りを示さないことを非難した。[85] ソ連は、ブレジネフがCSCE本会議の最終段階である首脳会談の開催を急いでおり、既にアメリカからは会議進行の迅速化について水面下で同意を得ていた。またアメリカも、キッシンジャーが西ドイツを訪問した際に、対ソ関係を重視する立場から、平和的変更については第一バスケットの国家間関係の諸原則の中ではなく、別の文書によって確認するという妥協案を提案している。[86] ブラントがこれに激しく抵抗したため、キッシンジャーはこの案を引き下げたが、この問題への対応をめぐる独米間の温度差を物語っているといえよう。

「国境不可侵」に関する合意

三月に入り先にしびれを切らしたのはソ連側であった。三月二二日に、ソ連交渉団代表のメンデレヴィッチ（Lev Mendelevich）は、「国境不可侵」の項目を「自決権」のみならず、モスクワ条約のように「武力不行使」とも並列に扱うことを受け入れたのである。[87] さらには、平和的変更についても、前文への挿入という条件付きで認める用意のあることを示唆し、二五日には平和的変更に関する文言の草案を提示する。加えて三月二六日には、ソ連交渉団が西ドイツ交渉団に対して、「モスクワ条約から逸脱することはない」とはっきり言明した。[88] こうしたソ連の譲歩を西ドイツは歓迎し、第一バスケットの交渉の先行きに楽観的な見方さえ出てくる一方で、[89] このソ連の譲歩にもかかわらず西ドイツ自体がとり続ける強硬な態度への圧力も強まりつつあった。

そして遂に四月五日に、国家間関係の諸原則について協議していた小委員会において、国境不可侵に関して以下の文言で合意に至る。「参加国は、全ての参加国の相互の国境およびヨーロッパにおける全ての国の国境が侵すことのできないものであるとみなし、現在および将来にわたり、これらの国境に対する攻撃を慎む」[90]。また平和的変更については、三月二五日にソ連側から提案された草案に沿って、以下のような別の文言にまとめられた。「参加国は、国際法に沿った形で平和的手段や合意によってのみ国境線を変更することを考慮する」[91]。

この合意については、国境不可侵と平和的変更を同じセンテンスにできず、両者の連関を明示できなかったことから、西ドイツが要求を貫徹できなかったという見方が可能である[92]。確かに、アメリカの交渉団の一人が述懐するように、強硬な姿勢をとり続け合意を困難にしている西ドイツに対して、国境不可侵の文言を受け入れるような圧力が働いたとされる [Maresca 1987 ; 93]。

しかし他方で西ドイツ側では、東方政策の「多国間化」という観点からすると、決して悲観的な評価を下していたわけではなかった[93]。まず、二国間か多国間かを問わず、ソ連との交渉の結果妥結した文書において、初めて平和的変更の可能性に言及すること成功した。これは、モスクワ条約の条文に平和的変更の文言は含まれておらず、また「ドイツ統一に関する書簡」が一方的な通告であったことを鑑みると、むしろ西ドイツにとって前進だったといえる。次に、将来のドイツ統一の可能性を担保しうる「自決権」や「基本的人権の尊重」の原則が、「国境不可侵」と並列して諸原則のなかに明記されたことも見逃せない。これも、モスクワ条約第二条では国連憲章を引き合いに出した間接的な言及に留まったのに比して（**資料1**参照）、西ドイツがソ連から譲歩を勝ち取ったと評価されるのである。

さらには、こうした成果を確実なものにするために、西ドイツが最終的にこの国家間関係の諸原則に賛同するために、以下の五つの条件を掲げ、それらが満たされる必要があることについて了承を得た。すなわち、①平和的変更に関する文言が国家間関係の諸原則に挿入されること、②その原則で平和的変更の文言が明確に示されること、③自決権の文言も明確に示されること、④諸原則の連関に関する形式について合意すること、⑤諸原則のドイツ語訳が西ドイツにとって納得のいくものであること、である[94]。このように西ドイツは、決して東側に一方的に譲歩したわけではなく、将来のドイツ統一を含む国境の平和的変更の可能性を確保するために積極的に働きかけ、このテーマにおける東方政策での成果の「多国間化」に取り組んでいたのである。

「平和的変更」の文言の配置箇所をめぐる意見調整

この「国境不可侵」に関して西側が東側へ歩み寄った背景には、第三バスケットを中心とする他のテーマでの見返りへの期待もあった。ところが次項で見るように、こうした期待は裏切られ、四月以降しばらく、西側では事務レベル協議の先行きについてかなり悲観的な空気が支配的になる。西側は、協議の行き詰まりの責任を東側の非妥協的な態度に帰し、自らは姿勢を硬化させたのである［Maresca 1987 : 97 ; Ferraris 1979 : 122-23］。

ただこうした膠着状態の中でも西側陣営内では意見調整が進められていた。五月のEPCの協議では、平和的変更の文言は「論理的に適した箇所に」配されるべきことがあらためて確認された(95)。他方で西ドイツは、自国にとって死活的なこの問題を米ソが「頭越し」に決定することを警戒し、アメリカに直接働きかけていく。四月三〇日にシェール外相がキッシンジャーに送付した書簡の中では、CSCEにおいて西ドイツが重視する項目を五点列挙し、アメリカがソ連との直接交渉にのぞむ際に最大限の配慮をするよう求めている(96)。とりわけ国境の平和的変更の可能性については、国家間関係の諸原則の一つである「主権平等」原則のなかで確認されるべきで、それは例えば以下のような文言によってである。「参加国の主権には、国際法に則り、平和的で合意に基づく方法によってであれば国境を変更する権利を含み、またその権利は何ものによっても侵害されない(97)」。このような文言の具体的な提言と併せて、この「主権平等」原則が他の諸原則と同等に扱われることも重視し、「武力不行使」など他の原則の下位原則となることを防ごうとした。さらにこの書簡の中でシェールは、CSCEの交渉進展のために西側の結束を強化することを強調している。

以上のように、西ドイツはアメリカへの直接の働きかけなどによって、西側陣営の意見調整を通じて国境の平和的変更に関する自国の主張を貫徹しようとした。とはいえこの時点では、実際に平和的変更の文言をどこに配置すべきかについて一致した見解があったわけではない。キッシンジャーは、煮え切らない西欧諸国に対し苛立ちを覚えていたものの、ブラント退陣後のシュミット政権下で外相に就任したゲンシャーとの会談でも、あらためてCSCEにおける西ドイツの立場に支持を与えている(98)。

しかしこうした西ドイツの立場への米英仏の支持自体も、必ずしも統一的なものではなかった。とりわけ、国家間関係の諸原則のなかで国境の平和的変更の可能性が模索されることに伴って、ドイツ全体及びベルリンに関して戦勝四カ国が保持する権利と責任の問題があらためて焦点となった。そこで再び意見調整の場として重要な役割を果たしたのが「ボン四カ国グループ」である。一九七四年六月中旬に西ドイツの要望に沿って集中的に行われた討議の結果、以下の三つの文書が作成された。すなわち、「CSCE：ドイツ問題」、「国境の平和的変更」、そして「戦勝四カ国の権利と責任の確保」である(99)。とくにこの三つ目の文書は、国家間関係の諸原則の第一〇項で、この声明が従来締結された条約や協定、国際的合意などに一切抵触しないことをCSCE参加国が確認するという内容であった。これは、既にブラント政権がモスクワ条約において西ドイツとソ連の間で合意した戦勝四カ国の権限の確保を含意していたのである（第3章参照）。

ボン四カ国グループによって作成された以上の三つの文書は、六月一八日のオタワでのNATO外相会議の際、恒例となっている米英仏に西ドイツを加えた四カ国外相のディナー会合にて、正式に確認された(100)。その席でゲンシャー外相は、CSCEでソ連と最も激しく対立しているのが国境の平和的変更に関する問題と指摘した上で、この問題は単にドイツ統一の可能性のみならず、将来のヨーロッパ統合の可能性をオープンにする文脈からも重要であることを強調した。その上で、CSCEでこの平和的変更の可能性が明確にされない場合、西ドイツ政府として最終文書に署名することはないとまで述べる。当初キッシンジャーは消極的な姿勢を示したものの、この西ドイツの熱心な説得を受けて、国境の平和的変更が国家間関係の諸原則のなかで確認されるべきという点で米英仏も一致し、引き続き西ドイツの立場を支持することを約束するのである。

その後キッシンジャーは、米ソ首脳会談のためにニクソン大統領とともにモスクワを訪問し、ソ連外相グロムイコとの会談に臨んだ際に、国境の平和的変更の問題に関する西ドイツの意向を伝えた。[101] キッシンジャーは、帰国の途上で西ドイツに立ち寄り、ゲンシャーにソ連との交渉内容について報告する。[102] それによると、キッシンジャーはグロムイコに対し、まず平和的変更の文言を「国境不可侵」の項目に挿入するという、この時点での西ドイツの最大限要求を打診したが、これは拒絶されたという。両者は「主権平等」原則の中に挿入することについて合意したが、さらにキッシンジャーは、平和的変更に関する新たな文言案をソ連側に提示した。このアメリカの積極的な姿勢は、それまでの慎重なものから脱したように見え、西ドイツにとっても「大きな前進」と歓迎される。そこでゲンシャーはキッシンジャーに、この平和的変更を「主権平等」原則内に持ち込む場合、それは国家間関係の諸原則のなかの他のいかなる項目によっても侵害されないことを明示する一文の追加を提案したが、これは実現困難であるとしてキッシンジャーにやんわり拒否された。それを受けてゲンシャーは、この追加条項を断念するとしても、諸原則の第一〇項で各原則の平等性を謳い、かつ各原則はその他の諸原則との関連において解釈されるべきであると主張する。そしてこの西ドイツの立場にキッシンジャーも賛同したのであった。このように西ドイツは、アメリカとの緊密な連携を通じて、国境の平和的変更の問題に関する自国の立場を精力的に訴えていたのである。

アメリカのイニシアチブと西ドイツの要求実現

停滞する事務レベル協議を打開するために、七月中旬に非同盟諸国によって、第一バスケットにおける東西間の対立点に関して、双方が歩み寄る形で一括した妥結を目指すいわゆる「抱き合わせ（package deal）」の草案が提示された。[103] これは東西両陣営にとって検討に値する内容であり、先だって六月中旬に第三バスケットに関してなされた「抱き合わせ」と同様、非同盟・中立諸国が行き詰まる交渉の突破口を見出すのに一役を買ったといえる。このように沈滞ムードが好転する兆しを見せるなか、七月二六日には米ソによって折衝が重ねられていた国境の平和的変更に関する草案が、アメリカから他の参加国に提示された［Becker 1992 : 194 ; Maresca 1987 : 114］。アメリカは、このテーマに関する西ドイツの強い働きかけを無視できず、遂に重い腰を上げたのである。

約二カ月近くに及ぶ夏季休暇の後、交渉の焦点はこのアメリカ提案に移っていく。米ソ間の事前の摺り合わせにもかかわらず、この提案が西ドイツの意向を反映したものであることは明白であり、ソ連の反応は慎重なものであった。九月一五日にゲンシャーと会談したグロムイコ外相は、アメリカ提案の全てに満足しているわけではないと言い放つ。国家間関係の諸原則における各原則の平等性についても大枠では合意するもの、細かな文言をめぐる意見の隔たりは依然埋まらなかった(104)。そして同月二四日にニューヨークで開かれた国連総会の折に再び行われた会談では、アメリカ草案をベースとした以下のような新たな文言案がグロムイコから提示される。「参加国は、国際法に沿った形で平和的手段や合意によってのみ（傍点：筆者）国境線を変更することを考慮する(105)」。しかし、少しでも平和的変更の可能性をオープンにしておきたい西ドイツからすると、この中で「のみ（only）」という言葉が障害となる。グロムイコはこの表現を受け入れるように迫ったが、ゲンシャーは明確な返答を避けた(106)。

さらに翌月に入りソ連側は、国境の平和的変更問題に関するアメリカと西ドイツの微妙な温度差を吹聴し、西側陣営内の分裂を図る素振りさえ見せるようになる(107)。これに対して西ドイツは、アメリカ提案に賛意を示すことによって両国間の結束は証明されており、この共同歩調こそ西ドイツにとって重要であると反論した。グロムイコは、この問題はアメリカにとってどうでもよく、西ドイツの要求通りに動いているだけだと揺さぶりをかけるが、ゲンシャーも、アメリカ草案は単に西ドイツだけでなく、ECやNATO諸国の見解を表すものだと力説した(108)。ここでも、西側全体の立場を通じて、国境の平和的変更の問題に関する自国の主張を貫徹しようとする西ドイツの姿が鮮明に浮かび上がる。

しかしアメリカは、こうしたソ連の強硬姿勢を受けて、草案で提示した内容が実現不可能と判断し、そこから要求を後退させる立場を模索し始める(109)。これに対して西ドイツは、キッシンジャーが米ソ関係を優先し、CSCEにおける西側の利益を犠牲にするものであるとして警戒した。しかし他方で、このアメリカの軌道修正は、決して西欧諸国に圧力をかけるものではなく、第一バスケットの議論では西欧諸国こそが主導権を握るべきであるとも捉えられていた。一二月上旬にキッシンジャーによって、第一バスケットと第三バスケットを対象に東西間の妥協を図る「トレード・オフ」

が提案されたが（後述）、同時に、国境の平和的変更に関して、七月二六日の草案から後退した文言を用意していることも西ドイツ側に明らかにされる。(110) これに対して西ドイツは、前述のソ連提案にある「のみ」を挿入することに断固として反対し、あくまで当初のアメリカ草案の立場を維持すべきであると固執した。(111)

このようにアメリカと西ドイツの認識の相違があらためて浮上する一方で、この問題に関する両国の意見交換は緊密に続いていた。しかし他方で西ドイツのシュミット首相は、ブラントから引き継いだソ連指導部への「バックチャネル」を通じて、国境の平和的変更に関するソ連側の歩み寄りを期待していることを伝えている［Niedhart 2008a：49］。そして年が明けて七五年二月中旬に、キッシンジャーは再びグロムイコとの会談に臨んだ。キッシンジャーは、平和的変更の文言は、論理的には「国境不可侵」原則のなかに挿入すべきであったが、それはソ連によって受け入れられなかったため、西側が譲歩し、「主権平等」原則のなかに挿入することになった経緯をあらためて強調した。これに対してグロムイコは、その「主権平等」原則における平和的変更に関する文言について、以下の提案を行う。すなわち、「参加国は、国際法に沿った形で平和的手段や合意によって国境線を変更することを考慮する」。(112)

この提案においてソ連は「のみ」の語を外した。それ自体重大な譲歩であったが、さらにアメリカ側は二月二六日に、国境の平和的変更が国際法に則ったものであることをより強調したい西ドイツの要求を受けて、以下の文言を提示する。すなわち、「参加国は、国際法に沿った形で、（傍線：筆者）平和的手段や合意によって国境線を変更することを考慮する」。(113)

ソ連側はこれを受け入れた。ソ連は、ＣＳＣＥの第三段階たる首脳レベルの会談をいよいよ開催するために、最も対立の激しかったといわれる国境の平和的変更の問題において、最後にして最大の譲歩を行ったのであり、それは「性急かつ劇的（swift and dramatic）」な瞬間であった。この文言は、三月一七日にアメリカの交渉団によって提議され、その後微調整を経て参加国全てに受け入れられることになる［Ferraris 1979：152］。

ここであらためて注目に値するのは、西ドイツが少しでも国境の平和的変更の可能性を確保するために、アメリカをはじめとした西側諸国との意見調整によって、こうした文言に自国の意向が反映されるように繰り返し取り組んでいた点である。[114] 第一バスケットの文書を完成させる終盤において、ルーマニアが「国境の平和的変更」によってソ連の東欧支配が強化されることを危惧して難色を示したものの、西ドイツはこの問題に関する自国の立場を貫徹するために、西側三国に念を押す形で協力を要請している。[115] そしてこの西ドイツの姿勢は、事務レベル協議の最終段階に入った七月中旬の欧州理事会（Europäischer Rat）の場でも、西側諸国の賛同を得たのである。[116] 紆余曲折を経た第一バスケットの東西交渉は、こうしてようやく終息を迎えたのであった。

(2) 第三バスケットの攻防
「内政不干渉」原則による東側の抵抗

第三バスケットに関しては、「教育」、「文化」、「情報」、「接触」の四つの小委員会に別れて協議が進められることになった。そこでまず議論されたのが、この領域における政府の役割についてである。西側は、こうした東西間の人の行き来や情報交流を自由にすることや、文化交流活動における非政府組織の役割を重視することを要求した。そしてその際、第一バスケットや経済・技術協力に関する第二バスケットでの東側への譲歩の見返りとして、第三バスケットで西側に有利な内容で合意に至ることを目指したのである。[117]

これに対して東側は、「内政不干渉」の原則を前面に押し立て、こうした交流や行き来は各国政府によってコントロールされる必要があるという立場をとった。とりわけ情報・文化交流について、西側からのポルノや人種差別など市民にとって有害な情報を制限するためにも、政府に何が有益であるかの判断を委ねるべきであると主張する。なかでも東ドイツは、「主権平等」や「内政不干渉」といった原則を強調した。「外部からの圧力」によって国内管轄事項に影響を及ぼそうとする試みは、かえって否定的な反応を引き起こすであろうと述べるなど、東側政治体制を揺るがそうとする西側に対し警告を発したのである。[118] 本会議を通じて東ドイツは、この第三バスケットにおいて強硬な姿勢に終始し、それは他の東欧諸国の交渉団の眼にも極端に映るものであった。[119] またソ連も、当時衆目を集めていた反体制派の作家ソルジェニーツィン（Alexandr Solzhenitsyn）の活動制限に対する西側からの批判を念頭に、文化交流を通じた内政への干渉に激しく抵抗した。こうした東側の反発を前に西ドイツも、東西間の交流拡大は政府の意向に反する形ではなく、政府を通じてはじめて成果を挙げうるとの認識をあらたにしていた。[120] 「文化」や「教育」の分野は、ＣＳＣＥによる多国間の枠組みよりむしろ二国間交渉を軸とする点で、東西間で概ね一致していたと言える［齋藤 2006 : 191］。

本交渉の序盤においてソ連側がまず難色を示したのが、「情報」に関してである。「自由ヨーロッパ放送（Radio Free Europe)」や「ラジオ・リバティ（Radio Liverty)」といったラジオ放送などを通じた西側のイデオロギー攻勢を警戒するソ連は、番組内容に関しては各国政府が責任を有する、すなわち情報はあくまで政府が管理するとの立場を示した。一九七三年九月には、西側の放送への妨害を取りやめることを条件に、前記二局の放送停止を求めている［宮脇 2003 : 121］。この「情報」小委員会では、東側を代表してポーランドが活動条件の改善に関して提言を行ったが、その内容はまず二国間で合意した後に多国間で協議すべきというものであり、ＣＳＣＥを事実上骨抜きにするものに他ならなかった。

加えて、外国人ジャーナリストの活動についても、当時ソ連国内では厳しく制限されており、例えば一九七〇年から七四年で活動妨害件数は二六件に及んだとされる［宮脇 2003 : 103］。このジャーナリストの活動に関して西ドイツは、出入国ヴィザの発行の便宜や、人的・技術的装備の充実などを積極的に提案したのに対して、東ドイツでは、七四年二月に活動を規制する法令をあらたに制定した。東西ドイツ関係において東ドイツが示した「遮断化」政策に見られるように（第2章第四節(5)参照)、西側からの「情報」の浸透が自国内の体制を揺るがすことを東側は恐れていたのである。

ただ「接触」に関しては、東側陣営内でも対応に微妙な温度差があった。例えばポーランドは、とりわけ離散家族の再会や家族の再結合の問題について、事務レベル協議の早い時点で段階的に認める姿勢を示した。これは、在ポーランド・ドイツ人の西ドイツへの「帰国」と引き換えに、西ドイツから大規模な経済援助を得ることになっていたという背景がある。東ドイツにとっても、既に西ドイツとの二国間関係改善の一環として交通条約を締結しており（第5章第二節を参照）、また東側陣営内のポーランドやチェコスロヴァキアとヴィザなしの人的交流を実施していたため、比較的抵抗は少なかった。他方でソ連は、当時国内で多くのユダヤ人が出国を希望していたことがアメリカとの間で問題化しており、CSCEにおいて「接触」に関し規定した場合に米ソ間の交渉に与えるリスクを考慮して、消極的な態度に終始した［宮脇 2003：118］。このように「接触」については対応に違いが見られたものの、総じて東側諸国は、「内政不干渉」原則を根拠に、CSCEにおける西側との交流拡大に対して慎重な態度を示していたといえる。

こうした東側の姿勢を受けて西ドイツ側は、第三バスケットにおける成果に過大な期待を持つことを次第に慎むようになっていた。(121) 既に一九七四年二月には、四つの分野における具体的な成果を目指す一方で、第三バスケットの前文に「国家間関係の諸原則」の重要性を記す東側の要求を受け入れることに関して、交渉団の間で一定の了解が生まれ始めていた。(122) しかし東側は、まず前文の挿入に関して妥結することを条件に掲げ、各分野についての交渉を進めることを拒絶する。これを受けて西側も、前項でみたように、第一バスケットで歩み寄った際に見込んでいた第三バスケットにおける東側の譲歩がなく、それどころかさらに頑迷化した東側の交渉姿勢を批判した。

首脳レベルの会談開催を焦る東側

ただ、交渉の迅速化を主張する東側と対照的に、西側は決して焦る様子を見せなかった。ソ連は、本会議の第二段階たる事務レベル協議をできるだけ早期に終え、第三段階を首脳レベルの会談で締めくくることで、戦後ヨーロッパの「現状」の承認を確認するCSCEの成果を大々的に喧伝することを目指していた。それはまた、緊張緩和に貢献するブレジネフの個人的な声望を高めるためにも重要であった［Rey 2008：68］。しかしこの時点で西側は、事務レベル協議の内容が第三段階に進むに十分でないとの判断を下し、引き続き協議を続行する立場をとる。結果的に首脳レベルの会談開催を先延ばしにするこの考えについて、イギリスは、西側全体の立場を弱くすると注文を付けたが、西ドイツを含む他の同盟国多くは、時間的な圧力に晒されるような第三段階のスケジュール設定に慎重な姿勢を崩さなかった。(123)

こうした停滞状況の中で、第三段階として首脳レベルでの会談を開催しCSCE本会議を締めくくるというソ連からの提案に対し、アメリカが積極的な姿勢を示しかねないという不安が西側陣営内で広がる。すなわち、アメリカが第三バスケットをはじめとした各分野での西側全体の利益を犠牲にして、ソ連と歩み寄るのではないかと警戒されたのである。既にアメリカは、予備会合の最中にも、他の西側諸国の意向を考慮せずに、本会議とMBFRの開始に関してソ連との間で密約を交わしていたことが指摘されており（山本 2010：236-41；247-54）、そもそもCSCEへの関心の低いアメリカが同盟国の「頭越し」にソ連との関係を優先させることへの疑念は根強かった。例えばイギリスのキャハラン(James Callaghan) 外相は、六月一五日のゲンシャー西ドイツ外相との会談において、ニクソン米大統領がソ連の提案に同意することへの懸念を吐露している。(124) これに対してゲンシャーは、首脳レベルの会談開催に見合う譲歩をソ連から得られない限り、西側は断固結束してソ連提案を拒否することを力説した。そして、既にその前に会談を行っていたフランスはもちろん、キッシンジャーも西側連帯の必要性を十分に認識していると伝え、キャラハンを安心させている。このように西ドイツは、アメリカと他の西欧諸国との間の円滑な関係を保つために一役を買うことで、西側陣営の連携を堅持しようとしたのである。

四月以降の第三バスケットにおける議論の行き詰まりの打開を企図し、六月に非同盟・中立諸国からいわゆる「抱き合わせ」案が提案された。これは、非同盟・中立諸国の交渉団と接触したソ連が、「情報」や「離散家族の再会」などの問題で譲歩の姿勢を示したことに起因する。この時点でのソ連の態度の軟化は、六月一八日にオタワで予定されるNATO外相会議を睨み、西側からの好反応を見込んでのことであった。しかしこのソ連の歩み寄りは、西側からはあまりにも小さく、かつ時期を逸したものとしか評価されなかった［Maresca 1987：96-100］。したがってオタワNATO外相会議では、事務レベル協議の進捗状況について慎重な意見が支配的であった。(125)

なおこの外相会議の場でキッシンジャーは、CSCEの諸問題について、米ソ間が西欧諸国の「頭越し」に合意するという疑念を抱く同盟国に対して反論している。彼は、アメリカは一度もCSCEの開催を望んだことはないと言及するなど冷めた見方をあらためて披露する一方、西側同盟国の結束こそ最も重要であると述べ、まずＮＡＴＯでの協議を優先することを強調した[126]。しかし重ねてキッシンジャーは、第三段階たる首脳レベルの会談にゴーサインを出す事務レベル協議の「結果」について、陣営内でできる限り早く認識を一致すべきであり、会議自体の成果に対する過大な期待を戒める。とはいえ、ソ連の提唱する首脳レベルの会談については、依然他の同盟諸国の間でも懐疑的な見方が支配的であった。

「一匹の蟻が巨大な象になってしまった」

六月二七日から七月三日にかけてニクソン米大統領がソ連を訪問し、米ソ首脳会談が行われた。七月四日の北大西洋理事会に出席したキッシンジャーは、首脳会談におけるＣＳＣＥに関する意見交換について報告する。そこでもキッシンジャーは、第三段階の首脳レベル会談を迫るソ連の圧力にもかかわらず、オタワＮＡＴＯ外相会議で確認した西側の慎重な立場を守りぬいたとアピールした[127]。その上で、ＣＳＣＥにおける「本質的な」争点に関して合意する必要があり、東西間で原理主義的で終わることなき「神学的な論争」を避けるべきであると警鐘を鳴らす［Maresca 1987：66–67］。とりわけ第三バスケットに関連して、既にオタワ外相会議において、ソ連のように五〇年以上も独裁的な政治体制が敷かれた国で、例えばモスクワの駅の売店に西側の新聞を置いたとしても何も変わらない、と揶揄し、この分野における過大な期待を慎むよう促していた[128]。

これを受けて西ドイツのゲンシャー外相も、西側の世論に向けて第三バスケットに関する成果を示すためにも、現実的な意見交換を通じて協議を進めるべきとの立場を示す。さらにゲンシャーは、七月三日のベルギー政府との会談に臨んだ際に、第三バスケットにおける要求を下げるべきと言明し、東側に対し強硬な姿勢をとっていたベルギー側の説得を試みた[129]。そこでゲンシャーは、正にキッシンジャーが述べたことを受けて、ソ連国内の売店で置かれる新聞の種類がどうなるかの問題には、離散家族の再会など他の人道的な諸問題ほどの重要性はないとの見解を示した。西ドイツにとっては、先だって東西ドイツ間で取り組まれた人的交流の拡大などの問題こそが、ＣＳＣＥにおいても死活的に重要であることを示す一方で、「情報」問題に関してはアメリカの立場に理解を示し、アメリカと他の西欧諸国を仲介しようと試みたのである。

この西ドイツの人道的諸問題に関する頑なな態度について、イギリス側に興味深い記録が残っている。[130] 七月一二日にゲンシャー外相と西ドイツ駐在のソ連大使ファーリンの会談が行われたが、そこでもゲンシャーは、「情報」問題については話し合いの余地があることを示唆する一方で、離散家族などの問題の重要性を指摘していた。[131] こうした西ドイツの姿勢は、同盟国たるイギリスにも頑迷なものとしか映らず、離散家族の再会など「重要性の低い」問題に審議を集中してはならないと考えていた。さらには、ゲンシャーとファーリンの会談について、第三バスケットの問題が独ソ間の合意のみで解決に至ることは、「ラッパロ」を彷彿させると警戒感を露わにしている。[132] 第三バスケットの問題に関する英独間の認識の相違を際立たせるとともに、独ソ接近に対する不信感が払拭されたわけではないことを示唆している。

しかしソ連側の態度に依然として大きな変化は見られなかった。グロムイコ外相は、第三バスケットに関する交渉が進展しないことに苛立ちを隠さず、あまりにも議論がこのテーマに集中していることを批判した。「一匹の蟻が巨大な象になってしまった」とはグロムイコの弁である。[133] その後第一バスケットの国境の平和的変更の問題と第三バスケットの対立点を連関させて解決を図る「抱き合わせ」提案（前項参照）がなされたが、このテーマに関するソ連の反応は鈍いままであった。

こうした中で西側陣営では、第三バスケットに関する意見調整が進められていた。前述のようにキッシンジャーの要請を受けて、ＥＰＣは、夏季休暇後の九月上旬に、この分野における「本質的な」争点を定義づける作業文書の策定に取り組んだ。しかしそこでは、この段階で西側にとって最小限要求を意味する「本質的な」争点を明示することは、交渉の戦略上好ましくないとの結論を出す。[134] アメリカの働きかけに対しても、例えばオランダが、アメリカと西ヨーロッパでは緊張緩和への理解が異なると述べるなど、第三バスケットをいかに重視するかについて米欧間の意見の相違が顕著となった。このように交渉戦略について、西側諸国の間でまとまりをもつことはなかったが、引き続き協議を続けて

いくことの重要性については一致する。(135)

その後第三バスケットの交渉は、一九七四年の年末にかけて、離散家族の問題などいくつかの分野で少しずつ進展を見せるものの、ソ連の姿勢は強硬なままであった。こうした状況を打開すべく一二月中旬にフランスが、第三バスケットの前文について事前にソ連と合意した文書を提示した。しかしこれは、ブレジネフが訪仏した直後に、他の西側諸国の同意を得ないまま提案されたため、西ドイツをはじめとした諸国の反応は非常に冷やかであった。(136) 第三バスケットの東西交渉は再び袋小路に陥ってしまうのである。

「グローバル提案」から交渉妥結へ

年が明けて一九七五年に入ってもしばらく膠着状態が続いていた。そこで最も対立の激しかった点の一つが、既述の第三バスケットの前文についてである［Ferraris 1979：312-18］。ソ連は、「内政不干渉」を含む「国家間関係の諸原則」を前文に明示することで、第三バスケットの内容を骨抜きにすることを狙いとしていた。これに対して西側は、他の分野で譲歩しないソ連を批判し、この前文に関する議論は依然停滞したままであった。この点ではソ連も譲らず、交渉停滞の責任を人道問題で強硬な西側に帰したため、両者の溝は開いたままだったのである。(137) 長引く事務レベル協議は「神経戦」の様相を呈してきたが、西ドイツは、協議終盤においてソ連の圧力に屈し過剰な譲歩を行わないように、あらためて西側陣営の結束の重要性を訴えていた。(138)

この「神経戦」を抜け出す転機は、第三段階たる首脳レベルの会談を急ぐソ連の動きによって生まれた。ブレジネフは、三月八日に西側各国の首脳に送付した書簡の中で、第三段階の開幕日を六月三〇日に設定し、事務レベル協議の早期の終結を迫ったのである。(139) しかしこの時間的制約は、皮肉にもジュネーブのソ連交渉団に交渉妥結を急がせる圧力となった。(140) そしてそれは西側にとって、東側から譲歩を引き出しうるチャンスと捉えられたのである。したがって西側は、ブレジネフの働きかけに対し当面静観する一方で、事務レベル協議の終結に向けて自陣営内の意見調整を活発化させていく。具体的には、五月下旬に予定されているＥＣ外相会議とＮＡＴＯ外相理事会において、西側の統一姿勢を発表することが目指された。(141)他方でソ連側も姿勢を軟化させたわけでなく、米ソ交渉による第三バスケットの諸問題の解決を期待し、イースター休暇後も強硬な立場を維持していた。(142)

こうした中で四月下旬にイギリスが、第三委員会において「接触」や「情報」などの諸問題に関する包括的な「抱き合わせ」提案を行うよう他の西側諸国に働きかけた。(143)このイギリス提案は、オランダに反対されたものの、他の西側諸国の賛同を得て、五月一五日にソ連側に提示される。(144)「グローバル提案（Globaler Vorschlag）」とも呼ばれるこの案は、第三バスケットの前文や欧州内の旅行の自由をはじめ、ジャーナリストの活動条件など、この委員会で懸案となっていた諸項目を含む包括的な内容となっていたが、当初ソ連側の反応は慎重なものであった。(145)ソ連は、この提案を基に議論を進めること自体には賛意を示したものの、とりわけ「接触」に関連する諸項目に神経質なまでの警戒を示したのである。しかしこのソ連側の対応は、再び交渉を暗礁に乗り上げさせる危険を感じさせ、西側にとっては極めて不本意なものであった。(146)こうした西側の不満を受けてソ連は、五月一九日と二〇日にウィーンで開かれた米ソ外相会談を経てようやく、この「グローバル提案」の受諾に踏み切った。(147)その後六月下旬までに、四つの小委員会の扱う全ての分野において草案をまとめあげることによって、第三バスケットにおける交渉は遂に妥結に至ったのである。

おわりに
――ヘルシンキ最終文書の署名と東方政策の「多国間化」――

一九七五年七月三〇日から三日間、ＣＳＣＥの第三段階として参加国の首脳会議が行われた。そこで署名されたヘルシンキ最終文書に関する西側の評価は、概して慎重なものが多かったと言える。そもそもＣＳＣＥ自体がソ連提案に発したものであり、また結果署名されたヘルシンキ最終文書の実効性にも疑問符がつけられていた。フィンランドから帰国したゲンシャー外相は、ＣＳＣＥの成果に対する過大評価に警鐘を鳴らし、あくまで緊張緩和のプロセスを一歩踏み出したに過ぎないと述べている。さらに続けて、幻想を排した現実的な緊張緩和政策は、西側同盟の確固とした結束の上でこそ可能であることを強調した(148)。そして西ドイツは、CSCEに至る過程で蓄積したNATOやEPCといった西側諸国間の意見調整の枠組みを、今後もより積極的に活用していくことが肝要であると改めて強く認識したのである(149)。

本章で見てきたように、CSCEを通じて東方政策が「多国間化」される過程においては、様々な争点が複雑に入り組み、争点間のリンケージを通じて東西間で妥協が図られるなかで、全ての議題に関して西ドイツの意向に沿った形で妥結に至ったわけではなかった。それは、西ドイツにとって重要であった国境の平和的変更の問題と、「人・情報・思想の自由移動」の問題の二つのテーマについてもあてはまる。まず平和的変更の可能性については、当初西ドイツが目標とした「国境不可侵」や「武力不行使」の原則ではなく、「主権平等」原則との関連でのみ言及されることになった。とはいえ、第一バスケットにおける国家間関係の諸原則（正式には「参加国の関係を律する諸原則に関する宣言」）のなかで国境不可侵と平和的変更の可能性を結びつけることに成功し、また諸原則の平等性も明記したことで、将来のドイツ統一やヨーロッパ統合の展開を想定し、平和的手段を通じて国境を変更する可能性をより明確に示すことができた［Staden 1990：40-41］。この平和的変更の可能性への言及によって、当初ソ連が要求していた国境不可侵という静的なものに、将来に向けた動的な要素を埋め込んだのである［Möckli 2008：157］。次に第三バスケットにおいても、とくに「接触」問題について東側に対し強硬な姿勢を見せ、人道的な諸問題に関する拘りを一貫して示し続けた。このテ

CSCEの首脳会議で言葉を交わすホーネッカーとシュミット

出所：Bundesarchiv, Bild 146-1990-009-13/Fotograf：o. Ang./Lizenz CC-BY-SA3.0

ーマの交渉も難航したが、協議の終結を急ぐソ連から最終的に譲歩を引き出し、結果的にＣＳＣＥにおいても、人的交流の再活性化を図った東方政策の成果を、決して楽観的に過ぎることなく現実的な形で確認できたといえる。なお長期にわたった東西交渉の末に署名されたヘルシンキ最終文書は、確かに参加国に履行を強制するような法的拘束力を有しなかったものの、その成果が国際会議の場で確認され公表されたこと自体に意義を見出すことはできるだろう(150)。

以上のように西ドイツが東方政策の「多国間化」を試みるにあたっては、西側諸国との意見調整が非常に重要であった。とりわけ国境の平和的変更については、西側の盟主たるアメリカとの意見交換やＥＰＣの枠組みを活用し、その中で西ドイツが孤立しないように配慮しながらも、自国の主張を反映させることに傾注した。また第三バスケットにおいても、人道的諸問題での頑な態度を時折同盟国から批判されつつも、ソ連からの圧力に対し西側が結束を堅持することを訴え続けていた。米ソによる頭越しの「手打ち」を警戒しつつも、こうしたＣＳＣＥにおける西側諸国間の連携の過程は、西側陣営を弱体化するどころか、むしろより意見調整を密にする効果も持っていたのである。第1章で見たように、ヨーロッパの緊張緩和を推進するにあたって、東方政策の次の段階にあたる東西合わせた全ヨーロッパ規模での会議は、西側同盟の結束を揺るがすとして警戒された。しかし本章でみたように、ＣＳＣＥの交渉過程は、事実上東西間のブロック間交渉としての性格が色濃く、結果として西側諸国間の結束を強化する側面もあったのである。その際西ドイツは、東方政策への警戒を緩和するためにも、ＣＳＣＥに向けた準備過程で西側結束を確保することの重要性を十分に認識した上で、東方政策の成果の「多国間化」に取り組んだのであった。

注

(1) 本章では、東方政策における統一の可能性確保や人的交流の拡大に注目するという問題意識から、経済・科学技術の問題を扱う第二バスケットや会議の組織化に関する第四バスケットに加え、政治・軍事安全保障問題を対象とする第一バスケットにおける信頼醸成措置などＣＳＣＥの他の争点を分析対象にできなかった。ＣＳＣＥに関する研究には膨大な蓄積があるが、邦語で代表的なものに、植田編［1992］、吉川［1994］、宮脇［2003］を参照。

（2） Ministerialdirektor Ruete an AA, 11. 4. 1969, in *AAPD* 1969, S. 464-75.

（3） ブラント外相は五月七日の演説で、ヨーロッパ安全保障会議の参加の条件を以下のように挙げている。①米加の参加、②非同盟・中立諸国の参加、③ドイツ問題に関していかなる前提条件も掲げないこと、④会議を成功に導くための入念な準備［Vorstand der SPD hg. 1969 : 451］。CSCEにおいて非同盟・中立諸国が果たした役割については、例えばNuenlist［2008］を参照。

（4） Aufzeichnung des Planungsstabs（Fassung vom 18. 9. 1969）, 24. 9. 1969, in *AAPD* 1969, S. 1072-78 ; Entwurf für Vorschlag für eine westliche Position zur ESK, die den deutschen Vorstellungen entspricht, 1. 9. 1969, in *DEB*, Ord. 396.

（5） Aufzeichnung des Ministerialdirektors Bahr, 18. 9. 1969, in *DEB*, Ord. 425/3.

（6） 就任演説でもヨーロッパ安全保障会議については、「注意深い準備」の後に開催されるべきと言明されている［*TzD*, IV : 36］。

（7） Aufzeichnung Bahrs, 8. 12. 1969, in *AAPD* 1969, S. 1384-86, hier. S. 1384.

（8） Gespräch des Botschafters Roth mit dem Staatssekretär im amerikanischen Außenministerium, Richardson, 11. 3. 1970, in *AAPD* 1970, S. 437-40. 西ドイツは、やがてMBFRの積極的な推進役となっていくが、それはバールの軍縮に関する構想とも方向性を同じくするものであったため、CSCEよりむしろMBFRに優先順位を置いていたという指摘もある。本書ではドイツ統一の可能性や人的交流に焦点を絞るためバール構想における軍縮問題やMBFRに関する考察は別に委ねるが、さしあたりHeinlein［1993］、Bluth［1999］、Möckli［2008 : 148］、Haftendorn［2008］を参照。

（9） Botschafter Grewe an AA, 27. 2. 1970, in *AAPD* 1970, hier S. 328-29.

（10） Ministerialdirektor Ruete an AA, 4. 12. 1969, in *AAPD* 1969, hier S. 1362-63.

（11） Aufzeichnung des Ministerialdirektors Dirk Oncken, 5. 5. 1970, in *AAPD* 1969, S. 718-22, 妹尾［2009］を参照。

（12） Vermerk des Staatssekretärs im Bundeskanzleramt Bahr über das Gespräch mit dem Stellvertretenden rumänischen Außenminister Macovescu, 2. 4. 1970, in *DEB*, Ord. 442/1.

（13） Staatssekretär Duckwitz an AA, 27. 5. 1970, in *AAPD* 1970, S. 880-84, hier S. 881.

(14) Gesandter Walther Boss an AA, 1. 7. 1970, in *AAPD* 1970, S. 1067-69, hier S. 1068.
(15) Gespräch zwischen Brandt und Pompidou, 3. 7. 1970, in *AAPD* 1970, hier. 1077.
(16) Aufzeichnung des Bundesministers Scheel, 2. 8. 1970, in *AAPD* 1970, hier S. 1338.
(17) Gespräch zwischen Bundeskanzler Brandt und Ministerpräsident Kossygin in Moskau, 12. 8. 1970, in *AAPD* 1970, S. 1438-49, hier S. 1446.
(18) Gespräch zwischen Bahr und Kissinger vom 17. 8. 1970, in *DEB*, Ord. 439.
(19) Ministerialdirigent Gehlhoff an die Ständige Vertrertung bei der NATO, 1. 9. 1970, in *AAPD* 1970, S. 1555-58.
(20) Botschafter Grewe an AA, 4. 12. 1970, in *AAPD* 1970, S. 2185-92.
(21) Gespräch zwischen Scheel und Gromyko, 30. 10. 1970, in *AAPD* 1970, S. 1866-75, hier S. 1874.
(22) Gespräch zwischen Scheel und dem sowjetischen Botschafter Zarapkin, 13. 10. 1970, in *AAPD* 1970, S. 1737-43, hier S. 1742.
(23) Gespräch des Staatssekretärs Freiherr von Braun mit dem sowjetischen Botschafter Zarapkin, 28. 12. 1970, in *AAPD* 1970, S. 2327-33, hier S. 2329.
(24) Botschafter Pauls an AA, 8. 2. 1971, in *AAPD* 1971, hier S. 269-70.
(25) Aufzeichnung des Vortragenden Legationsrats Freiherr von Groll, 4. 5. 1971, in *AAPD* 1971, S. 715-24 ; Romano 2009a : 106.
(26) Gespräch des Staatssekretärs Frank mit dem sowjetischen Botschafter Falin am 27. 5. 1971, in *AAPD* 1971, S. 861-66.
(27) Frank an AA, 3. 6. 1971, in *AAPD* 1971, S. 903-11 ; Botschafter Krapf an AA, 5. 6. 1971, in *AAPD* 1971, S. 912-18, hier S. 915.
(28) Frank an die Botschaft in Moskau, 16. 7. 1971, in *AAPD* 1971, hier S. 1141-42.
(29) Aufzeichnung über das Gespräch zwischen dem Generalsekretär des ZK der KPdSU, L. I. Breschnew, und Bundeskanzler Willy Brandt am 17. 9. 1971 in Oreanda, Krim, 17. 9. 1971, in *DEB*, Ord. 430.

(30) Aufzeichnung des Staatssekretärs Bahr, 7. 10. 1971, in *DEB*, Ord. 398/1.

(31) Aufzeichnung über das Gespräch des Staatssekretärs Frank mit dem amerikanischen Außenminister Rogers in Washington, 30. 11. 1971, in *AAPD* 1971, S. 1855-60, hier S. 1856 ; Fernschreiben des Ministerialdirektors von Staden, 11. 5. 1972, in *AAPD* 1972, S. 540-45, hier S. 543.

(32) Aufzeichnung über das Gespräch des Bundesministers Scheel mit dem französischen Außenminister Schumann in Paris, 19. 11. 1971, in *AAPD* 1971, S. 1756-60, hier S. 1757.

(33) Krapf an AA, 17. 11. 1971, in *AAPD* 1971, hier S. 1734.

(34) Ministerialdirigent van Well an Bundesminister Scheel, 8. 12. 1971, in *AAPD* 1971, S. 1920-23.

(35) Krapf an AA, 17. 11. 1971, a. a. O., hier S. 1734-36.

(36) Botschafter Krapf an AA, 10. 12. 1971, in *AAPD* 1971, S. 1942-47, hier S. 1944.

(37) Aufzeichnung des Vortragenden Legationsrats I. Klasse Blumenfeld, 21. 3. 1972, in *AAPD* 1972, S. 296-302, hier S. 297.

(38) この米ソ首脳会談では，核軍備管理に関して戦略兵器制限条約や弾道弾迎撃ミサイル（ＡＢＭ）条約が調印され，また「平和共存」を言明する米ソ関係基本原則が発表されるなど両国間の関係改善を印象付けた［cf. Garthoff 1994 : 335-38 ; Mastny 2003 ; Gaddis 2005a : 316 ; Romano 2009b : 711-712 ; 山本 2010 : 244］。

(39) Ausführungen des Ersten Sekretärs des Zentralkomitees der SED Honecker während der Beratung mit der Führung der KPdSU（Auszug）, Moskau, 18. 5. 1971, in *DzD*, VI/2, S. 248-55, hier S. 251.

(40) Gespräch des Mitglieds des Politbüros des Zentralkomitees der SED Axen mit dem französischen Außenminister Schumann, Paris, 4. 2. 1972, in *DzD*, VI/2, S. 481-89, hier S. 482.

(41) Bericht über Konsultation des Außenministers der DDR Winzer mit dem sowjetischen Außenminister Gromyko, Moskau, 21. 7. 1972, in *DzD*, VI/2, S. 566-73, hier S. 572-73.

(42) Vermerk des Vortraglegationsrates Eitel über die erste Sitzung der interfraktionellen Arbeitsgruppe für den Meinungsaustausch mit der DDR, Bonn, 14. 6. 1972, in *DEB*, Ord. 404/2.

（43） Aufzeichnung des Vortragenden Legationsrats Per Fischer, 9. 8. 1971, in *BAK*, B136/6419.

（44） Runderlass des Staatssekretärs Frank, 25. 10. 1971, in *AAPD* 1971, S. 1617-22, hier S. 1621 ; Aufzeichnung von Stadens, 27. 7. 1971, in *BAK*, B136/6419.

（45） Aufzeichnung Bahrs über das Gespräch mit dem Stellvertretenden rumänischen Außenminister Macovescu am 15. 11. 1969, 16. 11. 1969, in *DEB*, Ord. 442 ; Aufzeichnung über das Gespräch zwischen Brandt und Pompidou, 25. 1. 1971, in *AAPD* 1971, hier S. 157 ; Aufzeichnung über das Gespräch zwischen Brandt und Pompidou, 6. 7. 1971, in *AAPD* 1970, S. 1076-85, hier S. 1081-82 ; Aufzeichnung über das Gespräch des Bundeskanzlers Brandt mit Präsident Nixon am 29. 12. 1971 im Hause des Präsidenten in Key Biscayne, Florida, in *AAPD* 1971, S. 2008-19.

（46） Aufzeichnung von Grolls, 4. 5. 1971, a. a. O., hier S. 723-24.

（47） Fernschreiben des Ministerialdirektors von Staden, 11. 5. 1972, in *AAPD* 1972, S. 540-45, hier S. 544.

（48） この人権条項は、ヘルシンキ最終文書の第一バスケットにおける「参加国の関係を律する諸原則に関する宣言」の第七原則「思想、良心、宗教、信条の自由を含む人権と基本的自由の尊重」に結実した。本章では主に国境不可侵と人的交流に関するテーマに注目するため、この条項の成立過程や冷戦終焉にいかなる影響を与えたかに関する考察は分析範囲を超えるが、その役割に注目したものとしてさしあたり Thomas［2001］、宮脇［2003］を参照。

（49） Auftrag an die Schweiz in Helsinki, in *Neue Zürcher Zeitung*, 27. 1. 1973. スイスによる作業文書は、Jacobsen, Mallmann und Meier hg. 1973 : 15-16.

（50） Delegationsbericht Nr. 92 des Botschafters Brunner, 27. 1. 1973 ; VS-Bd. 6115 ; B 150, Aktenkopien 1973, in *AAPD* 1973, S. 151, Anm. 4.

（51） Vermerk des Vortragenden Legationsrats I. Klasse Freiherr von Groll, 29. 1. 1973 ; Referat 212, Bd. 111531, in *AAPD* 1973, S. 151, Anm. 2 ; Aufzeichnung von Groll, 1. 2. 1973, in *PAAA*, B 28.

（52） Scheel an Brandt, 31. 1. 1973, in *AAPD* 1973, S. 160-166.

（53） Aufzeichnung des Vortragenden Legationsrats I. Klasse Fleischhauer, 29. 1. 1973 ; VS-Bd. 9073（212）; B 150, Aktenkopien 1973, in *AAPD* 1973, S. 153, Anm. 13.

(54) Runderlass des Ministerialdirektors von Staden, 29. 1. 1973, in *AAPD* 1973, hier S. 153.

(55) Ministerialdirigent Brunner an das Auswärtige Amt, 31. 1. 1973, a. a. O., hier S. 168 ; Drahterlass Nr. 431 von Staden, 2. 2. 1973, in *PAAA*, B28 ; Becker 1992 : 176.

(56) Aufzeichnung des Ministerialdirektors van Well, in *AAPD* 1973, S. 482-89.

(57) 本書ではアメリカをはじめとした西側諸国と西ドイツの意見調整という観点から考察するが、アメリカ自体がＣＳＣＥに対し高い優先順位を置かなかったこともあり、ＥＰＣの果たした役割に注目する研究は多い［Groll 1978 ; Höhn 1978 ; Becker 1992 : 116, 124-27, 168-69 ; Möckli 2008 ; Romano 2009a : 157-66, 206-17 ; 山本 2010 : 212-20］。確かにＣＳＣＥがＥＰＣによる西欧諸国間の政治協力を促進する「触媒」となった点は見逃せないが、本書で焦点を当てる「国境不可侵」問題や第三バスケットに関する行き詰まった交渉を打開するためにアメリカが重要な役割を果たした事実も軽視できず、ＥＰＣを過大評価すべきでないという指摘もある［Link 1989 : 85 ; Holsti 1982 : 164 ; Mastny 1986 : 9］。なお、米英仏独の一次史料に依拠したこの時期のＥＰＣに関する最新の研究書でメックリは、当初西ドイツがソ連に過剰に譲歩することが危惧されたものの、一度たりともＥＰＣの結束を乱さなかったと指摘する一方で、キッシンジャーやバールが「バックチャネル」を利用して交渉しようとした点にも言及している［Möckli 2009 : 125, 130］。ＥＰＣについては第4章第二節も参照。

(58) Vermerk des Vortragenden Legationsrats Hillger, 12. 4. 1973, in *PAAA*, B28 ; Aufzeichnung über das deutsch-britisches Regierungsgespräch, 2. 3. 1973, in *AAPD* 1973, S. 335-43, hier S. 338-39.

(59) Aufzeichnung des Ministerialdirektors van Well, 9. 4. 1973, in *AAPD* 1973, S. 482-89, hier S. 486-87.

(60) Ebenda, hier S. 488-89.

(61) Ebenda.

(62) Vermerk über Gespräch Bahrs mit Kissinger und Sonnenfeld, 30. 4. 1973, in *DEB*, Ord. 439. なお一九七三年はキッシンジャーの「欧州の年」を一つの契機として欧米関係の再編についての議論が盛んとなり、このバールとキッシンジャーの会談でも重要議題となっていたが、この点に関する分析は今後の課題としたい。

(63) Aufzeichnung über das Gespräch des Bundeskanzlers Brandt mit dem Generalsekretär des ZK der KPdSU, Breschnew, 20. 5. 1973, in *AAPD* 1973, S. 758-65, hier S. 765.

(64) Vermerk über Gespräch Bahrs mit Kissinger und Sonnenfeld, 30. 4. 1973, a. a. O.

(65) Drahtbericht Nr. 431 von Brunner, 23. 5. 1973, in *PAAA*, B28 ; Elliot to Douglas-Home, 23. 5. 1973, in *DPO*, Serie III, Bd. II, pp. 131-32.

(66) キッシンジャーは一九七三年五月四日から九日までモスクワに滞在した（Botschafter von Staden an Ministerialdirektor van Well, 12. 5. 1973, in *AAPD* 1973, S. 668-71, hier S. 669)。

(67) Brandt an Breschnew, 24. 4. 1973, in *AAPD* 1973, S. 563-566, hier S. 565-66.

(68) Telegram Nr. 489 im britischen Außenministerium, 17. 5. 1973, in *DPO*, Serie III, Bd. II, p. 129, note 9 ; 齋藤 2006 : 172.

(69) Aufzeichnung des Bundeskanzlers Brandt, 20. 5. 1973, in *AAPD* 1973, S. 745-47, hier S. 746.

(70) "Report on the Meeting of the Deputy Foreign Ministers", 21. 5. 1973, in Békés, Locher and Nuenlist eds., op. cit.

(71) Aufzeichnung des Ministerialdirigenten Simon, 7. 6. 1973, in *AAPD* 1973, S. 945-47, hier S. 946. 第一バスケットと第三バスケットの間の「均衡のとれた妥協」という見解は、Birnbaum［1974］を参照。

(72) Aufzeichnung des Ministerialdirigenten Simon, 7. 6. 1973, in *AAPD* 1973, S. 945-47, hier S. 946.

(73) Elliot to Douglas-Home, 19. 5. 1973, in *DPO*, Serie III, Bd. II, p. 129.

(74) Minute from Walden to Tickel, 16. 4. 1973, in *DPO*, Serie III, Bd. II, p. 121.

(75) Drahtbericht Nr. 1206 des Gesandten Kühn, 8. 10. 1973 ; VS-Bd. 9073（212）; B 150, Aktenkopien 1973, in *AAPD* 1973, S. 1548, Anm. 7.

(76) この戦勝四カ国の権限の問題は、協議終盤になって戦勝国であるソ連の権限の強調が「ブレジネフ・ドクトリン」の正当化に寄与することを警戒したルーマニアが疑義を呈した（Drahterlass Nr. 433 an die KSZE-Delegation in Genf, 3. 6. 1975, in *AAPD* 1975, S. 603, Anm. 18)。ただこれは本書で焦点を当てるドイツ統一の可能性確保に関連する「暫定性」と直接の関わりは薄いため、紙幅の都合上ここでは扱わない。

(77) Vermerk des Ministerialdirigenten Diesel, 14. 9. 1973 ; VS-Bd. 9077 (212) ; B 150, Aktenkopien 1973, in *AAPD* 1973, S. 1691, Anm. 4.

(78) 一九七三年一〇月一九日に提出されたフランス草案については、*EA* 1974, D 2 ; Aufzeichnung des Ministerialdirektors van Well, 13. 11. 1973, in *AAPD* 1973, S. 1826-30, hier S. 1829.

(79) Drahtbericht Nr. 1325 des Gesandten Freiherr von Groll, 26. 10. 1973 ; Referat 212, Bd. 111350, in *AAPD* 1973, S. 1692, Anm. 8 ; P. M. Maxey to C. C. C. Tickell, 21. 11. 1973, in *DPO*, Serie III, Bd. II, p. 211, note 4.

(80) Aufzeichnung des Ministerialdirektors van Well 6. 11. 1973, in *AAPD* 1973, S. 1827-30、第2章第三節(3)も参照。

(81) Aufzeichnung des Ministerialdirektors van Well, 13. 11. 1973, a. a. O., hier S. 1830.

(82) Runderlass des Ministerialdirektors van Well, 15. 1. 1974, in *AAPD* 1974, S. 31-37, hier S. 33.

(83) Brandt an Breschnew, 7. 2. 1974, in *AAPD* 1974, S. 153-54.

(84) Aufzeichnung des Bundesministers Bahr über das Gespräch mit Breschnew in seinem Amtszimmer im Kreml am 27. 2. 1974 von 17.00 bis 21.15 Uhr, 1. 3. 1974, in *DEB*, Ord. 433. バールは二月二七日から三月九日までソ連に滞在していた。

(85) Drahtbericht Nr. 286 des Botschafters Meyer-Lindenberg, Rom, 21. 2. 1974 ; Referat 213, Bd. 12697, in *AAPD* 1974, S. 185, Anm. 16.

(86) Hildyard to Callaghan, 26. 3. 1974, in *DPO*, Serie III, Bd. II, pp. 258-59, note 4. 当初キッシンジャーはCSCEに対してわずかな関心しか示さなかったが、一九七四年頃から西欧諸国の立場に適応していったとされる［Suri 2008 : 59］。

(87) Ministerialdirigent Brunner an AA, 22. 3. 1974, in *AAPD* 1974, S. 422-24.

(88) Drahtbericht Nr. 445 des Gesandten Freiherr von Groll, 27. 3. 1974 ; VS-Bd. 8071 (212) ; B 150, Aktenkopien 1974, in *AAPD* 1974, S. 423, Anm. 5.

(89) Brunner an AA, 22. 3. 1974, a. a. O.

(90) Dokument CSCE/II/A/125, in *PAAA*, B28. 邦訳は、吉川［1994 : 68-69］を参照した。

(91) Dokument CSCE/II/A/126, ebenda.

(92) Aufzeichnung von Groll, 8. 4. 1974, in *PAAA*, B28.

(93) Ministerialdirigent Brunner an AA, 22. 3. 1974, a. a. O.

(94) Dokument CSCE/II/A/24 ; Referat 212, Bd. 100021, in *AAPD* 1974, S. 604-05, Anm. 4 ; Maresca 1987 : 93-94.

(95) Drahtbericht Nr. 638 des Gesandten Freiherr von Groll, 1. 5. 1974 ; VS-Bd. 10128 (212) ; B 150, Aktenkopien 1974, in *AAPD* 1974, S. 604, Anm. 2.

(96) Scheel an Kissinger, 30. 4. 1974, in *AAPD* 1974, S. 597-600.

(97) Ebenda, S. 598.

(98) Aufzeichnung des Referats 204, 14. 6. 1974, in *AAPD* 1974, S. 726-34, hier S. 731. ブラントは自らの秘書が東ドイツのスパイだった責任をとって、一九七四年五月に首相を辞任し、財務相だったシュミットが後継した。またシェールもハイネマンの後の大統領に就任し、外相は同じＦＤＰで内相を務めていたゲンシャーが引き継いだ。一方バールは、ブラント退陣と同時に一旦内閣から去るが、シュミットの要望で経済協力相（Bundesminister für wirtschaftliche Zusammenarbeit）として再び入閣する。とはいえ、両ドイツ間関係を例外として外交政策への発言力は事実上失われた形となり、バールの影響力は後景に退くことになる。なおゲンシャー外相がＣＳＣＥ政策に力を注いだことは確かだが、外相に就任して暫くは外交経験もなく主導権を発揮できなかったといわれる［Haftendorn 2002 : 117-18］。先行研究では、七五年迄の西ドイツのＣＳＣＥ政策に関して、ジュネーブでの事務レベル協議が長引いたことも相俟って、ブラント期からの継続性が指摘されている［Lentz 1978 : 163］。

(99) Aufzeichnung des Ministerialdirektors van Well, 14. 6. 1974 ; VS-Bd. 10114 (210) ; B 150, Aktenkopien 1974, in *AAPD* 1974, S. 730, Anm. 15.

(100) Ministerialdirektor van Well, 19. 6. 1974, in *AAPD* 1974, S. 787-90, hier S. 789 ; Niedhart 2008a : 47-48.

(101) Aufzeichnung des Ministerialdirektors van Well, 5. 7. 1974, in *AAPD* 1974, S. 875-77, hier S. 875.

(102) Aufzeichnung des Ministerialdirektors van Well, 6. 7. 1974, in *AAPD* 1974, S. 889-92, hier S. 889.

(103) 「抱き合わせ」提案の草案は、Drahtbericht Nr. 545 des Ministerialdirigenten Brunner, 12. 7. 1974, in *PAAA*, B28.

(104) Aufzeichnung über das Gespräch des Bundesministers Genscher mit dem sowjetischen Außenminister Gromyko auf

Schloss Gymnich, 15. 9. 1974, in *AAPD* 1974, S. 1158-62, hier S. 1161-62.

(105) Aufzeichnung über das Gespräch zwischen Genscher und Gromyko in New York, 26. 9. 1974, in *AAPD* 1974, S. 1219-24, hier S. 1222.

(106) Ebenda.

(107) Drahtbericht Nr. 2919 des Botschafters von Staden, 2. 10. 1974 ; VS-Bd. 10114 (210) ; B 150, Aktenkopien, in *AAPD* 1974, S. 1400, Anm. 20.

(108) Aufzeichnung über das Gespräch zwischen Genscher und Gromyko in Moskau, 30. 10. 1974, in *AAPD* 1974, hier S. 1400.

(109) Botschafter von Staden an AA, 7. 11. 1974, in *AAPD* 1974, S. 1443-46.

(110) Aufzeichnung des Ministerialdirektors van Well, 9. 12. 1974, in *AAPD* 1974, S. 1594-95.

(111) Drahterlass Nr. 179 des Ministerialdirigenten Meyer-Landrut, 16. 1. 1975 ; VS-Bd. 10200 (212) ; B 150, Aktenkopien 1975, in *AAPD* 1975, S. 103, Anm. 19.

(112) Aufzeichnung des Legationsrats I. Klasse Seibert, 19. 2. 1975 ; VS-Bd. 10200 (212) ; B 150, Aktenkopien 1975, in *AAPD* 1975, S. 184, Anm. 13.

(113) Aufzeichnung des Ministerialdirigenten Meyer-Landrut, 3. 3. 1975 ; VS-Bd. 10200 (212) ; B 150, Aktenkopien 1975, ebenda ; Minute from C. C. C. Tickell to John Killick, 3. 3. 1975, in *DPO*, Serie III, Bd. II, p. 383, note 2.

(114) Aufzeichnung des Vortragenden Legationsrats I. Klasse im Geschäftsbereich des Bundeskanzleramts Detlef Graf zu Rantzau, 6. 3. 1975, in *HSA*, Ord. 9361.

(115) Drahterlass des Ministerialdirigenten Meyer-Landrut, 7. 7. 1975, in *AAPD* 1975, S. 893-94.

(116) Runderlass des Vortragenden Legationsrats Engels, 18. 7. 1975, in *AAPD* 1975, hier S. 966, 969.

(117) Drahtbericht Nr. 1149 des Gesandten Kühn, 27. 9. 1973, in *PAAA*, B28.

(118) Drahtbericht Nr. 1166 des Gesandten Kühn, 29.9. 1973, in *PAAA*, B28.

(119) Fernschreiben des Ministerialdirigenten Brunner, 14. 12. 1973, in *AAPD* 1974, hier S. 2041-42.

(120) Fernschreiben Freiherr von Grolls, 30. 10. 1973, in *AAPD* 1973, hier S. 1697.

(121) Sahm an AA, 12. 2. 1974, in *AAPD* 1974, hier S. 187.

(122) Becker 1992 : 202. 一一月六日に中立国の仲介で、前文と四つの分野に関しての双方を「並行して」交渉する点について東西間で妥協がなった［Höhn 1978 : 289］。

(123) Botschafter Krapf an AA, 22. 4. 1974, in *AAPD* 1974, S. 559-62, hier S. 561.

(124) Aufzeichnung über das Gespräch zwischen Genscher und Callaghan, 15. 6. 1974, in *AAPD* 1974, hier S. 762 ; Runderlass des Vortragenden Legationsrats I. Klasse Dohms, 4. 6. 1974, in *AAPD* 1974, S. 718-22, hier S. 719.

(125) Botschafter von Keller an AA, 19. 6. 1974, in *AAPD* 1974, S. 790-97, hier S. 794 ; Edward Peck to Callaghan, 2. 7. 1974, in *DPO*, Serie III, Bd. II, pp. 304-306, p. 305, note 3.

(126) Runderlass des Ministerialdirektors van Well, 24. 6. 1974, in *AAPD* 1974, S. 816-20, hier S. 816 f.

(127) Botschafter Krapf an AA, 4. 7. 1974, in *AAPD* 1974, S. 869-74, hier S. 870, 873 ; Edward Peck an Callaghan, 2. 7. 1974, in *DPO*, Serie III, Bd. II, pp. 304-306.

(128) Botschafter von Keller an AA, 19. 6. 1974, a. a. O., hier S. 792-95 ; Pecks to Callaghan, 2. 7. 1974, in *DPO*, Serie III, Bd. II, p. 306, note 8.

(129) Vermerk über das Gespräch des Bundeskanzlers mit dem belgischen Premierminister Tindenmans, 3. 7. 1974, in *AAPD* 1974, S. 859-64, hier S. 860.

(130) Hildyard to Callaghan, 6. 7. 1974, in *DPO*, Serie III, Bd. II, pp. 307-10, p. 310 ; M. A. Pakenham to D. J. Young, 11. 7. 1974, in *DPO*, Serie III, Bd. II, p. 310, note 9.

(131) Aufzeichnung über das Gespräch des Bundesministers Genscher mit dem sowjetischen Botschafter Falin, 12. 7. 1974, in *AAPD* 1974, S. 937-42, hier S. 941-42.

(132) M. A. Pakenham to D. J. Young, 11. 7. 1974, in *DPO*, Serie III, Bd. II, p. 310, note 9. ラッパロについては、第3章第1節(4)を参照。

(133) T. Garvey to Callaghan, 7. 6. 1974, in *DPO*, Serie III, Bd. II, pp. 294-95, p. 295.

(134) Callaghan to P. Ramsbotham, 5. 9. 1974, in *DPO*, Serie III, Bd. II, pp. 330-33, p. 331, note 7.

(135) Krapf an AA, 13. 9. 1974, in *AAPD* 1974, hier S. 1156-57.

(136) Alexander to Fall, 18. 10. 1974, in *DPO*, Serie III, Bd. II, pp. 343-44, note 3 ; Ferraris 1979 : 311-12 ; Maresca 1987 : 129 ; Staden 1990 : 45 ; Alexander to D. J. Young, 21. 12. 1974, in *DPO*, Serie III, Bd. II, p. 364, note 4 ; Meimeth [1990 : 172], Anm. 372 ; Romano [2009a : 199-200] ; 齋藤 [2006 : 191]。

(137) Botschafter Blech an AA, 18. 3. 1975, in *AAPD* 1975, S. 271-78, hier S. 273.

(138) Boss an AA, 11. 2. 1975, in *AAPD* 1975, S. 134-40, hier S. 134, 138.

(139) ブレジネフからシュミットへの書簡は，Runderlass des Ministerialdirektors van Well, 12. 3. 1975, in *AAPD* 1975, S. 250-56, hier S. 254-55., Anlage 2 ; Hildyard to Callaghan, 14. 3. 1975, in *DPO*, Serie III, Bd. II, pp. 387-90, p. 388 ; Maresca 1987 : 142. ブレジネフの意図については，Kissinger [1982 : 758]，Gaddis [2005b : 邦訳 212-15]。

(140) Blech an AA, 18. 3. 1975, a. a. O., hier S. 278.

(141) Runderlass des Ministerialdirektors van Well, 12. 3. 1975, a. a. O., hier S. 251. この時期，西側諸国だけで首脳会談を開催する構想もあったが，ブレジネフ提案を受けて，CSCEがブロック間の対話であるとの印象を避けたいという配慮が働いた。

(142) Minute from R. A. Burns to C. C. C. Tickell, 29. 4. 1975, in *DPO*, Serie III, Bd. II, pp. 401-05.

(143) M. Alexander an R. A. Burns, 25. 4. 1975, in *DPO*, Serie III, Bd. II, S. 399-401 ; 齋藤 [2006 : 193].

(144) Schriftbericht des Botschafters Blech an AA, 16. 5. 1975, in *AAPD* 1975, S. 568, Anm. 12 ; Ferraris [1979 : 320-23] ; Maresca [1987 : 148].

(145) Schriftbericht des Botschafters Blech an AA, 16. 5. 1975, a. a. O.

(146) Drahtbericht Nr. 1028 des Botschafters Blech, 23. 5. 1975, in *PAAA*, B28.

(147) Maresca [1987 : 158] ; Acimovic [1981 : 133] ; Vermerk über das Gespräch des Bundeskanzlers Schmidt und des Bundesministers des Auswärtigen mit Präsident Ford und Außenminister Kissinger in Brüssel , 29. 5. 1975, in *AAPD* 1975, S. 631 ;

Alexander to Burs, 23. 5. 1975, in *DPO*, Serie III, Bd. II, p. 410, note 1.

(148) Auszug aus einer Fernsehdiskussion "Die KSZE-Gipfelkonferenz und ihre Folgen : Friede und Entspannung in Europa," 4. 8. 1975, in *BAK*, B136/18092 ; Aufzeichnung Gehls, 24. 9. 1975, in *AAPD* 1975, S. 1306. 実際西ドイツ国内では、野党CDU／CSUからヘルシンキ最終文書の署名拒否を求める決議案が提出された（Entschließungsantrag der Fraktion der CDU/CSU vom 25. 7. 1975, in *Deutscher Bundestag* , 7. Wahlperiode, Drucksache 7/3885 ; Schaefer ［2008 : 134-36］; 伊東 ［1992 : 200-201］）。しかし当時のCDU党首で一九八二に政権交代によって首相となるコールは、CSCEの意義を高く評価し、野党としてのこうした行動が誤りであったと後に回顧している ［Kohl 2004 : 378］。

(149) Botschafters Krapf an AA, 26. 11. 1975, in *AAPD* 1975, S. 1689-95, hier S. 1693.

(150) 当初西側では戦後ヨーロッパの「現状」を承認するようなヘルシンキ最終文書の法的拘束力に否定的な意見が支配的である一方、東側は積極的な解釈を打ち出す傾向にあったが、人権問題や第三バスケットなどの意義に関する認識が変化するにしたがって、両者の立場も逆転していくことになる ［吉川 1994 : 96-98］。

終　章
ブラントの東方政策とは何だったのか
――分断と統一、東と西のあいだで――

はじめに

本書では、ブラントの東方政策について、バールの構想からソ連・東欧諸国の関係改善を経てCSCEに至る過程に着目して検討してきた。既に各章の最後で「おわりに」という形で考察を加えてきたが、ここであらためて概略的に振り返ると次のようになるだろう。

まず第1章では、ブラントの東方政策のコンセプトであるバールの構想を分析した。西ドイツ成立後一貫して西側統合を推し進め、「力の政策」によって再統一を目指したアデナウアー路線は、一九六〇年代に入り米ソ間の緊張緩和の兆しがみられる中で行き詰まりを見せ始めていた。これに対して一九六三年に打ち出されたバールの「接近による変化」構想は、「ベルリンの壁」建設による分断に伴うベルリン市民の苦痛を軽減する「小さな歩みの政策」として結実した。さらにバールが考案したヨーロッパの安全保障構想は、東西両軍事同盟に代わる新たな全ヨーロッパ規模の安保体制を通じて長期的観点からドイツ統一を達成することを提唱し、西ドイツ自らが緊張緩和の促進にイニシアチブを発揮してこそ分断克服への道が開かれることを強調した。こうしたバールの構想に基づき、実際にブラント政権が推進した東方政策に関して、とりわけソ連及び東ドイツとの交渉について、統一の可能性の確保と人的交流の拡大の二点に焦点を当てて考察したのが第2章である。そこでは、将来の統一の可能性を閉ざさないように腐心する一方、分断により滞っていた人的交流の再活性化を図るべく積極的に働きかけていたことが明らかにされた。

そして第3章では、東方政策を成功させるために重要であった西側との関係について、ソ連とのモスクワ条約への交渉過程と並行した米英仏との意見調整に注目した。この西側三国は、ブラント政権の東方政策によって、第二次世界大戦の戦勝国としてドイツ全体及びベルリンに関して有する権限が侵害されないか憂慮していた。これを受けてブラント政権は、対ソ交渉において三国の権限確保に取り組むと同時に、その権限確保によって、東方政策によるソ連・東欧諸国との関係改善があくまで「暫定的」で将来の統一の可能性が保持されることを主張する一助とした。この「暫定性」の強調こそ、三国がドイツに関する発言権を有し続けることを保障するだけでなく、西ドイツが東側諸国へ「接近」することを警戒する西側諸国の不安の緩和にも寄与したと考えられる。さらには、こうした西側諸国との緊密な意見調整は、第4章で検討したヨーロッパ統合への積極的な関与と並び、ブラント政権が東方政策の推進に際して西側との関係を決して軽視しなかったことを示している。また第5章では、西ドイツ国内の野党を中心とした東方政策反対論を見ていき、ブラント政権がいかに東方政策をめぐる国内対立を乗り越えたかについて、国際交渉と国内政治の連関という観点から考察した。そこではブラント政権が、国内政治基盤が盤石でないことをむしろ意図的に訴えることで、ソ連や東ドイツとの交渉において相手側から譲歩を引き出そうとした点を明らかにした。一方西側諸国も、緊張緩和の逆行や西ドイツ国内の混乱を危惧し、ブラント政権の東方政策を事実上追認する態度であったことを示した。

最後に第6章では、西ドイツ政府が、ソ連・東欧諸国との関係改善によって得られた成果をＣＳＣＥにおいて「多国間化」する試みを取り上げた。西ドイツ政府は、とりわけ将来の国境の平和的変更の可能性と人的交流の拡大に関する問題について、自国の国益を実現すべく精力的に働きかけた。そこで特に重要だったのが、アメリカをはじめとした西側諸国との意見調整である。西ドイツ政府は、自国の主張を西側全体の交渉姿勢に反映させるために、西側諸国間の連携を重視していた。またこうした西側諸国との意見調整の緊密化は、西側の結束をさらに強化すると同時に、東方政策に対する不信感に対処する効果を持ったとも考えられるのである。

以上に見てきたように、本書はブラント外交について時系列的に沿って再現したというよりも、むしろその構造を構成する諸要素を各章毎に析出し、他の要素との関連を念頭に置きながらそれぞれを検討することに主眼を置いた。そこで最後に、本書で扱った議論を序章で述べた冷戦史と東西の挟間のドイツ外交という二つの分析視角から整理し、バール構想及びブラントの東方政策の意義について考察したい。

第一節　分断克服への構想と戦略

まず東西冷戦史の観点から検討する前に、その後の東方政策とバール構想の展開について触れておく必要があるだろう。一九七四年五月のブラント辞任後、首相を継いだシュミットは、東西間の勢力均衡をより重視した「現実的緊張緩和政策」を進め、さらに八二年に政権交代したCDU／CSUとFDPの連立政権においても、コール首相やゲンシャー外相の下で、東方政策は力点の置き方を変化させつつも基本的に受け継がれたといえる［cf. Pittman 1992 ; Bender 1995］。とはいえそこでは、NATOに代わる新たな安全保障体制といった長期的目標は後景に退き、西側との確固たる結束がより強調されていった。一方バールは、シュミット内閣で一九七六年まで経済協力相を務めた後、七〇年代末頃から米ソ間の緊張が再び高まる中で、アメリカの軍拡路線を追認した西ドイツ政府とは距離を置きつつ独自の安全保障構想を訴えていく。すなわち、軍縮問題や全ヨーロッパ安保体制の構築を主張の中心に据えつつ、東ドイツ政府との直接対話を推進する立場をとったのである。[1]一九八九年一一月に「ベルリンの壁」が開放され、加速度的に東西統一に向かう中でも、東側で自由を求める市民の動きがかつてのように武力鎮圧されるのではないかといった懸念を拭えず、統一に対し慎重な姿勢を崩さなかった。そしてその事も、バールが東側政府との関係を重視しすぎ、統一の可能性を十分に計算し切れなかったという非難につながるのである［Hacker 1992 : 244-51］。

確かにバール自身も認めるように、東西ドイツ統一は第一章で検討したような全欧規模の安全保障体制の構築を通じて達成されたわけではなかった［Bahr und Gaus 1997］。バールは、統一は西ドイツがＮＡＴＯに属している限り困難と考えていたが、実際にはアメリカの支持の下で、統一ドイツがＮＡＴＯへ帰属することをソ連が了承し実現したのであり、彼の想定していた道程を経なかったのである。またバール構想の第二段階たるＣＳＣＥによって開始した「ヘルシンキ・プロセス」は、その後緊張緩和が停滞するなど国際環境が変化するなかで、最終文書に基づき決定事項を再検討するフォローアップ会議において東西対立が再び顕在化するなどの行き詰まりを余儀なくされた。さらには、結果的に東ドイツが西ドイツへ「吸収」される形で東西統一が達成された経緯は、西側統合を推し進め「力の政策」(2)によって統一を目指したアデナウアー路線の思い描いた通りであったとさえ評されることもある［Schwarz 1994：991］。

もちろん東方政策が実行されるに際して、独仏和解を中心とするアデナウアー以降の西側諸国との信頼関係の構築が不可欠であったことは言うまでもない。ただ統一までのプロセスでは、西側との結びつきと同様に、バールの構想に基づき推進された東方政策による、ソ連をはじめとした東側諸国との関係改善の蓄積が重要な役割を果たしたことも過小評価できないだろう。例えば一九八九年から九〇年の統一過程において、ＮＡＴＯ帰属問題などの争点にソ連の同意は不可欠であった［高橋（進）1999；Adomeit 2008］。その交渉は難航したが、ブラント外交による対ソ関係改善が好影響を及ぼしたことは間違いない。すなわち、ブラントの東方政策を基点とする対東側交渉の積み重ねが、東西統一の交渉過程において役立ったと考えられるのである［Zelikow and Rice 1997：61］。

さらに見逃せないのは、東方政策構想とゴルバチョフ（Mikhail Gorbachev）の新思考外交との共通点である。バールは一九八〇年から八二年まで国連軍縮委員会（通称パルメ委員会）のメンバーとして「共通の安全保障」概念の体系化にも関わったが［The Independent Commission on Disarmament and Security Issues 1982］、この委員会の活動は、一九八五年にソ連の指導者に就任し新思考外交を推進したゴルバチョフの安全保障観と共通することが多かったとされる［Gorbachev 1987：邦訳 299］。またゴルバチョフ自身も、ブラントやバールの東方政策構想を支持していた［Craig 1994：163］。

モスクワ条約の交渉過程に関与し、後に駐西ドイツソ連大使を務めたファーリンによる「東方政策なしにはゴルバチョフはなかった」という発言も、こうした点から理解されるべきであろう(3)。

この対ソ関係の重視は、第1章で検討したように既に「接近による変化」構想において打ち出されていた（「モスクワ第一主義」）。その後ブラント政権は、まずソ連との交渉に最優先で取り組むなど、東側陣営におけるソ連の強い影響力を認め、ときにそれを利用する姿勢は、多少の紆余曲折があるものの、以降の東方政策の前提条件としてコンセンサスを得ていたといえる(4)。確かに西側諸国との関係を含め、ブラント、シュミット、コールの対外政策の優先順位は一定でなかった。しかしドイツの論客ベンダーが述べるように、この三人は、東側の共産主義体制の危機が各国内における武力の行使を招くことを、過去の経験から学んでいた。ゆえに西ドイツ政府は、当面は東側の体制の「安定化」の上で分断克服への道を探るという長期的な戦略を選択した［Bender 1995；Niedhart 2002］(5)。それまでの西ドイツ政権で、例えば六〇年代前半にシュレーダー外相が進めたソ連や東ドイツを迂回した政策が頓挫し、長期的な観点から分断克服への第一歩を踏み出すためには、「モスクワ第一主義」が重要な要素だったのである。

ここで看過してはならないのは、この「モスクワ第一主義」が、「ベルリンの壁」の構築や東欧の反体制運動への武力鎮圧といった経験を背景とし、人的苦痛の軽減を目指して実務的な関係改善を積み重ねていく「小さな歩みの政策」と併せて取り組まれた点である。序章で触れたようにブラント外交に対しては、「政府」間関係の改善に偏重したため、東側市民を中心とする反体制派を見殺しにしたといった疑義が呈される。しかし、壁構築後に滞っていた人的交流の再活性化を目指す「小さな歩みの政策」は、東側の政治体制を暫定的に認めたからこそ可能になった。この分断を固定化しかねない暫定的な措置を通じてようやく、分断克服への第一歩を踏み出すことができたのである。これに関連して外交史家のヤコブセンは、一方の「政府」間関係改善による緊張緩和はヨーロッパの「現状」の承認と東側体制の安定化を意味したが、他方で双方の「社会」間の交流によって、東側反体制派と西側の接触が増加し、東欧における政治変動に影響を与えたと指摘しているが、これは、人的交流の拡大が冷戦終結やドイツ統一にいかに寄与したかという論点と関わる重要な問題提起であろう［Enquete-Kommission 1995：132-237；菅 2010：17-19］。東西分断という「現状」を暫定的に受け入れ、人々の交流を拡大する「小さな歩み」を積み重ねる戦略の出発点は、壁により分断されたベルリンであった。そこには、それまでの東側政治体制への全面的な対決姿勢から、東側に住む市民を相手にする姿勢への転換を見ることもできるのである。

そして第6章で見たように、CSCEの第三バスケットによって増加する「社会」間の交流は、「接近による変化」構想から西ドイツが一貫して追求してきた人的交流の拡大を「多国間化」した側面があった。CSCEにおいてバール自身は交渉の表舞台から退いていたものの、この人的交流に関する西ドイツ政府の方針自体に彼の構想の具現化を見ることが可能だろう。第三バスケットに関する東西交渉は難航を極めたが、西ドイツは実務的な関係改善の積み重ねを「多国間化」するために、アメリカをはじめ西側諸国との意見調整に積極的に取り組み、西側の要求を実現することに貢献したのである。

加えて、この人的交流の拡大に向けた第一歩を可能にしたのは、バール構想における段階的アプローチであった。膠着状態にあった東方政策の突破口を開くには、長期的目標に全欧安保体制の構築を通じたドイツ統一を据え、漸進的にソ連・東欧諸国との関係改善に取り掛かる段階的アプローチが重要であった。換言すれば、長期的目標として分断克服を掲げたがゆえに、そこに至る手段として東側に「接近」し緊張緩和の推進に取り組むことが可能になったのである。そしてこのバール構想の射程の長さこそ、「モスクワ第一主義」や「小さな歩みの政策」を並行して遂行する基盤となったのである。

さらにブラント政権が、分断克服とドイツ統一を長期的目標として訴え続けるために、人的交流の拡大と並んで精力的に取り組んだのが、ソ連・東欧諸国との関係改善の「暫定性」を強調することであった。それは、第三章でみた「四カ国の権利と責任」の確保と同時に、直接的に統一の可能性を保持する「ドイツ統一に関する書簡」などの措置に看取できる。まず「四カ国の権利と責任」は、米英仏の西側三国が権限確保に執心しており、その意向を受けてブラント政権は、モスクワ条約の交渉過程でソ連に対し精力的に働きかけた。ここで注意を要するのは、この西側三国の権限を強調することは、西ドイツにとっても、対ソ条約が「暫定協定」であり、将来の統一目標を断念するものではないことを示す上で国益に適う重要な手段であった点である。次に対ソ条約においては、「ドイツ統一に関する書簡」をソ連側に手交することで、ドイツ人の自決権に基づく統一の可能性を維持し、さらに国境不可侵に関して、将来の平和的な手段による変更の道を閉ざさないように尽力した。この「暫定性」の強調は、西ドイツ国内の東方政策反対論に配慮したものである一方で、バール構想の段階的アプローチにおいて、長期的目標たる分断克服への道筋が東方政策によって妨げられないことを明らかにするためにも重要であった。この点は、東方政策が「多国間化」されるCSCEの第一バスケットにおいても、国境の平和的変更に関して一貫して主張されることによって、西ドイツの要求が反映される。そして結果的にCSCEにおいて確認されたこの平和的手段や自決権の行使によって、一九九〇年の東西ドイツ統一が実現したのであった。

しかし東方政策において、統一の可能性保持の側面にのみ焦点を当てた評価は一面的である。繰り返しになるが、バール構想では長期的に全ヨーロッパ規模の安保体制を通じてのドイツ統一が目指されていたのであり、その文脈の中において、第一段階であるソ連・東欧諸国との関係改善で統一の可能性を確保することが不可欠であった。確かに前述のように現実には、バール構想の想定と異なり、一九九〇年の東西ドイツ統一は全ヨーロッパ安保体制の構築なしに達成された。この統一実現のインパクトがあまりに強く、また緊張緩和を優先するバール構想では直接ドイツ分断を克服する視点が弱かったという否定的評価に反論するために、バールやブラントの統一に対する態度に注目が集まるのも止むなきことなのかもしれない。しかしながら、ブラントの東方政策を単にナショナルな論点からのみで論ずるのではなく、そのコンセプトにおいて、全ヨーロッパ的なヴィジョンに基づく段階的な分断克服への戦略があったことを看過してはならないのである。

このように本書では、バールの構想とブラントの東方政策がCSCEによる「多国間化」を通じてヨーロッパの緊張緩和に寄与したことを明らかにしてきた。ここで本書が直接扱うテーマを超えるが、このヨーロッパにおける緊張緩和が冷戦終焉にいかなる役割を果たしたかについて若干の考察を加えると次のようになるだろう。

東方政策に対する反対論でも見られるように、東西間の「政府」間関係の安定化を追求した西側の緊張緩和政策は、そこで想定されていた形で冷戦終焉に至らなかったという点から批判されている。すなわち、ブラントやバールが目標としたような東側の「安定化による自由化」は実現せず、緊張緩和は東側の「自由化なき安定化」を招いたに過ぎなかったと糾弾されるのである。しかしながら、一見すると「安定化」したかに見えた東側の政治体制だが、水面下ではゆっくりと、しかし確実に崩壊へのプロセスが進行していた。具体的にそれは、東西間の緊張緩和によって深化した東側の西側への経済依存や、イデオロギー対立が緩和することで東側体制の正当性が揺るがされたことに加え、既述したヘルシンキ最終文書における人権規範や第三バスケットなどを契機とした「社会」間の交流の増大なども挙げられよう [Cox 2008 : 14-17 ; Hanhimäki 2000 : 334-38 ; 菅 2010 : 15-19 ; 山本 2010 : 276-80]。とはいえ、冷戦の終焉はソ連の崩壊に因るところが大きく [Loth 1998 : 273-78]、そこには複雑な要因が絡み合っており、さらなる一次史料の公開はもちろん、経済・文化的視点を包含する複眼的な視座からの今後の研究の蓄積が待たれる。この「意図せざる結果」[Rödder 2004 : 143] としての冷戦終結の背景を探るには、ゴルバチョフの改革とその帰結としてのソ連崩壊といったような直接的な要因と同時に、ヨーロッパの分断克服を可能にした国際秩序の変容を多角的に捉え、複雑に絡み合う様々な要素を丹念に解いていく根気強い作業が必要であろう [cf. 遠藤 2009]。そのなかにあって、全ヨーロッパ的展望から段階的アプローチに基づき、西側諸国との意見調整に留意しながら、将来の統一の可能性を保持し人的交流の拡大を目指す東方政策の戦略もまた、東西対立を終焉に導いた錯綜する諸要因を読み解く上で無視し得ない観点を示しているのである。

第二節　東方政策と西側諸国との意見調整
――ドイツ外交の行動範囲の拡大？――

さて本書では、もうひとつの分析視角である東西の狭間のドイツ外交という観点から、ソ連・東欧諸国との関係改善を図る東方政策において、とりわけ西側諸国との意見調整に着目した。序章で紹介したように、バール構想やブラント外交において西側との関係が軽視されていたのであろうか。確かに第3章で見たように、西側諸国は、西ドイツとソ連との交渉に関して、その拙速さや過剰な譲歩などに対する不満を抱かなかったわけでなく、ドイツの東方への接近に対する警戒も消え去ったわけではなかった。また国際政治学者ハフテンドルンが指摘するように、バールは対ソ交渉の内容を西側三国には報告するのみで、相談することはなかったともいわれる［Haftendorn 2001：438］。

しかしここで注意したいのは、そのことが、ブラント政権が取り組んだ東側諸国との関係改善自体への反対や西側結束の乱れを導いたわけではなかったことである。対ソ交渉と西側三国との意見調整は密接に関わっており、その過程においては、「ボン四カ国グループ」をはじめとした公式・非公式の場を通じて東方政策に関する報告を逐次行っていた。ブラントは、首相就任当初から西側同盟の結束とヨーロッパ統合への積極的な関与を繰り返し表明し、西側三国と精力的に意見交換していた。またグロムイコとの予備折衝で「構想者」から「交渉者」に転じたバール自身も、自ら西側同盟国との協議にも赴くなど率先して東方政策に理解を求めていた。これは、東方政策を成功させる前提として、西側諸国との意見調整を決して軽視したわけではないことを物語っている。他方で西側諸国も、ブラント政権による東側諸国との関係改善に異議を唱えたわけでなく、確固たる西側結束を基礎とした東方政策を事実上追認したといえる。そして第三章で見たように、「四カ国の権利と責任」問題こそが、それが引き続きドイツへの三国の権益を保障するものであるために、西ドイツ外交の積極性に対する警戒を和らげることに寄与したのである。

またCSCEに向けた準備過程においても、西ドイツが東方政策の「多国間化」を試みるにあたって、西側諸国との意見調整が非常に重要であった。西ドイツ政府は、アメリカとの意見調整やEPCの枠組みなどを通じて、バール構想では分断克服への第二段階に位置づけられていたCSCEの内容が、東方政策の成果と矛盾しないようにするべく精力的に関与する一方、東側に対抗するために確固とした西側の結束を主張していた。こうした西側諸国間の連携は、全ヨーロッパ規模の安全保障会議に向けた準備過程において、西側陣営を弱体化するどころか、むしろより意見調整を密にすることで、結果として西側の連帯の強化に貢献したことを示唆している。

さらに注目されるのは、こうした西側諸国との意見調整の過程などを通じて、ブラント外交がさらなる積極性を獲得したことすら窺える点である［Winkler 2000：邦訳 289-90］。例えば前述した「四カ国の権利と責任」問題に関連して、西側三国の権利保持やベルリン交渉における緊密な意見調整が、東方政策に対する不信感を緩和することで、外交オプションを広げたと考えられる［Potthoff 1999：97］。また第5章で見たように、東方政策に対する西ドイツ国内での野党を中心とした批判を受けて、西側三国が緊張緩和の逆行や西ドイツ国内の混乱を恐れたことが、結果としてブラント政権を事実上支持する一因となった。他方で東側諸国との交渉に際してブラント政権は、こうした国内の反対論に意図的に言及することで、交渉成立を望む相手から譲歩を引き出した。これは、国内政治基盤が不安定であったことが、かえって国際交渉における立場を強化したという点でも注目に値するだろう。

このように東方政策と緊張緩和への貢献によって、ブラント外交以降、ドイツ再統一や東部国境修正要求などの問題を起因とするソ連・東欧諸国との「特別な紛争」から解放され、西ドイツ外交が行動の自由を獲得したと指摘される［Lüwenthal 1974：692］。加えて、ブラントのノーベル平和賞受賞（一九七一年）など「平和政策」の評価を得た東方政策は多くの国際的支持を集めたことが、ソ連や西側三国が明示的に批判姿勢を打ち出せない一因となったことも、西ドイツ外交の行動範囲の拡大に繋がったのである。

ではこうした「積極的な適応（aktive Anpassung）」［Link 2001：313］を通じた行動範囲の拡大は、どれほどの主体性をもって追求されたのだろうか。まず注意を要するのは、第1章で述べたように、バール構想やブラントの東方政策の登場背景には、西側陣営内での孤立を回避することがあった点である。分断国家として出発した西ドイツ外交は、東西冷戦構造といった国際環境に強く影響を受けざるを得ず、バール構想や東方政策に関しても、米ソ間の緊張緩和が順調であったがために成果を挙げることができたとするリンクやハンリーダーの分析は傾聴に値する［cf. Link 2001 ; Hanrieder 1980］。こうした西ドイツ外交の前提条件の（再）確認は、行動範囲の拡大や国益追求といった能動性への注目が、とりわけ統一後のドイツにおいて、ともすれば外交環境への慎重な分析を欠き、周辺諸国との協調を軽視する単独行動主義的な外交論に収斂する危険を孕むだけに、より重要性を帯びてくる。とはいえ、こうした「国際政治構造」への西ドイツの適応にのみ着目すると、東西冷戦を米ソ両大国中心に分析し、その他のダイナミズムを軽視することになりかねない(6)。ブラントの東方政策は、能動性と受動性のどちらか一方のみでは十分に把握できないのであり［高橋（進）1991 : 2-3］、バール構想における射的の長さと段階的アプローチを考慮した上で、その多面性を省察することが肝要であろう。

さらには、「東方拡大」を進め、重心を東に移しつつあるといわれるEUの現在の動向を鑑みたとき、ソ連・東欧諸国の関係改善の突破口を開いたバール構想や東方政策の今日的意義を指摘することができよう。第二次世界大戦後に進展してきたヨーロッパ統合は、二〇一一年一月現在で加盟二七カ国を数えるEUとして結実し、ドイツはその主要国として強い発言力を有している。冷戦期に「西欧」に留まっていたヨーロッパ統合が「東方拡大」を進める地域は、歴史的にもドイツとゆかりある地域が多い。しかし、西ドイツが「鉄のカーテン」によって隔てられた「東欧」諸国やソ連との関係を改善するまでの道程は決して平坦ではなかった。また一九六〇年代から七〇年代の緊張緩和が残した遺産のひとつが、米ソ関係に収まらない東西ヨーロッパ間の交流の再生であり、それは「ヨーロッパ・アイデンティティ」の一体性の回復への足掛かりでもあったとすれば［cf. 渡邉編 2008 : 190-91］、そこに本書で検討したように、緊張緩和に貢献したブラント外交が果たした役割を見逃すことはできない。ただしその際忘れてはならないのは、ブラント外交においては、東側諸国との関係を築いていく上で、アメリカをはじめとした西側諸国との結束が不可欠だったことである。

こうした視点は、ドイツが率先して統合を進めるEUが、今後アメリカやロシアなど周辺諸国とどのように付き合い、国際政治のなかでいかなる役割を果たしていくかを展望する上でも示唆に富む。

ブラント政権は積極的な東方政策を推進し緊張緩和に寄与する一方で、西側諸国との意見調整にも継続して取り組み、東西間で巧みな外交政策を展開した。ブラントやバールは、「東方政策は西方政策であり、西方政策はまた東方政策」であることを踏まえ、(7)西ドイツ外交の予測可能性を高め、西側の確固たる結束こそ東方政策を成功させる前提であると十分に理解していた。そしてこうした認識に基づき、全ヨーロッパ的観点からヨーロッパの安全保障を展望し、緊張緩和のうちに分断克服の可能性を位置づけ、実務的な関係改善を積み重ねる一歩を踏み出したのである。

このようにブラントの東方政策は、冷戦下で分断と統一の間で揺れ動くドイツの苦悩を浮き彫りにするばかりでなく、ヨーロッパの中央に位置するドイツ外交の構造的な問題を窺い知れる事例であると同時に、今後のヨーロッパの国際関係を考える上でも有益な視点を提供してくれるのである。

注

(1) この全ヨーロッパ的な観点をさらに発展させ後に打ち出した「共通の安全保障」については、Heinlein［1993：83-148］を参照。

(2) この点に関しては例えば、Fulbrook［2000：邦訳 112］も参照。

(3) この発言は例えば、Ash［1993：119］を参照。ファーリンは回顧録でも東方政策の成果を強調している［Falin 1993］。バール自身も、東方政策における東側との関係改善の努力の積み重ねがあってこそ、冷戦の終結とドイツ統一が実現したと主張している［Bahr 1999；Bahr und Grosser 1999］。ゴルバチョフが冷戦終焉に果たした役割については、Brown［1996］を参照。

(4) だが、そもそもSPD党内でも温度差があったように、ブラント以降の東方政策が必ずしもバール構想に沿っていないことには注意を要する［Enders 1987］。ブラント外交後のSPDのいわゆる「第二緊張緩和政策」については、Fischer［2001］；中谷［1997］を参照。

（5）バール本人もこうした経験の影響を認める［Bahr 1996 : 157］。

（6）この点は、単に冷戦史研究の文脈だけでなく、国際関係論において「国際政治構造」を重視するいわゆるネオ・リアリズム学派が抱える問題点とも類似する。ネオ・リアリズム学派の代表的研究は、Waltz［1979］を参照。

（7）Rede von Bundeskanzler Willy Brandt vor dem Parteitag 1973 der Sozialdemokratischen Partei Deutschlands am 11. 4. 1973, in Vorstand der SPD hg. 1973 : 85.

あとがき

筆者がブラントの東方政策の研究に取り組んだのは、学部時代の卒業論文のテーマとして選んだことがきっかけである。しかし振り返ればその関心の源は、一三歳のときにテレビの映像を通じて見た「ベルリンの壁」の開放にまで遡ることができるかもしれない。一九八九年から一九九〇年のソ連・東欧諸国における政治変動は、それまで所与のものとして捉えられていた「冷戦」を終焉に導いたとされる。その一連の出来事は、誤解を恐れず一言でいえば、「世界」は変わる、という可能性を示すものに思えた。そしてその変動を促した諸要因に興味を抱いたのである。その後大学に入学してからは講義等を通じて、「冷戦」を終焉させた背景への関心を深めていき、ヨーロッパから緊張緩和を試みたブラントの東方政策に出会う。本書は外交文書等に依拠した外交史研究だが、東方政策はそれ以外にも様々な観点からのアプローチが可能なテーマであり、またこのテーマをさらに拡げて見えてくるドイツ、ヨーロッパの姿を追い続けていくこともこれからの課題と考えている。

本書の完成までには多くの先生方に御指導・御鞭撻いただいてきた。まず筆者が神戸大学大学院の修士課程に入学して以来、月村太郎先生（現同志社大学）には懇切な御指導を賜り続けており、何と御礼の言葉を申し上げればよいかわからない。厳しくもあたたかくいつも接して下さる先生の学恩に少しでも報いるためにも今後より一層精進しなければと決意をあらたにする次第である。網谷龍介先生（現津田塾大学）には、ドイツ語もままならない筆者にブラント外交の研究の道筋を示していただいて以来大変お世話になっており、本書のドラフトにも有難いコメントと激励を頂戴した。増島建先生には、筆者がドイツ留学中に神戸大学大学院での御指導を引き継いでいただき、また帰国後にはＥＵＩＪ関西（EU Institute in Japan, Kansai）で御一緒させていただくなど大変お世話になっている。吉川元先生（現上智大学）

には、大学院での講義をはじめ修士論文や本書の一部に反映された博士論文提出資格論文の際にも貴重なコメントを頂戴してきた。また学部時代を過ごした立命館大学国際関係学部では、演習にて御指導いただいた小林誠先生（現お茶の水女子大学）や安藤次男先生に国際政治研究の醍醐味を御教授いただいたことが今でも財産となっている。さらには、ドイツ政治関係では、東方政策をはじめとしてドイツ政治外交に関していつも有難いコメントをいただいている中谷毅先生（愛知学院大学）や、ブラント政権期に関して貴重な意見を頂戴した安井宏樹先生（神戸大学）、修士課程時に研究室にお邪魔して以来お世話になっている木戸衛一先生（大阪大学）をはじめドイツ現代史研究会でも多くの先生方にお世話になっている。帰国後に参加させていただき報告の機会もいただいた地域紛争研究会では、研究会メンバーの先生方に非常にお世話になっており、なかでも戸田真紀子先生（京都女子大学）には本書のドラフトに関して有難いコメントと励ましの言葉を頂戴した。その他にも参加させていただいている研究会や学会等において、全てのお名前を挙げさせていただくことはできないが、多くの先生方・先輩・同輩・後輩の方々に様々な機会を通じてお世話になっていることに、この場を借りて心より感謝申し上げたい。

ドイツ留学中には、ボン大学政治学講座のハッケ（Prof. Dr. Christian Hacke）先生に御指導いただいたことが何より幸運であった。ハッケ先生はブラント外交を研究テーマにした筆者の考えをくみ取って下さり、論文構成やポイントの絞り方などをはじめとした有難いコメントを頂戴するだけでなく、帰国後現在に至るまでいつも励ましいただいている。博士論文の副査を引き受けていただいたヒルツ（Prof. Dr. Wolfram Hilz）、マイヤー（Prof. Dr. Tilman Mayer）、クローネンベルク（Prof. Dr. Volker Kronenberg）の各先生方にも大変お世話になった。論文執筆に必要な史料収集に関しては、フリードリッヒ・エーベルト財団の文書館にて、ギエツ（Petra Giertz）女史をはじめとした文書館スタッフの方々に、とりわけボン大学政治学講座教授で文書館長のシュナイダー（Prof. Dr. Michael Schneider）先生にはお世話になった。それ以外にも、ドイツ外務省の文書館や連邦文書館、アデナウアー財団の文書館など行く先々で史料収集の際にお世話になった方々に厚く御礼申し上げたい。

さらには二〇一〇年四月から有期講師として奉職している同志社大学政策学部の先生方・事務の方々・学生の皆さんには、教育・研究に思う存分取り組める環境のもとで、まだまだ駆け出しの自分をいつも見守っていただいていることに深謝申し上げたい。

そして編集を御担当いただいた晃洋書房編集部の丸井清泰氏からは初めてのことばかりで慣れない筆者に貴重な助言と激励をいただき続けてきた。その懇切なアドバイスなしには本書が産声をあげることはあり得なかった。心より御礼申し上げたい。

なお本書は、冒頭に記したように、筆者が卒業論文以来ブラントの東方政策について研究してきた成果を現時点においてまとめたものである。部分的には二〇〇八年一二月にボン大学にて取得した博士号（Dr. phil.）の学位論文（後にPeter Lang出版社より刊行）を基にしている。本書が完成に至るまでに日本語でまとめてきた関連論文を挙げると以下の通りになる（カッコ内は本書内で関連する主な箇所）。

「ブラントの東方政策と人的交流の拡大――バールの構想と東西ドイツ首脳会談に着目して――」『六甲台論集（国際協力研究編）』四、二〇〇三年（第一章の一部及び第二章の一部）。

「ブラントの東方政策に関する研究動向――東西ドイツ統一後の研究を中心に――」『歴史学研究』七八七、二〇〇四年（序章及び終章）。

「バールの構想と分断克服への道――ブラントの東方政策の立役者と冷戦の終焉――」『国際政治』一五七、二〇〇九年（第一章の一部及び第三章の一部ほか）。

「ブラントの東方政策における西側との関係――対ソ交渉過程における米英仏との意見調整、一九六九‐一九七〇――」『アゴラ』八、二〇一一年（第三章）。

「ブラント政権の東方政策と一九七二年のドイツ連邦議会選挙」『同志社政策研究』五、二〇一一年（第五章）。

「『全欧』と『西欧』のあいだ――ブラントの東方政策とヨーロッパ統合問題――」、遠藤乾・板橋拓己編『複数のヨーロッパ――欧州統合史のフロンティア――』北海道大学出版会、近刊予定（第一章の一部及び第四章）。

また研究を進めるにあたっては、留学の際にはドイツ学術交流会（DAAD）の年間奨励奨学金及びロータリー財団の国際親善奨学金の、そして帰国後はEUIJ関西の研究調査旅行助成及び日本学術振興会の平成二二―二三年度科学研究費補助金（研究活動スタート支援）の御支援をいただくことができた。記して感謝申し上げたい。
最後になるが両親、妹、妻の両親並びに親戚の方々、そしていつも様々な形で筆者を支えてくれている妻・協子と娘・咲来に深い感謝の気持ちを表しこのあとがきを締め括ることをお許しいただきたい。

二〇一一年四月

思い出深き京都にて

妹尾哲志

1　ドイツ連邦共和国とソビエト社会主義共和国連邦との間の条約（一九七〇年八月一二日モスクワにおいて署名）

締結当事国双方は、欧州及び世界における平和と安全の確保への努力のもとに、国連憲章の目的と原則に基づく国家間の平和協力関係が諸国民の念願及び国際平和の一般的利益に合致することを確信し、従来双方により取り決められていた措置、特に一九五五年九月一三日の外交関係樹立に関する協定の締結が相互関係の発展及び確立のための新たにして重要なる措置のために有効なる前提条件を作り出したとの事実を評価し、経済関係及び科学、技術、文化関係を含む双方の協力関係を双方の利益のために改善し拡大せんとの決意を条約の形において表現することを希望し、下記のとおり合意した。

第一条

ドイツ連邦共和国及びソビエト社会主義共和国連邦は国際平和の維持及び緊張緩和の達成をその政府の重要な目標とみなすものとする。

両締約国は、欧州情勢の正常化及びすべての欧州諸国間の平和的関係の発展の促進に対する努力を表明するとともに、右に際して同地域に存在する現実の情勢を出発点とするものとする。

第二条

ドイツ連邦共和国及びソビエト社会主義共和国連邦は、その相互関係及び欧州並びに世界における安全保障の確保の問題においては、国連憲章の規定する目的及び原則に立脚するものとする。これに従い双方は、その係争関係を専ら平和的手段により解決するものとし、欧州の安全保障及び国際安全保障にかかわる問題及び双方の相互関係においては、国連憲章第二条に従い、武力による威嚇または武力の行使は行わないとの義務を負うものとする。

第三条

前記の目的及び原則に基づきドイツ連邦共和国及びソビエト社会主義共和国連邦は、欧州における平和は、何人も現在国境を侵害しない場合にのみ維持され得るとの認識において一致するものである。

双方は、全欧州諸国の現存の国境のもとにおける領土保全を無条件に尊重する義務を負う。
双方は、何人に対しても何等の領土要求を現在及び将来にわたっても行わないことを宣言する。
双方は今日及び将来にわたって、本条約の署名の日におけるポーランド人民共和国の西部国境をなすオーデル・ナイセ線及びドイツ連邦共和国とドイツ民主共和国の国境を　含む全欧州諸国の国境を不可侵とみなすものとする。

第四条

ドイツ連邦共和国とソビエト社会主義共和国との間の本条約は、双方により以前に締結された二国間及び多国間の条約及び合意に抵触しないものとする。

（第五条以下批准条項等略）

意図宣言（バール文書第六項〜第一〇項）省略

2　バール文書

第一項（若干の字句変更をともない、条約第一条をなす）
第二項（若干の字句変更をともない、条約第二条をなす）
第三項（若干の字句変更をともない、条約第三条をなす）
第四項（若干の字句変更をともない、条約第四条をなす）

第五項

両締約国政府の間には、両国によって締結された条約と、ドイツ連邦共和国が他の社会主義諸国と締結するこれに相応した諸協定（諸条約）、特にドイツ民主共和国、ポーランド人民共和国ならびにチェコスロヴァキア社会主義共和国との諸協定（諸条約）は統一体をなすことについて合意が存する。

第六項

ドイツ連邦共和国政府は、ドイツ民主共和国との間に、双方が第三国とそれぞれ締結している他の諸協定と同様、諸国間に通常存在すると同様の拘束力をもつ協定を締結する用意があることを宣言する。

ドイツ連邦共和国政府はこれに従い、ドイツ民主共和国との関係を完全な平等、無差別及び独立と双方の相応する国境内における国内管轄事項における自主性の尊重と諸原則のもとに形成するものとする。

ドイツ連邦共和国政府は、両国の何れも外国で他を代表し、または他の名において行動しえないことを意味する前記原則のもとに、ドイツ民主共和国とドイツ連邦共和国がそれぞれ第三国との関係を発展させるべきことを認める。

第七項

両締約国政府は、欧州における緊張緩和の動きの中で、かつ欧州諸国間、特にドイツ連邦共和国とドイツ民主共和国との間の関係改善のため、ドイツ連邦共和国及びドイツ民主共和国の国連及びその専門機関への加盟を促進すべく、それぞれの地位に相応する措置を講ずるものとする。

第八項

両締約国政府間には、ミュンヘン協定の無効性と関連した問題は、ドイツ連邦共和国とチェコスロヴァキア社会主義共和国との間の交渉において双方に納得の行く形で規制されるべきことにつき合意が存する。

第九項

両締約国政府は、両国間の経済、科学技術、文化及びその他の関係を双方の利益と欧州の平和の強化のために促進するものとする。

第一〇項

両締約国は欧州における安全保障と協力の問題に関する会議の計画を歓迎し、会議の準備と会議を成功裡に実施するために必要なあらゆる努力を行うものとする。

3　西ドイツから西側三国への書簡（一九七〇年八月七日）

ドイツ連邦共和国外務大臣は、ソビエト社会主義共和国連邦との交渉に関連して、ドイツ全体及びベルリンに関する連合四カ国の権利と責任問題に対する連邦政府の立場を明らかにした。

両条約締結国は、平和条約的規制が未だ存在しないゆえに、この条約が、フランス、イギリス、ソ連、そしてアメリカの有する権利と責任に抵触しないとの見解に達した。

この点に関連して、連邦共和国外務大臣はソ連外務大臣に、一九七〇年八月六日に以下のような声明を行った。

　連合四カ国の権利に関する諸問題は、ドイツ連邦共和国及びソビエト社会主義共和国連邦が締結する条約と連関せず、かつ抵触しないものとする。

これに対してソ連外務大臣は、以下を内容とする声明を発表した。

　連合四カ国の権利に関する諸問題は、ドイツ連邦共和国との交渉の対象ではない。

　ソ連政府は、この問題は言及されるべきではないとの立場である。

　この連合四カ国の権利に関する諸問題は、ソ連とドイツ連邦共和国が締結する条約にも抵触しない。これがソビエト政府のこの問題に対する見解である。

4　アメリカ合衆国政府からの返答（フランス、イギリスからも同内容の返答、一九七〇年八月一一日）

ここにアメリカ合衆国政府は、一九七〇年八月七日に以下を内容とするドイツ連邦共和国の書簡を受け取ったことを、連邦共和国政府に報告する。

（以下、「資料3　西ドイツから西側三国への書簡」の文言）

合衆国政府は、ドイツ連邦共和国外務大臣及びソビエト社会主義共和国連邦外務大臣が、両国の締結する条約を調印する前の諸交渉の一部である諸声明を含むこの書簡を受諾する。

合衆国政府は、第二次世界大戦の結果、一九四四年一一月一九日のロンドン諸協定や一九四五年六月五日の四カ国声明等、戦中及び戦後の諸合意に定められたドイツ全体及びベルリンに関する連合四カ国の権利と責任が、この条約を含むドイツ連邦共和国及びソビエト社会主義共和国連邦の相互条約に抵触しないとの立場である。

出所（資料1～4）：佐瀬［1973：205-09］、高橋（通）［1982：282-84］などを基に筆者が作成。

5　モスクワ条約及びワルシャワ条約と共同決議に関するドイツ連邦議会の表決結果（一九七二年五月一七日）

	賛成	反対	白票
連邦議会共同決議	513	—	5
ワルシャワ条約	248	17	230
モスクワ条約	248	10	238

注：連邦議会決議には、両条約批准に関する表決権を持たない西ベルリン選出議員の二三票が加算されている。

6　第七回連邦議会選挙結果（一九七二年一一月一九日）

	得票率（前回比）	議席数（前回比）
CDU	35.2％（－1.4％）	177（－16）
CSU	9.7％（＋0.2％）	48（－1）
SPD	45.8％（＋3.1％）	230（＋6）
FDP	8.4％（＋2.6％）	41（＋11）
NPD	0.6％（－3.7％）	0（0）
その他	0.4％（－0.7％）	0（0）

7　ヘルシンキ最終文書の第一バスケットにおける「参加国の関係を律する諸原則に関する宣言」

（1）主権平等、主権に固有の権利の尊重
（2）武力による威嚇または武力行使の抑制
（3）国境の不可侵
（4）国家の領土保全
（5）紛争の平和的解決
（6）内政不干渉
（7）思想、良心、宗教、信条の自由を含む人権と基本的自由の尊重
（8）人民の同権と自決
（9）国家間の協力
（10）国際法の義務の誠実な履行

出所：吉川［1994：68］などを基に作成。

8　ヘルシンキ最終文書の第三バスケットにおける「人道的及びその他の領域での協力」

1　人的接触
(a)　家族の絆を基礎とする接触及び定期的会合
(b)　家族の再結合
(c)　異なる国の国民同士の結婚
(d)　私的あるいは職業上の目的の旅行
(e)　個人及び団体による観光旅行の条件改善

(f) 青年の会合
(g) スポーツ
(h) 接触の拡大
2 情報
3 文化の分野での協力と交流
4 教育の分野での協力と交流

出所：宮脇［2003：296-97］などを基に作成。

《著者紹介》

妹尾哲志（せのお　てつじ）

1976年　大阪府生まれ
1999年　立命館大学国際関係学部卒業
2001年　神戸大学大学院国際協力研究科修士課程修了（修士：政治学）
2008年　ボン大学（Rheinische Friedrich-Wilhelms-Univesität Bonn）哲学部博士課程修了（Dr. phil.）
現　在　同志社大学政策学部講師

主要業績

「バールの構想と分断克服への道――ブラントの東方政策の立役者と冷戦の終焉――」『国際政治』第157号，2009年．

「『全欧』と『西欧』のあいだ――ブラントの東方政策とヨーロッパ統合問題」，遠藤乾・板橋拓己編『複数のヨーロッパ――欧州統合史のフロンティア』（共著，北海道大学出版会，近刊）．

Ein Irrweg zur deutschen Einheit?: Egon Bahrs Konzeptionen, die Ostpolitik und die KSZE 1963-1975, Frankfurt a. M.: Peter Lang 2011.

戦後西ドイツ外交の分水嶺
――東方政策と分断克服の戦略，1963～1975年――

2011年6月30日　初版第1刷発行　　＊定価はカバーに表示してあります

著者の了解により検印省略

著　者　妹尾哲志©
発行者　上田芳樹
印刷者　青木知己

発行所　株式会社　晃洋書房
〒615-0026　京都市右京区西院北矢掛町7番地
電　話　075(312)0788番(代)
振替口座　01040-6-32280

印刷　(株)合同印刷
製本　(株)藤沢製本

ISBN978-4-7710-2278-2

人名索引

〈A〉

アブラシモフ, P.（Abrasimov, Pjotr） 109, 112
アチソン, D.（Acheson, Dean） 95
アデナウアー, K.（Adenauer, Konrad） 4, 5, 7, 13, 20-30, 44, 45, 66, 85, 87, 90, 97, 98, 141, 150, 231, 234
アルベルツ, H.（Albertz, Heinrich） 29
アムレーン, F.（Amrehn, Franz） 31
アクセン, H.（Axen, Hermann） 74

〈B〉

バール, E.（Bahr, Egon） 2-11, 14, 16, 19, 28-31, 34-42, 45, 48, 50, 52-57, 59, 61, 62, 63, 65, 68, 69, 73, 75, 77, 81, 83, 84, 87, 93, 94, 96-99, 102, 103, 105, 106, 108, 111-14, 116, 117, 120-25, 128-30, 133, 134, 142, 143, 145, 147, 149, 150, 153, 155-57, 163-66, 168, 169, 172, 173, 175, 177, 181, 182, 186, 188, 190, 196, 202, 219, 223, 225, 226, 231, 233-43
バルツェル, R. C.（Barzel, Rainer Candidus） 85, 154, 156, 158-62, 169, 171
ビーム, J. D.（Beam, Jacob D.） 123, 135
ビレンバッハ, K.（Birrenbach, Kurt） 168
ビスマルク, O.（Bismarck, Otto von） 37
ブラント, W.（Bradt, Willy） 1-16, 19, 28-31, 33-35, 37-39, 40, 42, 45, 46, 50-63, 66-75, 77, 80-83, 85-87, 90-110, 115-18, 125-28, 130, 132, 133, 137-39, 141-51, 153-71, 173-83, 186, 188-90, 196, 198, 200, 202, 205, 219, 226, 231-42
ブレンターノ, H.（Brentano, Heinrich von） 43
ブレジネフ, L. I.（Brezhnev, Leonid Il'ich） 57, 59, 63, 74, 127, 136, 153, 163, 164, 166, 169, 186, 189, 194, 197, 198, 202, 211, 215, 229
ブリメロー, T.（Brimelow, Thomas） 102, 170
ブルガーニン, N.（Bulganin, Nikolai Aleksandrovich） 66, 85

〈C〉

キャラハン, L. J.（Callaghan, Leonard James） 212
クレイ, L.（Clay, Licius） 95

〈D〉

ダヴィニョン, E.（Davignon, Etienne） 145, 146
ドゴール, C.（Gaulle, Chaeles de） 1, 25, 44, 97-99, 101, 103, 130, 133, 139, 140, 151, 169
ダライエ, Y.（Delahaye, Yves） 135
ダグラス＝ヒューム, A.（Douglas-Home, Alexander） 119, 125, 126
ドュクヴィッツ, G.（Duckwitz, Georg） 105, 106
ダレス, J. F.（Dulles, John Foster） 44

〈E〉

エドモンド, R. H.（Edmund, Robert H.） 125, 135
エームケ, H.（Ehmke, Horst） 83, 172
エアハルト, L.（Erhard, Ludwig） 5, 26, 30, 32, 33, 47
エルラー, F.（Erler, Fritz） 28

〈F〉

ファーリン, V.（Falin, Valentin） 65, 123, 124, 134, 135, 160, 214, 235, 242
フェッセンデン, R.（Fessenden, Russel） 97, 114
フォッケ, K.（Focke, Katharina） 142, 151
フランク, P.（Frank, Paul） 116, 123, 170
フランケ, E.（Franke, Egon） 69

〈G〉

ゲンシャー, H. D. (Genscher, Hans-Dietrich) 156, 172, 205-07, 212-16, 226, 233
ゴルバチョフ, M. S. (Gorbachev, Mikhail Sergeevich) 234, 235, 238
グラス, G. (Grass, Günter) 162
グリーンヒル, D. (Greenhill, Denis) 102
グレーヴェ, W. G. (Grewe, Wilhelm Georg) 43, 179
グロムイコ, A. A. (Gromyko, Andrei Andreevich) 55, 56, 61-63, 65, 69, 75, 84, 86, 105, 106, 108, 111, 121-25, 131, 147, 155, 163, 182, 183, 199, 202, 205-08, 239
グッテンベルク, B. (Guttenberg, Baron von und zu) 157

〈H〉

ハルシュタイン, W. (Hallstein, Walter) 43, 151
ヒース, E. (Heath, Edward) 101-03, 145, 170
ハイネマン, G. (Heinemann, Gustav) 40, 57, 60, 67, 85, 226
ヒレンブラント, M. J. (Hillenbrand, Martin Joseph) 126, 127, 136
ホーネッカー, E. (Honecker, Erich) 74, 75, 78, 80, 87, 164-66, 173, 189

〈J〉

ジャクリング, R. W. (Jackling, Roger W.) 103
ジョンソン, L. (Johnson, Lyndon) 26, 94

〈K〉

ケナン, G. F. (Kennan, George Frost) 19
ケネディ, J. F. (Kennedy, John Fitzgerald) 24, 30, 45, 46, 94
フルシチョフ, N. (Khrushchev, Nikita) 23, 24, 26, 45
キージンガー, K. G. (Kiesinger, Kurt Georg) 5, 33, 34, 40, 47, 48, 51, 54, 55, 67, 82, 83, 93, 108, 139, 141, 143, 150, 151
キッシンジャー, H. (Kissinger, Henry) 8, 11, 38, 84, 93-96, 105, 106, 128, 129, 153, 168, 169, 177, 182, 196, 198, 204-08, 212-14, 223-25
コール, K. (Kohl, Helmut) 7, 161, 162, 230, 233, 235
コール (Kohl, Michael) 166, 188, 189
コスイギン, A. N. (Kosygin, Aleksei Nikolaevich) 127, 182

〈M〉

マンスフィールド, M. J. (Mansfield, Michael Joseph) 93, 94
マルクス, W. (Marx, Werner) 172
マックロイ, J. (McCloy, John) 95
メンデ, E. (Mende, Erich) 159
メンデレヴィッチ, L. (Mendelevich, Lev) 202
モネ, J. (Monnet, Jean) 142

〈N〉

ニクソン, R. (Nixon, Richard) 8, 38, 86, 93-96, 102, 107, 108, 115, 121, 153, 168, 174, 188, 205, 212, 213

〈P〉

ポンピドゥ, G. (Pompidou, Georges) 97-99, 105, 117, 118, 130, 131, 138, 140, 143, 144, 146, 151-53, 169, 181

〈R〉

ロジャース, W. (Rogers, William) 104, 119, 120, 134, 179
ルーテ, H. (Ruete, Hans) 97, 109, 110, 134
ラッシュ, K. (Rush, Kenneth) 106, 109

〈S〉

ザーム, U. (Sahm, Ulrich) 177
シェール, W. (Scheel, Walter) 3, 40, 53-55, 65, 69, 85, 105, 109, 113, 116, 118-26,

133, 134, 148, 151, 178, 182, 183, 199, 204, 226
シュミット, H.（Schmidt, Helmut）　38, 56, 78, 130, 151, 156, 160, 172, 205, 208, 226, 229, 233, 235
シュレーダー, G.（Schöder, Gerhard）　5, 26, 28, 30-32, 161, 235
シューマッハー, K.（Schumacher, Kurt）　27
シューマン, M.（Schumann, Maurice）　104, 105, 109, 113, 120, 134, 151, 153
シュッツ, K.（Schütz, Klaus）　29
シュヴァン, G.（Schwan, Gesine）　37
セイドー, F.（Seydoux, François）　98, 99
ソルジェニーツィン, A. I.（Solzhenitsyn, Alexandr Isaevich）　210
シュターデン, B.（Staden, Berndt von）　118
スチュワート, M.（Stewart, Michael）　101, 113
シュトフ, W.（Stoph, Willi）　33, 68-74, 85, 86
シュトラウス, F. J.（Strauß, Franz Josef）　26, 76, 156, 160, 161, 172
シュトレーゼマン, G.（Stresemann, Gustav）　71, 86

〈U〉

ウルブリヒト, W.（Ulbricht, Walter）　44, 46, 57, 60, 62, 67-71, 74, 75, 85, 87

〈W〉

ヴァイツゼッカー, R.（von Weizsäcker, Richard）　45, 158, 161
ヴェーナー, H.（Wehner, Herbert）　28, 31, 33, 46, 80, 151, 160
ウィルソン, H.（Wilson, Harold）　101, 102, 105, 108
ヴィンツァー, O.（Winzer, Otto）　31, 69

事項索引

〈タ　行〉

〈ナ　行〉

〈ハ　行〉

〈マ　行〉

〈ヤ　行〉

〈ラ　行〉

〈ワ　行〉

史料及び参考文献

1．未公刊文書

Archiv der sozialen Demokratie der Friedrich-Ebert-Stiftung (*AdsD*), Bonn :

Depositum Egon Bahr (*DEB*).

Parteivorstand der SPD, Protokolle des Präsidiums 1963-1975.

Parteivorstand der SPD, Protokolle des Parteivorstandes 1963-1975.

Willy-Brandt-Archiv im Archiv der sozialen Demokratie der Friedrich-Ebert-Stiftung (*WBA*) :

Bundesminister des Auswärtigen und Vizekanzler der Regierung der Großenkoalition 1966-1969 (A7).

Bundeskanzler und Bundesregierung 1969-1974 (A8).

Helmut-Schmidt-Archiv im Archiv der sozialen Demokratie der Friedrich-Ebert-Stiftung (*HSA*).

Archiv für Christlich-Demokratische Politik der Konrad-Adenauer-Stiftung (*ACDP*), Sankt Augustin :

Nachlass Kurt Georg Kiesinger (01-226)

CDU/CSU-Bundestagsfraktion (08-001).

Bundesarchiv Koblenz (*BAK*) :

Bestand Bundeskanzleramt (B 136).

Politisches Archiv des Auswärtigen Amts (*PAAA*), Berlin :

Bestand B1 (Ministerbüro)

Bestand B20 (Politische Abteilung 2)

Bestand B28 (Referat 212 ; Fragen der allgemeinen Ost-West-Beziehungen, u. a. KSZE)

Bestand B40 (Referate II A3 ; Ost-West-Beziehungen)

Bestand B41 (Referate II A4, 213 ; Sowjetunion)

Bestand B150 (Akten zur Auswärtigen Politik der Bundesrepublik Deutschland).

Stiftung Archiv der Parteien und Massenorganisationen der DDR im Bundesarchiv (*SAPMO*), Berlin :

DY/30/IV B 2/2028/4 Norden.

2．刊行史料・史料集等

Akten zur Auswärtigen Politik der Bundesrepublik Deutschland (AAPD), hg. im Auftrag des Auswärtigen Amts vom Institut für Zeitgeschichte. Jahresband 1968 (Teilbände I-III) ; Jahresband 1969 (Teilbände I-II) ; Jahresband 1970 (Teilbände I-III) ; Jahresband 1971 (Teilbände I-III) ; Jahresband 1972 (Teilbände I-III) ; Jahresband 1973 (Teilbände I-III) ; Jahresband 1974 (Teilbände I-II) ; Jahresband 1975 (Teilbände I-II), München : Oldenbourg, 1994-2006.

Auswärtiges Amt hg. [1995] *Außenpolitik der Bundesrepublik Deutschland : Dokumente von 1949 bis 1994*, Köln : Verlag Wissenschaft und Politik.

Békés, Csaba Anna, Locher and Christian Nuenlist eds. [2005] *Records of the Meetings of the Warsaw Pact Deputy Foreign Ministers*, Parallel History Project on NATO and the Warsaw Pact (PHP), unter : http://www.php.isn.ethz.ch/collections/colltopic.cfm?id=15700, [25.5.2007].

Brandt, Willy [2000] *Auf dem Weg nach vorn. Willy Brandt und die SPD 1947-1972* (Berliner Ausgabe, Bd. 4), bearb. von Daniela Münkel, Bonn : Dietz.

── [2003] *Die Entspannung unzerstörbar machen. Internationale Beziehungen und die deutsche Frage 1974-1982* (Berliner Ausgabe, Bd. 9), bearb. von Frank Fischer, Bonn : Dietz.

── [2005] *Ein Volk der guten Nachbarn. Außen- und Deutschlandpolitik 1966-1974* (Berliner Ausgabe, Bd. 6), bearb. von Frank Fischer, Bonn : Dietz.

Bundesministerium des Innern unter Mitwirkung des Bundesarchivs hg. [2002] *Dokumente zur Deutschlandpolitik (DzD), VI/1 (1969/70)*, München : Oldenbourg.

── [2004] *Dokumente zur Deutschlandpolitik, VI/2 (1971/72 ; Bahr-Kohl-Gespräche 1970-73)*──, München : Oldenbourg.

Bundesministerium für innerdeutsche Beziehungen hg. [1971-81] *Dokumente zur Deutschlandpolitik, IV/1-12 (10.12.1958-30.11.1966)*, Frankfurt a. M. : Alfred Metzner.

Bundesministerium für innerdeutsche Beziehungen hg. [1967-91], *Texte zur Deutschlandpolitik (TzD)*, Bonn.

── [1980] *Zehn Jahre Deutschlandpolitik : Die Entwicklung der Beziehungen zwischen der Bundesrepublik Deutschland und der Deutschen Demokratischen Republik 1969-1979. Bericht und Dokumentation (ZJD)*, Bonn.

Europa-Archiv (EA), Dokumente, Bonn : Verlog für Internationale Politik, 1946 ff.

Foreign and Commonwealth Office ed. [1997] *Documents on British Policy Overseas (DBPO), Series III, Bd. I : Britain and the Soviet Union, 1968-72*, London : Routledge.

── [1997] *Documents on British Policy Oversea, Series III, Bd. II : The Conference on Security and Cooperation in Europe, 1972-75*, London : Routledge.

── [2001] *Documents on British Policy Overseas, Series III, Bd. III : Détente in Europe, 1972-76*, London : Routledge.

Jacobsen, Hans-Adolf, Wolfgang Mallmann und Christian Meier hg. [1973] *Sicherheit und Zusammenarbeit in Europa (KSZE) : Analyse und Dokumentaton*, Köln : Verlag Wissenschaft und Politik.

── [1978] *Sicherheit und Zusammenarbeit in Europa (KSZE) 1973-1978*, Bd. II, Köln : Verlag Wissenschaft und Politik.

Meissner, Boris hg. [1970] *Die deutsche Ostpolitik 1961-1970. Kontinuität und Wandel. Dokumentation*, Köln : Verlag Wissenschaft und Politik.

Münch, Ingo von hg. [1968] *Dokumente des geteilten Deutschland*, Stuttgart : Kröner.

—— [1974] *Dokumente des geteilten Deutschland, Band II : seit 1968*, Stuttgart : Kröner.

Potthoff, Heinrich [1997] *Bonn und Ost-Berlin 1969-1982 : Dialog auf höchster Ebene und vertrauliche Kanäle. Darstellung und Dokumente*, Bonn : Dietz.

Presse- und Informationsamt der Bundesregierung hg. [1971] *Die Verträge der Bundesrepublik Deutschland mit der Union der Sozialistischen Sowjetrepubliken vom 12. August 1970 und mit der Volksrepublik Polen vom 7. Dezember 1970*, Bonn.

Pressemitteilungen der SPD, 1958-1998, unter : http://library.fes.de/library/index_gr.html [20.11.2007].

Schramm, Friedrich-Karl, Wofram-Georg Riggert und Alois Friedel hg. [1972] *Sicherheitskonferenz in Europa. Dokumentation 1954-1972*, Frankfurt a. M. : Alfred Metzner.

Verhandlungen des Deutschen Bundestages. Stenographische Berichte, Bonn, 1950 ff.

Vorstand der SPD hg. [1969] *Parteitag der SPD vom 16.-18.4.1969 in Bad Godesberg. Protokoll der Verhandlungen*, Bonn.

3. 欧 文 献

Aćimović, Ljubivoje [1981] *Problems of Security and Cooperation in Europe*, translated by Margot & Boško Milosavljević, Alphen aan den Rijn : Sijthoff & Noordhoff.

Adomeit, Hannes [1998] *Imperial Overstretch : Germany in Soviet policy from Stalin to Gorbachev : an analysis based on new archival evidence, memoirs, and interviews*, Baden-Baden : Nomos.

—— [2008] "Gorbachev's consent to united Germany's membership of NATO," in Frédéric Bozo, Marie-Pierre Rey, N. Piers Ludlow and Leopoldo Nuti eds., *Europe and the End of the Cold War : A reappraisal*, London : Routledge.

Albert, Reiner [1995] "Das Sowjetunion-Bild in der sozial-liberalen Ostpolitik 1969-1975," *Tel Aviver Jahrbuch für deutsche Geschichte*, 24.

Allardt, Helmut [1973] *Moskauer Tagebuch. Beobachtungen, Notizen, Erlebnisse*, Düsseldorf ; Wien : Econ-Verlag.

Allers, Robin [2009] *Besondere Beziehungen. Deutschland, Norwegen und Europa in der Ära Brandt* (1966-1974), Bonn : Dietz.

Ash, Timothy Garton [1993] *In Europe's Name : Germany and the Divided Continent*, New York : Random House（杉浦成樹訳『ヨーロッパに架ける橋――東西冷戦とドイツ外交――』(上下巻)，みすず書房，2009年）.

Axen, Hermann, mit Harald Neubert [1996] *Ich war ein Diener der Partei. Autobiographische Gespräche mit Harald Neubert*, Berlin : Edition Ost.

Bahr, Egon [1973] "Wandel durch Annäherung. Egon Bahr in Tutzing 1963 und 1973," *Deutschland Archiv*, 8/1973.

—— [1982] *Was wird aus den Deutschen ?*, Hamburg : Rowohlt.

Bahr, Egon [1991] *Sicherheit für und vor Deutschland*, München ; Wien : Hanser.

—— [1996] *Zu meiner Zeit*, München : Blessing.

Bahr, Egon und Günter Gaus im Gesprüch [1997] " 'Die Geschichte ist anders gegangen' : Vom Wandel durch Annäherung zur Osterweiterung aus Hilflosigkeit," *Blötter für deutsche und internationale Politik*, Juni 1997.

Bahr, Egon [1999] *Willy Brandts europäische Außenpolitik* (Schriftenreihe der Bundeskanzler-Willy-Brandt-Stiftung 3), Berlin : Bundeskanzler-Willy-Brandt-Stiftung.

—— [2007] *Der Weg zur Entspannungspolitik. Vortrag anläßlich einer Veranstaltung in Bonn am 5.12.2006*, Bonn : Historisches Forschungszentrum.

Bahr, Egon und Alfred Grosser [1999] *Auftakt zur Ära Brandt : Gedanken zur Regierungserklärung Willy Brandts vom 28. Oktobar 1969* (Schriftenreihe der Bundeskanzler-Willy-Brandt-Stiftung 5), Berlin : Bundeskanzler-Willy-Brandt-Stiftung.

Bahr, Egon, und Günter Gaus im Gespräch [2000] " 'Laßt uns so tun, als seien wir souverän' : Über die Politik der Ostverträge," *Blätter für deutsche und internationale Politik*, Juli 2000.

Banchoff, Thomas [1999] *The German Problem Transformed*, Ann Arbor : University of Michigan Press.

Bange, Oliver [2003] "Ostpolitik-the Hidden Agenda," open paper delivered at the London School of Economics, 26 February 2003, unter(http://www.detente.de/publications/download/article3.pdf, [28.5.2004]).

—— [2004a] "Ostpolitik as a source of intra-bloc tensions," unter (http://www.detente.de/publications/download/article11.pdf, [2.5.2005]).

—— [2004b] "Die Außenpolitik der DDR-Plädoyer für ein neues Forschungsfeld," *Archiv für Sozialgeschichite*, 44.

—— [2005] "Kiesingers Ost-und Deutschlandpolitik von 1966-1969," in Günter Buchstab, Philipp Gassert und Peter Lang hg., *Kurt Georg Kiesinger 1904-1988-Von Ebingen ins Kanzleramt*, Freiburg : DVA.

—— [2006] "Ostpolitik -Etappen und Desiderate der Forschung. Zur internationalen Einordnung von Willy Brandts Außenpolitik," *Archiv für Sozialgeschichte*, 46.

Bange, Oliver and Gottfried Niedhart eds. [2008] *Helsinki 1975 and the transformation of Europe*, New York ; Oxford : Berghahn Books.

Bärenbrinker, Frank [1996] "Die 'Hallstein-Doktrin' als Irrweg?," *Deutschland Archiv*, 1/1996.

Baring, Arnulf [1968] "Die Westdeutsche Außenpolitik in der Ära Adenauer," *Politische Vierteljahresschrift*, 9.

Baring, Arnulf im Zusammenarbeit mit Manfred Görtemaker [1983] *Machtwechsel : die Ära Brandt-Scheel*, Berlin : DVA.

Barzel, Rainer C. [1998] *Die Tür blieb offen. Mein persönlicher Bericht über Ostverträge, Mißtrauensvotum und Kanzlersturz*, Bonn : Bouvier.

Baums, Rainer [1992] *Die deutsch-französischen Beziehungen von 1969-1982 unter besonderer Berücksichtigung der Sicherheitspolitik*, Ph. D. Thesis, Rheinische Friedrich-Wilhelm-Universität Bonn.

Becker, Peter [1992] *Die frühe KSZE-Politik der Bundesrepublik Deutschland. Der außenpolitische Entscheidungsprozeß bis zur Unterzeichnung der Schlußakte von Helsinki*, Münster ; Hamburg : Lit.

── [1968] *Zehn Gründe für die Anerkennung der DDR*, Frankfurt a. M. : Fischer-Bücherei.

── [1985] "Westeuropa oder Gesamteuropa ?," in Werner Weidenfeld hg., *Die Indentität Europas*, Berlin : Carl Hanser.

── [1986] *Neue Ostpolitik. Vom Mauerbau bis zum Moskauer Vertrag*, München : dtv.

── [1989] *Deutsche Parallelen : Anmerkungen zu einer gemeinsamen Geschichte zweier getrennter Staaten*, Berlin : Siedler（永井清彦・片岡哲史訳『ドイツの選択――分断から統一へ――』小学館，1990年).

── [1995] *Die* >*Neue Ostpolitik*< *und ihre Folgen*, München : dtv.

Bernath, Markus [2001] *Wandel ohne Annäherung. Die SPD und Frankreich in der Phase der Neuen Ostpolitik 1969-1974*, Baden-Baden : Nomos.

Besson, Waldemar [1970] *Die Außenpolitik der Bundesrepublik : Erfahrungen und Maßstäbe*, München : Piper.

Bibliothek der Friedrich-Ebert-Stiftung hg. [1996] *Eine Wahl wird gewonnen : Holger Börners Reden, Interviews und Beiträge im Wahljahr 1972*, Bonn : Bibliothek der Friedrich-Ebert-Stiftung.

Bingen, Dieter und Janusz Józef Węc [1993] *Die Deutschlandpolitik Polens 1945-1991*, Krakau : Nakladem Uniwersytetu Jagiellonskiego.

Bingen, Dieter [1998] *Die Polenpolitik der Bonner Republik von Adenauer bis Kohl 1949-1991*, Baden-Baden : Nomos.

Birnbaum, Karl E. [1974] "Die Genfer Phase der Konferenz über Sicherheit und Zusammenarbeit : Eine Zwischenbilanz," *Europa-Archiv*, 10/1974.

Birrenbach, Kurt [1984] *Meine Sondermissionen. Rückblick auf zwei Jahrzehnte bundesdeutscher Außenpolitik*, Düsseldorf ; Wien : Econ Verlag.

Blasius, Rainer A. [1995] "Erwin Wickert und die Friedensnote der Bundesregierung vom 25. März 1966," *Vierteljahreshefte für Zeitgeschichte*, 45/1995.

Bleek, Wilhelm und Rainer Bovermann [1995] "Deutschlandpolitik der SPD/FDP-Koalition 1969-1982," in Enquete-Kommission, *Aufarbeitung von Geschichte und Folgen der SED-Diktatur in Deutschland* (12. Wahlperiode des Deutschen Bundestages), hg. vom Deutschen Bundestag, Baden-Baden : Nomos, Bd.V/2.

Bluth, Christoph [1999] "Détente and Conventiomnal Arms Control : West German Policy Pririties and the Origns of MBFR," *German Politics*, 8(1).

Booz, Rüdiger M. [1995] *"Hallsteinzeit". Deutsche Außenpolitik 1955-1972*, Bonn :

Bouvier.

Bossuat, Gérard [1999] "Drei Wege nach dem Gipfel von Den Haag. Monnet, Brandt, Pompidou und das Europa der 70er Jahre," in Andreas Wilkens hg., *Interessen verbinden : Jean Monnet und die europäische Integration der Bundesrepublik Deutschland*, Bonn : Bouvier.

Břach, Radko [1998] "Die Bedeutung des Prager Vertrags von 1973 für die deutsche Ostpolitik," in Hans Lemberg, Jan Křen und Dušan Kovác hg., *Im geteilten Europa*, Essen : Klartext.

Bracher, Karl Dietrich [1986] "Politik und Zeitgeist : Tendenzen der siebziger Jahre," in Karl Dietrich Bracher, Wolfgang Jäger und Werner Link hg., *Republik im Wandel 1969-1974 : Die Ära Brandt* (Geschichte der Bundesrepublik Deutschland, Vol. 5), Stuttgart : DVA.

Brandt, Willy [1972] "Germany's 'Westpolitik'," *Foreign Affairs*, April (1972).

── [1974] *Über den Tag hinaus. Eine Zwischenbilanz*, Hamburg : Hoffmann und Campe.

── [1976] *Begegnungen und Einsichten. Die Jahre 1960-1975*, Hamburg : Hoffmann und Campe.

── [1989] *Erinnerungen*, Frankfurt a. M. : Propyläen.

Brandstetter, Karl J. [1994] "Willy Brandts 'Ostpolitik' und die Détente : Zur Historie einer fortdauernden Begriffsverwirrung," *Blätter für deutsche und internatinale Politik*, März 1994.

Brauers, Christof [1992] *Liberale Deutschlandpolitik 1949-1969. Positionen der F. D.P. zwischen nationaler und europäsicher Orientierung*, Münster ; Hamburg : Lit.

Bredow, Wilfried von [1992] *Der KSZE-Prozess*, Darmstadt : Wissenschaftliche Buchgesellschaft.

Breitenmoser, Christoph [1996] "Sicherheit für Europa : Die KSZE-Politik der Schweiz bis zur Unterzeichnung der Helsinki-Schlussakte zwischen Skepsis und aktivem Engagement," *Zürcher Beiträge zur Sicherheitspolitik und Konfliktforschung*, No. 40.

Brown, Archie [1996] *The Gorbachev Factor*, Oxford : Oxford University Press（小泉直美・角田安正訳『ゴルバチョフ・ファクター』藤原書店，2008年）.

Buchheim, Hans [1984] *Deutschlandpolitik 1949-1972. Der politisch-diplomatische Prozeß*, Stuttgart : DVA.

Bundy, William [1998] *Tangled Web : The Making of Foreign Policy in the Nixon Presidency*, New York : Hill & Wang.

Carstens, Karl [1972] "Die Integration Westeuropas und die Konferenz über Sicherheit und Zusammenarbeit in Europa (KSZE) aus Sicht der BRD," *Wehrforschung*, 5/1972.

── [1973] "Die Erfolge östlicher Westpolitik," *Die politische Meinung*, Heft 147, 18. Jahrgang 1973.

── [1993] *Erinnerungen und Erfahrungen*, Boppard : Boldt.

Cary, Noel D. [2000] "Reassessing Germany's Ostpolitik. Part 1/Part 2," *Central Eur-*

opean History, 33(2/3).

Clemens, Clay [1989] *Reluctant Realists : The Christian Democrats and West German Ostpolitik*, Durham : Duke University Press.

—— [1991] "Amerikanische Entspannungs-und Ostpolitik 1969-1975," in Wolfgang-Uwe Friedrich hg., *Die USA und die Deutsche Frage 1945-1990*, Frankfurt a. M. ; New York : Campus.

Conze, Eckart [1998] "Konfrontation und Détente. Überlegungen zur historischen Analyse des Ost-West-Konflikts," *Vierteljahrshefte für Zeitgeschichte*, 46/1998.

Costigliola, Frank [1994] "Lyndon B. Johnson, Germany, and 'the End of the Cold War," in Warren I. Cohen and Nancy Bernkopf Tucker eds., *Lyndon Johnson Confronts the World*, Cambridge : Cambridge University Press.

Cox, Michael [2008] "Who won the Cold War in Europe? A historiographical overview," in Frédéric Bozo, Marie-Pierre Rey, N. Piers Ludlow and Leopoldo Nuti eds., *Europe and the End of the Cold War : A reappraisal*, London : Routledge.

Craig, Gordon A. [1994] "Did Ostpolitik Work? The Path to German Reunification," *Foreign Affairs*, January/February (1994).

Dann, Otto [1996] *Nation und Nationalismus in Deutschland, 1770-1990*, 3. Aufl., München : Beck（末川清・姫岡とし子・高橋秀寿訳『ドイツ国民とナショナリズム——1770-1990——』名古屋大学出版会，1999年）.

Dannenberg, Julia von [2008] *The Foundations of Ostpolitik : The Making of the Moscow Treaty between West Germany and the USSR*, Oxford : Oxford University Press.

Deighton, Anne [2000] "British-West German Relations, 1945-1972," in Klaus Larres ed., *Uneasy Allies. British-German Relations and European Integration since 1945*, Oxford : Oxford University Press.

Dobrynin, Anatoly [1995] *In Confidence : Moskau's Ambassador to America's Six Cold War Presidents*, New York : Crown.

Duckwitz, Georg Ferdinand [1970] "Die Wende im Osten," *Aussenpolitik*, 11/1970.

Echtler, Ulrich [1973] *Der beamtete Staatssekretär*, München : Wilhelm Goldmann.

Edemskiy, Andrey [2009] "Dealing with Bonn : Leonid Brezhnev and the Soviet Response to West German *Ostpolitik*," in Carole Fink and Bernd Schaefer eds., *Ostpolitik, 1969-1974 : European and global responses*, Cambridge : Cambridge University Press.

Ehmke, Horst [1994] *Mittendrin. Von der Großen Koalition zur Deutschen Einheit*, Berlin : Rowohlt.

Eibl, Franz [2001] *Politik der Bewegung. Gerhard Schröder als Außenminister 1961-1966*, München : Oldenbourg.

Eisermann, Daniel [1999] *Außenpolitik und Strategiediskussion. Die Deutsche Gesellschaft für Auswärtige Politik 1955 bis 1972*, München : Oldenbourg.

Enders, Thomas [1987] *Die SPD und die äußere Sicherheit : Zum Wandel der sicherheitspolitischen Konzeption der Partei in der Zeit der Regierungsverantwortung (1966-*

1982), Melle : Knoth.

Enquete-Kommission [1995] *Aufarbeitung von Geschichte und Folgen der SED-Diktatur in Deutschland*, hg. vom Deutschen Bundestag, Bd. V/1, Baden-Baden : Nomos.

Falin, Valentin [1993] *Politische Erinnerungen*, München : Droemer Knaur.

Ferraris, Luigi Vittorio Graf [1979] *Report on a Negotiation, Helsinki—Geneva-Helsinki, 1972-1975*, Alphen aan den Rijn : Sijthoff & Noordhoff.

Fink, Carole, Gassert, Philipp and Detlef Junker eds. [1998] *1968 : the World Transformed*, Cambridge : Cambridge University Press.

Fink, Carole and Bernd Schaefer eds. [2009] *Ostpolitik, 1969-1974 : European and global responses*, Cambridge : Cambridge University Press.

Fischer, Frank [2001] *"Im deutschen Interesse". Die Ostpolitik der SPD von 1969 bis 1989*, Husum : Matthiesen.

Focke, Katharina [1999] "Erinnerungen an Jean Monnet," in Andreas Wilkens hg., *Interessen verbinden : Jean Monnet und die europäische Integration der Bundesrepublik Deutschland*, Bonn : Bouvier.

Frank, Paul [1982] *Entschlüsselte Botschaft. Ein Diplomat macht Inventur*, Stuttgart : DVA.

Fuchs, Stephan [1999] *Dreiecksverhältnisse sind immer kompliziert : Kissinger, Bahr und die Ostpolitik*, Hamburg : Europäische Verlagsanstalt.

Fulbrook, Mary [2000] *Interpretations of The Two Germanies : 1945-1990*, 2nd ed., Basingstoke : Palgrave Macmillan（芝健介訳『二つのドイツ——1949-1990——』岩波書店，2009年）.

Gaddis, John Lewis [1987a] *The Long Peace : Inquiries into The History of The Cold War*, New York ; Oxford : Oxford University Press（五味俊樹・阪田恭代・宮坂直史・坪内淳・太田宏訳『ロング・ピース——冷戦史の証言「核・緊張・平和」——』芦書房，2002年）.

—— [1987b] *We Now Know : Rethinking Cold War History*, New York : Oxford University Press（赤木莞爾・齊藤祐介訳『歴史としての冷戦——力と平和の追求——』慶應義塾大学出版会，2004年）.

—— [2005a] *Strategies of Containment : A Critical Appraisal of American National Security Policy during the Cold War*, rev. and expanded ed., Oxford : Oxford University Press.

—— [2005b] *The Cold War : A New History*, New York : Penguin Press（河合秀和・鈴木健人訳『冷戦——その歴史と問題点——』彩流社，2007年）.

—— [2010] "Grand strategies in the Cold War," in Melvyn P. Leffler and Odd Arne Westad eds., *The Cambridge History of the Cold War*, Vol. II : Crises and Détente, Cambridge : Cambridge University Press.

Garthoff, Raymond L. [1994] *Détente and Confrontation*, Rev. ed., Washington, D. C. : Brookings Institution.

Gallus, Alexander [2001] *Die Neutralisten. Verfechter eines vereinten Deutschland zwischen Ost und West 1945-1990*, Düsseldorf : Droste.

Geiger, Tim [2008] *Atlantiker gegen Gaullisten. Außenpolitischer Konflikt und innerparteilicher Machtkampf in der CDU/CSU 1958-1969*, München : Oldenbourg.

Genscher, Hans-Dietrich [1995] *Erinnerungen*, Berlin : Siedler.

Geppert, Dominik und Udo Wengst hg. [2005] *Neutralität—Chance oder Chimäre? Kozepte des Dritten Weges für Deutschland und die Welt 1945-1990*, München : Oldenbourg.

Geppert, Dominik [2009] "Großbritannien und die Ostpolitik der Bundesrepublik Deutschland," *Vierteljahrshefte für Zeitgeschichte*, 57/3.

Germond, Carine und Henning Türk [2004] "Der Staatssekretärausschuss für Europafragen und die Gestaltung der deutschen Europapolitik 1963-1969," *Zeitschrift für Europawissenschaften*, II/1.

Geyer, David C. [2003] "The Missing Link : Henry Kissinger and the Back-channel Negotiations on Berlin," in David C. Geyer and Bernd Schaefer eds., *American Détente and German Ostpolitik, 1969-1972, Bulletin of the German Historical Institute*, Supplement 1 (2003).

Glaab, Manuela [2000] "Die Deutschlandpolitik Willy Brandts in der öffentlichen Meinung," in Carsten Tessmer hg., *Das Willy-Brandt-Bild in Deutschland und Polen*, Berlin : Bundeskanzler-Willy-Brandt-Stiftung.

Gorbachev, Mikhail Sergeevich [1987] *Perestroika : New Thinking for Our Country and The World*, New York : Harper & Row (田中直毅訳『ペレストロイカ』講談社，1987年).

Görtemaker, Manfred [1998] "Die Ursprünge der 'neuen Ostpolitik' Willy Brandts," in Arnd Bauerkämper, Martin Sabrow und Bernd Stöver hg., *Doppelte Zeitgeschichte : deutsch-deutsche Beziehungen 1945-1990*, Bonn : Dietz.

Grau, Andreas [2005] *Gegen den Strom. Die Reaktion der CDU/CSU-Opposition auf die Ost- und Deutschlandpolitik der sozial-liberalen Koalition 1969-1973*, Düsseldorf : Droste.

Gray, William G. [2003] *Germany's Cold War : The Global Campaign to Isolate East Germany 1949-1969*, Chapel Hill : University of North Carolina Press.

—— [2009] "Abstinence and Ostpolitik : Brandt's Government and the Nuclear Question," in Carole Fink and Bernd Schaefer eds., *Ostpolitik, 1969-1974 : European and global responses*, Cambridge : Cambridge University Press.

Griffith, William E. [1978] *The Ostpolitik of the Federal Republic of Germany*, Cambridge, Mass. : MIT Press.

Groll, Götz von [1978] "Das Debüt auf der internationalen Bühne : Die Neun auf der KSZE," in Reinhard Rummel und Wolfgang Wessels hg., *Die Europäische Politische Zusammenarbeit. Leistungsvermögen und Struktur der EPZ*, Bonn : Europa Union

Verlag.

Gromyko, Andreĭ Andreevich [1989] *Memories*, translated by Harold Shukman, London : Hutchinson（読売新聞社外報部訳『グロムイコ回想録――ソ連外交史――』読売新聞社，1989年）.

Grosser, Alfred [1972] *Deutschlandbilanz : Geschichte Deutschlands seit 1945*, München : Carl Hanser（山本尤・三島憲一・相良憲一・鈴木直訳『ドイツ総決算――1945年以降のドイツ現代史――』社会思想社，1981年）.

―― [1978] *Das Bündnis : Die Westeuropäischen Länder und die USA seit dem Krieg*, München ; Wien : Carl Hanser（土倉莞爾・氏家伸一・富岡宣之共訳『欧米同盟の歴史』上下巻，法律文化社，1987-89年）.

―― [1986] *Frankreich und seine Außenpolitik : 1944 bis heute*, München : dtv.

Grosser, Dieter, Stephan Bierling und Beate Neuss hg. [1996] *Bundesrepublik und DDR 1969-1990*, Stuttgart : Reclam.

Gruner, Wolf D. [1993] *Die deutsche Frage in Europa 1800-1990*, München : Piper（丸畠宏太・進藤修一・野田昌吾訳『ヨーロッパのなかのドイツ 1800-2002』ミネルヴァ書房，2008年）.

Hacke, Christian [1975a] *Die Ost- und Deutschlandpolitik der CDU/CSU : Wege und Irrwege der Opposition seit 1969*, Köln : Verlag Wissenschaft und Politik.

―― [1975b] "Herry Kissinger und das deutsche Problem," *Deutschland Archiv*, 9/1975.

―― [1985] "Von Adenauer zu Kohl : Zur Ost- und Deutschlandpolitik der Bundesrepublik 1949-1985," *Aus Politik und Zeitgeschichte*, B51-52/85.

―― [1988] "Traditionen und Stationen der Außenpolitik der Bundesrepublik Deutschland von 1949 bis 1987," *Aus Politik und Zeitgeschichte*, B3/88.

―― [2001] "Die USA und die deutsche Frage," in Detlef Junker hg., *Die USA und Deutschland im Zeitalter des Kalten Krieges 1945-1990, Band 2 : 1968-1990*, Stuttgart : DVA.

―― [2002] *Zur Weltmacht verdammt. Die amerikanische Außenpolitik von J. F. Kennedy bis G. W. Bush*, 2. aktualisierte und erw. Auf., München : Propyläen.

―― [2003] *Die Außenpolitik der Bundesrepublik Deutschland. Von Konrad Adenauer bis Gerhard Schröder*, München : Propyläen.

Hacker, Jens [1986] "Sicherheitspläne und KSZE-Prozeß sowie ihre Auswirkung auf die deutsche Frage," in Dieter Blumenwitz und Boris Meissner hg., *Die Überwindung der europäischen Teilung und die deutsche Frage*, Köln : Verlag Wissenschaft und Politik.

―― [1992] *Deutsche Irrtümer : Schönfärber und Helferschelfer der SED-Diktatur im Westen*, Berlin ; Frankfurt a.M. : Ullstein.

―― [1995] "Die Deutschlandpolitik der SPD/FDP-Koalition 1969-1982," in Enquete-Kommission, *Aufarbeitung von Geschichte und Folgen der SED-Diktatur in Deutschland*, hg. vom Deutschen Bundestag, Bd.V/1, Baden-Baden : Nomos.

Haftendorn, Helga [1974] *Abrüstungs- und Entspannungspolitik zwischen Sicherheitsbe-*

friedigung und Friedenssicherung. Zur Außenpolitik der Bundesrepublik Deutschland 1955-1973, Düsseldorf : Bertelsmann-Universitätsverlag.

—— [1983] *Sicherheit und Entspannung*, Baden-Baden : Nomos.

—— [1985] *Security and Détente : Confilicting Priorities in German Foreign Policy*, New York : Praeger.

—— [1988] *Eine schwierige Partnerschaft : Bundesrepublik Deutschland und USA im atlantischen Bündnis*, Berlin : Quorum.

—— [1992] "Entstehung und Bedeutung des Harmel-Berichtes der NATO von 1967," *Vierteljahrshefte für Zeitgeschichte* 40/1992.

—— [2001] *Deutsche Außenpolitik zwischen Selbstbeschränkung und Selbstbehauptung*, Stuttgart ; München : DVA.

—— [2002] "Hans-Dietrich Genscher und Amerika," in Hans-Dieter Lucas hg., *Genscher, Deutschland und Europa*, Baden-Baden : Nomos.

—— [2008] "The link between CSCE and MBFR : Two sprouts from one bulb," in Andreas Wenger, Vojtech Mastny and Christian Nuenlist eds., *Origins of the European Security System : The Helsinki Process Revisited, 1965-1975*, London : Routledge.

Hahn, Walter F. [1973] "West Germany's Ostpolitik : The Grand Design of Egon Bahr," *Orbis*, 16(4).

Hakkarainen, Petri [2008] "From Linkage to Freer Movement : The Federal Republic of Germany and the Nexus between Western CSCE Preparations and Deutschlandpolitik, 1969-1972," in Andreas Wenger, Vojtech Mastny and Christian Nuenlist eds., *Origins of the European Security System : The Helsinki Process Revisited, 1965-1975*, London : Routledge.

Hanhimäki, Jussi M. [2000] "Ironies and turning points : Détente in Perspective," in Odd Arne Westad ed., *Reviewing the Cold War : Approaches, Interpretations, Theory*, London : Routledge.

—— [2003] "'Dr. Kissinger' or 'Mr. Henry'? Kissingerology, Thirty Years and Counting," *Diplomatic History*, 27.

Hanrieder, Wolfram F. [1967] *West German Foreign Policy 1949-1963*, California : Stanford University Press.

—— [1989] *Germany, America, Europe : Forty Years of Germany Foreign Policy*, New Haven : Yale University Press.

Hanrieder, Wolfram F. ed. [1980] *West German Foreign Policy 1949-1979*, Boulder (Col.) : Westview Press.

Harrison, Hope M. [2003] "The Berlin wall, Ostpolitik, and Détente," in David C. Geyer and Bernd Schaefer eds., *American Détente and German Ostpolitik, 1969-1972, Bulletin of the German Historical Institute*, Supplement 1.

Harst, Jan van der ed. [2007] *Beyond the Customs Union : The European Community's*

Quest for deepening, widening and completion, 1969-1975, Bruxelles : Bruylant.

Heinlein, Stefan A. [1993] *Gemeinsame Sicherheit : Egon Bahrs sicherheitspolitische Konzeption und die Kontinuität sozialdemokratischer Entspannungsvorstellungen*, New York : Waxmann.

Hellmann, Gunther [2006] *Deutsche Außenpolitik. Eine Einführung*, Wiesbaden : VS Verlag.

Hiepel, Claudia [2003] "In Search of the Greatest Common Denominator. Germany and the Hague Summit Conference 1969," *Journal of European Integration History*, Vol. 9, No. 2.

—— [2004] "Willy Brandt, Georges Pompidou und Europa. Das deutsch-französische Tandem in den Jahren 1969-1974," in Franz Knipping und Matthias Schönwald hg., *Aufbruch zum Europa der zweiten Generation : Die europäische Einigung 1969-1984*, Trier : Wissenschaftlicher Verlag.

Hildebrand, Klaus [1984] *Von Erhard zur Großen Koalition 1963-1969* (Geschichte der Bundesrepublik Deutschland, Vol. 4), Stuttgart ; Wiesbaden : DVA.

—— [1985] "Der provisorische Staat und das ewige Frankreich : Die deutsch-französischen Beziehungen 1963-1969," in Hans-Peter Schwarz hg., *Adenauer und Frankreich : die deutsch-französischen Beziehungen 1958-1969*, Bonn : Bouvier.

—— [1990] " 'Atlantiker' versus 'Gaullisten' : zur Außenpolitik der Bundesrepublik Deutschland während der sechziger Jahre," *Revue d'Allemagne*, 22/1990.

—— [2003] "Die tschechoslowakische Krise vom August 1968. Frankreichs Haltung gegenüber der Bonner Republik im Spiegel der 'Akten zur Auswärtigen Politik der Bundesrepublik Deutschland'," in Wolfgang Elz und Sönke Neitzel hg., *Internationale Beziehungen im 19. und 20. Jahrhundert. Festschrift für Winfried Baumgart zum 65. Geburtstag*, Paderborn : Ferdinand Schöningh.

—— [2004] "Willy Brandt, Charles de Gaulle und 'la grande Europa' " *Historische Zeitschrift*, 279/2004.

Hillgruber, Andreas [1984] *Deutsche Geschichte 1945-1982. Die >deutsche Frage< in der Weltpolitik*, 5. Aufl., Berlin : Kohlhammer.

Hindenburg, Hannfried von [1996] "Die Einhegung deutscher Macht. Die Funktion der Alliierten Vorbehaltsrechte in der Ost- und Deutschlandpolitik der Bundesrepublik Deutschland 1945/49-1990," in Helga Haftendorn und Henning Riecke hg., "*...die volle Macht eines souveränen Staates...*" *: Die Alliierten Vorbehaltsrechte als Rahmenbedingung westdeutscher Außenpolitik 1949-1990*, Baden-Baden : Nomos.

Höhn, Jan [1978] *Außenpolitik der EG-Staaten : im Fall der KSZE, Geschichte, Struktur, Entscheidungsprozess, Aktion, Möglichkeiten und Grenzen, München* : Tuduv.

Hofmann, Arne [2007] *The Emergence of Détente in Europe : Brandt, Kennedy and the Formation of Ostpolitik*, London : Routledge.

Holsti, K.J. [1982] "Bargaining theory and diplomatic reality : the CSCE negotiations,"

Review of International Studies, 8 (1982).

The Independent Commission on Disarmament and Security Issues（パルメ委員会）［1982］ *Common Security : A Programme for Disarmament : The Report of The Independent Commission on Disarmament and Security Issues, London* ; Sydney : Pan（森治樹監訳『共通の安全保障――核軍縮への道標：パルメ委員会報告書――』日本放送出版協会，1982年）.

Irving, R. E. M. and W. E. Paterson ［1973］ "The West German Parliamentary Election of November 1972," *Parliamentary Affairs*, 26.

Jacobsen, Hans-Adolf ［1975］ "Zur Kontinuität und Diskontinuität in der deutschen Außenpolitik im 20. Jahrhundert," in ders., *Von der Strategie der Gewalt zur Politik der Friedenssicherung*, Düsseldorf : Droste（平井友義訳「二十世紀におけるドイツ対外政策の連続性に関する一考察」『国際法外交雑誌』75（5・6），1977年）.

Jäger, Wolfgang ［1988］ "Von der Kanzlerdemokratie zur Koordinationsdemokratie," *Zeitschrift für Politik*, 1/1988.

Jäger, Thomas ［2000］ "Die Neujustierung der deutschen Außenpolitik und die Selbstbehauptung Europas. Zum außenpolitischen Denken Egon Bahrs," *vorgänge*, Jg. 39, Heft 1.

Jahn, Egbert und Volker Rittberger hg., ［1974］, *Die Ostpolitik der Bundesrepublik. Triebkräfte, Widerstände, Konsequenzen*, Opladen : Westdeutscher Verlag.

Jesse, Eckhard ［1987］ "Essey : Die Bundesrepublik Deutschland. Die Ära Brandt 1969-1974," *Politische Vierteljahresschrift*, Juni 1987.

Judt, Tony ［2005］ *Postwar : a history of Europe since 1945*, New York : Penguin Press 森本醇・浅沼澄訳『ヨーロッパ戦後史（上）1945-1971』『ヨーロッパ戦後史（下）1971-2005』みすず書房，2008年）.

Kaldor, Mary ［1990］ *The Imaginary War : Understanding the East-West Conflict*, Oxford : Blackwell.

Kaase, Max ［1973］ "Die Bundestagswahl 1972 : Probleme und Analysen," *Politische Vierteljahresschrift*, 11.

Karner, Stefan, Natalja Tomilina und Alexander Tschubarjan u. a. hg. ［2008］ *Prager Frühling. Das internationale Krisenjahr 1968*, Köln u. a. : Böhlau.

Katzenstein, Peter ［1987］ *Policy and Politics in West Germany : The Growth of a Semi-Sovereign State*, Philadelphia : Temple University Press.

Keithly, David ［1986］ *Breakthrough in the Ostpolitik : the 1971* Quadripartite Agreement, Boulder (Col.) : Westview Press.

Kennan, George Frost ［1984］ *American Diplomacy*, expanded ed., Chicago : University of Chicago Press（近藤晋一・飯田藤次・有賀貞訳『アメリカ外交50年』岩波書店，2000年）.

Keworkow, Wjatscheslaw ［1995］ *Der geheime Kanal, der KGB und die Bonner Ostpolitik*, Berlin : Rowohlt.

Kilian, Werner [2001] *Die Hallstein-Doktrin : der diplomatische Krieg zwischen der BRD und der DDR 1955-1973*, Berlin : Duncker & Humblot.

—— [2005] *Adenauers Reise nach Moskau*, Freiburg : Herder.

Kirchenkanzlei der Evangelischen Kirche in Deutschland hg. [1965] *Die Lage der Vertriebenen und das Verhältnis des deutschen Volkes zu seinen östlichen Nachbarn. Eine evangelische Denkschrift*, Hannover : Verlag des Amtsblattes der evangelischen Kirche in Deutschland.

Kissinger, Henry A. [1979] *Memoiren 1968-1973*, München : Bertelsmann.

—— [1982] *Memoiren 1973-1974*, Bd. 2, München : Bertelsmann.

Kleßmann, Christoph [1991] *Die doppelte Staatsgründung. Deutsche Geschichte 1945-1955, 5*. überarb. und erw. Auf., Göttingen : Vandenhoeck und Ruprecht（石田勇治・木戸衛一訳『戦後ドイツ史 1945-1955——二重の建国——』未来社，1995年）.

Klitzing, Holger [2009] "To Grin and Bear it : The Nixon Administration and *Ostpolitik*," in Carole Fink and Bernd Schaefer eds., *Ostpolitik, 1969-1974 : European and global responses*, Cambridge : Cambridge University Press.

Klotzbach, Kurt [1982] *Der Weg zur Staatspartei : Programmatik, praktische Politik und Organisation der deutschen Sozialdemokratie 1945 bis 1965*, Berlin ; Bonn : Dietz.

Knipping, Franz und Matthias Schönwald hg. [2004] *Aufbruch zum Europa der zweiten Generation : Die europäische Einigung 1969-1984*, Trier : Wissenschaftlicher Verlag.

Kohl, Helmut [2004] *Erinnerungen 1930-1982*, München : Droemer.

König, Mareike und Matthias Schulz hg. [2004] *Die Bundesrepublik Deutschland und die europäische Einigung. Politische Akteure, gesellschaftliche Kräfte und internationale Erfahrungen ; Festschrift für Wolf D. Gruner zum 60. Geburtstag*, Stuttgart : Franz Steiner.

Kramer, Mark [1998] "The Czechoslovak Crisis and the Brezhnev Doctrine," in Carole Fink, Philipp Gassert and Detlef Junker eds., *1968 : the World Transformed*, Cambridge : Cambridge University Press.

Kreile, Michael [1978] *Osthandel und Ostpolitik*, Baden-Baden : Nomos.

Krell, Gert [1990] "Die Ostpolitik der Bundesrepublik Deutschland und die deutsche Frage : Historische Entwicklungen und politische Optionen im Ost-West-Konflikt," *Aus Politik und Zeitgeschichte*, B29/90.

Krieger, Wolfgang [2001] "Verteidigung durch Entspannung? Die deutsch-amerikanischen Sicherheitsbeziehungen 1968-1990," in Detlef Junker hg., *Die USA und Deutschland im Zeitalter des Kalten Krieges 1945-1990, Band 2 : 1968-1990*, Stuttgart : DVA.

Kroegel, Dirk [1997] *Einen Anfang finden ! : Kurt Georg Kiesinger in der Außen- und Deutschlandpolitik der Großen Koalition*, München : Oldenbourg.

Kühn, Detlef [1989] "Die FDP und die Deutschlandpolitik," in Dieter Blumenwitz und Gottfried Zieger hg., *Die deutsche Frage im Spiegel der Parteien*, Köln : Verlag

Wissenschaft und Politik.

Künchenmeister, Daniel und Detlef Nakath hg. [2002] *Architekt und Brückenbauer. Gedanken Ostdeutscher zum 80. Geburtstag von Egon Bahr*, Bonn: Friedrich-Ebert-Stiftung.

Küsters, Hanns Jürgen [1992] "Konrad Adenauer und Willy Brandt in der Berlinkrise 1958-1963," *Vierteljahrshefte für Zeitgeschichte*, 40/1992.

— [2004] "Die Entstehung und Entwicklung der Europäischen Politischen Zusammenarbeit aus deutscher Perspektive," in Franz Knipping und Matthias Schönwald hg., *Aufbruch zum Europa der zweiten Generation: Die europäische Einigung 1969-1984*, Trier: Wissenschaftlicher Verlag.

Larres, Klaus [1996] "Germany and the West: the 'Rapallo Factor' in German Foreign Policy from the 1950s to the 1990s," in Klaus Larres and Panikos Panay eds., *The Federal Republic of Germany since 1949. Politics, Society and Economy before and after Unification*, London; New York: Longman.

Lehmann, Hans Georg [1984] *Öffnung nach Osten. Die Ostreisen Helmut Schmidts und die Entstehung der Ost-und Entspannungspolitik*, Bonn: Verlag Neue Gesellschaft.

— [1989] *Chronik der Bundesrepublik Deutschland 1945/49 bis heute*, 3. aktualisierte Aufl., München: Beck.

— [2002] *Deutschland-Chronik 1945 bis 2000*, Bonn: Bundeszentrale für politische Bildung.

Lemke, Michael [1992] *CDU/CSU und Vertragspolitik der Bundesrepublik Deutschland in den Jahren 1969-1975: Kontinuität und Wandel christdemokratischer Ost-und Deutschlandpolitik*, Saarbrücken: Dadder.

Lentz, Rüdiger [1978] "Die Entwicklung der deutschen Position zur KSZE—multilaterale Problemstellung und innerorganisatorische Innovation," in Helga Haftendorn, Wolf-Dieter Karl, Joachim Krause und Lothar Wilker hg., *Verwaltete Außenpolitik: Sicherheits- und entspannungspolitische Entscheidungsprozesse in Bonn*, Köln: Verlag Wissenschaft und Politik.

Lepsius, M. Rainer [1973] "Wahlverhalten, Parteien und politische Spannungen: Vermutungen zu Tendenzen und Hypothesen zur Untersuchung der Bundestagswahl 1972," *Politische Vierteljahresschrift*, 11.

Link, Werner [1980] *Der Ost-West-Konflikt: Die Organisation der internationalen Beziehungen im 20. Jahrhundert*, Stuttgart: Kohlhammer.

— [1986] "Außen- und Deutschlandpolitik in der Ära Brandt 1969-1974," in Karl Dietrich Bracher, Wolfgang Jäger und ders. hg., *Republik im Wandel 1969-1974: Die Ära Brandt* (Geschichte der Bundesrepublik Deutschland, Vol. 5), Stuttgart: DVA.

— [1987] "Die außenpolitische Staatsräson der Bundesrepublik Deutschland," in Manfred Funke, Hans-Adolf Jacobsen, Hans-Helmuth Knütter und Hans-Peter

Schwarz hg., *Demokratie und Diktatur : Geist und Gestalt politischer Herrschaft in Deutschland und Europa*, Düsseldorf : Droste.

—— [1989] "Sicherheit und Zusammenarbeit in Europa im Spiegel der KSZE-, MBFR- und KVAE-Verhandlungen," in Christian Hacke und Manfred Knapp hg., *Friedenssicherung und Rüstungskontrolle in Europa*, Köln : Verlag Wissenschaft und Politik.

—— [1992] "Deutsche Ostpolitik und die Zuständigkeit der Alliierten," in Adolf M. Birke und Günther Heydemann hg., *Großbritannien und Ostdeutschland seit 1918*, München : Saur.

—— [2001a] "Die Entstehung des Moskauer Vertrages im Lichte neuer Archivalien," *Vierteljahrshefte für Zeitgeschichte*, 49/01.

—— [2001b] "Détente auf deutsch und Anpassung an Amerika : Die Bonner Ostpolitik," in Detlef Junker hg., *Die USA und Deutschland im Zeitalter des Kalten Krieges 1945-1990, Band 2 : 1968-1990*, Stuttgart : DVA.

Lippert, Werner D. [2010] "The Economics of *Ostpolitik* : West Germany, the United States, and the Gas Pipeline Deal," in Matthias Schulz and Thomas A. Schwartz eds., *The Strained Alliance : U.S.-European Relations from Nixon to Carter*, Cambridge : Cambridge University Press.

—— [2011] *The Economic Diplomacy of Ostpolitik : Origins of NATO's Energy Dilemma*, New York ; Oxford : Berghahn Books.

Longerich, Michael [1990] *Die SPD als "Friedenspartei" -mehr als nur Wahltaktik ?*, Frankfurt a. M. : Peter Lang.

Lösche, Peter und Franz Walter [1992] *Die SPD : Klassenpartei-Volkpartei-Quotenpartei*, Darmstadt : Wissenschaftliche Buchgesellschaft（岡田浩平訳『ドイツ社会民主党の戦後史――国民政党の実践と課題――』三元社，1996年).

Loth, Wilfried und Robert Picht hg. [1991] *De Gaulle, Deutschland und Europa*, Opladen : Leske & Budrich.

Loth, Wilfried, William Wallace und Wolfgang Wessels hg. [1995] *Walter Hallstein—Der vergessene Europäer ?*, Bonn : Europa Union Verlag.

Loth, Wilfried [1998] *Helsinki, 1. August 1975 : Entspannung und Abrüstung*, München : dtv.

—— [2002] *Overcoming the Cold War : A History of Détente*, London : Palgrave.

—— [2005] "Willy Brandt, Georges Pompidou und die Entspannungspolitik," in Horst Möller und Maurice Vaïsse hg., *Willy Brandt und Frankreich*, München : Oldenbourg.

—— [2007] "Détente and European integration in the politics of Willy Brandt und Georges Pompidou," in N. Piers Ludlow ed., *European Integration and the Cold War : Ostpolitik-Westpolitik, 1965-1973*, London : Routledge.

—— [2008] "The road to Vienna : West German and European Security from 1969 to 1973," in Wilfried Loth and Georges-Henri Soutou eds., *The Making of Détente : Eastern and Western Europe in the Cold War, 1965-75*, London : Routledge.

Loth, Wilfried ed. [2001] *Crises and Compromises : The European Project, 1963-1969*, Baden-Baden : Nomos.

Löwenthal, Richard [1974] "Vom kalten Krieg zur Ostpolitik," in ders. und Hans-Peter Schwarz hg., *Die zweite Republik. 25 Jahre Bundesrepublik Deutschland—eine Bilanz*, Stuttgart : Seewald.

Lucas, Hans-Dieter [1992] *Europa vom Atlantik bis zum Ural? Europapolitik und Europadenken im Frankreich der Ära de Gaulle (1958-1969)*, Bonn : Bouvier.

Lucas, Hans-Dieter hg. [2002] *Genscher, Deutschland und Europa*, Baden-Baden : Nomos.

Ludlow, N. Piers [2003] "An Opportunity or a Threat? The European Commission and the Hague Council of December 1969," *Journal of European Integration History* Vol. 9, No. 2.

—— [2006] *The European Community and the Crisis of the 1960s : Negotiating the Gaullist challenge*, London : Routledge.

Ludlow, N. Piers ed. [2007] *European Integration and the Cold War : Ostpolitik-Westpolitik, 1965-1973*, London : Routledge.

Lundestad, Geir [1998] *"Empire" by integration : the United States and European integration, 1945-1997*, Oxford ; Tokyo ; New York : Oxford University Press (河田潤一訳『ヨーロッパの統合とアメリカの戦略——統合による「帝国」への道——』NTT出版, 2005年).

Lutz, Dieter S. [1992] *Das Undenkbare denken. Festschrift für Egon Bahr*, Baden-Baden : Nomos.

Mallmann, Wolfgang und Christian Meier [1973] "Multilaterale KSZE-Vorbereitungen in Helsinki. Versuch einer Bilanz der ersten drei Runden," *Beiträge zur Konfliktforschung*, Jg. 3, H. 146.

Marcowitz, Rainer [1996] *Option für Paris? Unionsparteien, SPD und Charles de Gaulle*, München : Oldenbourg.

Maresca, John [1987] *To Helsinki : The Conference on Security and Co-operation in Europe, 1973-1975*, Durham : Duke University Press.

Marshall, Barbara [1997] *Willy Brandt : A Political Biography*, London : Macmillan.

Mastny, Vojtech [1986] *Helsinki, Human Rights and European Security*, Durham : Duke University Press.

—— [2003] "Superpower Détente : US-Soviet Relations, 1969-1972," in David C. Geyer and Bernd Schaefer eds., *American Détente and German Ostpolitik, 1969-1972, Bulletin of the German Historical Institute*, Supplement 1 (2003).

—— [1996] *The Cold War and Soviet Insecurity : The Stalin Years*, New York : Oxford University Press (秋野豊・広瀬佳一訳『冷戦とは何だったのか——戦後政治史とスターリン——』柏書房, 2000年).

May, Ernest [1997] "Das nationale Interesse der Vereinigten Staaten und die deutsche

Frage 1966-1972," in Gottfried Niedhart, Detlef Junker und Michael W. Richter hg., *Deutschland in Europa. Nationale Interessen und internationale Ordnung im 20. Jahrhundert*, Mannheim : Palatium.

Mehnert, Klaus [1970] "Der Moskauer Vertrag," *Osteuropa : Zeitschrift für Gegenwartsfragen des Ostens*, 20. Jahrgang, Heft 12, Dezember 1970.

Meimeth, Michael [1990] *Frankreichs Entspannungspolitik der 70er Jahre : zwischen Status quo und friedlichem Wandel ; die Ära Georges Pompidou und Valery Giscard d'Estaing*, Baden-Baden : Nomos

Mende, Erich [1986] *Von Wende zu Wende 1962-1982*, München ; Berlin : Herbig.

Merseburger, Peter [2002] *Willy Brandt 1913-1992. Visionär und Realist*, Stuttgart ; München : DVA.

Meyer, Christoph [2006] *Herbert Wehner. Biographie*, München : dtv.

Michel, Judith [2010] *Willy Brandts Amerikabild und -politik 1933-1992*, Göttingen : Vandenhoeck und Ruprecht.

Miller, Susanne [1983] "Die SPD vor und nach Godesberg," in dies. und Heinrich Potthoff, *Kleine Geschichte der SPD. Darstellung und Dokumentationen 1848-1983*, 5. erw. Aufl., Bonn : Verlag Neue Gesellschaft (河野裕康訳『戦後ドイツ社会民主党史――ゴーデスベルク前後のSPD――』ありえす書房，1987年).

Mittag, Jürgen und Wolfgang Wessels [2004] "Die Gipfelkonferenzen von Den Haag (1969) und Paris (1972) : Meilensteine für Entwicklungstrends der Europäischen Union?" in Franz Knipping und Matthias Schönwald hg., *Aufbruch zum Europa der zweiten Generation : Die europäische Einigung 1969-1984*, Trier : Wissenschaftlicher Verlag.

Möckli, Daniel [2008] "The EC Nine the CSCE, and the changing pattern of European security," in Andreas Wenger, Vojtech Mastny and Christian Nuenlist eds., *Origins of the European Security System : The Helsinki Process Revisited, 1965-1975*, London : Routledge.

―― [2009] *European Foreign Policy during the Cold War : Heath, Brandt, Pompidou and the Dream of Political Unity*, London ; New York : I. B. Tauris.

Möller, Horst und Maurice Vaïsse hg. [2005] *Willy Brandt und Frankreich*, München : Oldenbourg.

Morgan, Roger [2000] "Willy Brandt's 'Neue Ostpolitik' : British Perceptions and Positions, 1969-1975", in Adolf M. Birke et al. eds., *An Anglo-German Dialogue. The Munich Lectures on the History of International Relations*, Munich : K. G. Sauer.

―― [2005] "Die Sorgen Washingtons und Londons über ein neutrales Deutschland 1969-1975," in Dominik Geppert und Udo Wengst hg., *Neutralitüt—Chance oder Chimäre? Kozepte des Dritten Weges für Deutschland und die Welt 1945-1990*, München : Oldenbourg.

Morsey, Rudolf [1999] *Die Bundesrepublik Deutschland : Entstehung und Entwicklung bis*

1969, 4. überarb. und erw. Auf., München : Oldenbourg.

Müller-Rommel, Ferdinand [1982] *Innerparteiliche Gruppierungen in der SPD : Eine empirische Studie über informell-organisierte Gruppierung von 1969-1980*, Opladen : Westdeutscher Verlag.

Munro, Colin [1994] "Britain and German Ostpolitik," in Adolf M. Birke und Hermann Wentker hg., *Deutschland und Rußland in der britischen Kontinentalpolitik seit 1815*, München : Saur.

Muschik, Alexander [2005] *Die beiden deutschen Staaten und das neutrale Schweden. Eine Dreiecksbeziehungen im Schatten der offenen Deutschlandfrage 1949-1972*, Münster : Lit.

Nakath, Detlef [1998a] "Gewaltverzicht und Gleichberechtigung : Zur Parallelität der deutsch-sowjetischen Gespräche und der deutsch-deutschen Gipfeltreffen in Erfurt und Kassel im Frühjahr 1970," *Deutschland Archiv*, 2/1998.

—— [1998b] "Der Vertrag über die Grundlagen der Beziehungen zwischen beiden deutschen Staaten vom 21. Dezember 1972," in Jürgen Hofmann und Detlef Nakath hg., *Konflikt-Konfrontation-Kooperation : Deutsch-deutsche Beziehungen in vierzig Jahren Zweistaatlichkeit*, Schkeuditz : Gnn Verlag.

—— [2000] "Erfurt, Kassel und die Mächte : Zum Beginn des deutsch-deutschen Dialogs im Frühjahr 1970," *Deutschland Archiv*, 2/2000.

—— [2002] *Deutsch-deutsche Grundlagen*, Schkeuditz : Schkeuditzer Buchverlag.

Nelson, Keith L. [1995] *The Making of Détente : Soviet-American relations in the shadow of Vietnam*, Baltimore : Johns Hopkins University Press.

Nerlich, Uwe [1970] "Der Wandel des 'europäischen Systems' und die Idee einer gesamteuropüischen Konferenz," *Europa-Archiv*, 12/1970.

Neuhold, Hanspeter [1973] "Die neutralen Staaten Europas und die Konferenz über Sicherheit und Zusammenarbeit in Europa," *Europa-Archiv*, 13/1973.

Newnham, Randall [2002] *Deutsche Mark Diplomacy : Positive Economic Sanctions in German-Russian Relations*, Pennsylvania : Pennsylvania State University Press.

—— [2007] "Economic Linkage and Willy Brandt's Ostpolitik : The Case of the Warsaw Treaty," *German Politics*, 16(2).

Niclauß, Karlheinz [2004] *Kanzlerdemokratie. Regierungsführung von Konrad Adenauer bis Gerhard Schröder*, Paderborn : Ferdinand Schöningh.

Niedhart, Gottfried [1995] "Friedens- und Interessenwarung : Zur Ostpolitik der F. D. P. in Opposition und sozial-liberaler Regierung 1968-1970," *Jahrbuch zur Liberalismus-Forschung*, Vol. 7.

—— [1998] "Ostpolitik : The Role of the Federal Republic of Germany in the Process of Détente," in Carole Fink, Philipp Gassert and Detlef Junker eds., *1968 : the World Transformed*, Cambridge : Cambridge University Press.

—— [1999] "The Federal Republic's Ostpolitik and the United States : Initiatives and

Constraints," in Kathleen Burk and Melvyn Stokes eds., *The United States and the European Alliance since 1945*, Oxford : Berg.

—— [2000] "Partnerschaft und Konkurrenz : Deutsche und französische Ostpolitik in der Ära Brandt und Pompidou," in Pierre Guillen und Ilja Mieck hg., *Deutschland - Frankreich - Rußland. Begegnungen und Konfrontationen*, München : Oldenbourg

—— [2002] "Revisionistische Elemente und die Initiierung friedlichen Wandels in der neuen Ostpolitik 1967-1974," *Geschichte und Gesellschaft*, 28.

—— [2003a] "Zustimmung und Irritationen : Die Westmächte und die deutsche Ostpolitik 1969/70," in Ursula Lehmkuhl, Clemens A. Wurm und Hubert Zimmermann hg., *Deutschland, Großbritannien, Amerika. Politik, Gesellschaft und Internationale Geschichte im 20. Jahrhundert. Festschrift für Gustav Schmidt*, Stuttgart : Franz Steiner.

—— [2003b] "The British Reaction towards Ostpolitik : Anglo-West German Relations in the Era of Détente 1967-1971," in Christian Haase ed., *Debating Foreign Affairs. The Public and British Foreign Policy since 1867*, Berlin : Philo.

—— [2003c] "Ostpolitik : Phases, Short-Term Objectives, and Grand Design," in David C. Geyer and Bernd Schaefer eds., American *Détente and German Ostpolitik, 1969-1972, Bulletin of the German Historical Institute*, Supplement 1 (2003).

—— [2006] "Deeskalation durch Kommunikation. Zur Ostpolitik der Bundesrepublik Deutschland in der Ära Brandt," in Corinna Hauswedell hg., *Deeskalation von Gewaltkonflikten seit 1945*, Essen : Klartext.

—— [2008a] "Peaceful Change of Frontiers as a Crucial Element in the West German Strategy of Transformation," in Oliver Bange and Gottfried Niedhart eds., *Helsinki 1975 and the transformation of Europe*, New York ; Oxford : Berghahn Books.

—— [2008b] "Ostpolitik and its impact on the Federal Republic's relationship with the West," in Wilfried Loth and Georges-Henri Soutou eds., *The Making of Détente : Eastern and Western Europe in the Cold War, 1965-75*, London : Routledge.

—— [2010] "U. S. Détente and West German Ostpolitik : Parallels and Frictions," in Matthias Schulz and Thomas A. Schwartz eds., *The Strained Alliance : U. S.-European Relations from Nixon to Carter*, Cambridge : Cambridge University Press.

Niedhart, Gottfried und Reiner Albert [1994] "Neue Ostpolitik und das Bild der Sowjetunion von 1968 bis 1975," *Aus Politik und Zeitgeschichte*, B14/94.

Niedhart, Gottfried und Oliver Bange [2004] "Die 'Relikte der Nachkriegszeit' beseitigen. Ostpolitik in der zweiten außenpolitischen Formationsphase der Bundesrepublik Deutschland und ihre internationalen Rahmenbedingungen 1969-1971," *Archiv für Sozialgeschichte*, 44.

Ninkovich, Frank [2001] "Die Vereinigten Staaten und die deutsche Frage 1949-1998," in Detlef Junker hg., *Die USA und Deutschland im Zeitalter des Kalten Krieges 1945-1990, Band 1 : 1945-1968*, Stuttgart : DVA.

Noack, Paul und Reiner Eger [1976] "Ostverträge und westliches Bündnis," in Dieter

Blumenwitz u. a. hg., *Partnerschaft mit dem Osten*, München : Lurz.

Noakes, Jeremy, Wende, Peter and Jonathan Wright [2002] *Britain and Germany in Europe, 1949-1990*, Oxford : Oxford University Press.

Noelle-Neumann, Elisabeth und E. P. Neumann hg. [1974] *Jahrbuch der öffentlichen Meinung 1968-1974*, Allensbach ; Bonn : Verlag für Demoskopie.

Noelle-Neumann, Elisabeth ed. [1981] *The Germans : Public Opinion Polls, 1967-1980*, Westport : Greenwood Press.

Nolte, Ernst [1974] *Deutschland und der Kalte Krieg*, München : Piper.

Nuenlist, Christian [2005] "Skepsis gegenüber Aktivismus der Schweiz. Neue Perspektiven zur KSZE-Politik von 1972 bis 1975," *Neue Zürcher Zeitung*, 26. 7. 2005.

—— [2008] "Expandung the East-West dialog beyond the bloc division : The Neutrals as negotiators and mediators, 1969-75," in Andreas Wenger, Vojtech Mastny and Christian Nuenlist eds., *Origins of the European Security System : The Helsinki Process Revisited, 1965-1975*, London : Routledge.

Nuttall, Simon J. [1992] *European Political Co-operation*, Oxford : Oxford University Press.

Ostermann, Christian F. [1995] "New Evidence on the Sino-Soviet Border Dispute, 1969-1971," *Cold War History Projekt Bulletin*, 6/7 (Winter 1995/1996).

Otto, Wilfriede [1996] "Visionen zwischen Hoffnung und Täuschung," in Thomas Klein et.al. hg., *Visionen. Repression und Opposition in der SED (1949-1989)*, Frankfurt a. d. Oder : Frankfurter Oder Editionen.

Pfetsch, Frank R. [1988] *West Germany, internal structures and external relations*, New York : Praeger.

Pfeil, Ulrich hg. [2001] *Die DDR und der Westen : Transnationale Beziehungen 1949-1989*, Berlin : Ch. Links.

Pipes, Richard [1981] *US-Soviet Relations in the Era of Détente*, Boulder (Col.) : Westview Press.

—— [1995] "Misinterpreting the Cold War. The Hard-Liners Had It Right," *Foreign Affairs*, 74.

Pittman, Avril [1992] *From Ostpolitik to Reunification*, Cambridge : Cambridge University Press.

Plück, Kurt [1995] "Innerdeutsche Beziehungen auf kommunaler und Verwaltungsebene, in Wissenschaft, Kultur und Sport und ihre Rückwirkungen auf die Menschen im geteilten Deutschland," in Enquete-Kommission, *Aufarbeitung von Geschichte und Folgen der SED-Diktatur in Deutschland* (12. Wahlperiode des Deutschen Bundestages), hg. vom Deutschen Bundestag, Baden-Baden : Nomos, Bd. V/3.

Potthoff, Heinrich [1999] *Im Schatten der Mauer : Deutschlandpolitik 1961 bis 1990*, Berlin : Propyläen.

Przybylski, Peter [1991/1992] *Tatort Politbüro : Die Akte Honecker /Bd. 2*, Berlin :

Rowohlt.

Putnam, Robert D. [1993] "Diplomacy and Domestic Politics : The Logic of Two-Level Game," in Peter B. Evans, Jacobsen, Harold K. and Robert D. Putnam eds., *Double-Edged Diplomacy : International Bargaining and Domestic Politics*, Berkeley : University of California Press.

Radchenko, Sergey [2010] "The Sino-Soviet split," in Melvyn P. Leffler and Odd Arne Westad eds., *The Cambridge History of the Cold War*, Vol. II : Crises and Détente, Cambridge : Cambridge University Press.

Rey, Marie-Pierre [2008] "The USSR and the Helsinki process, 1969-75," in Andreas Wenger, Vojtech Mastny and Christian Nuenlist eds., *Origins of the European Security System : The Helsinki Process Revisited, 1965-1975*, London : Routledge.

—— [2009] "Chancellor Brandt's *Ostpolitik*, France, and the Soviet Union," in Carole Fink and Bernd Schaefer eds., *Ostpolitik, 1969-1974 : European and global responses*, Cambridge : Cambridge University Press.

Reynolds, David ed. [1994] *The Origins of the Cold War in Europe : International Perspectives*, New Haven : Yale University Press.

Ritter, Gerhard A. [2002] "Die DDR in der deutschen Geschichte," *Vierteljahrshefte für Zeitgeschichte*, 50/2002.

Rödder, Andreas [2004] *Die Bundesrepublik Deutschland 1969-1990*, München : Oldenbourg.

Romano, Angela [2009a] *From Détente in Europe to European Détente : How the West Shaped the Helsinki CSCE*, Bruxelles u. a. : P. I. E. Peter Lang.

—— [2009b] "Détente, Entente, or Linkage? The Helsinki Conference on Security and Cooperation in Europe in U. S. Relations with the Soviet Union," *Diplomatic History*, 33(4).

Ruchniewicz, Krzysztof [2009] "*Ostpolitik* and Poland", in Carole Fink and Bernd Schaefer eds., *Ostpolitik, 1969-1974 : European and global responses*, Cambridge : Cambridge University Press.

Ruddy, T. Michael [2001] "Die Grenzen der Solidarität : Die Bundesrepublik, die USA und der Krieg in Vietnam," in Detlef Junker hg., *Die USA und Deutschland im Zeitalter des Kalten Krieges 1945-1990, Band 2 : 1968-1990*, Stuttgart : DVA.

Rudolf, Karsten [2004] *Wirtschaftsdiplomatie im Kalten Krieg : Ostpolitik der westdeutschen Großindustrie 1945-1991*, Frankfurt a. M. : Campus.

Rummel, Reinhardt und Wolfgang Wessels hg. [1978] *Die Europäische Politische Zusammenarbeit : Leistungsvermögen und Struktur der EPZ*, Bonn : Europa Union Verlag.

Ryder, Arthur John [1973] *Twentieth-century Germany : from Bismarck to Brandt*, London : Macmillan（高橋通敏訳『ドイツ政治・外交史III――ビスマルクからブラントまで――』新有堂，1981年）.

Rupp, Hans Karl [2000] *Politische Geschichte der Bundesrepublik Deutschland*, 3. Auf.,

München ; Wien : Oldenbourg（深谷満雄・山本淳訳『現代ドイツ政治史――ドイツ連邦共和国の成立と発展――』第三版／増補改訂版，彩流社，2002年）.

Sahm, Ulrich [1994] *"Diplomaten taugen nichts" : Aus dem Leben eines Staatsdieners*, Düsseldorf : Droste.

Sarotte, Mary Elise [2001] *Dealing with the devil : East Germany, détente, and Ostpolitik*, Chapel Hill ; London : The University of North Carolina Press.

—— [2008] "The Frailties of Grand Strategies: A Comparison of Détente and Ostpolitik," in Fredrik Logevall and Andrew Preston eds., *Nixon in the World : American Foreign Relations, 1969-1977*, Oxford : Oxford University Press.

Schaefer, Bernd [2003] "Washington as a place for the German Campaign : The U. S. Government and the CDU/CSU Opposition, 1969-1972," in David C. Geyer and Bernd Schaefer eds., *American Détente and German Ostpolitik, 1969-1972, Bulletin of the German Historical Institute*, Supplement 1.

—— [2008] "'Europe must not become Greater Finland': Opponents of the CSCE -The German CDU/CSU and China," in Andreas Wenger, Vojtech Mastny and Christian Nuenlist eds., *Origins of the European Security System : The Helsinki Process Revisited, 1965-1975*, London : Routledge.

—— [2010] "The Nixon Administration and West German *Ostpolitik*, 1969-1973," in Matthias Schulz and Thomas A. Schwartz eds., *The Strained Alliance : U. S.-European Relations from Nixon to Carter*, Cambridge : Cambridge University Press.

Schäfer, Gert und Carl Nedelmann hg. [1969] *Der CDU-Staat. Studien zur Verfassungswirklichkeit der Bundesrepublik Deutschland*, 2. überarb. und ergänzte Ausgabe, 2 Bände, Frankfurt a. M. : Suhrkamp.

Scheel, Walter [1999] "Grußwort des Kuratoriumsvorsitzenden der Bundeskanzler-Willy-Brandt-Stiftung," in Egon Bahr, *Willy Brandts europäische Außenpolitik*, Berlin : Bundeskanzler-Willy-Brandt-Stiftung.

Schlotter, Peter [1999] *Die KSZE im Ost-West-Konflikt. Wirkung einer internationalen Institution*, Frankfurt a. M. : Campus.

—— [1979] *Entscheidung in Bonn : die Entstehung der Ost-und Deutschlandpolitik, 1969/1970*, Köln : Verlag Wissenschaft und Politik.

—— [1980] "Henry Kissinger und die deutsche Ostpolitik : Kritische Anmerkungen zum ost- und deutschlandpolitischen Teil der Kissinger-Memoiren," *Aus Politik und Zeitgeschichte*, B8/80.

Schmid, Thomas [2000] "Die deutsche Einheit," *Frankfurter Allgemeine Zeitung*, 2. 10. 2000.

Schmidt, Helmut [1987] *Menschen und Mächte*, Berlin : Siedler（永井清彦・萩谷順訳『シュミット外交回想録』上下巻，岩波書店，1989年）.

—— [1990] *Die Deutschen und ihre Nachbarn : Menschen und MächteII*, Berlin : Siedler（永井清彦・三輪晴啓・片岡哲史・内野隆司訳『ドイツ人と隣人たち――続シュミット外

交回想録――』上下巻，岩波書店，1991年）.

Schmidt, Siegmar, Gunther Hellmann und Reinhard Wolf hg. [2007] *Handbuch zur deutschen Außenpolitik*, Wiesbaden : Verlag für Sozialwissenschaften.

Schmidt, Wolfgang [2001] *Kalter Krieg, Koexistenz und kleine Schritte. Willy Brandt und die Deutschlandpolitik 1948-1963*, Wiesbaden : Westdeutscher Verlag.

Schmoekel, Reinhard und Bruno Kaiser [1991] *Die vergessene Regierung : die grosse Koalition 1966 bis 1969 und ihre langfristigen Wirkungen*, Bonn : Bouvier.

Schneider, Andrea H. [1999] *Die Kunst des Kompromisses : Helmut Schmidt und die Große Koalition 1966-1969*, Paderborn : Ferdinand Schöningh.

Schneider, Christoph [2006] *Der Warschauer Kniefall. Ritual, Ereignis und Erzählung*, Konstanz : Universitätsverlag Konstanz.

Schoenborn, Benedikt [2010] "NATO forever? Willy Brandt's heretical thoughts on an alternative future," in Jussi Hanhimäki, George-Henri Soutou and Basil Germond eds., *The Routledge Handbook of Transatlantic Security*, London ; New York : Routledge.

Schöllgen, Gregor [2001a] *Die Außenpolitik der Bundesrepublik Deutschland*, 2.Aufl., München : Beck.

―― [2001b] *Willy Brandt. Die Biographie*, Berlin : Propyläen.

Scholtyseck, Joachim [2003] *Die Außenpolitik der DDR*, München : Oldenbourg.

―― [2004] "Die DDR und die europäische Entspannungspolitik," in Mareike König und Matthias Schulz hg., *Die Bundesrepublik Deutschland und die europäische Einigung. Politische Akteure, gesellschaftliche Kräfte und internationale Erfahrungen ; Festschrift für Wolf D. Gruner zum 60. Geburtstag*, Stuttgart : Franz Steiner.

Schönfelder, Jan und Rainer Erices [2010] *Willy Brandt in Erfurt*, Berlin : Ch. Links.

Schönhoven, Klaus [1999] "Aufbruch in die sozialliberale Ära," *Geschichte und Gesellschaft*, 25.

―― [2004] *Wendejahre. Die Sozialdemokratie in der Ära der Großen Koalition*, Bonn : Dietz.

Schröder, Klaus [1998] *Der SED-Staat : Partei, Staat, und Gesellschaft 1949-1990*, München : Hanser.

Schulz, Klaus-Peter [1993] *Authentische Spuren : Begegnungen mit Personen der Zeitgeschichte*, Boppard am Rhein : H. Boldt.

Schulz, Matthias [2004] "Vom 'Atlantiker' zum 'Europäer'? Helmut Schmidt, deutsche Interessen und die europäische Einigung," in Mareike König und Matthias Schulz hg., *Die Bundesrepublik Deutschland und die europäische Einigung. Politische Akteure, gesellschaftliche Kräfte und internationale Erfahrungen ; Festschrift für Wolf D. Gruner zum 60. Geburtstag*, Stuttgart : Franz Steiner.

Schulz, Matthias and Thomas A. Schwartz eds. [2010] *The Strained Alliance : U.S.-European Relations from Nixon to Carter*, Cambridge : Cambridge University Press.

Schuster, Jacques [1999] "Der Vater der Ostpolitik," *Die Welt*, 20. 5. 1999.

Schütze, Walther [1970] "Großbritannien und Frankreich : Höfliche Zurückhaltung," in Hans-Peter Schwarz und Helga Haftendorn hg., *Europäische Sicherheitskonferenz*, Opladen : Leske.

Schwabe, Klaus [2001] "Entspannung und Multipolarität : Die politischen Beziehungen in der zweiten Hälfte des Kalten Krieges 1968-1990," in Detlef Junker hg., *Die USA und Deutschland im Zeitalter des Kalten Krieges 1945-1990, Band 2 : 1968-1990*, Stuttgart : DVA.

Schwarz, Hans-Peter [1975] "Die Politik der Westbindung oder die Staatsraison der Bundesrepublik," *Zeitschrift für Politik*, 22/4.

— [1979] "Supermacht und Juniorpartner," in ders. und Boris Meissner hg., *Entspannungspolitik in Ost und West*, Köln : Verlag Wissenschaft und Politik.

— [1980] "Adenauer's Ostpolitik," in Wolfram F. Hanrieder ed., *West German Foreign Policy 1949-1979*, Boulder (Col.) : Westview Press.

— [1983] *Die Ära Adenauer 1957-1963. Epochenwechsel*, Stuttgart : DVA.

— [1985] *Die gezähmten Deutschen : Von der Machtbessenheit zur Machtvergessenheit*, Stuttgart : DVA.

— [1991] *Adenauer. Staatsmann 1952-1967*, Stuttgart : DVA.

— [1999] "Die Regierung Kiesinger und die Krise in der ČSSR 1968," *Vierteljahrshefte für Zeitgeschichte*, 47.

— [2001] "Amerika, Deutschland und die atlantische Gemeinschaft nach dem Kalten Krieg," in Detlef Junker hg., *Die USA und Deutschland im Zeitalter des Kalten Krieges 1945-1990, Band 2 : 1968-1990*, Stuttgart : DVA.

— [2005] "Willy Brandt, Georges Pompidou und die Ostpolitik," in Horst Möller und Maurice Vaïsse hg., *Willy Brandt und Frankreich*, München : Oldenbourg.

Schwarz, Hans-Peter und Helga Haftendorn hg. [1970] *Europäische Sicherheitskonferenz*, Opladen : Leske.

Seebacher, Brigitte [2006] *Willy Brandt*, München : Piper.

Seidel, Karl [2002] *Berlin-Bonner Balance. 20 Jahre deutsch-deutsche Beziehungen. Erinnerungen und Erkenntnisse eines Beteiligten*, Berlin : Edition Ost.

Selvage, Douglas [2003] "The Treaty of Warsaw : The Warsaw Pact Context," in David C. Geyer and Bernd Schaefer eds., *American Détente and German Ostpolitik, 1969-1972, Bulletin of the German Historical Institute*, Supplement 1.

— [2009] "Transforming the Soviet Sphere of Influence? : U. S.-Soviet Détente and Eastern Europe, 1969-1976," *Diplomatic History*, 33(4).

Senoo, Tetsuji [2006] "Willy Brandt's Ostpolitik and West European Integration : Egon Bahr's Concepts and the Western allies," *Globalisation, Regionalisation and National Policy Systems : Proceedings of the Second Anglo-Japanese Academy, 7-11 January 2006, The International Center for Comparative Law and Politics, Graduate School of*

Law and Politics, the University of Tokyo (ICCLP) Publications, No. 9.

Senoo, Tetsuji [2011] *Ein Irrweg zur deutschen Einheit ? : Egon Bahrs Konzeptionen, die Ostpolitik und die KSZE 1963-1975*, Frankfurt a. M. : Peter Lang.

Seydoux, François [1978] *Botschafter in Deutschland. Meine zweite Mission 1965 bis 1970*, Frankfurt a. M. : Societäts-Verlag.

Shulmann, Marschall D. [1969] "Sowjetische Vorschläge für eine europäische Sicherheitskonferenz (1966-1969)," *Europa-Archiv*, 19/1969.

Siekmeier, Mathias [1998] *Restauration oder Reform ? Die FDP in den sechziger Jahren -Deutschland- und Ostpolitik zwischen Wiedervereinigung und Entspannung*, Köln : Janus.

Smyser, W. R. [1999] *From Yalta to Berlin : The Cold War Struggle over Germany*, Basingstoke : Macmillan.

Soutou, Georges-Henri [1997] "Präsident Georges Pompidou und die Ostpolitik," in Gottfried Niedhart, Detlef Junker und Michael W. Richter hg., *Deutschland in Europa. Nationale Interessen und internationale Ordnung im 20. Jahrhundert*, Mannheim : Palatium.

—— [2005] "Frankreich und der Albtraum eines wiedervereinigten und neutralisierten Deutschlands 1952-1990," in Dominik Geppert und Udo Wengst hg., *Neutralität—Chance oder Chimäre ? Kozepte des Dritten Weges für Deutschland und die Welt 1945-1990*, München : Oldenbourg.

—— [2006] "President Pompidou, Ostpolitik, and the Strategy of Détente," in Helga Haftendorn et al. eds., *The Strategic Triangle : France, Germany, and the United States in the shaping of the new Europe*, Washington : Woodrow Wilson Center Press.

Spohr-Readman, Kristina [2006] "National Interest and the Power of 'language' : West German diplomacy and the Conference on Security and Cooperation in Europe, 1972-1975," *Journal of Strategic Studies*, 29 (6).

Staadt, Jochen [1993] *Die geheime Westpolitik der SED 1960-1970 : Von der gesamtdeutschen Orientierung zur sozialistischen Nation*, Berlin : Akademie Verlag.

Staden, Berndt von [1990] *Der Helsinki-Prozeß*, München : Oldenbourg.

Stehle, Hansjakob [1995] "Zufälle auf dem Weg zur Neuen Ostpolitik. Aufzeichnung über ein geheimes Treffen Egon Bahrs mit einem polnischen Diplomaten 1968," *Vierteljahrshefte für Zeitgeschichte*, 43/1995.

Stelkens, Jochen [1997] "Machtwechsel in Ost-Berlin : Der Sturz Walter Ulbrichts 1971," *Vierteljahrshefte für Zeitgeschichte*, 45/1997.

Stent, Angela [1981] *From Embargo to Ostpolitik : The Political Economy of West German-Soviet Relations, 1955-1980*, Cambridge : Cambridge University Press.

Stevenson, Richard William [1985] *The Rise and Fall of Détente : Relaxations of Tension in U. S.-Soviet Relations*, 1953-1984, London : Macmillan（滝田賢治訳『デタントの成立と変容——現代米ソ関係の政治力学——』中央大学出版部，1989年）.

Stöver, Bernd [2005] "Forschungen und Quellen zum Kalten Krieg. Das 'Cold War International History Project'," *Zeithistorische Forschungen/Studies in Contemporary History*, Online-Ausgabe, 2 (2005), H. 2, unter : http://www.zeithistorische-forschungen.de/16126041-Stoever-2-2005, [17.6.2005].

—— [2007] *Der Kalte Krieg 1947-1991. Geschichte eines radikalen Zeitalters*, München : Beck.

Stöver, Bernd, Arnd Bauerkämper und Martin Sabrow hg. [1998] *Doppelte Zeitgeschichte. Deutsch-deutsche Beziehungen 1945-1990*, Bonn : Dietz.

Strauß, Franz Josef [1989] *Die Erinnerungen*, Berlin : Siedler.

Sturm, Daniel Friedrich [2006] *Uneinig in die Einheit. Die Sozialdemokratie und die Vereinigung Deutschlands 1989/90*, Bonn : Dietz.

Suri, Jeremi [2003] *Power and Protest : Global Revolution and the Power of Détente*, Cambridge, Mass. : Harvard University Press.

—— [2008] "Henry Kissinger and the recenceptualization of European security, 1969-75," in Andreas Wenger, Vojtech Mastny and Christian Nuenlist eds., *Origins of the European Security System : The Helsinki Process Revisited, 1965-1975*, London : Routledge.

Taschler, Daniela [2001] *Vor neuen Herausforderungen. Die außen- und deutschlandpolitische Debatte in der CDU/CSU-Bundestagsfraktion während der Großen Koalition (1966-1969)*, Düsseldorf : Droste.

Thomas, Daniel C. [2001] *The Helsinki Effect : International Norms, Human Rights and the Demise of Communism*, Princeton : Princeton University Press.

Tiggemann, Anselm [1998] *CDU/CSU und die Ost- und Deutschlandpolitik 1969-1972 : zur "Innenpolitik der Außenpolitik" der ersten Regierung Brandt/Scheel*, Frankfurt a. M. : Peter Lang.

Tomala, Mieczysław [2000] *Deutschland -von Polen gesehen, Zu den deutsch-polnischen Beziehungen 1945-1990*, Marburg : Schüren.

Trachtenberg, Marc [1999] *A Constructed Peace : The Making of the European Settlement, 1945-1963*, Princeton : Princeton University Press.

Türk, Henning [2005] "Kurt Georg Kiesingers Kerneuropakonzept-War der Bundeskanzler der Großen Koalition seiner Zeit voraus?" in Wilfried Loth hg., *Europäische Gemeinschaft. Grundlagen und Perspektiven*, Wiesbaden : VS Verlag.

—— [2006] *Die Europapolitik der Großen Koalition 1966-1969*, München : Oldenbourg.

Vogtmeier, Andreas [1996] *Egon Bahr und die deutsche Frage : Zur Entwicklung der sozialdemokratischen Ost-und Deutschlandpolitik vom Kriegsende bis zur Vereinigung*, Bonn : Dietz.

Wagner, Wolfgang [1975] "Eine Station auf einem langen Wege. Zur geschichtlichen Einordnung der Konferenz über Sicherheit und Zusammenarbeit in Europa," *Europa-Archiv*, 15/1975.

Wall, Irwin M. [2008] “The United States and two Ostpolitiks : De Gaulle and Brandt,” in Wilfried Loth and Georges-Henri Soutou eds., *The Making of Détente : Eastern and Western Europe in the Cold War, 1965-75*, London : Routledge.

Waltz, Kenneth N. [1979] *Theory of International Politics*, New York : McGraw-Hill（河野勝・岡垣知子訳『国際政治の理論』勁草書房，2009年）.

Weber, Hermann [1988] *Die DDR 1945-1986*, München : Oldenbourg（斎藤哲・星乃治彦訳『ドイツ民主共和国史――「社会主義」ドイツの興亡――』日本経済評論社，1991年）.

Weidenfeld, Werner und Karl-Rudolf Korte hg. [1999] *Handbuch zur deutschen Einheit 1949-1989-1999*, aktualisierte und erw. Neuausgabe, Bonn : Bundeszentrale für politische Bildung.

Weizsäcker, Richard Freiherr von [1997] *Vier Zeiten : Erinnerungen*, Berlin : Siedler（永井清彦訳『ヴァイツゼッカー回想録』岩波書店，1998年）.

Wenger, Andreas [1998] “Der lange Weg zur Stabilität : Kennedy, Chruschtschow und das gemeinsame Interesse der Supermächte am Status quo in Europa,” *Vierteljahrshefte für Zeitgeschichte*, 46/1998.

Wenger, Andreas, Vojtech Mastny and Christian Nuenlist eds. [2008] *Origins of the European Security System : The Helsinki Process Revisited, 1965-1975*, London : Routledge.

Wenger, Andreas and Daniel Möckli [2010] “Power shifts and new security needs : NATO, European identity, and the reorganization of the West, 1967-1975,” in Jussi Hanhimäki, George-Henri Soutou and Basil Germond eds., *The Routledge Handbook of Transatlantic Security*, London ; New York : Routledge.

Wentker, Hermann [2007] *Außenpolitik in engen Grenzen. Die DDR im internationalen System 1949-1989*, München : Oldenbourg.

Westad, Odd Arne [2005] *The Global Cold War : Third World Interventions and The Making of Our Times*, Cambridge ; New York : Cambridge University Press（佐々木雄太監訳『グローバル冷戦史――第三世界への介入と現代世界の形成――』名古屋大学出版会，2010年）.

Wettig, Gerhard [1997] “Die Irrtümer des Egon Bahr,” *Die politische Meinung*, Nr. 333.

Wiegrefe, Klaus und Carsten Tessmer [1994] “Deutschlandpolitk in der Krise : Herbert Wehners Besuch in der DDR 1973,” *Deutschland Archiv*, 6/1994.

Wilkens, Andreas [1990] *Der unstete Nachbar : Frankreich, die deutsche Ostpolitik und die Berliner Vier-Mächte-Verhandlungen 1969-1974*, München : Oldenbourg.

—— [1999] “Westpolitik, Ostpolitik and the Project of Economic and Monetary Union-Germany's European Policy in the Brandt Era (1969-1974),” *Journal of European Integration History*, Vol. 5, No. 1.

—— [2004a] “Willy Brandt und die europäische Einigung,” in Mareike König und Matthias Schulz hg., *Die Bundesrepublik Deutschland und die europäische Einigung. Politische Akteure, gesellschaftliche Kräfte und internationale Erfahrungen ; Festschrift*

für Wolf D. Gruner zum 60. Geburtstag, Stuttgart : Franz Steiner.

—— [2004b] "Werner-Plan, Währung, Politik und Europa 1968-1971," in Franz Knipping und Matthias Schönwald hg., *Aufbruch zum Europa der zweiten Generation : Die europäische Einigung 1969-1984*, Trier : Wissenschaftlicher Verlag.

—— [2005] "Willy Brandt, die deutsch-französischen Beziehungen und die Europapolitik (1969-1974)," in Horst Möller und Maurice Vaïsse hg., *Willy Brandt und Frankreich*, München : Oldenbourg.

—— [2007] "New *Ostpolitik* and European integration : Concept and politics in the Brandt era," in N. Piers Ludlow ed., *European Integration and the Cold War : Ostpolitik-Westpolitik, 1965-1973*, London : Routledge.

Wilkens, Andreas hg. [2010] *Wir sind auf dem richtigen Weg : Willy Brandt und die europäische Einigung*, Bonn : Dietz.

Winkler, Heinrich A. [2000] *Der lange Weg nach Westen. Bd. 2*, München : Beck（後藤俊明・奥田隆男・中谷毅・野田昌吾訳『自由と統一への長い道(2)――ドイツ近現代史 1933-1990年――』昭和堂，2008年）.

Wippermann, Wolfgang [1997] *Wessen schuld ? : vom Historikerstreit zur Goldhagen-Kontroverse*, Berlin : Elefanten Press（増谷英樹訳『ドイツ戦争責任論争――ドイツ「再」統一とナチズムの「過去」――』未来社，1999年）.

Wörmann, Claudia [1982] *Der Osthandel der Bundesrepublik Deutschland : Politische Rahmenbedingungen und ökonomische Bedeutung*, Frankfurt a. M. : Campus.

Wolf, Markus [1997] *Spionageschef im geheimen Krieg*, Düsseldorf ; München : List.

Wördehoff, Bernhard [1970] "Bundesrepublik Deutschland : Die Konferenz als Vehikel der Deutschland-Politik," in Hans-Peter Schwarz und Helga Haftendorn hg., *Europäische Sicherheitskonferenz*, Opladen : Leske.

Yamamoto, Takeshi [2007] *The Road to the Conference on Security and Cooperation in Europe, 1969-1973 : Britain, France and West Germany*, Ph. D. Thesis, University of London.

Young, John W. [1996] *Cold War Europe, 1945-1991 : A Political History*, 2nd ed., London : Arnold.

Zelikow, Philip and Condoleezza Rice [1997] *Germany Unified and Europe Transformed*, With a New Preface, Cambridge, Mass. : Harvard University Press.

Zimmer, Matthias [1997] "Return of the Mittellage? The Discourse of the Centre in German Foreign Policy," *German Politics*, Vol. 6, No. 1 (April 1997).

Zimmermann, Hubert [2004] "Der unschlüssige Hegemon : Deutschland und die Anfänge der europäischen Währungsintegration," in Franz Knipping und Matthias Schönwald hg., *Aufbruch zum Europa der zweiten Generation : Die europäische Einigung 1969-1984*, Trier : Wissenschaftlicher Verlag.

Zubok, Vladislaw M. [2007] *A failed empire : the Soviet Union in the Cold War from Stalin to Gorbachow*, Chapel Hill : The University of North Carolina Press.

Zündorf, Benno [1979] *Die Ostverträge : Die Verträge von Moskau, Warschau, Prag, das Berlin-Abkommen und die Verträge mit der DDR*, München : Beck.

4．参考文献（邦文）

青野利彦［2009］「1963年デタントの限界――キューバ・ミサイル危機後の米ソ交渉と同盟政治――」『一橋法学』 8(2).
網谷龍介［1994］「『転換』後のドイツ社会民主党（1961-1966）」『国家学会雑誌』107(3・4).
――［1999］「ドイツ」小川有美編『EU 諸国』自由国民社.
――［2008］「ドイツの中核的執政集団――拒否権プレイヤーの中のリーダーシップ――」，伊藤光利編『政治的エグゼクティブの比較研究』早稲田大学出版部.
石田勇治［2002］『過去の克服――ヒトラー後のドイツ――』白水社.
石田勇治編［2007］『図説 ドイツの歴史』河出書房新社.
井関正久［2005］『ドイツを変えた68年運動』白水社.
――［2009］「東ドイツ体制批判運動再考――『68年』と『89年』との関係を中心に――」『国際政治』157.
板橋拓己［2010］『中欧の模索――ドイツ・ナショナリズムの一系譜――』創文社.
伊東孝之［1992］「ドイツ統一とCSCE」，百瀬宏・植田隆子編『欧州安全保障協力会議（CSCE）1975-92』日本国際問題研究所.
岩間陽子［1993］『ドイツ再軍備』中央公論社.
――［2000］「ヨーロッパ分断の暫定的受容――1960年代」，臼井美稲子編『ヨーロッパ国際体系の史的展開』南窓社.
上原良子［2008］「ヨーロッパ統合の生成 1947-50年――冷戦・分断・統合――」，遠藤乾編『ヨーロッパ統合史』名古屋大学出版会.
遠藤乾［2009］「冷戦後20年――ユートピア殺しを超えて――」『外交フォーラム』257.
――［2011］「ヨーロッパ統合史のフロンティア」，遠藤乾・板橋拓己編『複数のヨーロッパ――欧州統合史のフロンティア』北海道大学出版会（予定）.
遠藤乾編［2008a］『ヨーロッパ統合史』名古屋大学出版会.
――［2008b］『原典ヨーロッパ統合史――史料と解説――』名古屋大学出版会.
金子譲［2008］『NATO 北大西洋条約機構の研究――米欧安全保障関係の軌跡――』彩流社.
金丸輝男編［1996］『ヨーロッパ統合の政治史』筑摩書房.
川嶋周一［2007］『独仏関係と戦後ヨーロッパ秩序――ドゴール外交とヨーロッパの構築 1958-1969――』創文社.
――［2008］「大西洋同盟の動揺と EEC の定着 1958-69年」遠藤乾［編］『ヨーロッパ統合史』名古屋大学出版会.
――［2009］「ヨーロッパ連合構想と『新しいヤルタ』――70年代以降の『自立的ヨーロッパ』模索の中の冷戦終焉のビジョン――」『国際政治』157.
河島幸夫［1990］「西ドイツの東方政策と連邦議会選挙――政党の動きを中心に――」，河島幸夫編『激動のドイツと国際政治――世界平和への道――』中川書店.
菅英輝［2001］「冷戦の終焉と60年代性――国際政治史の文脈において――」『国際政治』126.

―― [2010]「変容する秩序と冷戦の終焉」，菅英輝編『冷戦史の再検討――変容する秩序と冷戦の終焉――』法政大学出版会.
吉川元 [1994]『ヨーロッパ安全保障協力会議（CSCE）――人権の国際化から民主化支援への発展過程の考察――』三嶺書房.
木戸蓊 [1990]『激動の東欧史――戦後政権崩壊の背景――』中央公論社.
クラインシュミット，ハラルド（岩志津子訳）[1994]「ブラント政権の東方政策の再検討」『国際政治』107.
倉科一希 [2008]『アイゼンハワー政権と西ドイツ――同盟政策としての東西軍備管理交渉――』ミネルヴァ書房.
―― [2010]「ヨーロッパの冷戦と『二重の封じ込め』」，菅英輝編『冷戦史の再検討――変容する秩序と冷戦の終焉――』法政大学出版会.
小窪千早 [2003]「フランス外交とデタント構想――ドゴールの『東方外交』とその欧州観（1，2・完）――」『法学論叢』153(4).
小嶋栄一 [2001]『アデナウアーとドイツ統一』早稲田大学出版部.
権上康男 [2005,「ヨーロッパ通貨協力制度『スネイク』の誕生（1968-73年）――戦後国際通貨体制の危機とフランスの選択――」『エコノミア』56(1).
近藤潤三 [2010]『東ドイツ（DDR）の実像――独裁と抵抗――』木鐸社.
齋藤嘉臣 [2006]『冷戦変容とイギリス外交――デタントをめぐる欧州国際政治，1964-1975年――』ミネルヴァ書房.
佐々木卓也 [1993]『封じ込めの形成と変容』三嶺書房.
佐瀬昌盛 [1970a]「第2次大戦後西ドイツの対仏関係」，村瀬興雄編『現代独仏関係の展開』日本国際問題研究所.
―― [1970b]「西独ブラント政権の東方外交――原理と過程――」『国際問題』120.
―― [1973]『西ドイツの東方政策』日本国際問題研究所.
―― [1999]『NATO――21世紀からの世界戦略――』文藝春秋.
佐藤成基 [2008]『ナショナル・アイデンティティと領土――戦後ドイツの東方国境をめぐる論争――』新曜社.
芝崎祐典 [2006]「ウィルソン政権期におけるイギリス外交の対EEC政策――欧州『歴訪』と英欧関係，1967年――」『現代史研究』52.
島崎久彌 [1987]『ヨーロッパ通貨統合の展開』日本経済評論社.
島村直幸 [1997]「『差別的デタント』の脅威――西独の東方政策に対するニクソン政権の反応――」『一橋研究』22(1).
清水聡 [2008]「『スターリン・ノート』と冷戦 1950-1952年――ドイツ統一問題をめぐるドイツ社会主義統一党（SED）の動向――」『ロシア・東欧研究』37.
―― [2010]「〈書評論文〉ヨーロッパと冷戦史 1945-1955年」『国際政治』159.
鈴木健人 [2002]『「封じ込め」構想と米国世界戦略――ジョージ・F. ケナンの思想と行動 1931年-1952年――』渓水社.
関場誓子 [1992]「アメリカのCSCE政策」，百瀬宏・植田隆子編『欧州安全保障協力会議（CSCE）1975-92』日本国際問題研究所.

妹尾哲志［2003］「ブラントの東方政策と人的交流の拡大――バールの構想と東西ドイツ首脳会談に着目して――」『六甲台論集』（国際協力研究編），4．

――［2004］「ブラントの東方政策に関する研究動向――東西ドイツ統一後の研究を中心に――」『歴史学研究』787．

――［2009］「バールの構想と分断克服への道――ブラントの東方政策の立役者と冷戦の終焉――」『国際政治』157．

――［2011a］「ブラントの東方政策における西側との関係――対ソ交渉過程における米英仏との意見調整，1969-1970」『アゴラ』8．

――［2011b］「ブラント政権の東方政策と1972年のドイツ連邦議会選挙」『同志社政策研究』5．

――［2011c］「『全欧』と『西欧』のあいだ――ブラントの東方政策とヨーロッパ統合問題」，遠藤乾・板橋拓己編『複数のヨーロッパ――欧州統合史のフロンティア』北海道大学出版会（予定）．

ソ連東欧貿易会編［1977］『東西経済協力の制度と実態――冷戦からデタントへの米国・西欧主要国の現状――』ソ連東欧貿易会．

高橋進［1984］「ドイツ社会民主党とヨーロッパ――1945-1957年」『国際政治』77．

――［1986］「ドイツ社会民主党と外交政策の『転換』」『国家学会雑誌』99（1・2）．

――［1991］「西欧のデタント――東方政策試論――」，犬童一男・山口定・馬場康雄・高橋進編『戦後デモクラシーの変容』岩波書店．

――［1994］「ドイツ外交の現在――『外交空間』試論――」，鴨武彦編集『パワー・ポリティクスの変容――リアリズムとの葛藤――講座世紀間の世界政治5』日本評論社．

――［1999］『歴史としてのドイツ統一――指導者たちはどう動いたか――』岩波書店．

高橋通敏［1982］『国際政治とヨーロッパ――西ドイツを中心として――』弘生書林．

高村慎吾［1986］「ドイツ社会民主党の安全保障政策の転換の論理と構造」『六甲台論集』（法学政治学篇），35(2)．

辰巳浅嗣［1990］「欧州政治協力（EPC）の20年」『国際政治』94．

――［2001］『EUの外交・安全保障政策――欧州政治統合の歩み――』成文堂．

田中孝彦［2001］「冷戦史研究の再検討――グローバル・ヒストリーの構築にむけて」，一橋大学法学部創立五十周年記念論文集刊行委員会編『変動期における法と国際関係』有斐閣．

田中俊郎［1998］『EUの政治』岩波書店．

田中昌樹［1993］「東方政策の転換をめぐる西ドイツの国内政治――キリスト教民主・社会同盟を中心に――」『中央大学大学院研究年報』22．

筒井洋一［1986］「西ドイツの東方貿易と経済界（1963-1973）(2)」『六甲台論集』32(4)．

中谷毅［1991］「W.ブラントの東方政策――研究紹介を中心に――(1)」『法学雑誌』38(1)．

――［1992］「W.ブラントの東方政策――研究紹介を中心に――(2)」『法学雑誌』38(2)．

――［1993］「W.ブラント――その人物と業績に関する若干の考察」『法学雑誌』39（3・4）．

――［1997］「SPDの第二緊張緩和政策――時代状況と特徴――」『愛知学院大学論叢法学研究』38（3・4）．

成瀬治・山田欣吾・木村靖二編［1997］『ドイツ史　3（世界歴史大系）』山川出版社．

西田慎［2010］『ドイツ・エコロジー政党の誕生――「68年運動」から緑の党へ――』昭和堂.
野田昌吾［2009］「ドイツ」，網谷龍介・伊藤武・成廣孝編『ヨーロッパのデモクラシー』ナカニシヤ出版.
橋口豊［1995］「米ソ・デタントと新冷戦(1)――ヨーロッパにおける東西対立の本質――」『名古屋大学法政論集』162.
――［1996］「米ソ・デタントと新冷戦(2)――ヨーロッパにおける東西対立の本質――」『名古屋大学法政論集』163.
――［2006］「ハロルド・ウィルソン政権の外交 1964-1970年――『三つのサークル』の中の英米関係――」『龍谷法學』38(4).
――［2008］「デタントのなかのEC 1969-79年――ハーグから新冷戦へ――」，遠藤乾編『ヨーロッパ統合史』名古屋大学出版会.
――［2010］「1970年代のデタントとイギリス外交――ヒース保守党政権を中心に――」，菅英輝編『冷戦史の再検討――変容する秩序と冷戦の終焉――』法政大学出版会.
平島健司［1989］「大連合の歴史的諸相――キージンガー政権と西ドイツの民主主義――」，犬童一男・山口定・馬場康雄・高橋進編『戦後デモクラシーの安定』岩波書店.
――［1994］『ドイツ現代政治』東京大学出版会.
藤村瞬一［1971］「『ボン＝パリ枢軸』の成立――西ドイツ対外政策における『政治の論理』と『経済の論理』」，村瀬興雄編『現代独仏関係の展開』日本国際問題研究所.
細谷雄一［2001］『戦後国際秩序とイギリス外交――戦後ヨーロッパの形成 1945～1951年――』創文社.
――［2008］「シューマン・プランからローマ条約へ 1950-58年――EC-NATO-CE体制の成立――」，遠藤乾編『ヨーロッパ統合史』名古屋大学出版会.
牧野和伴［2000］「『ハルメル報告』とNATO戦略の変容」『成蹊大学法学政治学研究』23.
松川克彦［2006］「ポーランド・西ドイツ関係正常化基本条約と国境画定問題」『京都産業大学論集 社会科学系列』23.
真鍋俊二［1998］『現代独米関係論』関西大学出版会.
水本義彦［2009］『同盟の相克――戦後インドシナをめぐる英米関係――』千倉書房.
三宅正樹［1996］『日独政治外交史研究』河出書房新社（初出1977？）.
宮脇昇［2003］『CSCE人権レジームの研究――「ヘルシンキ宣言」は冷戦を終わらせた――』国際書院.
村上和夫［1987］『ベルリンの法的地位論』有斐閣.
百瀬宏・植田隆子編［1992］『欧州安全保障協力会議（CSCE）1975-92』日本国際問題研究所.
森聡［2009］『ヴェトナム戦争と同盟外交――英仏の外交とアメリカの選択 1964-1968年――』東京大学出版会.
森井裕一［2005］「ドイツ連邦共和国とEU」，森井裕一編『国際関係の中の拡大EU』信山社.
――［2008］『現代ドイツの外交と政治』信山社.
安井宏樹［1999］「『第三極』の模索と挫折――1950年代西ドイツの自由民主党（FDP）――」『国家学会雑誌』112(1/2).
――［2008］「ドイツ・ブラント政権の成立――権力の相対化と社会の民主化――」，高橋進・

安井宏樹編『政権交代と民主主義』東京大学出版会.
安野正明［2004］『戦後ドイツ社会民主党史研究序説――組織改革とゴーデスベルク綱領への道――』ミネルヴァ書房.
――［2010］「ヴィリ・ブラント首相候補の誕生」『ゲシヒテ』3.
山口定［1990］「戦後ドイツ政治の展開」，中木康夫・河原秀和・山口定『現代ヨーロッパ政治史』有斐閣.
山田徹［1994］『東ドイツ・体制崩壊の政治過程』日本評論社.
山本健［2008］「ポンピドゥとフランスのCSCE政策，1969-1974年」『一橋法学』7(1).
――［2010］『同盟外交の力学――ヨーロッパ・デタントの国際政治史 1968-1973――』勁草書房.
――［2011］「完成・深化・拡大――ヨーロッパ政治協力の進展と限界，1960-1972年――」，遠藤乾・板橋拓己編『複数のヨーロッパ――欧州統合史のフロンティア』北海道大学出版会（予定）.
吉留公太［2010］「二つのキッシンジャー像――『デタント』推進派の中心人物に関する研究動向――」『関西外国語大学研究論集』92.
李鐘国［1994］「デタント期における『国際政治の構造』――西ドイツの東方政策の展開を中心に――」『本郷法政紀要』2.
若松新［2002］『ドイツ保守野党の再建――CDU/CSU：1969-1982――』行人社.
渡邊啓貴編［2008］『ヨーロッパ国際関係史――繁栄と凋落，そして再生［新版］――』有斐閣.